Indexgebundene Einlösepflicht
als Element einer europäischen Notenbankverfassung
auf der Basis einer Public-Choice-Analyse

Europäische Hochschulschriften
Publications Universitaires Européennes
European University Studies

Reihe V
Volks- und Betriebswirtschaft

Série V Series V
Sciences économiques, gestion d'entreprise
Economics and Management

Bd./Vol. 2459

PETER LANG
Frankfurt am Main · Berlin · Bern · New York · Paris · Wien

Holger Schulz

# Indexgebundene Einlösepflicht als Element einer europäischen Notenbankverfassung auf der Basis einer Public-Choice-Analyse

PETER LANG
Europäischer Verlag der Wissenschaften

Die Deutsche Bibliothek - CIP-Einheitsaufnahme

Schulz, Holger:

Indexgebundene Einlösepflicht als Element einer europäischen Notenbankverfassung auf der Basis einer Public-choice-Analyse / Holger Schulz. - Frankfurt am Main ; Berlin ; Bern ; New York ; Paris ; Wien : Lang, 1999
(Europäische Hochschulschriften : Reihe 5, Volks- und Betriebswirtschaft ; Bd. 2459)
Zugl.: Cottbus, Univ., Diss., 1999
ISBN 3-631-34878-9

Co 1
ISSN 0531-7339
ISBN 3-631-34878-9

## Geleitwort

Die Sicherung des Geldwertes ist eine allseits anerkannte Grundvoraussetzung für ein gedeihliches Wirtschaften. Die Suche nach geeigneten geldpolitischen Konzepten ist daher seit eh und je ein zentrales Anliegen der Volkswirtschaftslehre.

Der Verfasser verknüpft alte, aber nur scheinbar veraltete, geldpolitische Konzepte mit einer modernen Betrachtungsperspektive. Daraus wird ein zentrales Element einer neuen Währungsordnung entwickelt, das sich durch ausgesprochen günstige Eigenschaften auszeichnet.

Die Basis für den präsentierten Vorschlag bildet eine Public-Choice-Analyse, die für den Bereich der Geldpolitik, wie für andere Gebiete auch, so fruchtbare Ergebnisse liefert. Aus dieser Sichtweise gelingt es dem Verfasser, die altbekannte Goldkernwährung wieder attraktiv erscheinen zu lassen und für die aktuelle Diskussion wiederzubeleben.

Der Autor weist ausdrücklich auf den zentralen Mangel der Goldkernwährung mit ihrer Abhängigkeit von der Wertentwicklung des Einlösegutes hin. Mit dem hier präsentierten, weiterentwickelten Ansatz überwindet der Verfasser diesen Mangel auf überzeugende Weise.

Die vom Verfasser angebotene Lösung besticht durch die prinzipielle Einfachheit ihrer Konstruktion. Sie erscheint hochgradig konsistent. Der Leser kommt nach der strukturierten Leitung durch die Vorüberlegungen kaum umhin, sich der Logik der Argumentation anzuschließen.

Zur Zeit ist zwar wegen der in Europa und auch darüber hinaus erreichten relativen Preisniveaustabilität kein unmittelbarer praktischer Handlungsbedarf für die Realisation der hier vorgeschlagenen Konzeption gegeben. Doch Inflation ist nie endgültig tot! Sollte die Preisniveaustabilität später wieder bedroht sein, dann stünde der in der vorliegenden Arbeit entwickelte Mechanismus als institutionelles Gegenmittel bereit.

Der Verfasser dieses Geleitwortes gibt sich jedenfalls überzeugt davon, daß mit dem vom Autor des Buches als „Indexgebundene Einlösepflicht“ apostrophierten geldpolitischen System tatsächlich ein Automatismus gefunden ist, der Preisniveaustabilität ohne latente Deflationsneigung garantieren kann.

Der präsentierte Vorschlag ist damit geeignet, der Diskussion um Regelbindungen im Bereich der Geldpolitik neue, wertvolle Impulse zu geben. Der

Verfasser des Geleitwortes hat die Arbeit von Beginn an mit kritischer Neugier verfolgt und freut sich mit dem Autor, daß dieses Forschungsprojekt am Lehrstuhl für Makroökonomik der Brandenburgischen Technischen Universität Cottbus mit Erfolg abgeschlossen werden konnte. Dank gebührt vor allem dem Land und der Universität dafür, daß trotz erheblicher Finanzzwänge die Voraussetzungen für ein gedeihliches Arbeiten am Lehrstuhl stets gesichert blieben.

Ich wünsche dem Buch, daß die hier vorgestellten Ideen eine weite Verbreitung finden.

Cottbus, im Februar 1999 Prof. Dr. Wolfgang Cezanne

## Vorwort

Die vorliegende Arbeit entstand im Zeitraum zwischen 1995 und 1998 als Dissertation an der Brandenburgischen Technischen Universität Cottbus. Dem Verfasser hat es große Freude bereitet, während des Vorantreibens dieser Arbeit mit einer Vielzahl von Teilbereichen der Geldtheorie und -politik in intensiven Kontakt zu treten.

Mein Doktorvater Prof. Dr. Wolfgang Cezanne hat mich stets ermuntert, auch unkonventionell erscheinende Gedanken fortzuführen. Dafür und für die Einräumung von inhaltlichen und zeitlichen Freiräumen für die Anfertigung dieser Dissertation sei ihm herzlichst gedankt.

Danken möchte ich auch Herrn Prof. Dr. Harald Kunz für die Übernahme des Zweitgutachtens und Herrn Prof. Dr. Dieter Schönknecht, der mein Promotionsverfahren als Vorsitzender des Ausschusses begleitet hat.

Grundlegende Anregungen gehen neben Prof. Dr. Cezanne auch auf meine anderen akademischen Lehrer während meines Studiums an der TU Berlin zurück. So schulte Prof. Dr. Charles B. Blankart mein institutionenökonomisches Denken und Prof. Dr. Hans H. Lechner weckte mein Interesse an der Funktionsweise der Goldkernwährung. Ohne diese beiden wichtigen Elemente wäre die zentrale Gedankenführung der vorliegenden Arbeit nie zustande gekommen.

Wichtige Unterstützung beim Anfertigen der Arbeit wurde mir aus meinem Kollegenkreis am Lehrstuhl Volkswirtschaftslehre - Makroökonomik der BTU Cottbus zuteil. Meine Kollegen Dipl.-Vw. Robert Momberg und Dipl.-oec. Holger Schmidt haben das Manuskript vollständig durchgearbeitet und wertvolle Verbesserungsvorschläge beigetragen. Sie standen mir darüber hinaus, ebenso wie meine Kollegen Dr. Annette Mayer und Dipl.-Ök. Andreas Deckmann, als Diskussionspartner in unseren Doktoranden-Kolloquien zur Verfügung. Die studentischen Hilfskräfte des Lehrstuhls Stefan Behrens und Oliver Pöschke haben mir bei der Literaturbeschaffung und beim Erstellen von Abbildungen wichtige Hilfe geleistet. Ihnen allen sei herzlich gedankt.

Dank gebührt last but not least auch den außeruniversitären Unterstützern meiner Arbeit. Mein ehemaliger Kommilitone Dipl.-Vw. Volker Tolkmitt hat sich ebenfalls als sorgfältiger Korrekturleser betätigt, und Martin Budde stand mir mit Rat und Tat bei meinen häufigen Kämpfen mit den Tücken der EDV zur Seite.

Cottbus, im Februar 1999 Holger Schulz

## Inhaltsübersicht

**Einleitung ... 23**
A Einführung in die Problematik ... 23
B Erläuterung der Vorgehensweise ... 24

**1 Public-Choice-Analyse des Notenbankverhaltens ... 27**
1.1 Autonomiegrad und stabilitätspolitischer Erfolg ... 27
1.2 Motivation geldpolitischer Entscheidungsträger ... 47
1.3 Demokratische Kontrolle der Geldpolitik ... 74
1.4 Folgerungen für die institutionellen Rahmenbedingungen ... 82
1.5 Zusammenfassung der Ergebnisse des ersten Kapitels ... 113

**2 Möglichkeiten für die Ausgestaltung von Anreizsystemen und Regelbindungen bei verschiedenen geldpolitischen Konzepten ... 115**
2.1 Tauglichkeit der Orientierungsgrößen staatlich monopolisierter Notenbanken ... 115
2.2 Währungskonkurrenz ... 142
2.3 Historische Goldkernwährung ... 159
2.4 Zusammenfassung der Ergebnisse des zweiten Kapitels ... 176

**3 Einlösepflicht mit Preisindexfixierung ... 179**
3.1 Sinn und Problematik der Indexstabilisierung ... 179
3.2 Interventionen mit einem Warenkorb ... 196
3.3 Einzelnes Interventionsgut mit variabler Parität ... 204
3.4 Technische Probleme der indexgebundenen Einlösepflicht und ihre Überwindung ... 229
3.5 Zusammenfassung der Ergebnisse des dritten Kapitels ... 242

**4 Umsetzung der indexgebundenen Einlösepflicht in der Europäischen Wirtschafts- und Währungsunion ... 245**
4.1 Bedarf für eine Realanbindung ... 245
4.2 Funktionsvoraussetzungen für die Umsetzung in Europa ... 262
4.3 Polit-ökonomische Aspekte der Verwirklichungschancen ... 274
4.4 Zusammenfassung der Ergebnisse des vierten Kapitels ... 287

**Epilog ... 289**

# Inhaltsverzeichnis

**Geleitwort** .... **5**
**Vorwort** .... **7**
**Inhaltsübersicht** .... **9**
**Abbildungsverzeichnis** .... **18**
**Tabellenverzeichnis** .... **19**
**Abkürzungs- und Symbolverzeichnis** .... **20**

**Einleitung** .... **23**
**A Einführung in die Problematik** .... **23**
**B Erläuterung der Vorgehensweise** .... **24**

**1 Public-Choice-Analyse des Notenbankverhaltens** .... **27**
**1.1 Autonomiegrad und stabilitätspolitischer Erfolg** .... **27**
1.1.1 Theoretische Argumente für Autonomie .... 28
1.1.1.1 Zielkonflikte in der Wirtschaftspolitik .... 28
1.1.1.2 Währungspolitische Interessen der Finanzpolitik .... 32
1.1.2 Empirische Zusammenhänge zwischen Unabhängigkeit und Preisniveaustabilität .... 40
1.1.2.1 Bewertung des Autonomiegrades .... 40
1.1.2.2 Vergleich der stabilitätspolitischen Erfolge .... 44
**1.2 Motivation geldpolitischer Entscheidungsträger** .... **47**
1.2.1 Zielfunktionen bei Autonomie ohne Nebenbedingung .... 50
1.2.1.1 Einkommen .... 50
1.2.1.2 Komfort .... 51
1.2.1.3 Ansehen .... 53
1.2.1.4 Macht .... 59
1.2.2 Determinanten des Entscheidungsverhaltens am Beispiel der Deutschen Bundesbank .... 63
1.2.2.1 Ausgeprägte Autonomie .... 63
1.2.2.2 Stabilitätsmentalität .... 64
1.2.2.3 Stabilitätstradition .... 65
1.2.2.4 Internationale Bedeutung der DM .... 65
1.2.3 Die Wahl des geldpolitischen Instrumentariums als Beispiel für Interessenlagen und Ineffizienzen .... 68
1.2.3.1 Refinanzierungspolitik .... 70
1.2.3.2 Mindestreserve .... 71
1.2.3.3 Devisenpolitik .... 72

**1.3 Demokratische Kontrolle der Geldpolitik ... 74**
1.3.1 Grundlegende Argumente für eine demokratisch legitimierte Aufsicht ... 75
1.3.1.1 Souveränität und Entscheidungsdelegation ... 75
1.3.1.2 Principal-Agent-Theorie ... 77
1.3.1.3 Notwendigkeit von Handlungsrestriktionen für geldpolitische Entscheidungsträger ... 79
1.3.2 Konflikt mit der Sicherstellung von Autonomie ... 80
1.3.2.1 Delegation von Finanz- und Geldpolitik ... 81
1.3.2.2 Interessenkonflikte und Freiheitsgrade parlamentarischer Entscheidungsfindung ... 81

**1.4 Folgerungen für die institutionellen Rahmenbedingungen ... 82**
1.4.1 Sicherstellung der Autonomie ... 83
1.4.1.1 Eindeutige Zielverpflichtung ... 83
1.4.1.2 Formale Unabhängigkeit und Weisungsfreiheit ... 84
1.4.1.3 Personelles Besetzungsverfahren ... 85
1.4.1.4 Trennung von der Haushaltsfinanzierung ... 88
1.4.1.5 Ausreichendes Instrumentarium ... 89
1.4.1.6 Wechselkurskompetenz ... 90
1.4.2 Installation geeigneter Aufsichtsmechanismen ... 91
1.4.2.1 Eigenständiges Kontrollgremium ... 91
1.4.2.2 Trennung von Aufsicht und operativen Kompetenzen ... 94
1.4.2.3 Überwachung des Aufwandsverhaltens ... 94
1.4.3 Anreiz- und Entlohnungssysteme ... 95
1.4.3.1 Fixierung der Nominalentlohnung ... 96
1.4.3.2 Inflationsabhängige Vergütung ... 98
1.4.3.3 Entlassungsregeln ... 101
1.4.3.4 Motivation für Kosteneffizienz ... 104
1.4.4 Regelgebundene Geldpolitik ... 105
1.4.4.1 Automatismen zur Verstetigung der Politik ... 105
1.4.4.2 Automatismen zur Immunisierung gegen Interessen ... 106
1.4.4.3 Abwägung von Ineffizienzen der Regelbindungen ... 107
1.4.4.4 Abhängigkeit der Regel vom geldpolitischen Grundkonzept ... 108
1.4.5 Kombinationsmöglichkeiten von Regelbindung, Anreizsystemen, Autonomie und Aufsicht ... 109

**1.5 Zusammenfassung der Ergebnisse des ersten Kapitels ... 113**

**2 Möglichkeiten für die Ausgestaltung von Anreizsystemen und Regelbindungen bei verschiedenen geldpolitischen Konzepten ............ 115**

**2.1 Tauglichkeit der Orientierungsgrößen staatlich monopolisierter Notenbanken ............ 115**

2.1.1 Endziel Preisniveaustabilisierung ohne Zwischenziele ............ 117

2.1.1.1 Grundsätzliche Funktionsweise ............ 117

2.1.1.2 Problemfelder ............ 118

2.1.1.3 Eignung für Anreizsysteme ............ 120

2.1.1.4 Eignung für Regelbindungen ............ 121

2.1.2 Geldmengenziele ............ 121

2.1.2.1 Grundsätzliche Funktionsweise ............ 122

2.1.2.2 Problemfelder ............ 123

2.1.2.3 Eignung für Anreizsysteme ............ 124

2.1.2.4 Eignung für Regelbindungen ............ 125

2.1.3 Zinsziele ............ 127

2.1.3.1 Grundsätzliche Funktionsweise ............ 127

2.1.3.2 Problemfelder ............ 129

2.1.3.3 Eignung für Anreizsysteme ............ 132

2.1.3.4 Eignung für Regelbindungen ............ 132

2.1.4 Wechselkursziele ............ 133

2.1.4.1 Grundsätzliche Funktionsweise ............ 133

2.1.4.2 Problemfelder ............ 136

2.1.4.3 Eignung für Anreizsysteme ............ 137

2.1.4.4 Eignung für Regelbindungen ............ 139

2.1.5 Fazit zur Eignung der diskutierten Ansätze ............ 140

**2.2 Währungskonkurrenz ............ 142**

2.2.1 Idee und Funktionsweise ............ 143

2.2.1.1 Freiheit der Notenausgabe ............ 143

2.2.1.2 Unterscheidbarkeit und flexible Kurse ............ 144

2.2.1.3 Neutralität des Staates ............ 146

2.2.1.4 Wettbewerbliche Auslese ............ 147

2.2.1.5 Stabilisierungsversprechen und Realanbindung ............ 148

2.2.1.6 Historische Erfahrungen mit Bankenfreiheit ............ 149

2.2.2 Gegenargumente und Marktunvollkommenheiten des Gutes Geld ............ 151

2.2.2.1 Vertrauenssensibilität ............ 151

2.2.2.2 Skalenvorteile bei der Bereitstellung ............ 153

2.2.2.3 Skalenvorteile bei der Nutzung ............ 154

2.2.2.4 Skalenvorteile im Geschäftsbankensektor ............ 156

2.2.3 Beurteilung der Eignung ............ 158

**2.3 Historische Goldkernwährung ........ 159**
2.3.1 Funktionsweise der Goldkernwährung ........ 159
2.3.1.1 Evolution der Goldkernwährung ........ 159
2.3.1.2 Einlösepflicht und Wertstabilisierung ........ 161
2.3.1.3 Internationaler Goldmechanismus ........ 162
2.3.2 Institutionenökonomik der Goldkernwährung ........ 163
2.3.2.1 Stabilitätszwang als Nebenbedingung ........ 164
2.3.2.2 Operative Freiheit ........ 164
2.3.2.3 Schutz vor finanzpolitischem Druck ........ 165
2.3.3 Diskussion möglicher Problemfelder und Einwände ........ 166
2.3.3.1 Unmöglichkeit konjunkturpolitischer Geldpolitik ........ 166
2.3.3.2 Flexibilität der Geldmengenanpassung ........ 167
2.3.3.3 Reale Wertschwankungen des Goldes ........ 169
2.3.4 Bewertung der Goldkernwährung ........ 173
2.3.4.1 Historische Evidenz ........ 173
2.3.4.2 Heutige Beurteilung ........ 175

**2.4 Zusammenfassung der Ergebnisse des zweiten Kapitels ........ 176**

**3 Einlösepflicht mit Preisindexfixierung ........ 179**

**3.1 Sinn und Problematik der Indexstabilisierung ........ 179**
3.1.1 Gründe für Preisniveaustabilität ........ 179
3.1.1.1 Verteilungseffekte von Inflation ........ 180
3.1.1.2 Allokationseffekte von Inflation ........ 180
3.1.2 Ausgestaltung und Wahl eines spezifischen Indexes ........ 181
3.1.2.1 Problematik der Repräsentativität des Güterbündels ........ 182
3.1.2.2 Empirischer Vergleich verschiedener Preisindexreihen ........ 184
3.1.3 Einwände gegen die Indexstabilisierung ........ 187
3.1.3.1 Nicht-kompensatorische Preisänderungen ........ 187
3.1.3.2 Stabilisierung der Veränderungsrate statt des Preisniveaus ........ 189
3.1.3.3 Opportunitätskostenfreies Geld ........ 192
3.1.3.4 Inflation im Rahmen der Theorie optimaler Staatsfinanzierung ........ 194
3.1.4 Fazit zur Indexorientierung ........ 196

**3.2 Interventionen mit einem Warenkorb ........ 196**
3.2.1 Idee und Funktionsweise von Gütermarktinterventionen ........ 197
3.2.1.1 Preisstabilisiertes Güterbündel statt Einzelgut ........ 197
3.2.1.2 Wirkung der Interventionen an den Gütermärkten ........ 198
3.2.1.3 Wirkung der Interventionen auf die Geldmenge ........ 199

3.2.2 Probleme der Realisation ........ 200
3.2.2.1 Nicht-erfaßbare Güter ........ 200
3.2.2.2 Transaktions- und Lagerkosten ........ 201
3.2.2.3 Verzerrung relativer Preise bei Interventionen mit Teilgütermengen ........ 203
3.2.3 Fazit zur Eignung von Interventionen mit einem Warenkorb ........ 204

**3.3 Einzelnes Interventionsgut mit variabler Parität ........ 204**
3.3.1 Idee der variablen Einlösungsparität ........ 204
3.3.1.1 Ausschaltung realer Preisschwankungen des Interventionsgutes ........ 205
3.3.1.2 Garantie der Erhaltung einer indexbezogenen Kaufkraft .. 206
3.3.1.3 Berechnungsbeispiel ........ 208
3.3.2 Wirkungen der Interventionen ........ 214
3.3.2.1 Effekte am Geldmarkt ........ 215
3.3.2.2 Effekte am Markt des Interventionsgutes ........ 217
3.3.2.3 Stabilisierung realer und nominaler Wechselkurse ........ 218
3.3.3 Erforderliche Eigenschaften des Interventionsgutes ........ 220
3.3.3.1 Qualitäten für die technische Abwicklung ........ 221
3.3.3.2 Wertentwicklung ........ 222
3.3.3.3 Marktvolumen des Interventionsgutes ........ 223
3.3.3.4 Einige Beispielgüter im Vergleich ........ 224
3.3.4 Vergleich der indexgebundenen Einlösepflicht mit Goldkernwährung und Waren-Reserve-Währung ........ 228

**3.4 Technische Probleme der indexgebundenen Einlösepflicht und ihre Überwindung ........ 229**
3.4.1 Problemfelder ........ 229
3.4.1.1 Perfekte Arbitrage bei exogenen Preisniveauänderungen . 230
3.4.1.2 Wirkungsverzögerungen und zyklische Geldmengenvolatilität ........ 230
3.4.1.3 Informationsasymmetrien bei verzögerten Paritätsanpassungen ........ 232
3.4.2 Lösungsansätze ........ 233
3.4.2.1 Betragsbegrenzungen ........ 234
3.4.2.2 Zeitverzögerungen bei der Abwicklung ........ 235
3.4.2.3 Terminkontrakte ........ 236
3.4.2.4 Optimale Interventionsspannen ........ 238

**3.5 Zusammenfassung der Ergebnisse des dritten Kapitels ........ 242**

**4 Umsetzung der indexgebundenen Einlösepflicht in der Europäischen Wirtschafts- und Währungsunion ... 245**

**4.1 Bedarf für eine Realanbindung ... 245**

4.1.1 Inhomogenität der Stabilitätsmentalitäten ... 245

4.1.1.1 Messung und Begründung ... 246

4.1.1.2 Unterschiedliche Auffassungen über die Rolle der Geldpolitik ... 248

4.1.1.3 Entscheidungsfindung innerhalb der Europäischen Zentralbank ... 251

4.1.1.4 Externe Beeinflussung der Notenbank ... 253

4.1.2 Einschränkung des Währungswettbewerbs ... 255

4.1.2.1 Vernichtung von Alternativen für die Geldverwender ... 255

4.1.2.2 Wegfall der Anker-Rolle der DM ... 256

4.1.3 Fehlen etablierten Vertrauenskapitals ... 257

4.1.3.1 Bedeutung von Vertrauenskapital für die Geldpolitik ... 257

4.1.3.2 Sondersituation der EZB als Institution ohne Vergangenheit ... 259

4.1.3.3 Vertrauensgeschädigte Ausgangssituation ... 259

4.1.3.4 Effekte einer ersatzweisen Realanbindung ... 261

**4.2 Funktionsvoraussetzungen für die Umsetzung in Europa ... 262**

4.2.1 Europa als optimaler Währungsraum ... 263

4.2.1.1 Bemessung an traditionellen Kriterien ... 263

4.2.1.2 Reale Wechselkursstabilität oder zusätzlicher Bedarf an Preisflexibilität ... 264

4.2.2 Kontrollierbarkeit der Preisniveauentwicklung ... 266

4.2.2.1 Autonomie der Europäischen Zentralbank ... 266

4.2.2.2 Stabilitätsorientierung der Tarif- und Finanzpolitik ... 268

4.2.3 Bedingungen und Gestaltung der Übergangsphase ... 270

4.2.3.1 Aufbau von Interventionsreserven ... 270

4.2.3.2 Allmähliche Verengung der Interventionsspanne ... 272

**4.3 Polit-ökonomische Aspekte der Verwirklichungschancen ... 274**

4.3.1 Nutzung des Strukturbruches ... 274

4.3.1.1 Ohnehin anstehende Änderung etablierter Mechanismen ... 275

4.3.1.2 Geringere bürokratische Widerstände ... 275

4.3.2 Interessenlagen verschiedener Gruppierungen ... 276

4.3.2.1 Unterscheidung nach Funktion und Nation ... 277

4.3.2.2 Mögliche Konstellation der Einstellungen ... 278

4.3.3 Zwang zu Konsens ... 280
4.3.3.1 Steigerung der Transparenz politischer Positionen ... 280
4.3.3.2 Einheitliches Bekenntnis zur Rolle einer gemeinsamen Geldpolitik ... 281
4.3.4 Scheitern einer ungebundenen Alternative ... 282
4.3.4.1 Denkbares Krisenszenario ... 282
4.3.4.2 Entscheidungsmatrix der Strategievarianten als Indiz für die Durchsetzbarkeit einer Realbindung ... 284

**4.4 Zusammenfassung der Ergebnisse des vierten Kapitels ... 287**

**Epilog ... 289**

**Literaturverzeichnis ... 291**

**Anhang 1 Autonomiebewertungen ... 309**

**Anhang 2 Geldmengenziele und ihre Einhaltung ... 311**

**Anhang 3 Herleitung von Skalenvorteilen der Reservehaltung im Einlagengeschäft ... 312**

**Anhang 4 Goldpreisentwicklung ... 315**

**Anhang 5 Historische Preisniveauentwicklung in Deutschland ... 316**

**Anhang 6 Vergleich verschiedener Preisindizes ... 317**

**Anhang 7 Abhängigkeit regionaler Teilpreisindizes vom Gesamtpreisindex und vom interregionalen Realtauschverhältnis ... 319**

# Abbildungsverzeichnis


Abb. 1 Internationale Entwicklung der Verschuldungsquoten .................... 34

Abb. 2 Staatliche und private Finanzierungskosten in Abhängigkeit vom Autonomiegrad .................... 37

Abb. 3 Autonomiegrad und durchschnittliche Inflation.................... 46

Abb. 4 Stellung eines geldpolitischen Aufsichtsgremiums im Verfassungsgefüge .................... 93

Abb. 5 Beziehungen zwischen den geldpolitischen Ordnungselementen.... 111

Abb. 6 Geldmengenziele und tatsächliche Expansion in Deutschland........ 123

Abb. 7 Systematik geldpolitischer Konzepte mit Wechselkurszielen......... 133

Abb. 8 Goldpreis und Preisniveauentwicklung in einer hypothetischen Goldkernwährung in den letzten Jahrzehnten .................... 171

Abb. 9 Preisniveauentwicklung in Deutschland 1871 - 1913 .................... 174

Abb. 10 Vergleich der Niveauentwicklung und der Veränderungsraten verschiedener Preisindizes .................... 185

Abb. 11 Verhältnis zwischen Geld, Einlösegut und Warenkorbgütern......... 205

Abb. 12 Ableitung optimaler Interventionsspannen.................... 240

Abb. 13 Stetige Verengung der Interventionsspannen in der Einführungsphase .................... 273

# Tabellenverzeichnis

Tab. 1 Autonomieeinschätzungen ... 43
Tab. 2 Vergleich der Inflationsraten ... 45
Tab. 3 Vergleich des Verwaltungsaufwandes ... 52
Tab. 4 Vor- und Nachteile geldpolitischer Ordnungselemente ... 110
Tab. 5 Vergleichende Bewertung geldpolitischer Konzepte ... 141
Tab. 6 Zwei-Perioden-Modell zum Vergleich verschiedener Stabilitätsorientierungen ... 190
Tab. 7 Bewertung der Effekte verschiedener Stabilitätsorientierungen ... 191
Tab. 8 Berechnungsbeispiele indexorientierter Einlöseparitäten ... 210
Tab. 9 Vergleich verschiedener Einlösegüter ... 225
Tab. 10 Vergleich der indexgebundenen Einlösepflicht mit Goldkernwährung und Waren-Reserve-Währung ... 228
Tab. 11 Nutzenverteilung verschiedener Verhandlungsergebnisse ... 285
Tab. 12 Entscheidungsmatrix der Verhandlungsstrategien ... 286
Tab. A1.1 Politische Unabhängigkeit von Zentralbanken ... 309
Tab. A1.2 Ökonomische Unabhängigkeit von Zentralbanken ... 310
Tab. A2.1 Geldmengenziele und ihre Einhaltung ... 311
Tab. A4.1 Goldpreisentwicklung und hypothetisches Preisniveau einer Goldkernwährung zwischen 1970 und 1996 ... 315
Tab. A5.1 Preisniveauentwicklung im Deutschen Reich zwischen 1871 und 1913 ... 316
Tab. A6.1 Entwicklung verschiedener Preisindizes in Deutschland 1962 bis 1996 ... 317
Tab. A6.2 Berechnung von Vergleichskennzahlen zu verschiedenen Preisindizes ... 318

# Abkürzungs- und Symbolverzeichnis

$\Delta$ .................................... absolute Änderung der folgenden Größe

$\Delta\%$ .................................. prozentuale Änderung der folgenden Größe

$\pi$ .................................... Inflationsrate

$\sigma$ .................................... Standardabweichung

$\tau$ .................................... realer Wechselkurs, Realtauschverhältnis

a .................................... 1) Anteilsgewichtungsfaktor
2) konstanter Koeffizient

AF .................................. Ausfallrisiko

b .................................... konstanter Koeffizient

BIP .................................. Bruttoinlandsprodukt

BSP .................................. Bruttosozialprodukt

CD .................................. Certificate of Deposit

$C_u$ .................................. Kosten der Unsicherheit über Einlagenabflüsse

D .................................... Einlagevolumen, Deposits

E .................................... Einlösegut

E (...) .............................. Erwartungswert der in Klammern gesetzten Größe

ESZB ................................ Europäisches System der Zentralbanken

EWS .................................. Europäisches Währungssystem

EZB .................................. Europäische Zentralbank

g .................................... Gewichtungsfaktor

GE .................................. Geldeinheit

i .................................... Nominalzins

$i_a$ .................................... Opportunitätskosten-Zinssatz der Reservehaltung

$I^n$ .................................... Netto-Investitionen

$i_p$ .................................... Strafzinssatz bei Reservenmangel

L .................................... Geldnachfrage

LBS .................................. Leistungsbilanzsaldo

M .................................... Geldmenge

M1, M2, M3, $M3_{erweitert}$ .. Geldmengenaggregate
ME ................................ Mengeneinheit
n .................................... Anzahl
OECD ............................ Organisation for Economic Co-operation and Development
p .................................... Preis eines Gutes
P .................................... Preisniveau, Preisindex
P(E) ............................... Erzeugerpreise
P(D) ............................... Deflator des BIP
P(L) ............................... Preisindex für die Lebenshaltung
r ..................................... Realzins
R .................................... gehaltene Liquiditätsreserven
RP ................................. Risikoprämie
S .................................... Ersparnis
t ..................................... Zeit, Periode
V .................................... Netto-Abflüsse von Einlagen
Var ................................ Varianz
W ................................... Warenkorb

# Einleitung

## A Einführung in die Problematik

Zahlreiche neue Entwicklungen prägen heute das Umfeld der Geldpolitik. Als Beispiele seien nur genannt eine weiter zunehmende Internationalisierung, Konzentration der Geschäftsbanken, eine um sich greifende Verbreitung von Finanzinnovationen, dauerhafte Finanzierungsdefizite der öffentlichen Haushalte bei erst allmählich überwundener Wachstumsschwäche und hoher Arbeitslosigkeit sowie die Vorbereitung der Europäischen Währungsunion. Diese Tendenzen stellen zusätzliche Anforderungen an die Kunst der Geldpolitik.

Um so erstaunlicher scheinen die trotz der genannten Erschwernisse aktuell erreichten stabilitätspolitischen Erfolge zu sein. Die Steigerungsraten des Preisniveaus sind zur Zeit nicht nur in Deutschland, sondern auch auf internationaler Ebene erfreulich niedrig. Das Thema Inflation weist angesichts ausgeprägter Zielverfehlungen bei anderen wirtschaftspolitischen Zielen, wie z. B. der hohen Arbeitslosigkeit, eine geringere Problematik auf. Das Schlagwort vom „Tod der Inflation" geht um.

Es ist aber zu bezweifeln, daß das Problem der Inflation in einer langfristigeren Perspektive tatsächlich nicht mehr existiert. Zum Teil sind die aktuell niedrigen Raten lediglich das Ergebnis einer schwachen Konjunktur, die den Preisdruck bremst. Es steht zu befürchten, daß sich in einer anderen konjunkturellen Situation neue Gefahren aufbauen. Zudem relativieren sich die heutigen niedrigen Inflationsraten, wenn man im Zeitvergleich nur weit genug zurückblickt. Erinnert sei in diesem Zusammenhang an die stabilen Phasen der historischen Goldkernwährung. Weitere Bedenken hinsichtlich der zukünftigen Inflationsentwicklung können aus der Tatsache genährt werden, daß der zur Zeit international spürbare Wille zur Stabilität nicht immer auf einer entsprechenden Grundüberzeugung beruht, sondern oftmals allein eine Reaktion auf die negativen Erfahrungen der siebziger Jahre darstellt. Leider zeigt die Geschichte, daß solche Erfahrungen im Zeitablauf verblassen.

Sobald sich die Stabilitätsmentalität verringert, ergeben sich für die geldpolitischen Entscheidungsträger wieder vermehrt Spielräume, Inflation zuzulassen. Deshalb bietet es sich an, die Präferenzen und Restriktionen der Dirigenten der

Notenbanken im Rahmen einer Public-Choice-Analyse[1] zu untersuchen. Diese noch relativ neue wirtschaftswissenschaftliche Perspektive erforscht die Determinanten der öffentlichen Entscheidungsfindung. Sie wird in jüngster Zeit vermehrt auch auf die Geldpolitik angewandt. Neben die bisher vorherrschenden normativen Aussagen zur Geldpolitik treten positive. Die Ergebnisse dieser theoretischen Neuerungen geben Anlaß, das Regelwerk der Währungsordnung neu zu überdenken. Eine Überarbeitung der verwendeten geldpolitischen Konzeptionen ist außerdem schon allein wegen der anstehenden Europäischen Währungsunion nötig.

Vor dem Hintergrund der angesprochenen Entwicklungen stellt sich deshalb die Frage, ob geldpolitische Konzepte gefunden werden können, die einer Public-Choice-Analyse mit positivem Ergebnis standhalten und die in dem veränderten Umfeld einer Europäischen Währungsunion möglichst absolute Preisniveaustabilität sicherstellen. Dieser Aufgabe widmet sich die vorliegende Arbeit.

# B Erläuterung der Vorgehensweise

In diesem Abschnitt wird die Gliederung der vorliegenden Arbeit vorgestellt, und die vier Abschnitte des Hauptteils werden kommentiert. Die eigentliche Entwicklung des geldpolitischen Konzeptes der indexgebundenen Einlösepflicht erfolgt im dritten dieser vier Kapitel. Die ersten beiden Kapitel stellen Vorüberlegungen dar, während der abschließende vierte Abschnitt die Anwendung des erarbeiteten Entwurfs auf die Europäische Währungsunion umfaßt.

Den Ausgangspunkt bildet im ersten Kapitel eine Public-Choice-Analyse des Notenbankverhaltens. Darin wird untersucht, von welchen Motiven sich die geldpolitischen Entscheidungsträger bei Autonomie leiten lassen. Die Unabhängigkeit der Notenbank, die zunächst theoretisch und empirisch begründet wird, ist in dieser Perspektive allein keine Garantie für das Betreiben einer optimalen Stabilitätspolitik. Folglich schließt sich eine Diskussion möglicher Aufsichts- und Anreizsysteme sowie Regelbindungen an.

Die Umsetzung solcher Vorschriften innerhalb verschiedener geldpolitischer Konzeptionen wird im zweiten Kapitel auf seine Tauglichkeit hin überprüft. Es wird gezeigt, daß alle zur Zeit diskutierten Ansätze keine befriedigenden Realisierungschancen für Anreizsysteme oder Regelbindungen bieten. Der ebenfalls

---

[1] Ausführliche Definitionen bzw. Abgrenzungen des Begriffs Public-Choice werden im Abschnitt 1.2 gegeben.

behandelte exotischere Ansatz der Währungskonkurrenz liefert zwar in theoretischer Perspektive den gesuchten Sanktionsmechanismus, doch scheitert ein solches System an unüberwindlichen Hürden der praktischen Realisation. Ebenfalls theoretisch geeignet für die Installation von Regelbindungen erscheint die historische Goldkernwährung, die gegenüber der Währungskonkurrenz den Vorteil besitzt, daß ihre Funktionsfähigkeit in der Praxis bereits erwiesen ist.

Das dritte Kapitel setzt sich deshalb zur Aufgabe, die Goldkernwährung zu modernisieren und von ihren Mängeln zu befreien. Insbesondere gilt es zu verhindern, daß reale Wertveränderungen des Goldes eine Veränderung des Preisindexes für den zugrundeliegenden Warenkorb erzwingen. Eine folgerichtig zu fordernde Interventionspflicht mit dem gesamten Güterbündel scheidet aber wegen prohibitiv hoher Transaktionskosten aus. Als Lösung des Dilemmas wird als Synthese eine Einlösepflicht der Banknoten in ein einzelnes Realgut mit einer variablen Parität vorgeschlagen, wobei die Einlösungsparität jeweils um Veränderungen des relativen Preises zwischen Interventionsgut und gesamtem Warenkorb bereinigt wird. Die Funktionsweise dieser indexgebundenen Einlösepflicht in der Praxis und die bei der Umsetzung zu erwartenden technischen Probleme sind ebenfalls Gegenstand des dritten Abschnittes.

In dem abschließenden vierten Kapitel wird das entwickelte Währungssystem für die Realisation im Rahmen der Europäischen Währungsunion vorgeschlagen. Dazu werden sowohl der Bedarf für eine Realsicherung des Euro analysiert als auch zusätzliche Problemfelder der Verwirklichung in einem größeren Währungsraum untersucht. Schließlich werden die Chancen der Durchsetzung der indexgebundenen Einlösepflicht im europäischen politischen Prozeß bewertet.

# 1 Public-Choice-Analyse des Notenbankverhaltens

## 1.1 Autonomiegrad und stabilitätspolitischer Erfolg

Im Rahmen einer Public-Choice-Analyse wird im folgenden untersucht, wie geldpolitische Entscheidungen zustande kommen. Welche Umstände beeinflussen die Entscheidungsfindung, und wie lassen sich die Rahmenbedingungen so gestalten, daß die gewünschte stabilitätspolitische Orientierung erreicht wird?

Der aktuelle Trend bei der Ausgestaltung des institutionellen Umfeldes der Geldpolitik weist in Richtung Autonomie der Notenbanken. Waren bis vor wenigen Jahren die unabhängigen Institute in der Minderheit, so sind in jüngster Zeit zahlreiche Notenbanken in die Selbständigkeit entlassen worden[2]. Offenbar hat sich zu einem gewissen Grade die Überzeugung durchgesetzt, daß eine Freiheit der Zentralbanken von Weisungen der Regierung dem Ziel der Stabilisierung des Preisniveaus zuträglich ist, oder die Inflationsvermeidung hat international in der sozialen Werteskala gegenüber anderen Zielen an Stellenwert gewonnen. Andererseits ist die Idee der Notenbankautonomie in der Diskussion im Vorfeld der Europäischen Wirtschafts- und Währungsunion teils stark kritisiert worden, seit Anfang 1997 zunehmend auch von französischer Seite.

Da nunmehr in vielen Industrieländern und in Deutschland bereits mit längerer Tradition die Situation der Geldpolitik von Autonomie geprägt ist, steht im folgenden eine Untersuchung dieses Umstandes am Beginn der Public-Choice-Analyse des Notenbankverhaltens. Dazu wird zunächst eine theoretische Begründung der Autonomie geliefert und danach der empirische Zusammenhang zwischen dem Ausmaß an Autonomie und dem damit verbundenen Erfolg bei der Preisniveaustabilisierung ermittelt.

---

2 Das prominenteste Beispiel dieser Entwicklung in jüngster Vergangenheit ist die Banque de France, die im Jahre 1994 unabhängig wurde. Formal fordert der Vertrag von Maastricht, daß alle Teilnehmerländer am Europäischen System der Zentralbanken ihre nationalen Notenbanken in die Autonomie entlassen. Die Unabhängigkeit der Europäischen Zentralbank (EZB) ist in Art. 7, die der nationalen Notenbanken in Art. 14 des Protokolls über die Satzung des Europäischen Systems der Zentralbanken und der Europäischen Zentralbank geregelt.

### 1.1.1 Theoretische Argumente für Autonomie

Die Unabhängigkeit der Notenbank ist einer Situation gegenüberzustellen, in der andere öffentliche Institutionen, insbesondere die Regierung, Einfluß auf geldpolitische Entscheidungen nehmen können. Letzteres kann in zweierlei Hinsicht problematisch sein. Zum einen kann eine wohlmeinende Regierung Inflation zulassen, wenn sie dadurch andere wirtschaftspolitische Ziele besser erreicht oder zumindest zu erreichen glaubt. Zum anderen kann die Regierung bewußt wider besseren Wissens eine Einflußnahme auf die Währungspolitik als Instrument zur Verfolgung eigener polit-ökonomischer Ziele einsetzen, wie dies etwa bei einer defizitären Budgetpolitik mit anschließender inflationärer Entschuldung der Fall wäre. Diese beiden denkbaren Fälle werden im folgenden behandelt.

#### 1.1.1.1 Zielkonflikte in der Wirtschaftspolitik

Bei der Behandlung von Zielkonflikten in der Wirtschaftspolitik im Zusammenhang mit Inflation liegt der Gedanke an die Phillips-Kurve[3] nahe. Auf die Diskussion um diesen umstrittenen trade-off zwischen Inflation und Arbeitslosigkeit wird in dieser Arbeit nicht näher eingegangen[4], wenngleich der Grundgedanke dieses Beispiels geeignet erscheint, die folgenden allgemeinen Überlegungen geistig nachzuvollziehen. Für die hier anzustellenden Betrachtungen ist lediglich relevant, daß es positive oder negative Zielbeziehungen zwischen Preisniveaustabilität und anderen Zielen geben kann.

Wie kann mit solchen Konflikten die Autonomie der Notenbank begründet werden? Sehr einfach ist dies für den Fall, daß der behauptete trade-off gar nicht tatsächlich existiert, sondern einige politische Akteure lediglich glauben, ihn erkennen und ausnutzen zu können. Hier wäre die Autonomie ein geeignetes Instrument, die Geldpolitik vor solchen ungerechtfertigten Einflußnahmen zu schützen. Doch muß diese Begründung, um stichhaltig zu sein, davon ausgehen, daß in der

---

[3] Die ursprüngliche Phillips-Kurve wurde als statistisches Ergebnis präsentiert von Phillips, Alban W.: The relation between unemployment and the rate of change of money wage rates in the United Kingdom, 1861 - 1957, in: Economica, Vol. 25, 1958, S. 283 - 299. Die modifizierte Phillips-Kurve, bei der die Nominallohnsteigerung durch die Inflationsrate ersetzt wird, wurde eingeführt von Samuelson, Paul A. / Solow, Robert M.: Analytical Aspects of Anti-Inflationary Policy, in: American Economic Review, Papers and Proceedings, Vol. 50, 1960, S. 177 - 194.

[4] Die Diskussion über die Relevanz der Phillips-Kurve und ihre Abhängigkeit von verschiedenen Erwartungsbildungshypothesen kann den meisten makroökonomischen Lehrbüchern entnommen werden.

Notenbank mehr ökonomischer Sachverstand vorhanden ist als etwa in der Regierung. Davon ist in der Theorie nicht zwingend auszugehen, wenngleich ein Blick in die Praxis diesen Verdacht doch nahelegt. Knapp formuliert hieße dieses Argument: Die Autonomie ermöglicht der Notenbank den Einsatz ihrer Sachkompetenz.

Schwieriger ist dagegen der Fall tatsächlich vorhandener Zielkonflikte zu beurteilen. In einer solchen Situation könnte aus wohlfahrtsökonomischer Sicht die Inkaufnahme einer gewissen Inflationsrate sinnvoll sein, wenn dadurch die als optimal erachtete Mischung an Zielerreichungen ermöglicht wird. Die Auswahl dieses Optimalpunktes müßte unter Einbeziehung aller Präferenzen von einer einzelnen Instanz herbeigeführt werden. In diesem Fall wäre die institutionelle Autonomie der Notenbank ein Hindernis. Doch hat sich die Wirtschaftswissenschaft von einem solchen Idealbild eines wohlwollenden Diktators[5] längst verabschiedet.

Vielmehr wird in dieser Arbeit der Public-Choice-Perspektive gemäß als individualistisches Konzept eine Eigennutzorientierung der einzelnen beteiligten Akteure unterstellt. Diese liefert zwei wesentliche Argumente, die auch für den Fall objektiv vorliegender Zielkonflikte für Autonomie sprechen. Das eine Argument ist die Anfälligkeit der Entscheidungsträger für den Druck von Interessengruppen; das zweite Argument ist der Bedarf für eindeutige Verantwortungen, die im Ergebnis der neoklassischen Forderung nach einer eindeutigen Zuordnung der Instrumente zu den Zielen entspricht.

Läßt man eine Beeinflussung der Entscheidungsträger durch Partikularinteressen zu, so wird das aus wohlfahrtsökonomischer Sicht theoretisch existierende Optimum an Zielerreichungen ohnehin nur in den seltensten Fällen erreicht werden. Für die Praxis genauso wichtig wie die Kenntnis des normativen Ziels ist es, dafür zu sorgen, daß die Entscheidungsinstanzen von einer gesamtwirtschaftlich ineffizienten Beeinflussung abgeschirmt werden können. Zu diesem Zweck ist die Autonomie der Notenbank ein geeignetes Mittel. Denn es ist davon auszugehen, daß die Offenheit der Regierung für Interessengruppendruck ungleich höher ist als die der Notenbank selbst. Eine gewisse Berücksichtigung von Interessen auf

---

5 Die Modellvorstellung eines wohlwollenden Diktators wird immer dann verwendet, wenn es gilt, für öffentliche Entscheidungen normative Referenzwerte durch eine theoretische zentrale Aggregation aller Präferenzen zu gewinnen, um sie mit den tatsächlich zu erwarteten Ergebnissen zu vergleichen und auf diese Weise Ineffizienzen dezentraler Entscheidungen aufzudecken. Zum Begriff des wohlwollenden Diktators siehe auch Blankart, Charles B.: Öffentliche Finanzen in der Demokratie, 2. Aufl., München, 1994, S. 101.

der Regierungsebene ist vermutlich in dem politischen System der parlamentarischen Demokratie unausweichlich. Eine indirekte Beeinflussung der Geldpolitik über den Umweg der Regierung sollte aber ausgeschlossen bleiben. Bei Fehlen von Autonomie könnte die Regierung sonst versuchen, aus wahltaktischen Erwägungen mit Mitteln der Geldpolitik einen politischen Konjunkturzyklus zu erzeugen[6].

Das zweite Argument, die eindeutige Zuordnung der Instrumente zu den Zielen, ist sowohl aus wirtschaftstheoretischer Sicht wie auch gerade aus der Public-Choice-Perspektive stichhaltig. Aus der Theorie ist bekannt, daß für den Fall, daß mehrere wirtschaftspolitische Ziele gleichzeitig verfolgt werden sollen, auch mindestens genauso viele Instrumente zur Verfügung stehen müssen[7]. Es gilt dann, den effizienten Policy-Mix zu ermitteln, d. h., diejenige Instrumentenkombination zu finden, die das angestrebte Zielbündel erreicht[8].

Da in der Praxis eine gleichzeitige Optimierung aller Instrumente illusorisch ist, muß vielmehr der günstigste Policy-Mix in der Form gefunden werden, daß jedem Instrument das Ziel zugeordnet wird, auf das es am stärksten wirkt. Auf diese Weise ergibt sich eine eindeutige Orientierung für den Einsatz dieses Instrumentes. Nebenwirkungen auf das eigene Ziel, die aus Veränderungen anderer Instrumente herrühren, müßten dann durch Anpassungen des Hauptinstrumentes in einem try-and-error-Verfahren kompensiert werden.

So wird in der Praxis z. B. von Vertretern der Neoklassik die Verantwortung für Vollbeschäftigung den Tarifparteien zugesprochen, der Ausgleich der Zahlungsbilanz dem Wechselkursmechanismus überlassen, die Finanzpolitik zu allokativer

---

6 Wie später noch gezeigt wird, kann sich das Problem des politischen Konjunkturzyklusses aber auch bei Autonomie stellen, wenn nämlich eine solche Politik im Eigeninteresse der Notenbank liegt. Siehe Abschnitt 1.2.1.4.

7 Dies zeigt z. B. Tinbergen, Jan: On the Theory of Economic Policy, 2. Aufl., Amsterdam, 1955, insbesondere in Kapitel IV, S. 27 - 36.

8 Mathematisch kann dieses Problem als Gleichungssystem verstanden werden. Jede Gleichung steht dabei für ein Ziel. Die Zielgrößen sind von verschiedenen Parametern abhängig, darunter auch einige oder alle der zur Verfügung stehenden Instrumente. Für die Lösung eines solchen Gleichungssystems müssen wenigstens genauso viele Instrumente variierbar sein, wie Zielgrößen verfolgt werden sollen. Eine Ausnahme bildeten lediglich mathematisch abhängige Gleichungen, die für perfekt komplementäre Ziele stünden. Andere Zielbeziehungen schlügen sich in der Art der Koeffizienten der einzelnen Gleichungen nieder.

Effizienz verpflichtet, die Geldpolitik auf die Preisniveaustabilisierung ausgerichtet usw.[9].

Nebenwirkungen aus der Finanz- oder Tarifpolitik auf das Preisniveau müßten bei dieser Zuordnung durch geldpolitische Maßnahmen ausgeglichen werden. Dafür wird im Gegenzug die Geldpolitik von Rücksichtnahmen auf andere Ziele freigestellt, die dann eben durch andere Instrumente verfolgt werden müssen. Auf die Berücksichtigung von Zweit- und Drittzielen wird bewußt verzichtet. Eine zahlungsbilanzorientierte oder beschäftigungspolitisch motivierte Geldpolitik kommt daher nicht in Frage.

Doch soll die theoretische Effizienz einer solchen eindeutigen Zuordnung der Politikparameter zu den Zielen bei der hier vorgebrachten Argumentation gar nicht im Vordergrund stehen. Vielmehr ist aus der Public-Choice-Perspektive für eigennutzorientierte Entscheidungsträger relevant, daß aus präzisen Zuordnungen eindeutige Verantwortlichkeiten abgeleitet werden können. Der Erfolg wirtschaftspolitischer Maßnahmen ist dann leichter meßbar und bewertbar. Die wirtschaftspolitischen Entscheidungsträger können bei exklusiven, eindimensionalen Zielvorgaben besser kontrolliert und beurteilt werden[10].

Die Aufteilung der einzelnen Ziele auf die einzelnen Betätigungsfelder der Wirtschaftspolitik spricht für eine kongruente institutionelle Organisationsform. Verpflichtet man die Notenbank einzig und allein auf das Ziel der Preisniveaustabilisierung und soll ihr die alleinige Verantwortung für dieses Ziel zukommen, so muß sie institutionell von den Instanzen getrennt werden, die andere Ziele verfolgen sollen. Damit wäre eine weitere Begründung für Autonomie gefunden. Bei dieser Argumentation steht nicht der Gedanke im Vordergrund, die Notenbank zu schützen, sondern umgekehrt die Gesellschaft vor einer schlechten Geldpolitik zu bewahren, indem man die Notenbank mit Autonomie und allen nötigen Instrumenten und Vollmachten ausstattet, sie gleichzeitig aber auch bei Zielverfehlun-

---

[9] Die Einschätzung, daß die Zuordnung der Verantwortlichkeit der Geldpolitik für die Preisniveaustabilisierung mittlerweile weitgehend akzeptiert ist, teilt Hartwig, Karl-Hans: Bundesbankautonomie und Inflationsbekämpfung: Politische Ökonomie der Notenbankverhaltens, in: List-Forum, 12, 1984, S. 307.

[10] Eine externe Zielvorgabe ist auch deshalb wichtig, weil sowohl für autonome als auch abhängige Notenbanken nicht mit Sicherheit vorausgesagt werden kann, welches wirtschaftspolitische Ziel die Zentralbank sich selbst setzen würde. In einer Anwendung der Theorie der Bürokratie untersuchen dieses Problem am Beispiel der kanadischen Notenbank Acheson, Keith / Chant, John F.: Bureaucratic Theory and the Choice of Central Bank Goals, in: Journal of Money, Credit and Banking, 1973, S. 637 - 655.

gen zur Verantwortung zieht. Dieser Gedanke wird später wieder aufgegriffen, wenn die konkrete Ausgestaltung des institutionellen Rahmens der Geldpolitik bei Autonomie behandelt wird.

### 1.1.1.2 Währungspolitische Interessen der Finanzpolitik

Bisher erstreckten sich die Begründungen für Autonomie auf allgemeine, theoretische Argumente. In diesem Teilabschnitt werden nun die spezifisch währungspolitischen Interessen der Finanzpolitik analysiert. Welche eigennutzorientierten Vorteile kann die Budgetpolitik gegebenenfalls aus einer Beeinflussung der Geldpolitik ziehen? Drei Argumentationsstränge sind dabei denkbar: Es könnte erstens versucht werden, eine höhere Seigniorage aus der Banknotenemission zu ziehen; zweitens kann eine reale Minderung der Staatsschuld durch Inflation angestrebt werden; drittens kann der Staat durch die Verfügung über das eigene Verschuldungsmedium seine Zinskosten und Risikoprämien beeinflussen.

Die Seigniorage umfaßt die Gewinne, die dem Staat aus dem Innehaben des Notenausgabemonopols erwachsen. Sie entsteht dadurch, daß die Wirtschaftssubjekte bereit sind, unverzinsliches Geld zu halten und somit dem Staat in Form der Notenbank einen unverzinslichen, bzw. bei Inflation sogar real negativ verzinslichen Kredit zur Verfügung zu stellen. Die Seigniorage kann bemessen werden als der eingesparte Zinsbetrag, d. h. als eine Marktverzinsung bezogen auf die Zentralbankgeldmenge oder als realer Geldmengenzuwachs, den die Wirtschaftssubjekte bereit sind anzunehmen[11].

In beiden Abgrenzungen wird das Ausmaß der Seigniorage beeinflußt von der Höhe der Inflationsrate. Ausgehend von einer sehr niedrigen Rate erhöht zunächst ein Anstieg das Aufkommen an Seigniorage. Doch kehrt sich diese Wirkungsrichtung bei stärkerer Inflation um. Zunächst ermöglicht eine expansive

---

[11] In der Literatur finden sich beide alternativen Konzepte, meist allerdings nur eines pro Autor. Beide Konzepte der Seigniorage werden vergleichend dargestellt von: Klein, Martin / Neumann, Manfred J. M.: Seigniorage: What Is It and Who Gets It?, in: Weltwirtschaftliches Archiv, 126. Jg., 1990, S. 205 - 221. Die beiden beschriebenen Konzepte werden dort als opportunity cost bzw. monetary seigniorage bezeichnet. Die erste Definition betont die Forderungseigenschaft des Geldes und bewertet die Geldhaltung deshalb als Kredit an die Notenbank. Die zweite Definition stellt die Zahlungsmitteleigenschaft des Geldes in den Vordergrund; sie unterstellt eine sich permanent stetig ausweitende Geldmenge und abstrahiert daher von einem theoretisch denkbaren Notenrückfluß; die Seigniorage wird demnach bemessen als die reale Kaufkraft der neu in Umlauf gebrachten Geldmenge.

Geldpolitik eine Vergrößerung der Bemessungsgrundlage für die Seigniorage, aber bei steigender Inflationsrate wird die Geldnachfrage immer stärker negativ beeinflußt und die absetzbare Geldmenge schließlich real reduziert.

Für die hier anzustellenden Betrachtungen ist entscheidend, daß es einen gewissen inflationspolitischen Spielraum für eine Erhöhung der Seigniorage gibt. Der Staat in Form der Finanzpolitik kann hier leicht in Versuchung geraten, diese Option zu nutzen. Unterstellt man der Finanzpolitik idealistisch das Streben nach einem wohlfahrtstheoretischen Optimum, dann wäre bei Existenz verzerrender Effekte einer normalen Steuererhebung sogar eine gewisse inflationäre Hebung der Seigniorage sinnvoll, um die bei der Staatsfinanzierung entstehenden Überschußbelastungen in der Summe zu minimieren[12, 13]. Dieser Fall kann als ein Beispiel für die im vorangegangenen Abschnitt allgemein angesprochenen Zielkonflikte dienen, hier in der Form Preisniveaustabilität versus Besteuerungseffizienz[14]. In der Praxis dürfte aber die Gefahr einer rein eigennutzorientierten Ausbeutung der Einnahmequelle Seigniorage schwerer wiegen. Die aus dieser Gefahr zu ziehende Konsequenz ist, die Notenbank vor der seignioragemaximierenden Beeinflussung durch die Finanzpolitik durch Autonomie zu schützen. Dies bedeutet keineswegs, daß eine Ablieferung des Notenbankgewinns an den Staatshaushalt, wie in Deutschland üblich, nicht zugelassen werden darf. Es muß aber sichergestellt sein, daß dieser Gewinn nicht Ziel, sondern lediglich das Nebenprodukt einer stabilitätsorientierten Geldpolitik ist und die Preisniveaustabilität nicht beeinträchtigt.

Die zweite Gefahr währungspolitischer Interessen liegt in der Staatsverschuldung. Gemeint ist der Versuch des Staates, sich durch Zulassung von Inflation real zu

---

[12] Nach der wohlfahrtsökonomischen Theorie der Besteuerung kann eine Überschußbelastung durch die Preisverzerrung bei der Steuererhebung entstehen. Sie nimmt in der Regel überproportional mit der Höhe der Steuersätze zu. Der dabei entstehende Wohlfahrtsverlust wird auch als excess burden oder deadweight loss bezeichnet. Diese Begriffe können aus jedem finanzwissenschaftlichen Lehrbuch entnommen werden z. B. Blankart, Charles B., a. a. O., S. 204 - 220. Kann ein Teil des Steueraufkommens aus Seigniorage gedeckt werden, verringert sich der excess burden entsprechend.

[13] Dieser Gedanke wird als Kritik am Ziel der Preisindexstabilisierung nochmals im Abschnitt 3.1.3.4 aufgenommen werden.

[14] Nimmt man allerdings langfristige reale Produktionseinbußen als Inflationsfolgen mit in die Betrachtung auf, so löst sich der Zielkonflikt auf, da dann bereits eine sehr niedrige Inflationsrate in der Sichtweise der wohlfahrtsökonomischen Theorie der Besteuerung ineffizient wird. Zu diesem Ergebnis gelangen Banaian, King / McClure, Harold J. / Willett, Thomas D.: The Inflation Tax is Likely to be Inefficient at any Level, in: Kredit und Kapital, 27. Jg., 1994, S. 30 - 42.

entschulden. Historisch gesehen kann fast jede größere Inflation auf eben dieses Motiv zurückgeführt werden. Wie aus Abb. 1 ersichtlich ist, sind die sich zur Zeit sowohl national als auch international bei Höchstmarken bewegenden Schuldenstandsquoten geeignet, für die Zukunft Befürchtungen zu hegen.

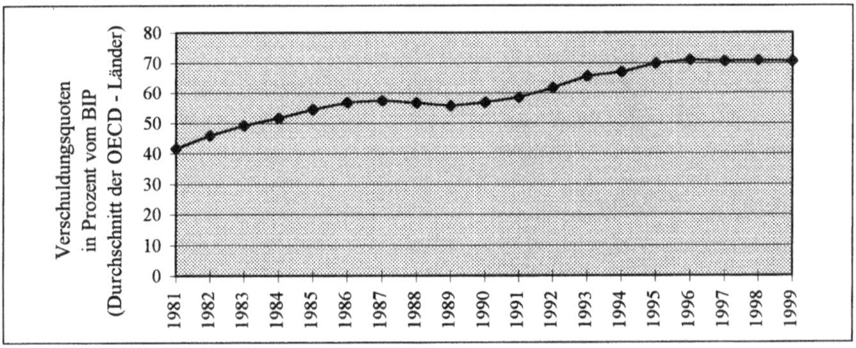


**Abb. 1 Internationale Entwicklung der Verschuldungsquoten**[15]

Zwar ist anzunehmen, daß die Wirtschaftssubjekte aus den vergangenen Hochinflationsphasen gelernt haben und daß rationale Erwartungen das Betreiben einer inflationären Entschuldungsstrategie erschweren. Doch wäre eine schleichende Überraschungsinflation[16] auch in dem heutigen Umfeld in einem gewissen Umfang geeignet, die realen Zins- und Tilgungslasten des Staates zu reduzieren.

Auf die einzelnen Begründungen für die Entstehung der Staatsverschuldung soll hier nicht näher eingegangen werden. Es ist aber fraglich, ob die Budgetpolitiker sich tatsächlich von normativ als sinnvoll erachteten Beweggründen leiten lassen, wenn sie Defizite in Kauf nehmen. Vielmehr ist zu befürchten, daß eigennützige Motive und das Nachgeben gegenüber Interessendruck die Motoren der steigenden Staatsschuld sind. Sofern eine Lastenverschiebung mittels Staatsverschuldung

---

[15] Für 1998 und 1999 Schätzungen; Daten aus OECD (Hrsg.): Wirtschaftsausblick, Nr. 63, Juni 1998, Annex Table 34, S. 286.

[16] Der Begriff „schleichende Überraschungsinflation" scheint bei flüchtiger Betrachtung ein Widerspruch in sich selbst zu sein, da er das Bild einer gleichzeitig langsamen als auch schnellen Entwicklung erzeugt. Doch ist dieser Widerspruch aufzulösen, da sich beide Begriffskomponenten nicht auf die Zeitdimension beziehen. Vielmehr bezeichnet das Wort „schleichend" die Höhe der Inflationsrate, also etwa eine Jahresrate, die noch im einstelligen Prozentbereich verbleibt. Der Begriff „Überraschung" muß dagegen nicht zwingend eine schnelle Entwicklung kennzeichnen; er meint vielmehr, daß die Inflation noch nicht in den Erwartungen der Marktteilnehmer antizipiert ist.

möglich ist, entspricht es dem Rationalkalkül der Finanzpolitiker, zukünftige, noch nicht wahlberechtigte Generationen durch vererbte Staatsverschuldung zu belasten. Sind die Schulden erst einmal aufgelaufen, erscheint es dann aus polit-ökonomischen Motiven ebenso opportun, von der Möglichkeit einer inflationären Entschuldung Gebrauch zu machen.

Einen möglichen Schutz gegen solche Ambitionen bietet die Autonomie der Notenbank. Bei einer institutionellen Trennung der Notenbank von der Finanzpolitik und bei einer eindeutigen Verpflichtung auf das Ziel der Preisniveaustabilisierung besteht für die Notenbank keinerlei Veranlassung, übermäßige Defizite der Finanzpolitik monetär zu alimentieren. Dagegen ist im Positiven umgekehrt die Existenz einer autonomen Notenbank geeignet, die Finanzpolitik zu disziplinieren, da die Budgetpolitik bei Fehlen einer Geldmengenfinanzierung die Konsequenzen ihrer eigenen Verschuldungspolitik in Form von höheren Zinsen unmittelbar erlebt.

Die Möglichkeit der inflationären Entschuldung ist eng verknüpft mit dem dritten Argument, nämlich der Beeinflussung der Zinskosten und Risikoprämien durch ein Einwirken auf die Geldpolitik. Allein die Tatsache, daß die Staatsverschuldung in der Regel in der eigenen Währung erfolgt und daß bei einer ungedeckten Notenwährung der Staat praktisch unbegrenzt sein eigenes Geld schöpfen kann, spiegelt sich in den Konditionen bei der Emission von Staatsanleihen wider.

In einem einfachen Ansatz kann die Zusammensetzung des Nominalzinses bei Abschluß eines Kreditvertrages formuliert werden als:

$$i = r + E(\pi) + RP(Var(\pi)) + RP(AF)$$

Der Nominalzins i setzt sich zusammen aus dem Realzins r, der erwarteten Inflationsrate E (π) und Risikoprämien RP, die im Anschluß näher erläutert werden. Der Realzins r hängt im Sinne eines natürlichen Zinses[17] von der realen Kapitalknappkeit ab, also von dem Ersparnisaufkommen und der Rentabilität von Sachkapitalinvestitionen. Die Erwartungsbildung hinsichtlich der zukünftigen Inflation als der zweiten Zinsdeterminante soll hier nicht weiter problematisiert werden[18]. Für die Zwecke der hier vorgetragenen Argumentation sind dagegen die beiden

---

[17] Der Begriff „natürlicher Zins" als realwirtschaftlicher Kreditpreis im Rahmen der Absorptionstheorie geht zurück auf Wicksell, Knut: Geldzins und Güterpreise, Jena, 1898.

[18] Zur Wirkung verschiedener Erwartungshypothesen auf die Geldpolitik siehe z. B.: Issing, Otmar: Einführung in die Geldpolitik, 6. überarbeitete Aufl., München, 1996, S. 168 - 171.

Risikoprämien von besonderem Interesse. Die erste Prämie beschreibt die Unsicherheit über die zukünftige Inflationshöhe. Da üblicherweise die Varianz der Inflationsrate mit deren absoluter Höhe zunimmt[19], steigt diese Prämie bei weniger stabilitätspolitisch orientierten Rahmenbedingungen und bei Existenz einer unvorhersehbaren Geldpolitik. Die zweite Prämie hängt positiv vom Ausfallrisiko AF des Schuldners ab.

Die These, die im folgenden bewiesen werden soll, lautet, daß die Kapitalmarkteffizienz leidet, wenn die Notenbank sich finanzpolitischen Zielen hingibt. Sollte letzteres der Fall sein und die Notenbank ihre Geldschöpfungsmöglichkeiten zumindest in Notzeiten, d. h. bei drohender Zahlungsunfähigkeit des Staates, in den Dienst einer inflationären Entschuldung stellen, so würde dies die beiden Prämien beeinflussen[20]. Da die Varianz der steigenden Inflation zunähme, stiege auch die davon abhängige Prämie. Die Prämie für das Ausfallrisiko könnte dagegen gemindert werden. Im Extremfall besteht nämlich für den Fall, daß der Schuldner das Verschuldungsmedium selbst schaffen kann, gar kein Ausfallrisiko mehr, sondern nur das dann allerdings höhere Inflationsrisiko.

Hierbei ist nicht an den Fall gedacht, daß der Staat eine inflationäre Entschuldung von vornherein intendiert; die Inflationsrisikoprämie wäre dann sofort prohibitiv hoch[21]. Vielmehr ist eine Konstellation gemeint, in der für den Notfall der sonst unvermeidlichen Zahlungsunfähigkeit des Staates die Geldschöpfungsmöglichkeit quasi als nominale Ausfallversicherung existiert. Die Wahrscheinlichkeit solcher Maßnahmen bei drohender Zahlungsunfähigkeit hängt unter anderem vom etablierten Autonomiegrad der Notenbank ab. Je geringer die Autonomie, desto höher werden für den Staat die Inflationsrisikokosten, aber desto geringer werden gleichzeitig auch die Ausfallrisikokosten.

---

19 Vgl. Holland, A. Steven: Does Higher Inflation Lead to More Uncertain Inflation?, in: Federal Reserve Bank of St. Louis Review, February 1984, S. 15 - 26.

20 Daneben würde natürlich auch der Zuschlag in Höhe der erwarteten Inflationsrate $E(\pi)$ steigen. Sofern die zukünftig höhere Rate korrekt antizipiert würde, würden die realen Kosten der Verschuldung aber davon nicht beeinflußt.

21 Die einfache Argumentation der traditionellen Gläubiger-Schuldner-Hypothese und die von ihr unterstellte Umverteilungsrichtung sind nicht wirksam, da hier explizit die Erwartungsbildung modelliert wird, die bei der Gläubiger-Schuldner-Hypothese völlig vernachlässigt wird.

Reagiert die Prämie für Ausfallrisiken stärker negativ auf die Schaffung einer inflationären Entschuldungsmöglichkeit als das Inflationsrisiko ansteigt[22], wären eine Minderung der Autonomie und die Schaffung der Möglichkeit einer inflationären Entschuldung geeignet, die Summe der Risikoprämien bei der staatlichen Schuldenaufnahme zu verringern. Diese Verbilligung der Staatsschuld gilt selbst dann, wenn der zu vergütende Erwartungswert der Inflationsrate gleichzeitig steigt, da diese nominale Kostenkomponente bei korrekter Antizipation keine realen Ressourcen kostet.

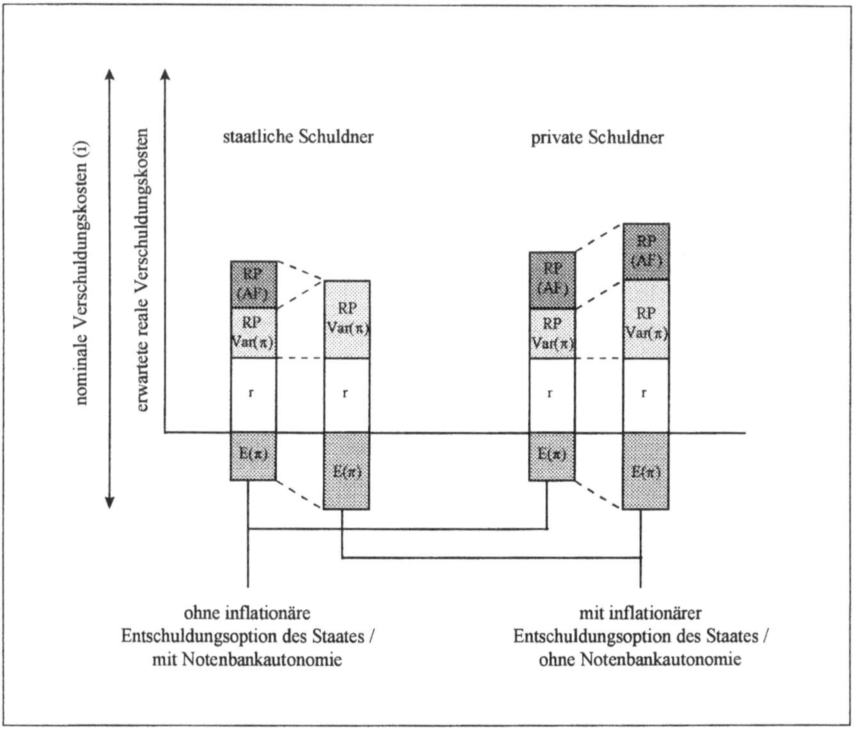


**Abb. 2 Staatliche und private Finanzierungskosten in Abhängigkeit vom Autonomiegrad**

---

22 Diese Konstellation ist wahrscheinlich, da für risikoscheue Anleger der Totalverlust bei Ausfall schwerer wiegt als ein immerhin nur teilweiser realer Verlust bei Inflation, sofern diese nicht gerade Ausmaße einer Hyperinflation annimmt.

Die Ausnutzung dieses trade-offs zwischen den beiden Prämien würde aber Verzerrungen des Kapitalmarktes zur Folge haben und dessen Effizienz beeinträchtigen. Dies wird deutlich, wenn man die Risikoprämien eines staatlichen Schuldners mit denen eines privaten vergleicht. Grundsätzlich sind bei dem privaten Schuldner ebenfalls das Inflationsrisiko und das Ausfallrisiko existent. Der private Schuldner profitiert aber nicht von der Option zur inflationären Entschuldung. Sein Ausfallrisiko wird nicht dadurch gemindert, daß der Staat sein Verschuldungsmedium selbst schaffen kann. Wohl aber kann der private Schuldner Opfer einer höheren zu zahlenden Inflationsprämie werden. Dies wird in Abb. 2 deutlich.

Sollte der Staat durch die Schaffung der Möglichkeit zur Notentschuldung die Struktur seiner Prämien ändern, verursacht er damit gleichzeitig negative externe Effekte bei den privaten privaten Schuldnern, da er deren Verschuldungsmedium verschlechtert, ohne deren Ausfallrisiko zu verringern. Denkbar wäre demnach eine Art crowding-out von privaten Konkurrenten bei der Nachfrage nach Ersparnissen. Der Staat erlangte einen ungerechtfertigten Wettbewerbsvorteil, so daß die Kapitalmarkteffizienz litte.

In der Praxis ist der Spielraum für solche Manipulationen der staatlichen Kreditaufnahme allerdings äußerst begrenzt. Bei zu weiter Ausreizung besteht die Gefahr, daß die Gläubiger das Verschuldungsmedium ablehnen und sich ein anderes suchen. Ein geeignetes Beispiel dafür sind Länder, die nicht in der Lage sind, ihre Staatsverschuldung in eigener Währung zu plazieren und statt dessen in einer Fremdwährung emittieren müssen. Daß aber in stabileren Ländern die Tatsache, daß ein Staat in seiner eigenen Währung nicht zahlungsunfähig werden kann, eine Rolle für die Kreditkonditionen spielt, läßt sich an den Zinsspreads am Kapitalmarkt ablesen. So ist z. B. in Deutschland eine höhere Rendite bei Pfandbriefen als bei vergleichbaren Bundesanleihen beobachtbar, obwohl die Pfandbriefe eine zusätzliche reale Sicherung beinhalten.

Die sich in dieser Form niederschlagenden Ineffizienzen am Kapitalmarkt gilt es, so klein wie möglich zu halten. Ein höherer Autonomiegrad der Notenbank ist hier hilfreich, weil er die Entschuldungsoption der Finanzpolitik einschränkt. Eine noch strengere Restriktion wäre es, wenn ein wertstabiles, vom Staat nicht zu schaffendes Gut als Verschuldungsmedium zur Verfügung stünde. Dieser Gedanke wird später bei der Behandlung der Goldkernwährung wieder aufgenommen.

Die drei genannten Argumente scheinen geeignet, die Gefahren, die von einer Beeinflußbarkeit der Notenbank durch die Finanzpolitik ausgehen können, aufzuzeigen. Sie sprechen damit ebenso wie die im vorangegangenen Abschnitt behandelten allgemeinen Zielkonflikte für eine autonome Organisationsform der Notenbank. Es ist allerdings vor dem Trugschluß zu warnen, daß eine einmal installierte Unabhängigkeit die Zentralbank von jeglichen Einflußnahmeversuchen befreit, wie das Beispiel des Streites um die Neubewertung der deutschen Goldreserven im Frühsommer 1997 zeigt.

Denn selbst bei perfekter momentaner Autonomie kann eine Rücksichtnahme auf die allgemeine Wirtschaftspolitik erzwungen werden. Die Notenbanken leben ständig unter dem Damoklesschwert einer drohenden Aufhebung ihrer Unabhängigkeit, falls ihre Politik den Vorstellungen von Regierung und Parlament zu stark zuwiderlaufen sollte; und dies heißt in der Praxis im Zweifel, daß die Geldpolitik aus der Sicht der Finanzpolitik zu stabilitätsorientiert ist. In einer vorgelagerten Entscheidungsebene behält die Legislative über mögliche Änderungen des Notenbankgesetzes praktisch immer eine gewisse Kontrolle über die Geldpolitik[23]. Insofern ist die Autonomie der Notenbank allenfalls vorläufig garantiert. Schlimmstenfalls ist die Notenbank dann doch gezwungen, inoffizielle Weisungen der Regierung auszuführen. Dies entspräche einer institutionellen Regelung etwa nach dem Motto: Die Zentralbank bleibt so lange unabhängig, wie sie „freiwillig" so handelt, wie es den Wünschen der Regierung entspricht.

Die einzige Möglichkeit, sich gegen eine solche Konstellation zu schützen, wäre, eine verfassungsrechtliche Hürde für eine Einschränkung der Autonomie zu errichten[24]. Ein einfach zu änderndes Notenbankgesetz reicht als Prävention nicht aus. In der Praxis dürfte allerdings eine diskretionäre Veränderung des Autonomiegrades kaum vorkommen, insbesondere dann nicht, wenn die Öffentlichkeit sehr sensibel auf solche Anwandlungen reagierte. Dies ist für den deutschen Fall sicherlich anzunehmen. Dadurch wird die praktische Unabhängigkeit auch bei Fehlen einer konstitutionellen Absicherung gefestigt. Hinzu kommen von der Regierung und der Legislative nicht beliebig zu ändernde vertragliche Verpflichtungen und völkerrechtliche Bindungen. Zu denken wäre hier etwa an den Ver-

---

[23] Dies meint z. B. Issing, Otmar: Einführung in die Geldpolitik, a. a. O., S. 12. Als ein Beispiel für eine solche Konfliktsituation kann der Streit um die Neubewertung der Goldreserven der Deutschen Bundesbank im Mai 1997 dienen. Dazu wurden einfach Änderungen des Bundesbankgesetzes vorgesehen, da die bestehende Fassung die Neubewertung nicht zuließ. Damals hat sich allerdings die Regierung mit ihren Plänen nicht durchsetzen können.

[24] Zur der Frage, ob eine unabhängige Stellung der Deutschen Bundesbank aus Artikel 88 des Grundgesetzes herausgelesen werden kann, werden mit nicht eindeutigem Ergebnis Betrachtungen angestellt von Kaiser, Rolf H.: Bundesbankautonomie - Möglichkeiten und Grenzen einer unabhängigen Politik, Frankfurt am Main, 1980, S. 6 - 9.

trag von Maastricht, der Bewerberländer für eine Europäische Wirtschafts- und Währungsunion auf autonome Notenbanken festlegt und für die im Jahre 1998 gegründete Europäische Zentralbank verfassungsähnlich die Unabhängigkeit vorschreibt[25].

Als Fazit kann festgehalten werden, daß aus verschiedenen theoretischen Argumenten heraus und insbesondere bei Vorliegen hoher Staatsverschuldung eine autonome Organisationsform der Geldpolitik angebracht ist, die möglichst noch durch verfassungsrechtliche Regeln zusätzlich gesichert sein sollte.

### 1.1.2 Empirische Zusammenhänge zwischen Unabhängigkeit und Preisniveaustabilität

Die theoretisch abgeleitete These, daß Autonomie die Preisniveaustabilität fördert, wird im folgenden empirisch untersucht. Dazu erfolgt ein internationaler Vergleich des Autonomiegrades verschiedener Notenbanken. Die ermittelte Rangfolge wird dann den stabilitätspolitischen Erfolgen, gemessen insbesondere an den Preisniveausteigerungsraten, gegenübergestellt.

#### 1.1.2.1 Bewertung des Autonomiegrades

International ist zur Zeit ein Trend hin zu einem größeren Maß an Unabhängigkeit der Notenbanken zu erkennen. Dieser ist auf verschiedene Einflüsse zurückzuführen. Die negativen Erfahrungen mit den Experimenten keynesianischer Wirtschaftspolitik in den siebziger Jahren und die international wachsende Einsicht in die Vorteile einer stabilitätsorientierten Wirtschaftspolitik wirken in die genannte Richtung. Die Erfolge der traditionell autonomen Notenbanken bei der Inflationsbekämpfung begründen deren Vorbildrolle. Hinzu kommen nicht zuletzt verbindliche Vorschriften im Vertrag von Maastricht, der die Beitrittskandidaten für die Europäische Währungsunion auf Autonomie verpflichtet. Allein die Tatsache, daß die europäischen Partnerländer, die nicht über eine Tradition unabhängiger Notenbanken verfügen, diese Verpflichtung eingegangen sind, kann als Indiz dafür angesehen werden, daß die Idee der Notenbankautonomie international an Popularität gewonnen hat[26]. So wurden in den letzten Jahren in verschiedenen

---

[25] Vertrag von Maastricht, Protokoll über die Satzung des Europäischen Systems der Zentralbanken und der Europäischen Zentralbank, Art. 7.

[26] Es ist allerdings eine gewisse Skepsis angebracht, ob die Umwandlung der Organisationsform in Richtung Unabhängigkeit tatsächlich von einer entsprechenden inhaltlichen Überzeugung getragen wird oder lediglich eine rein formale, von strategischem Verhalten moti-

Ländern Maßnahmen, die auf eine Ausweitung der Selbständigkeit der Notenbanken abzielen, unternommen. Bis vor wenigen Jahren war die Organisationsform der unabhängigen Zentralbank noch eindeutig die Ausnahme. Auf eine längere diesbezügliche Tradition können lediglich die USA, Deutschland, die Schweiz und mit Einschränkungen die Niederlande zurückblicken.

Wenngleich der Trend zu mehr Autonomie aufgrund der theoretischen Überlegungen des vorangegangenen Abschnittes zu begrüßen ist, so erschwert er doch wegen seiner Novität die hier angestrebte empirische Verifikation der These von der Vorteilhaftigkeit einer autonomen Organisationsform für die Preisniveaustabilität. Sollen für die Untersuchung für die jüngst autonom gewordenen Notenbanken noch die alten oder schon die neuen Regelungen zugrundegelegt werden? Unter den neuen Regelungen existieren noch keine längeren Erfahrungen mit der Inflationshöhe; es stehen erst wenige Jahreswerte zur Verfügung. Es sei deshalb darauf hingewiesen, daß sich die im folgenden präsentierten Untersuchungen auf den alten Stand vor dem jüngsten Unabhängigkeitstrend beziehen[27, 28].

Eine kardinal skalierbare Erfassung des Autonomiegrades ist ohnehin unmöglich. Es kann lediglich versucht werden, verschiedene Kriterien für Unabhängigkeit zu bewerten und zusammenzufassen. Als Kriterien für die Bemessung des Autonomiegrades bieten sich an[29]:

---

vierte Umgestaltung bei Konstanz der alten Mentalitäten bedeutet. Auf diese Problematik wird am Ende der vorliegenden Arbeit noch einzugehen sein, wenn im Abschnitt 4.1 die gesamteuropäische Perspektive der Geldpolitik betrachtet wird.

27 Auch das Bundesbankgesetz wurde im Detail im Vorfeld der Währungsunion gewissen Änderungen unterworfen. Diese bauten die ohnehin hohe Unabhängigkeit weiter aus. Die letzten Modifikationen wurden erst 1997 vorgenommen und werden erst bedingt mit dem Start der Endstufe der Währungsunion in Kraft gesetzt. Diese jüngsten Änderungen werden erläutert von o. V.: Änderungen des Gesetzes über die Deutsche Bundesbank für die Stufe 3 der Europäischen Wirtschafts- und Währungsunion, in: Deutsche Bundesbank (Hrsg.): Monatsbericht Januar 1998, S. 25 - 31.

28 Die Tatsache, daß die folgende empirische Untersuchung nicht den aktuellen in Wandlung befindlichen Autonomiegrad erfaßt, mindert aber nicht den Aussagewert für die überprüfte Hypothese. Denn es gilt, den allgemeinen, zeitunabhängigen theoretischen Zusammenhang zwischen Autonomie und Preisniveaustabilität zu belegen.

29 Diese Systematisierung ist angelehnt an Hasse, Rolf H.: Die Europäische Zentralbank, Gütersloh, 1989.

- formale Unabhängigkeit
- personelles Besetzungsverfahren
- Zieldefinition
- Ausstattung mit Instrumenten und Entscheidung über ihren Einsatz
- Wechselkursregime
- Aufgaben als Hausbank des Staates

Diese Kriterien werden an späterer Stelle in der vorliegenden Arbeit ausführlich begründet, und auf ihrer Basis werden dann normative Empfehlungen für die Ausgestaltung der institutionellen Rahmenbedingungen entwickelt[30]. Die Bewertung und Gewichtung dieser einzelnen Faktoren erfordert subjektive Einschätzungen. Dazu muß nicht nur die zugrundeliegende Gesetzeslage analysiert werden, es muß auch die faktische Rolle der Notenbank innerhalb des politischen Gefüges ihres Landes berücksichtigt werden. In der Literatur finden sich verschiedene Ansätze, mit denen ein Versuch unternommen wurde, die Notenbankautonomie zu messen. Die Ergeb-nisse von fünf Untersuchungen mit 14 betrachteten Ländern sind in Tab. 1 wiedergegeben. Vier weitere Länder, die nur von einigen dieser Studien bewertet werden, sind hier weggelassen, um die verbleibenden 14 Notenbanken durchgängig vergleichen zu können.

Es sei nochmals darauf hingewiesen, daß sich die dargestellten Bewertungen auf den Stand vor den jüngsten institutionellen Reformen beziehen. Insbesondere für Frankreich müßte eine aktuelle Bewertung die Entlassung der Banque de France in die Unabhängigkeit berücksichtigen. Für Neuseeland sind ebenfalls neue Regelungen in Kraft. Auf die in diesem Land neuerdings installierten Anreizsysteme wird später noch Bezug genommen[31]. Neu sind auch die Änderungen in Großbritannien. Nach dem Wechsel zur Labour-Regierung wurde die Bank of England stark in Richtung Autonomie reformiert[32].

---

[30] Die Kriterien werden im Rahmen der Ableitung normativer Empfehlungen zur Sicherstellung von Autonomie im Abschnitt 1.4.1 näher erläutert.

[31] Neuseeland hat anreizkompatible Sanktionsmechanismen installiert. Es wird deshalb als Beispiel im Abschnitt 1.4.3.3 angeführt.

[32] Gerade für diese mit der parlamentarischen Tradition begründete abhängige Notenbank bedeutet dies einen historischen Wandel. Die Maßnahmen selbst und die Reaktionen darauf im Frühjahr 1997 sind zusammengefaßt in insgesamt sieben Artikeln zu diesem Thema in: Deutsche Bundesbank (Hrsg.): Auszüge aus Presseartikeln, Nr. 27, 09.05.1997, S. 15 - 20.

**Tab. 1 Autonomieeinschätzungen[33]**

| Autoren | Bade / Parkin [34, 35] | Cuckierman [36, 37] | Cuckierman / Webb / Neyapti [38, 39] | Grilli / Masciandaro / Tabellini [40, 41] | Hahn [42, 43] | |
|---|---|---|---|---|---|---|
| | Rangplatz (jeweiliger Indexwert) | | | | | Durchschnittlicher Rangplatz |
| Länder | (Skala von 1 bis 4) | (Skala von 0 bis 1) | (Skala von 0 bis 1) | (Skala von 0 bis 16) | (Skala von A bis E) | |
| Deutschld. | 1 (4) | 2 (0,66) | 1 (0,69) | 1 (13) | 1 (E) | 1,2 |
| Schweiz | 1 (4) | 1 (0,68) | 2 (0,64) | 2 (12) | 1 (E) | 1,4 |
| USA | 3 (3) | 3 (0,51) | 4 (0,48) | 2 (12) | 5 (D) | 3,4 |
| Dänemark | 5 (2) | 4 (0,47) | 3 (0,50) | 7 (8) | 1 (E) | 4 |
| Kanada | 5 (2) | 5 (0,46) | 5 (0,46) | 4 (11) | 1 (E) | 4 |
| Niederlande | 5 (2) | 6 (0,42) | 6 (0,42) | 5 (10) | 8 (A) | 6 |
| Großbrit. | 5 (2) | 7 (0,31) | 8 (0,27) | 10 (6) | 8 (A) | 7,6 |
| Australien | 13 (1) | 7 (0,31) | 7 (0,36) | 6 (9) | 6 (B) | 7,8 |
| Frankreich | 5 (2) | 9 (0,28) | 10 (0,24) | 8 (7) | 8 (A) | 8 |
| Italien | 5 (2) | 11 (0,22) | 9 (0,25) | 12 (5) | 8 (A) | 9 |
| Belgien | 5 (2) | 13 (0,19) | 14 (0,17) | 8 (7) | 6 (B) | 9,2 |
| Japan | 3 (3) | 14 (0,16) | 13 (0,18) | 10 (6) | 8 (A) | 9,6 |
| Spanien | 5 (2) | 12 (0,21) | 12 (0,23) | 12 (5) | 8 (A) | 9,8 |
| Neuseeland | 13 (1) | 10 (0,27) | 10 (0,24) | 14 (3) | 8 (A) | 11 |

---

33 Die Vorgehensweise, die berücksichtigten Kriterien und deren Einzelbewertung der im folgenden angeführten Untersuchungen sind exemplarisch für eine Studie im Anhang 1 wiedergegeben.

34 Bade, Robert / Parkin, Michael: Central Bank Laws and Monetary Policy, unveröffentlichtes Manuskript, University of Western Ontario, 1985, Ergebnisse abgedruckt in: Alesina, Alberto / Summers, Lawrence H.: Central Bank Independence and Macroeconomic Performance: Some Comparative Evidence, Discussion Paper Number 1496, Harvard University, Cambridge, 1990, abgedruckt in: Journal of Money, Credit and Banking, Vol. 25, No. 2, S. 150 - 162.

35 Rangplätze angepaßt an die Weglassung von Schweden und Norwegen.

36 Cuckierman, Alex: Central Bank Strategy, Credibility, and Independence, Cambridge (Mass.), 1992, MIT Press.

37 Rangplätze angepaßt an die Weglassung von Österreich, Irland, Schweden und Norwegen.

38 Cuckierman, Alex / Webb, Steven B. / Neyapti, Bilin: Measuring the Independence of Central Banks and Its Effect on Policy Outcomes, in: World Bank Economic Review, Vol. 6, 1992, No. 3, S. 353 - 398.

39 Rangplätze angepaßt an die Weglassung von Österreich, Irland, Schweden und Norwegen.

40 Grilli, Vittorio / Masciandaro, Donato / Tabellini, Guido: Political and Monetary Institutions and Public Financial Policies in the Industrial Countries, in: Economic Policy, Vol. 13, October 1991, S. 342 - 392.

41 Rangplätze angepaßt an die Weglassung von Österreich und Irland.

42 Hahn, Oswald: Die Währungsbanken der Welt, Bd. II, Die Abhängigkeiten der Zentralbankleitung, Stuttgart, 1968, Tab. 22 - 28.

43 Auswahl aus dem sehr umfangreichen Ländersample von 115 Ländern.

Nicht ganz unproblematisch ist in Tab. 1 die Art der Aggregation der vier verschiedenen Studien. Da sich die Skalen und Vorgehensweisen der einzelnen Bewertungen unterscheiden, können die Werte der jeweiligen Autonomieindizes selbst nicht ohne Anpassung zusammengefaßt werden[44]. Statt dessen wird hier der durchschnittliche Rangplatz der Länder verwendet, der sich als eine arithmetische Mittelung der Plätze in jeder einzelnen Studie ergibt[45, 46]. Die auf diese Weise gewonnenen Durchschnittswerte werden mit Brüchen weiterverwendet, um nicht durch eine Rundung oder neue Durchnummerierung die Information zu verlieren, mit welchen Abständen bzw. welcher Eindeutigkeit sich die Gesamtplazierungen einstellen.

### 1.1.2.2 Vergleich der stabilitätspolitischen Erfolge

Relativ leicht läßt sich im Gegensatz zum Autonomiegrad der stabilitätspolitische Erfolg messen. Zwar bieten sich auch hier verschiedene Indikatoren an, doch ist die erzielte Inflationsrate eindeutig der Hauptindikator. Die Durchschnittsinflationsraten der Länder, deren Autonomie im vorangegangenen Abschnitt bewertet wurde, sind für verschiedene Zeiträume in Tab. 2 wiedergegeben.

Der Zeitraum zwischen 1951 und 1988 wird im folgenden für die Gegenüberstellung der Inflationsraten mit den vorliegenden Autonomiebewertungen verwendet. Zwar beziehen sich die Autonomieeinschätzungen der verwendeten Studien nicht auf einen solchen Zeitraum, sondern vielmehr auf einen bei Anfertigung der jeweiligen Untersuchung aktuellen Stichtag. Doch sind die institutionellen Rahmenbedingungen der Geldpolitik in der relativ langen Periode in den meisten Ländern weitgehend stabil geblieben. Sowohl Grilli / Masciandaro / Tabellini als auch Cuckierman / Webb / Neyapti verwenden ihre Ergebnisse zur Gegenüberstellung mit makroökonomischen Daten der Perioden von 1950 bis

---

44 Eine Korrelations-Analyse von vier Studien mit Autonomiebewertungen, darunter drei der hier präsentierten fünf, wird durchgeführt von Eijffinger, Sylvester C. W. / De Haan, Jakob: The Political Economy of Central-Bank Independence, Special Papers in International Economics, No. 19, May 1996, S. 25 - 26.

45 Dabei ist außerdem zu berücksichtigen, daß die Rangziffern in einigen Studien für die Herstellung der Vergleichbarkeit an den kleineren gemeinsamen Länderkreis angepaßt werden mußten.

46 Der Informationsgehalt der jeweiligen Indexwerte der einzelnen Studien und die Größe der Abstände gehen bei dieser Form der Zusammenfassung verloren. Die einzelnen Autonomieindexreihen sind aber anders nicht aggregierbar, da sie lediglich ordinalen, nicht aber kardinal skalierten Charakter haben.

1989[47]. Alesina / Summers verwenden die Bewertung von Bade / Parkin für die Zeit von 1955 bis 1988[48]. Die ältere, zu ähnlichen Ergebnissen führende Untersuchung von Hahn bestätigt die Konstanz des Autonomiegrades.

**Tab. 2 Vergleich der Inflationsraten**

| Land | Durchschnittlicher Rangplatz an Autonomie[49] | Durchschnittliche jährliche Inflationsraten in %[50] | |
|---|---|---|---|
| | | 1951 - 1988 | 1989 - 1997 |
| Deutschland | 1,2 | 3,0 | 2,8 |
| Schweiz | 1,4 | 3,2 | 2,4 |
| USA | 3,4 | 4,1 | 3,0 |
| Dänemark | 4 | 6,5 | 2,4 |
| Kanada | 4 | 4,5 | 2,1 |
| Niederlande | 6 | 4,2 | 2,0 |
| Großbritannien | 7,6 | 6,7 | 4,2 |
| Australien | 7,8 | 6,4 | 2,8 |
| Frankreich | 8 | 6,1 | 2,1 |
| Italien | 9 | 7,3 | 5,2 |
| Belgien | 9,2 | 4,1 | 2,9 |
| Japan | 9,6 | 4,9 | 1,0 |
| Spanien | 9,8 | 8,5 | 5,2 |
| Neuseeland | 11 | 7,6 | 2,6 |

In den neunziger Jahren sind allerdings in mehreren Ländern Veränderungen des Status zu verzeichnen, die meist in Richtung auf mehr Autonomie weisen. Zum Vergleich sind in obiger Tabelle auch die aktuelleren Inflationswerte für die Periode zwischen 1989 und 1997 angegeben, die allerdings nicht direkt mit obigen Autonomieeinschätzungen in Zusammenhang zu bringen sind.

---

[47] Grilli, Vittorio / Masciandaro, Donato / Tabellini, Guido, a. a. O., S. 344, 347, 359, 360, 362, 363, 372, 373, Cuckierman, Alex / Webb, Steven B. / Neyapti, Bilin, a. a. O., S. 364, 369, 372, 378, 379.

[48] Alesina, Alberto / Summers, Lawrence H., a. a. O., Fig. 1A - 4B.

[49] Entspricht der Ableitung in Tab. 1.

[50] Alesina, Alberto / Summers, Lawrence H. a. a. O., Table A1, S. 13; OECD, a. a. O., Annex Table 14, S. 266; eigene Berechnungen. Werte auf Basis des Deflators des Bruttoinlandsproduktes.

Die Daten für die Jahre 1951 bis 1988 lassen einen positiven Zusammenhang zwischen Autonomie und Preisniveaustabilität erkennen. Noch deutlicher sichtbar wird diese Beziehung in einer grafischen Darstellung.

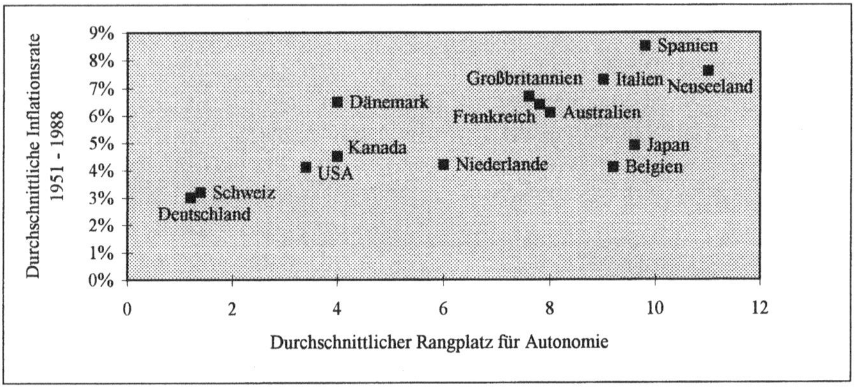


**Abb. 3 Autonomiegrad und durchschnittliche Inflation**

Erkennbar ist, daß die durchschnittliche Inflationshöhe mit zunehmender Abhängigkeit steigt. Damit ist eine empirische Bestätigung für die theoretisch vermutete Einflußrichtung gefunden. Die Stärke des Zusammenhanges läßt sich allerdings nicht statistisch beispielsweise mit einer Korrelation quantifizieren, da der Autonomiegrad nicht kardinal meßbar ist, sondern lediglich ordinal anhand eines Indexes bzw. hier an den gemittelten Rangplätzen dargestellt werden kann. Der Unterschied zwischen einer Inflationsrate in Höhe von über 7,5% bei der Gruppe der abhängigsten Notenbanken im Vergleich zu ca. 3% in den von Autonomie geprägten Ländern erscheint aber signifikant.

Wie bereits im vorangegangenen Abschnitt angesprochen wurde, gestaltet sich eine Aktualisierung der Ergebnisse für die Länder mit in letzter Zeit verändertem institutionellen Rahmen schwierig, da noch nicht genügend Inflationsdaten für diese Länder vorliegen. Die ersten Erfahrungen scheinen aber die bisherigen Erkenntnisse zu bestätigen. So ist z. B. in Frankreich, das seine Notenbank vor wenigen Jahren in die Unabhängigkeit entließ, im Durchschnitt der Jahre 1992 bis 1997 eine Inflationsrate von 1,7% zu verzeichnen[51], d. h. deutlich weniger als in den davor liegenden Jahren. Frankreich würde sich in einer entsprechenden Umsetzung dieser Entwicklung in Abb. 3 nach links unten bewegen und damit

[51] Auf Basis des Deflators des Bruttoinlandsproduktes nach OECD, a. a. O., Annex Table 14, S. 266.

den ermittelten Zusammenhang bestätigen[52]. Für andere Länder ist auf dem aktuelleren, niedrigeren Inflationsniveau die Abhängigkeit vom ehemaligen Autonomiegrad nicht mehr so deutlich erkennbar wie zuvor.

Zuletzt sei noch angemerkt, daß bei gleicher Autonomiemessung eine Betrachtung der Inflationsvarianz ebenfalls eine negative Abhängigkeit vom Autonomiegrad offenbart[53]. Dieses Ergebnis ist nicht sonderlich überraschend, da die Schwankungsstärke der Inflation üblicherweise mit deren absoluter Höhe zunimmt[54].

Eine Gegenüberstellung von Notenbankunabhängigkeit und anderen makroökonomischen Kennzahlen läßt übrigens keinen signifikanten Einfluß erkennen: Die realen Wachstumsraten der Produktion und die Arbeitslosenquoten scheinen von der Frage der Autonomie nicht berührt[55]. Dies bestätigt die Auffassung, daß die Geldpolitik eindeutig dem Preisniveaustabilisierungsziel in autonomer Organisationsform zugeordnet werden sollte, da eine negative Nebenwirkung der Notenbankunabhängigkeit auf andere wirtschaftspolitische Ziele empirisch nicht erkennbar ist[56].

## 1.2 Motivation geldpolitischer Entscheidungsträger

Es wurde gezeigt, daß die Unabhängigkeit der Notenbank eine wichtige Voraussetzung für Preisniveaustabilität bedeutet. Durch die in immer mehr Ländern verwirklichte Autonomie wird die Geldpolitik von äußeren Einflüssen durch die

---

52 Jedenfalls dann, wenn man die neu erworbene formale Autonomie der Banque de France als eine faktische interpretiert, woran angesichts von Äußerungen aus der französischen Politik in den letzten Jahren allerdings Zweifel angebracht sein mögen. Vermutlich muß hier das bereits weit gediehene Autonomie-Selbstverständnis der Notenbank unter Trichet und das Rollenverständnis von der Geldpolitik in der allgemeinen Politik unterschieden werden. Bei letzterem lassen Äußerungen führender französischer Politiker eher auf eine politische Instrumentalisierung der Geldpolitik schließen, die in scharfem Kontrast zur formalen Unabhängigkeit steht. Dieses Problemfeld wird ausführlich im Abschnitt 4.1 erläutert werden.

53 Alesina, Alberto / Summers, Lawrence H., a. a. O., Fig. 1B, S. 8.

54 Vgl. Holland, A. Steven, a. a. O., S. 15 - 26.

55 Alesina, Alberto / Summers, Lawrence H., a. a. O., Fig. 2A, 2B, 3A, 3B, S. 9 - 10. Zu ähnlichen Ergebnissen gelangen auch Grilli, Vittorio / Masciandaro, Donato / Tabellini, Guido, a. a. O., Table 14, S. 372.

56 Zu dieser Wertung kommen Grilli, Vittorio / Masciandaro, Donato / Tabellini, Guido: "Thus having an independent central bank is almost having a free lunch; there are benefits but no apparent costs in terms of macroeconomic performance", ebenda, S. 375.

Finanzpolitik freigestellt. Um so wichtiger ist es, nach der inneren Motivation innerhalb der Zentralbank selbst zu fragen. Es ist keineswegs selbstverständlich, daß sich bei Autonomie automatisch eine stabilitätspolitische Orientierung einstellt. Vielmehr ist bei den geldpolitischen Entscheidungsträgern, wie in anderen Bereichen des wirtschaftlichen und öffentlichen Lebens auch, eine Eigennutzorientierung zu vermuten, die höchstens zufällig und in Abhängigkeit von den Umständen und auferlegten Restriktionen eine Inflationsminimierung hervorbringt.

Deshalb wird in diesem Kapitel die Public-Choice-Perspektive auf die Motivation und das Entscheidungsverhalten in der Zentralbank angewandt. Dieser Abschnitt stellt damit den Kern der angekündigten Public-Choice-Analyse dar. Für die Begriffe Public-Choice und Ökonomische Theorie der Politik existieren keine engen Definitionen. Gemeinsam ist den unter dieser Bezeichnung zusammengefaßten Begriffen eine Anwendung des methodologischen Individualismus und des Rationalprinzips auf nicht-marktliches kollektives Handeln. Diese Vorgehensweise wird auf Entscheidungsverfahren in öffentlichen Institutionen, aber in zunehmendem Maße auch auf andere Gebiete bezogen[57]. In den ersten Arbeiten, die mit dieser Sichtweise und unter diesem Titel den öffentlichen Sektor untersuchten, standen allgemein politische Entscheidungen und finanzpolitische Fragestellungen im Vordergrund.

Die Anwendung auf die Geldpolitik ist dagegen noch relativ neu. Dies ist vermutlich darauf zurückzuführen, daß die Diskrepanz zwischen normativen Empfehlungen und den tatsächlichen positiven Entscheidungen im Gegensatz zur Geldpolitik in der allgemeinen Politik sehr auffällig ist. Hier ergab sich zwangsläufig ein Erklärungsbedarf, den z. B. im Bereich der Finanzpolitik die traditionell normativ ausgerichtete Theorie nicht zu decken vermochte.

Dagegen schneidet die Geldpolitik, wenn ihre Aufgabenerfüllung bewertet werden soll, zumindest bei oberflächlicher Betrachtung recht gut ab. Größere inflationäre Verfehlungen können, wenn sie überhaupt noch vorkommen, von den Notenbanken zumindest bei fehlender Autonomie mit externen Einflußnahmen entschuldigt werden. Die Erfolge bei der Inflationsbekämpfung in den letzten Jahren, zumal in Deutschland und hier schon mit längerer Tradition, sorgen für ein ausgesprochen positives Bild der Notenbanken in der Öffentlichkeit. Sie zählen

[57] Einen Überblick über die Entstehungsgeschichte und die Teildisziplinen der Public Choice gibt Frey, Bruno S.: Public Choice, in: Wirtschaftswissenschaftliches Studium (WiSt), 20. Jg., 1991, Heft 10, S. 492 - 496.

zu den öffentlichen Institutionen, die das höchste Vertrauen genießen, was für den vertrauenssensiblen Bereich der Geldpolitik von besonderer Bedeutung ist.

Der Bedarf für eine Public-Choice-Analyse der Geldpolitik erscheint deshalb auf den ersten Blick nicht so groß wie in anderen Politikbereichen. Dennoch liefert gerade auch die Anwendung dieser Analyse auf die deutsche Geldpolitik entscheidende Erkenntnisse. So kann mit dieser Perspektive z. B. die Erklärung dafür gefunden werden, warum die Entscheidungsträger der Bundesbank scheinbar aus eigenem Antrieb eine erfolgreiche Geldpolitik betreiben. Das Verständnis dafür, daß diese Stabilitätspolitik keine Selbstverständlichkeit ist, sondern aus den Rahmenbedingungen erwächst, kann durch eine Public-Choice-Analyse gefördert werden. Außerdem sei an dieser Stelle bereits angedeutet, daß auch in der deutschen Geldpolitik Ineffizienzen aufgedeckt werden können.

So finden sich in jüngster Zeit denn auch vermehrt Publikationen, die die Public-Choice-Perspektive auf die Notenbanken übertragen[58]. Für den deutschsprachigen Bereich und die Deutsche Bundesbank hat dabei ein 1993 erschienener Aufsatz von Vaubel[59] die jüngere Diskussion zu diesem Thema besonders geprägt. Auf ihn stützen sich weitgehend die folgenden Teilabschnitte.

---

[58] Ein früher systematischer Ansatz, das Notenbankverhalten politökonomisch zu modellieren und empirisch zu verifizieren, ist Frey, Bruno S. / Schneider, Friedrich: Central Bank Behavior, in: Journal of Monetary Economics, 1981, No. 9, S. 291 - 315. Dort findet sich auch ein Überblick über erste politökonomische Arbeiten zur Geldpolitik aus den 70er Jahren, ebenda S. 292. Einen neueren Überblick gewährt Kirchgässner, Gebhard: Geldpolitik und Zentralbankverhalten aus der Sicht der Neuen Politischen Ökonomie, in: Bofinger, Peter / Ketterer, Karl-Heinz (Hrsg.): Neuere Entwicklungen in der Geldtheorie und Geldpolitik, Tübingen, 1996, S. 21 - 41. Der Bedarf einer Public-Choice-ökonomischen Analyse der Geldpolitik wird mittlerweile auch von Praktikern der Notenbankführung eingeräumt, z. B. Issing, Otmar: Monetary Theory as a Basis for Monetary Policy: Reflections of a Central Banker, Paper for the Conference of the International Economic Associations, Trento, 06.09.1997, abgedruckt in: Deutsche Bundesbank (Hrsg.): Auszüge aus Presseartikeln, Nr. 50, 08.09.1997, S. 6 - 10. Allerdings ist Issing skeptisch bezüglich der bisher daraus abgeleiteten Regelbindungsempfehlungen, ebenda S. 9.

[59] Vaubel, Roland: Eine Public-Choice-Analyse der Deutschen Bundesbank und ihre Implikationen für die Europäische Währungsunion, in: Duwendag, Dieter / Siebke, Jürgen (Hrsg.): Europa vor dem Eintritt in die Wirtschafts- und Währungsunion, Schriften des Vereins für Socialpolitik, Bd. 220, 1993, S. 23 - 79. In diesem Zusammenhang ist ferner eine am Lehrstuhl Vaubels veröffentlichte Diplomarbeit zu diesem Thema zu nennen: Burger, Bettina: Die politische Ökonomie autonomer Zentralbanken - eine Public Choice Analyse unter besonderer Berücksichtigung der Deutschen Bundesbank, Diplomarbeit Universität Mannheim, 1991.

### 1.2.1 Zielfunktionen bei Autonomie ohne Nebenbedingung

Sofern die Notenbank weitgehende Autonomie genießt und nicht durch eine wie auch immer geartete Regelbindung eingeschränkt ist, richtet sich das Verhalten der geldpolitischen Entscheidungsträger, d. h. für den deutschen Fall der Mitglieder des Zentralbankrates[60], weitgehend nach ihren eigenen persönlichen Präferenzen[61]. Das Betreiben einer erfolgreichen Stabilitätspolitik ist dabei als Ziel im Sinne eines Selbstzwecks höchstens bei einzelnen Idealisten vorhanden. Daneben und mit vermutlich stärkerer Gewichtung sind, wie bei anderen Wirtschaftssubjekten auch, eigennutzorientierte Motive wirksam. Im folgenden werden deshalb diejenigen Elemente der persönlichen Nutzenfunktion untersucht[62], die geeignet sind, die geldpolitischen Entscheidungen zu beeinflussen, nämlich Einkommen, Komfort, Ansehen und Macht.

#### 1.2.1.1 Einkommen

Ebenso wie andere Wirtschaftssubjekte auch versucht der Angehörige der Notenbankführung sein Einkommen zu maximieren. Doch ist das Einkommen bei den heute, zumindest in Deutschland, vorherrschenden Regelungen fixiert. Erfolgsabhängige Entlohnung ist in den Notenbanken, wie allgemein in den öffentlichen Verwaltungen, unüblich. Es besteht kaum eine Möglichkeit, das eigene Einkommen positiv durch Leistung zu beeinflussen. Im negativen Sinne formuliert hieße das: Eine schlechte Geldpolitik schlägt sich nicht sanktionierend im Einkommen der dafür Verantwortlichen nieder.

---

[60] Die hier anzustellende Analyse beschäftigt sich mit dem Verhalten der Führungsriege der Zentralbank, nicht dagegen mit der Motivation der ausführenden Beamten. Denn zum ersten werden die geldpolitisch bedeutenden Entscheidungen eben auf der Führungsebene getroffen und zum zweiten sind die Restriktionen für die Ausführungsebene in einer autonomen Notenbank ähnlich eng wie bei anderen Behörden auch. Für das Verhalten der ausführenden Mitarbeiter können demnach die Erkenntnisse der allgemeinen Theorie der Bürokratie herangezogen werden. Die hier durchgeführte Analyse beschränkt sich deshalb ausschließlich auf die Determinanten der Entscheidungen der Führungsebene, d. h. für die Deutsche Bundesbank des Zentralbankrates.

[61] Die geldpolitischen Entscheidungsträger erfahren eben nicht unmittelbar in ihrer persönlichen Sphäre die volkswirtschaftlichen Konsequenzen und Kosten ihrer Entscheidungen. Darauf verweist in seinem „Klein-Kosten-Ansatz" Kirchgässner, Gebhard, a. a. O., S. 25.

[62] Die folgende Vierergliederung entspricht der Vorgehensweise von Vaubel, Roland: Eine Public-Choice-Analyse..., a. a. O., S. 24 - 35; dort bezogen auf den Spezialfall der Deutschen Bundesbank, der sich hier aber weitgehend für alle Notenbanken verallgemeinern läßt.

Indirekt wäre aber doch eine gewisse Einkommensstrafe für unerwünschtes Verhalten denkbar. Der Realwert der nominal fixierten Gehälter würde nämlich durch Inflation gemindert. Damit wäre ein Anreiz für die Entscheidungsträger der Notenbanken gegeben, durch die Minimierung des Preisniveaunenners ihr Realeinkommen zu maximieren. In der Praxis ist allerdings zu vermuten, daß die Notenbankgehälter, wie andere Lohngrößen auch, vielleicht mit einem gewissen time-lag an inflationäre Entwicklungen angepaßt werden. Damit wäre das genannte Einkommensmotiv für Inflationsvermeidung hinfällig.

Es kann festgehalten werden, daß die Möglichkeiten zur Einkommensbeeinflussung für den Notenbanker äußerst gering sind. Die Einkommenshöhe ist für ihn weitgehend ein Datum. Deshalb ist zu erwarten, daß die anderen Bestandteile der persönlichen Nutzenfunktionen mehr Bedeutung gewinnen[63].

#### 1.2.1.2 Komfort

Ist das Einkommen der Akteure, wie gezeigt wurde, nicht durch ihr Verhalten variierbar, so werden diese statt dessen versuchen, ihren Arbeitskomfort so weit wie möglich zu verbessern. Sofern sich dies nur auf die persönliche Ausstattung der obersten Führungsebene bezieht, mag der dadurch entstehende zusätzliche Aufwand noch in erträglichen Ausmaßen bleiben. Größere Ineffizienzen werden sich aber herausbilden, wenn aus komfortpolitischen Motiven der Umfang des gesamten Verwaltungsapparates ansteigt. Gerade bei Autonomie besteht ein solcher Spielraum für eine ineffiziente Höhe des Budgets.

Im Zweifel ist für den außenstehenden Betrachter schwer zu beurteilen, ob eine Ausweitung des Apparates und des damit verbundenen Verwaltungsaufwandes tatsächlich für die geldpolitischen Aufgaben nötig ist oder ob verschiedene persönliche Beweggründe dafür verantwortlich sind. Der Übergang zwischen dem Motiv Komfort und den im Anschluß zu behandelnden Punkten Ansehen und Macht ist dabei fließend. Alle drei Motive können zu einer Erhöhung des Sach- und Personalaufwandes führen. Entsprechende Ineffizienzen sind nicht nur theoretisch denkbar, sondern auch empirisch belegbar. Für eine unwirtschaftliche Haushaltsführung sprechen z. B. die Ergebnisse der Untersuchung des Bundesrechnungshofes von 1989 bei der Deutschen Bundesbank, der das Fehlen eines internen Rechnungswesens, hohe Repräsentationsausgaben und die unentgeltliche

[63] So auch Vaubel, Roland: Eine Public-Choice-Analyse..., a. a. O., S. 25.

bzw. unter Marktpreis vergütete Überlassung von Fahrzeugen und Wohnungen an Bundesbankmitarbeiter rügte[64].

Weitere Indizien für Unwirtschaftlichkeit liefert ein internationaler Vergleich des Verwaltungsaufwandes und der Beschäftigtenzahlen, wie er aus folgender Tabelle zu entnehmen ist.

**Tab. 3 Vergleich des Verwaltungsaufwandes[65]**

| | Großbrit. | Frankr. | Italien | USA | Neuseel. | Deutschl. |
|---|---|---|---|---|---|---|
| Beschäftigte | 4015 | 16917 | 9600 | 24324 | 306 | 17142 |
| Zweigstellen | 5 | 211 | 99 | 12 | 3 | 180 |
| Verwaltungs-aufwand in Mio. DM | 500 | 2100 | keine Angabe | 2700 | 37 | 2000 |

Hier zeigen sich in der Gegenüberstellung deutliche Unterschiede. Die USA, Frankreich und Deutschland bilden die „teure" Gruppe; England und Italien liegen im Mittelfeld; die mit Abstand günstigsten Kostenstrukturen weist Neuseeland auf, das deshalb in diesen Vergleich mit aufgenommen wurde. Sicherlich sind die angegebenen Werte mit der Größe der Länder und Unterschieden in den Aufgabenfeldern zu relativieren[66]. Doch verbleiben auch nach einer solchen

---

[64] Bundesrechnungshof: Bemerkungen des Bundesrechnungshofes 1989 zur Haushalts- und Wirtschaftsführung: Deutsche Bundesbank, Bundestagsdrucksache 11/5383, 1989. Eine Zusammenfassung der Ergebnisse ist wiedergegeben bei Vaubel, Roland: Eine Public-Choice-Analyse..., a. a. O., S. 25 - 26.

[65] Angaben aus einer ähnlichen Tabelle in Dunkel, Monika / Jünemann, Bernhard: Bizarres Ritual, taugt die Frankfurter Währungsbehörde als Vorbild für die Europäische Zentralbank?, in: Wirtschaftswoche, 1995, Nr. 51, S. 33.

[66] Ein größeres Aufgabenfeld erfordert einen größeren Apparat; doch ist zu fragen, ob nicht die Zentralbank jene Aufgabenfelder aus komfort- oder machtpolitischen Motiven heraus selbst attrahiert hat. Dem Argument für ein stark ausgebautes Zentralbanknetz, daß Deutschland ein besonders dichtes Netz von Zweigstellen der Geschäftsbanken aufweist, kann entgegengehalten werden, daß gar nicht unbedingt feststeht, ob Zentralbank- und Geschäftsbankennetz in einer eher komplementären oder eher substitutionalen Beziehung zueinander stehen. Bei gut ausgebauten Geschäftsbanken kann die Zentralbank im Sinne einer Arbeitsteilung in einem zweistufigen Bankensystem sogar weitgehend auf eine dezentrale Präsenz verzichten.

Relativierung signifikante Unterschiede[67]. Außerdem ist die Geldversorgung im engeren Sinne eigentlich eine zentrale Staatsaufgabe[68], so daß der enorme Kostenunterschied nicht zu rechtfertigen ist. Ob das dichte Filialnetz einiger Zentralbanken für die Umsetzung einer zentralen Geldpolitik tatsächlich nötig ist, bleibt fraglich[69]. Eine große Zweigstellenzahl eignet sich deshalb nicht als Entschuldigung für einen hohen Personalstand und einen entsprechenden Verwaltungsaufwand, sondern ist vielmehr ein Beleg für die Ineffizienz der Strukturen.

Die gezeigten Kostenunterschiede stammen sicher nicht allein aus der Maximierung der Arbeitskomforts, doch trägt dieses Motiv mit dazu bei. Aus dem Komfortmotiv heraus sind demnach Ineffizienzen im Verwaltungsapparat der Notenbank zu erwarten. In dieser Perspektive schneiden die Notenbanken nicht anders ab als andere Behörden auch. Bei dem Kosten- und Personalstandsvergleich fällt ferner auf, daß es gerade die autonomen Notenbanken sind, die den größten Apparat unterhalten. Diese Beobachtung stützt die These, daß sich gerade bei Unabhängigkeit und einer autonomen Budgetverwaltung das Komfortmotiv entfalten kann. Das erhöhte Niveau der Verwaltungskosten erscheint im wahrsten Wortsinne als der „Preis“ der Autonomie.

#### 1.2.1.3 Ansehen

Als drittes persönliches Verhaltensmotiv des geldpolitischen Entscheidungsträgers neben Einkommen und Komfort werden die Rückwirkungen seiner Handlungsweisen auf seine Reputation untersucht. Hierbei mischt sich das Ansehen der Einzelperson und das der Gesamtinstitution, von dem der einzelne profitiert und das er mit beeinflußt. Die Mitglieder der Notenbank und insbeson-

---

67 Zu diesem Ergebnis gelangt auch unter Verwendung einer Schätzgleichung, die auch Determinanten der Ländergröße enthält, Vaubel, Roland: The bureaucratic and partisan behavior of independent central banks: German and international evidence, in: European Journal of Political Economy, Vol. 13, 1997, No. 2, S. 205 - 212.

68 Der geldpolitische Entscheidungsprozeß findet zentral statt und bei der Ausführung der Maßnahmen sind zumindest economies of scale zu vermuten. Theoretische Argumente für Größenvorteile werden im Abschnitt zur Währungskonkurrenz erläutert.

69 In historischer Betrachtung mag die hohe Zahl von Zweigstellen für die Abwicklung des Zahlungsverkehrs nötig gewesen sein. Beim heutigen Stand der Informations- und Kommunikationstechnologie ist dieser Bedarf aber obsolet geworden. Es wird sich gegebenenfalls zeigen, ob im Rahmen einer Europäischen Währungsunion ein nötiger Rationalisierungsschub, beispielsweise in einer Form der Abschaffung der Landeszentralbanken, ausgelöst wird. Positiv ist zu vermerken, daß die Zahl der Landeszentralbanken bei der Umstrukturierung im Zuge der Erweiterung des DM-Geltungsgebietes auf die neuen Bundesländer nicht erhöht wurde.

dere die Führungsebenen können ihr öffentliches Ansehen dadurch quasi im Kollektiv optimieren. Das einzelne Zentralbankratsmitglied übt gleichsam über seine Wirkung auf das Ansehen der Bank positive oder negative externe Effekte auf seine Kollegen aus. Eine solche Situation ist geeignet, einen Gruppendruck zu erzeugen, um schädliches Verhalten einzelner zu unterdrücken. Ein neu ernanntes Mitglied des Zentralbankrates paßt sich an die in der Institution vorherrschenden Konventionen an, um von der positiven Reputation der Institution zu profitieren. Damit ist zum Teil der oft beobachtete Korpsgeist der Notenbanken erklärbar[70]. Wie bereits erwähnt wurde, zählen die Notenbanken in vielen Ländern zu denjenigen staatlichen Institutionen, die in der öffentlichen Meinung das höchste Ansehen genießen. Die Zentralbanken sind offenbar bei ihren Reputationsbemühungen recht erfolgreich.

Wer sind die Adressaten dieser Anstrengungen? Zu unterscheiden sind vier Personengruppen[71]:

- die öffentliche Meinung
- Regierung und Parlament
- die Führungsebene der Geschäftsbanken
- die Wirtschaftswissenschaft

Mit allen vier Gruppen gibt es für einen Vertreter der Notenbank im täglichen Geschäft Berührungspunkte. Bei diesen Personengruppen ein hohes Ansehen zu erreichen, mag dem persönlichen Bedürfnis des einzelnen Akteurs in wechselnder Gewichtung entsprechen. Genauere Aussagen über die Wirkung des Ansehensstrebens können dann getroffen werden, wenn das Ansehen nicht nur psychologischer Selbstzweck des einzelnen ist, sondern als Instrument für die Erreichung anderer Ziele dienen soll[72].

---

[70] Dieses Verhalten wird gelegentlich mit dem Begriff „Thomas Becket-Effekt“ in Verbindung gebracht. Dazu mehr im Abschnitt 1.4.1.3.

[71] Die Abgrenzung folgt Vaubel, Roland: Eine Public-Choice-Analyse..., a. a. O., S. 26. Die dort angestellten Betrachtungen werden aber nach der einführenden Nennung nicht mehr explizit nach diesen Gruppen differenziert. Als fünfte Adressatengruppe könnte ferner das Ausland angesehen werden. Dieses bildet aber keinen homogenen Block. Auch im Ausland müßten die vier inländischen Adressatengruppen unterschieden werden. Es wird deshalb bei den hier anzustellenden Überlegungen nicht gesondert angeführt. Spezielle außenwirtschaftliche Aspekte des Verhaltens der Bundesbank finden sich in Abschnitt 1.2.2.4.

[72] Ferner ist zu berücksichtigen, daß die Reputation der Notenbank auch die Interaktion der Adressatengruppen untereinander beeinflussen kann, beispielsweise zwischen Öffentlichkeit

Eine solche Instrumentalisierung der individuellen oder institutionellen Reputation ist in der Tat bei allen vier Adressatengruppen denkbar. Die Ziele der Ansehensmaximierung können persönlicher Natur sein oder der Organisation der Notenbank als Ganzem dienen. Ein Beispiel für den Einsatz persönlichen, als Notenbankmitglied erworbenen Ansehens könnten zukünftige Karrierepläne darstellen, sei es im Bereich der Politik, der Geschäftsbanken oder der Wissenschaft. Die Adressaten solcher Anstrengungen sind dann in dem jeweiligen Gebiet zu suchen. Alternativ könnte ein den Adressaten der Ansehensmaximierung gefallendes Verhalten nicht auf die Zukunft abzielen, sondern auf der Vergangenheit beruhen. Denkbar wäre z. B. ein Einfluß persönlicher Bindungen oder einer empfundenen Verbundenheit mit der Herkunftsinstitution, die je nach Lebenslauf des Notenbankers eine oder einige der genannten Bereiche umfassen kann.

Hinzu kommt das Ansehensstreben der Gesamtinstitution Notenbank. Es ist stärker ausgeprägt als bei anderen öffentlichen Institutionen und zwar deshalb, weil sich die Zentralbank in einem politischen Spannungsfeld bewegt, in dem ihre Freiheitsgrade für Entscheidungen maßgeblich von ihrem Ansehen geprägt werden. Die Diskussion um die Autonomie ist dafür ein geeignetes Beispiel. Die Notenbank wird langfristig nur dann in der Lage sein, Autonomie zu erwerben, auszubauen und zu verteidigen, wenn sie Kompetenz und Reputation ins Feld führen kann. Dabei ist im Falle der Kompetenz nicht unbedingt die objektiv erreichte, sondern die bei den Adressaten empfundene relevant. Daraus wird deutlich, warum die Notenbank die Reputation als Ergänzung der hoffentlich tatsächlich vorhandenen Sachkompetenz benötigt.

Wenn die Handlungsweisen nach dem Ansehensmotiv an der Außenwirkung orientiert werden, können zwei Effekte die Folge sein: Zum einen können kostenintensive Aktivitäten von der Notenbank entfaltet werden, die in erster Linie der Reputation dienen sollen, was sich in einem entsprechend höheren Verwaltungsaufwand widerspiegelt; zum anderen kann sich aus einer Rücksichtnahme auf das öffentliche Ansehen ein Einfluß auf die geldpolitischen Entscheidungen ergeben, wobei ex ante nicht feststeht, ob dieser Einfluß inflationshemmend oder -steigernd wirkt.

Der erste Effekt, ein höherer Verwaltungsaufwand, ist von seinem Charakter her bereits bekannt aus der Betrachtung des Komfortmotivs. So nachteilig diese

---

und Regierung. Dieses wird in einem spieltheoretischen Ansatz gezeigt von Grüner, Hans Peter: Zentralbankglaubwürdigkeit und Insider-Macht: Empirische Evidenz, in: Jahrbuch für Nationalökonomie und Statistik, Bd. 214/4, 1995, S. 385 - 400.

Ineffizienzen auch sind, so erscheinen sie dennoch geringer als die von dem zweiten Motiv ausgehenden Gefahren[73]. Denn der zusätzliche Verwaltungsaufwand ist vom Volumen her vernachlässigbar im Vergleich zu den potentiellen Kosten einer Inflation aufgrund schlechter Geldpolitik. Insofern hat die Wirkung des Ansehensmotivs auf die geldpolitischen Entscheidungen eine höhere Bedeutung als die Budgetineffizienzen.

Ex ante kann nicht entschieden werden, ob eine Rücksichtnahme auf das Ansehen die Geldpolitik positiv in Richtung auf Stabilität oder im negativen Sinne auf Inflation hin beeinflußt. Dies hängt von den Präferenzen und Überzeugungen der Adressaten der Reputationsbemühungen ab. Die größte Gefahr geht von einer Orientierung an der Regierung aus. Denn von dieser ist am ehesten aus budgetpolitischen Überlegungen eine Vorliebe für Inflation zu erwarten. Diese Betrachtungen standen in der vorliegenden Arbeit bereits in dem Kapitel, das die Autonomiefrage behandelte, im Vordergrund. Dort wurde darauf hingewiesen, daß selbst bei Autonomie die Notenbank geneigt sein kann, auf Vorstellungen der Regierung Rücksicht zu nehmen, wenn sie sonst langfristig ihre Autonomie gefährdet sieht. In einer solchen Situation gilt es, die unabhängige Position der Notenbank zu stärken und dem Ziel der Inflationsvermeidung wieder Vorrang einzuräumen. Ob dies gelingt, hängt wesentlich von der Einstellung der anderen relevanten Interessengruppen ab. Die anderen Adressaten der Reputationsbemühungen könnten ein gewisses Gegengewicht zur Regierung bilden.

Von der Wissenschaft ist dabei am ehesten eine objektive Position zu erwarten, ist doch die Wahrheitsfindung ihre Aufgabe. Dies hieße nach heutigem Stand der Erkenntnis, eine möglichst inflationsfreie Geldpolitik zu fordern. Diese Empfehlung war allerdings nicht immer so eindeutig wie heute; erinnert sei in diesem Zusammenhang z. B. an die Zeiten in denen man glaubte, einen Phillips-Kurven-trade-off ausnutzen zu können. Aber selbst wenn über das Ziel der Preisniveaustabilität heute weitgehend Einigkeit besteht, so ist der Streit über die Mittel und Wege, Inflationsfreiheit zu erreichen, in vollem Gange. Mehrere geldpolitische Konzepte werden in Konkurrenz diskutiert[74]. Eine eindeutige Verhaltensempfeh-

---

[73] Dies gilt allerdings nicht, wenn das Aufwandsverhalten nicht nur kostensteigernd wirkt, sondern auch die Geldpolitik inflatorisch beeinflußt. Eine solche Wirkung wäre denkbar für den Fall, daß die Notenbank versucht, ihre Seigniorage zu erhöhen, nicht um sie dem Staatshaushalt zuzuführen, sondern um daraus ihren eigenen Bedarf für komfort- und ansehenssteigernde Maßnahmen zu bestreiten.

[74] Die wichtigsten zur Zeit diskutierten Konzepte werden im Kapitel 2.1 der vorliegenden Arbeit behandelt.

lung für die Notenbank, bei deren Befolgung die Zentralbank ihr Ansehen maximieren könnte, existiert nicht.

Für die Ansehensmaximierung beim Geschäftsbankensektor ist dessen Interessenlage zu ermitteln. Die Geschäftsbanken erfahren die Wirkungen der Zinspolitik der Notenbank in ihrem täglichen Geschäft unmittelbar. Dabei profitieren sie zumindest kurzfristig in der Regel wegen der praktizierten Fristentransformation im Zinsgeschäft von einer steilen normalen Zinsstruktur und von Senkungen der Geldmarktsätze. Deshalb wäre vom Geschäftsbankensektor ein leicht expansiver Druck auf die Notenbank zu erwarten. Doch scheinen die Geschäftsbanken sich der langfristigen Erfordernisse einer gesunden Währungspolitik durchaus bewußt zu sein. Eine Inflationspolitik, die die Qualität ihres Handelsgegenstandes, nämlich des Geldes, untergrübe, kann nicht in ihrem Interesse liegen. Eine intern und extern stabile Währung kann für die Geschäftsbanken einen wichtigen positiven Standortfaktor bedeuten, wie die Beispiele Deutschland und Schweiz zeigen.

Die entscheidenden Wirkungen des Ansehensmotivs auf die Stabilitätsorientierung gehen aber von der in einer Gesellschaft vorhandenen Grundmentalität zum Thema Inflation aus. Diese Mentalität[75] spiegelt sich in der öffentlichen Meinung, wie auch in den bereits angesprochenen Institutionen, dort allerdings eventuell durch spezielle Interessenlagen überlagert, wider. Die Geldpolitik wird es ungleich einfacher haben, eine Stabilitätspolitik zu praktizieren und auch bei unangenehmen Nebenwirkungen wie hohen Geldmarktzinsen durchzuhalten, wenn eine breite Akzeptanz in der Bevölkerung vorhanden ist. Diese Bewertung der praktizierten Geldpolitik in der öffentlichen Meinung strahlt zumindest in Demokratien über den politischen Willensbildungsprozeß auf Parlament und Regierung aus. Unterschiede in der grundsätzlichen Inflationsmentalität eines Landes sind damit über das Ansehensmotiv eine wesentliche Determinante der Geldpolitik. Wie stark dieses Argument die geldpolitischen Entscheidungen beeinflußt, hängt dabei nicht nur von der öffentlich präferierten Inflationshöhe ab, sondern auch davon, welchen Stellenwert die Inflationsproblematik in der gesellschaftlichen Diskussion einnimmt.

---

[75] Die hier angestellten Überlegungen zur Inflationsmentalität beziehen sich auf die Präferenzen hinsichtlich der Inflationshöhe, nicht aber auf die Inflationserwartungen. Ein Zustand mit hohen Inflationserwartungen, der ebenfalls manchmal mit dem Begriff der Inflationsmentalität belegt wird, erschwert das Betreiben einer stabilitätsorientierten Politik, doch ist er die Folge entsprechender Erfahrungen, nicht unbedingt inflationärer Präferenzen.

Ferner ist zu berücksichtigen, daß die Notenbank die vorherrschende Meinung nicht nur passiv als Datum für ihre Ansehensmaximierung aufnimmt, sondern daß sie auch aktiv versuchen kann, die öffentliche Diskussion zu beeinflussen. Als Beispiel dafür können die Publikationen der Notenbanken angesehen werden. Für den Fall der Deutschen Bundesbank kann in diesem Bereich eine starke Aktivität beobachtet werden. Über die hohe Qualität der Veröffentlichungen der Bundesbank, z. B. der Monatsberichte und ihrer statistischen Reihen, besteht kaum Zweifel[76]. Gleichzeitig werden diese Medien aber regelmäßig auch dazu genutzt, den Standpunkt, das Konzept und die Maßnahmen der Bundesbank zu erläutern und zu rechtfertigen. Besonders unterschwellig wirken in diesem Zusammenhang die „Auszüge aus Presseartikeln", die Veröffentlichungen von dritter Seite beinhalten und damit den Eindruck eines neutralen Standpunktes erzeugen. Mit der Auswahl von Themen und Meinungen übt die herausgebende Bundesbank aber einen maßgeblichen Einfluß aus.

Der Notenbank gelingt es leichter, ein hohes Ansehen zu erreichen, wenn sie an Kriterien und Meinungen gemessen wird, die sie vorher zu diesem Zweck selbst beeinflußt hat. Sie hat deshalb ein Interesse daran, keine perfekte Transparenz der Geldpolitik herzustellen. Interne Prognosen werden nicht veröffentlicht, obwohl sie für die Marktteilnehmer einen Informationsgewinn bedeuteten, weil ein Nicht-Eintreten der Prognose die Reputation schädigen könnte.

Ebenso kann die Wahl des geldpolitischen Konzepts und der Zwischenziele vom Motiv der Ansehensmaximierung beeinflußt werden. Neben sachlichen Abwägungen kann aus diesem Grunde z. B. ein Geldmengenziel attraktiver als ein direktes Preisziel sein. Die Geldmenge läßt sich leichter steuern; es können weite Zielbandbreiten vorgegeben werden, und eine Zielüberschreitung wird von der Bevölkerung eher toleriert als eine Abweichung beim Endziel Preisniveaustabilität. Außerdem können bei Verfehlung eines Geldmengenziels verschiedene Determinanten für Veränderungen der Geldnachfrage als Erklärung oder schlimmstenfalls Ausrede angegeben werden, wie in den letzten Jahren in Deutschland des öfteren geschehen. Ein Nebeneinander von Haupt- und Nebenzielen, End- und Zwischenzielen erschwert eine Beurteilung der Leistungen der Notenbank und gibt ihr damit mehr Freiheitsgrade für ihre Entscheidungen.

---

[76] Der Autor geht davon aus, daß dieses Werturteil von fast allen volkswirtschaftlichen Kollegen geteilt wird.

### 1.2.1.4 Macht

Das Motiv der Macht kann für den geldpolitischen Entscheidungsträger, ähnlich dem Ansehensmotiv, direkter Bestandteil der persönlichen Nutzenfunktion oder Instrument zur Verfolgung anderer Ziele sein. Eine größere Machtfülle drückt sich in Form von vermehrten Freiheitsgraden bei geldpolitischen und verwaltungstechnischen Entscheidungen aus. Insofern ist Autonomie ohne Regelbindungen als Nebenbedingung die machtpolitisch wünschenswerteste Organisationsform aus Sicht der Notenbank. Der Einsatz der vorhandenen Machtinstrumente und die bereits behandelten Ansehensbestrebungen werden deshalb von der Notenbank auf den Erhalt der Autonomie ausgerichtet.

Der Umfang der Macht, die eine Zentralbank ausüben kann, hängt ab von der Breite des geldpolitischen Instrumentariums, das ihr zur Verfügung steht. Strenge und eigentlich marktwidrige Instrumente wie die Mindestreservepflicht geben der Notenbank die stärksten Einflußmöglichkeiten. Insofern ist verständlich, daß sich z. B. die Bundesbank wiederholt für eine Beibehaltung der Mindestreserve und für ihre Übernahme in die Europäische Währungsunion ausgesprochen hat[77].

Neben den Kompetenzen zur Geldpolitik im engeren Sinne kann die Notenbank ein Interesse daran haben, weitere Befugnisse und Aufgabenbereiche zu übernehmen. Die Mitwirkung in der Aufsicht über die Geschäftsbanken ist dafür ein international häufig auftretendes Beispiel. In Deutschland existiert hierfür mit dem Bundesaufsichtsamt für das Kreditwesen eine gesonderte Institution, doch ist die Mitwirkung der Bundesbank ausdrücklich vorgesehen[78].

Ein weiteres Aufgabenfeld, das in Deutschland mit dem Währungsgesetz[79] in die Hände der Notenbank gelegt wurde, ist die Genehmigung von Preisniveauindexierungen in Verträgen. Ob der regulierende Eingriff, solche Verträge überhaupt genehmigungspflichtig zu machen, theoretisch gerechtfertigt ist, sei dahingestellt. Zur Beantwortung dieser Frage müßten die Vorteile der Indexierung in Form von privater realer Absicherung und makroökonomischer Erleichterungen bei der Rückführung von Inflationsraten gegen die Nachteile, wie die Festigung von Inflationserwartungen und tiefere reale Einbrüche bei Angebotsschocks,

[77] In den meisten anderen Teilnehmerländern der Europäischen Währungsunion war das Instrument der Mindestreserve dagegen bisher unbekannt. Auf seiner zweiten Sitzung hat der EZB-Rat Anfang Juli 1998 als Kompromiß die Einführung einer verzinslichen Mindestreserve beschlossen.

[78] Gesetz über das Kreditwesen (KWG) § 7.

[79] Währungsgesetz § 3.

gegeneinander abgewogen werden. Auf die einzelnen makroökonomischen Wirkungen der Indexierung soll hier nicht näher eingegangen werden. Lediglich ein Argument sei kurz genannt, da es sich Erwägungen aus der Public-Choice-Analyse bedient. Danach fördert eine Indexierung von Staatsschulden die Stabilität, da sie dem Staat ein Interesse an Inflation nimmt. Das Motiv, sich durch Inflation real zu entschulden verliert seine Wirkung, wenn dies aufgrund indexierter nominaler Rückzahlungsbeträge unmöglich wird[80].

Egal wie die theoretische Abwägung der Vor- und Nachteile einer Indexierung auch immer ausfallen mag, steht auf jeden Fall fest, daß die Notenbank selbst ein Interesse daran hat, das Genehmigungsrecht in die Hand zu bekommen. Es erleichtert die Geldpolitik und verhindert den gegebenenfalls auftretenden Ansehensverlust der Notenbank, falls eine starke Verbreitung der Indexierung als Mißtrauensvotum gegenüber der Notenbank verstanden wird. Durch eine restriktive Genehmigungspraxis kann die Notenbank ferner den Wirtschaftssubjekten bewußt einen Schutz vor Inflationswirkungen verweigern, um bei diesen damit das Interesse an Preisniveaustabilität zu erhöhen. Mit dieser Beeinflussung der Interessenlage kann die Notenbank Verbündete bei einem etwaigen Konflikt mit der Regierung gewinnen. Ähnliche Überlegungen könnten für andere Genehmigungsrechte, etwa für bestimmte Finanzinstrumente, angestellt werden[81].

Schwieriger sind die machtpolitischen Interessen der Notenbank bei Fragen der Ausgestaltung des internationalen Währungssystems zu beurteilen. Ob die Zentralbank feste oder flexible Wechselkurse bevorzugen wird, hängt davon ab, welche Rolle sie in einem etwaigen System fester Wechselkurse spielte. Gewinnt sie Einflußmöglichkeiten auf das Ausland, weil sie den relevanten Währungsblock dominieren kann, so wird ihre Machtposition gestärkt. Muß sie dagegen bei ihren Entscheidungen auf das Ausland Rücksicht nehmen und unterliegt sie dem Einfluß anderer Währungen, wird ihr Spielraum eingeengt.

---

[80] Von dieser Idee und von der Umsetzung in US-Staatsanleihen berichtet Heinemann, Friedrich: Die Indexierung der Staatsschuld fördert die Geldwertstabilität, in: Handelsblatt, 07.08.1997. Ähnlich positiv über Indexierung denkt Utzig, Siegfried: Wertsicherungsklauseln stabilisieren den Euro, in: Der Arbeitgeber, 50. Jg., 1998, Nr. 3, S. 68 - 70. Gefahren der Indexierung für die Geldwertstabilität benennt dagegen Steuer, Werner: Wertsicherungsklauseln: überflüssig oder schädlich, in: Der Arbeitgeber, 50. Jg., 1998, Nr. 3, S. 65 - 67.

[81] Zu denken wäre etwa an DM-Auslandsanleihen, Geldmarktfonds und verschiedene Derivate.

Eine andere außenwirtschaftliche machtpolitische Erwägung bezieht sich auf die Devisenreserven. Eine Rolle der eigenen Währung als internationales Reservemedium, die die Nachfrage nach dem eigenen Geld und damit die Seigniorage erhöht, wird in der Regel begrüßt, es sei denn, daß die Stabilität der Geldnachfrage beeinträchtigt würde, was die Geldmengensteuerung erschwerte. Eine eigene positive Nettoauslandsposition, d. h. ein Bestand an Devisenreserven wird aus dem Machtmotiv ebenfalls positiv bewertet. Devisenreserven geben der Notenbank potentiell die Option, Wechselkurse zu beeinflussen. Im Konfliktfall mit anderen Notenbanken erhöht sich die Durchsetzungschance mit der Höhe der mobilisierbaren Devisenreserven[82].

Der Umfang der machtpolitischen Einflußnahmemöglichkeiten im Inland hängt unter anderem davon ab, ob es der Notenbank gelingen kann, mit geldpolitischen Mitteln reale Effekte zu erzeugen. Bei Existenz rationaler Erwartungen sind die Möglichkeiten dafür eingeschränkt. Die Notenbank kann dann nur reale Wirkungen erzielen, wenn sich die Wirtschaftssubjekte irren und ihnen Informationen fehlen. Die Notenbank hat damit einen Anreiz, eine perfekt transparente Geldpolitik zu vermeiden. Nur durch Überraschungen kann sie bei rationalen Erwartungen das Produktionsniveau beeinflussen. Schlimmstenfalls kann die Notenbank deshalb geneigt sein, die Wirtschaftssubjekte bewußt zu täuschen. Ein Beispiel liefern folgende Schlagzeilen des Handelsblattes, die an drei aufeinanderfolgenden Tagen erschienen[83]:

- „Bundesbank soll Zinsen senken“
- „Bundesbank dämpft Hoffnung auf Senkung der Leitzinsen“
- „Bundesbank senkt Leitzinsen um einen halben Punkt“

Diese Schlagzeilen können gleichzeitig als Beispiel für eine Rücksichtnahme auf die öffentliche Meinung verstanden werden, geschickt kombiniert mit einem zwischenzeitlichen Dementi. Diese Vorgehensweise paßt hervorragend zu der bereits behandelten Ansehensmotivation: Die Autonomie wird durch das Dementi geräuschvoll unterstrichen, und letztlich wird auf die Wünsche eingegangen, die in diesem Beispiel aus Politik und Wirtschaft stammten. Die machtpolitische Komponente ist in der Täuschung und Beeinflussung der Märkte zu sehen, die in

---

[82] So auch Vaubel, Roland: Eine Public-Choice-Analyse..., a. a. O., S. 34.

[83] Handelsblatt, 13.12.95, 14.12.95 und 15./16.12.1995, jeweils S. 1.

dieser kurzfristigen Kehrtwende wohl eher auf die Finanzmärkte als auf die Gütermärkte abzielte[84].

Sollte die Notenbank - und sei es durch Täuschungsmanöver - die Möglichkeit haben, reale Effekte zu erzielen, dann stellt sich die Frage, für welche Zwecke sie diese Option ausüben würde. Für die Finanzpolitik vermutet die Public-Choice-Perspektive, daß bei realen Beeinflussungsmöglichkeiten ein politischer Konjunkturzyklus, der sich an den Wahlterminen orientiert, erzeugt wird[85]. Diese Überlegungen können ohne große Änderungen auf die Geldpolitik übertragen werden, wenn, wie gezeigt, hier ähnliche eigennutzorientierte Motive vorhanden sind. Doch muß die geldpolitische Beeinflussung des Produktionsniveaus nicht unbedingt zugunsten der Regierung ausfallen. Die Richtung der Maßnahmen hängt von den politischen Präferenzen der geldpolitischen Entscheidungsträger ab. Nur eine der Regierung parteipolitisch wohlgesonnene Mehrheit im Entscheidungsgremium der Notenbank wird die Geldpolitik vor den Wahlen expansiver gestalten; eine oppositionelle Notenbank kann dagegen gewillt sein, eine restriktive Politik zu betreiben, um die Wahlchancen der Regierungspartei zu verschlechtern. Vaubel glaubt, für die Deutsche Bundesbank einen solchen geldpolitischen Konjunkturzyklus empirisch nachweisen zu können[86].

Insgesamt kann festgehalten werden, daß neben Einkommen, Komfort und Ansehen auch machtpolitische Erwägungen das Entscheidungsverhalten in den Notenbanken beeinflussen. So kann ein Interesse für ein möglichst umfangreiches Instrumentarium und eine Kompetenzausweitung auf Nachbargebiete der Geld-

---

84 Um der Bundesbank nicht Unrecht zu tun, soll einschränkend bemerkt werden, daß die in dem Beispiel skizzierte Politik auch eine wohldurchdachte Strategie zur Verfolgung ehrenwerter geldpolitischer Ziele darstellen kann. Dies ist für den außenstehenden Beobachter nicht zu entscheiden. In negativer Sicht paßt das zitierte Beispiel nur zu gut zu den dargestellten möglichen ansehens- und machtpolitischen Motiven.

85 Zum politischen Konjunkturzyklus siehe: Nordhaus, William D.: The Political Business Cycle, in: Review of Economic Studies, Vol. 42, 1975, S. 169 - 190. Einen Überblick zum politischen Konjunkturzyklus liefert Blankart, Charles B., a. a. O., S. 117 - 124. Frühe empirische Betrachtungen zum politischen Konjunkturzyklus werden angestellt von Frey, Bruno S.: Theorie und Empirie Politischer Konjunkturzyklen, in: Zeitschrift für Nationalökonomie, Bd. 36, 1976, S. 95 - 120.

86 Vaubel, Roland: The bureaucratic..., a. a. O., S. 221 und Vaubel, Roland: Eine Public-Choice-Analyse..., a. a. O., S. 49 - 67; kritisch zu Vaubels Vorgehensweise und Ergebnissen in letztgenannter Quelle ist Neumann, Manfred J. M.: Die Deutsche Bundesbank als Modell für eine Europäische Zentralbank? Koreferat zu Roland Vaubel, in: Duwendag, Dieter / Siebke, Jürgen (Hrsg.): Europa vor dem Eintritt in die Wirtschafts- und Währungsunion, Schriften des Vereins für Socialpolitik, Bd. 220, 1993, S. 82 - 89.

politik festgestellt werden. Die Notenbank kann versuchen, durch intransparente Geldpolitik reale Effekte zu erzielen und sich gegebenenfalls für die Erzeugung eines politischen Konjunkturzyklus einzusetzen.

### 1.2.2 Determinanten des Entscheidungsverhaltens am Beispiel der Deutschen Bundesbank

Nachdem die vier Grundmotive des Entscheidungsverhaltens von geldpolitischen Entscheidungsträgern allgemein entwickelt wurden, werden sie im folgenden auf die spezifischen Rahmenbedingungen der Deutschen Bundesbank übertragen. Auch in dem vorangegangenen Abschnitt finden sich bereits Beispiele des deutschen Falls. An dieser Stelle sollen in einer anderen Untergliederung die speziellen Faktoren analysiert werden, die die Situation der Bundesbank bestimmen und die allgemeinen Grundmotive beeinflussen. Vier Punkte stehen dabei im Vordergrund: die ausgeprägte Autonomie, die deutsche Stabilitätsmentalität, die erfolgreiche Tradition und die internationale Bedeutung der DM.

#### 1.2.2.1 Ausgeprägte Autonomie

Die Deutsche Bundesbank verfügt über ein hohes Maß an formaler und faktischer Autonomie. Dies wurde bereits im internationalen Vergleich in dem Kapitel, das die Autonomiefrage untersuchte, deutlich[87]. Zudem ist dieser erreichte Grad an Autonomie zeitlich etabliert. Kaum eine andere Notenbank kann auf eine solch lange Autonomietradition zurückblicken. Das Autonomieprinzip selbst wird in der innenpolitischen Diskussion nicht in Frage gestellt[88], was faktisch zumindest kurz- und mittelfristig eine ähnliche Sicherheit verleiht wie eine verfassungsmäßige Absicherung des Autonomieprinzips. Dies alles hat eine starke Stellung der Notenbank in Politik und Gesellschaft zur Folge. Es ist deshalb zu erwarten, daß die Deutsche Bundesbank relativ viele Freiheiten in ihren Entscheidungen genießt.

---

[87] Trotz eindeutiger formaler Autonomie ist die Bewertung der faktischen Unabhängigkeit der deutschen Bundesbank nicht unumstritten. Einen Überblick über solche Einschätzungen gibt Baum, Thomas M.: Empirische Analysen der Bundesbankautonomie, in: Konjunkturpolitik, 29. Jg., 1983, S. 163 - 186. Wenngleich die Bundesbankautonomie nicht perfekt erscheint, so nimmt sie doch im internationalen Vergleich eine besondere Position ein.

[88] So die nicht mehr ganz neuen, aber vermutlich heute noch weitgehend identischen Ergebnisse einer Umfrage bei Parteien und Interessenverbänden bei Kaiser, Rolf, a. a. O. S. 51 - 55. Selbst SPD und Gewerkschaften bekennen sich, wenn auch mit Einschränkungen, zur Autonomie.

Die entwickelten eigennutzorientierten Ziele können sich damit weitgehend entfalten. Der daraus resultierende Verwaltungsaufwand wurde bereits angesprochen. Ineffizienzen und hohe Kosten scheinen der Preis für die Autonomie zu sein. Der wichtigere Punkt - die Verfolgung einer stabilitätsorientierten Geldpolitik - wurde dafür von der Bundesbank um so erfolgreicher erfüllt[89]. Offenbar sorgt im deutschen Fall die Stabilitätsmentalität über das Ansehensmotiv für eine entsprechende Geldpolitik.

#### 1.2.2.2 Stabilitätsmentalität

Über das Ansehensmotiv scheint die in Deutschland vorherrschende Inflationsabneigung der entscheidende Einflußfaktor für die praktizierte Stabilitätspolitik zu sein. Als historische Wurzeln dieser Mentalität können die zwei prägenden Inflationserfahrungen in diesem Jahrhundert genannt werden: die Hyperinflation in den zwanziger Jahren als Folge der monetär alimentierten Defizitfinanzierung des Ersten Weltkrieges und die zurückgestaute Inflation während des Zweiten Weltkrieges mit anschließender Währungsreform. Diese Erfahrungen können aber streng genommen nur die Abneigung gegenüber Hyperinflationen, die die Geldfunktionen fundamental bedrohen, erklären, nicht aber gegen eine schleichende Inflation mit einstelligen Inflationsraten. So regte sich denn auch kein sozialer Widerstand gegen die expansive Politik der siebziger Jahre. Erst die in diesem Zuge gemachten Erfahrungen haben die grundsätzlich vorhandene Stabilitätsmentalität auf eine Ablehnung einer schleichenden Inflation ausgeweitet. Die Erfahrungen mit allen Arten der Inflation haben nicht nur die Höhe der präferierten Rate beeinflußt, sondern darüber hinaus den Stellenwert der Preisniveaustabilität in der sozialen Werteskala erhöht.

Die Überzeugung, daß Inflationsfreiheit ein erstrebenswertes Ziel darstellt, hat sich in der Folge nicht nur in der öffentlichen Meinung verfestigt, sondern überträgt sich auch auf die Regierungsvertreter. Diese können sich in einem von Stabilitätspolitik geprägten Umfeld aus polit-ökonomischen Motiven eine Ansehenssteigerung und damit eine Verbesserung ihrer Wiederwahlchancen versprechen, wenn sie Stabilitätspolitik propagieren und praktizieren. Diese Motivation wirkt bereits bei der Willensbildung innerhalb der Regierung denjenigen Argumenten entgegen, die aus Regierungssicht für die Zulassung von Inflation sprechen

[89] Der Vorrang des Preisniveaustabilisierungsziels, wenngleich überlagert von außenwirtschaftlichen Einflüssen, wird für die Deutsche Bundesbank im Zeitraum 1958 bis 1974 empirisch belegt von Basler, Hans-Peter: Die wirtschaftspolitischen Zielpräferenzen der Deutschen Bundesbank, in: Kredit und Kapital, 11. Jg., 1978, S. 84 - 108.

könnten. Aus Einsicht und aus Eigennutz ist für den deutschen Fall ein deutlich geringerer Regierungsdruck auf die Notenbank zu erwarten als bei Fehlen einer allgemeinen Stabilitätsmentalität.

### 1.2.2.3 Stabilitätstradition

Parallel zu der etablierten Autonomie kann die DM auf eine weitgehend inflationsfreie Geschichte zurückblicken. Die interne und externe Stabilität der Währung seit den fünfziger Jahren war dabei in der Regel von positivem Einfluß auf die makroökonomische Entwicklung, abgesehen von Phasen der Überbewertung der DM, die den Außenhandel beeinträchtigten. Die harte DM war insbesondere für den deutschen Kapitalmarkt ein positiver Standortfaktor. Niedrige Inflationsrisikoprämien und niedrige Nominalzinsen sowie langfristige Bindungsbereitschaften waren die erfreulichen Folgen einer erfolgreichen Stabilitätspolitik. Diese positiven Erfahrungen haben die Überzeugung vom Sinn von Inflationsfreiheit und die Stabilitätsmentalität weiter gefestigt.

Eine solche etablierte Stabilitätstradition erleichtert das Geschäft der Geldpolitik ungemein. Inflationserwartungen sind weitgehend gebrochen, Steigerungsspiralen ausgeschaltet. Interne und externe Stabilität der Währung fördern sich gegenseitig. Welchen Vertrauensbonus die DM genießt, kann an den geringen Reaktionen, die an den Devisen- und Kreditmärkten im Zuge der deutsch-deutschen Währungsunion auftraten, abgelesen werden. Bei der EWS-Krise 1992/93 war in dieser Phase unmittelbar nach der Wiedervereinigung sogar ein deutlicher Aufwertungsdruck für die DM zu beobachten.

Der über mehrere Jahrzehnte erreichte Grad an Preisniveaustabilität hat ein hohes Ansehen der Deutschen Bundesbank bewirkt. Von dieser Reputation profitieren die Angehörigen der Bundesbank. Es ist deshalb gemäß dem Ansehensmotiv verständlich, daß dieses Image nicht durch geldpolitische Experimente gefährdet werden soll. Auch aus machtpolitischer Sicht ist die hohe Reputation vorteilhaft; schließlich hilft sie, die Autonomie zu verteidigen. Diese Argumente wiegen schwerer als die Möglichkeiten einer kurzfristigen Ausschlachtung einer etwaigen Geldillusion, die sich nach der langen Stabilitätsphase aufgebaut haben mag. Es entspricht daher dem persönlichen Rationalkalkül der Bundesbanker, wenn sie eine konservative stabilitätspolitische Grundlinie weiterverfolgen.

### 1.2.2.4 Internationale Bedeutung der DM

Die Einflußmöglichkeiten der Bundesbank waren nicht auf das DM-Währungsgebiet beschränkt. Zahlreiche andere Volkswirtschaften wurden von der deutschen Geldpolitik bestimmt. Am direktesten ist diese Abhängigkeit bei denjenigen kleinen Ländern erkennbar, die erklärtermaßen ihre eigene Geldpolitik an der der Deutschen Bundesbank orientierten, um die nominalen Wechselkurse zur DM zu stabilisieren. Zu nennen wären in diesem Zusammenhang Österreich, die Niederlande, Belgien und Luxemburg. Innerhalb dieses DM-Blocks wurden geldpolitische Maßnahmen der Bundesbank in der Regel unmittelbar von den betreffenden Notenbanken nachvollzogen. Diese Notenbanken waren, auch wenn sie formal unabhängig sein mögen, in geldpolitischen Entscheidungen völlig an die Bundesbank gebunden. Aus Sicht der Bundesbank wurde ihr eigener Machtspielraum durch diese Tatsache erweitert. Sie brauchte auf außenwirtschaftliche Anpassungslasten ihrer Geldpolitik innerhalb des DM-Blocks keine Rücksicht zu nehmen, da die Anpassung einseitig von den kleinen Ländern erbracht wurde; die Wechselkurse zwischen den Ländern des Blocks blieben stabil. Innerhalb des DM-Blocks kann deshalb von einer perfekten geldpolitischen Koordination gesprochen werden. Wegen der Führungsrolle der DM bedeutete diese einseitig von Seiten der anderen Länder vorgenommene Koordination für die Bundesbank aber keine Einschränkung ihres Entscheidungsspielraums.

Diese Konstellation scheint sich in jüngster Zeit weiter auszudehnen, da sich zahlreiche osteuropäische Reformländer ebenfalls an der DM orientieren. Verschiedene Länder streben eine einseitige Anbindung mit festem Wechselkurs gegenüber der DM oder einem Währungskorb an[90]. Eine anders geartete Ausdehnung des Einflusses der Bundesbank ergibt sich aus der Tatsache, daß die DM in einigen osteuropäischen Ländern die Rolle einer Parallelwährung einnimmt. Dies ist für die Bundesbank zunächst erfreulich, da eine zusätzliche DM-Geldnachfrage aus diesen Ländern die Seigniorage erhöht. Aus Sicht der deutschen Volkswirtschaft kann diese Akzeptanz der eigenen Währung außerdem zur Verringerung von Transaktionskosten beitragen, etwa weil die ohnehin hohe Bereitschaft zur Fakturierung von Handelsgeschäften in DM noch weiter zunimmt. Andererseits kann die zusätzliche Geldnachfrage, wenn sie eher volatilen Charakter hat und statistisch nur ungenau erfaßbar ist[91], die Geldmengen-

---

[90] Als Beispiel kann die Anbindung der estnischen Krone im Verhältnis 8:1 an die DM seit 1992 genannt werden. Dieses und weitere Beispiele mit einseitiger Anbindung finden sich bei Fuhrmann, Wilfried / Richert, Robert: Ein Währungssystem mit einem Currency Board, in: Das Wirtschaftsstudium (wisu), 24. Jg., 1995, Heft 12, S. 1035 - 1039. Tschechien hat dagegen seine Bindung an einen Korb aus DM und US-$ im Sommer 1997 aufgegeben, orientiert sich seit dem aber im Rahmen eines managed floating an der DM.

[91] Die statistische Erfaßbarkeit ist dadurch eingeschränkt, daß z. B. der DM-Umlauf in Osteuropa vorwiegend Bargeld umfaßt. Nach Schätzungen der Bundesbank befinden sich 30 bis 40% des gesamten DM-Bargeldumlaufs im Ausland! Angaben nach o. V.: Der DM-Bar-

steuerung erschweren. Sie wird deshalb von der Bundesbank nicht unbedingt begrüßt.

Der engere DM-Block umfaßte nur den geringeren Teil der Außenbeziehungen Deutschlands. Wichtige Handelspartner wie Frankreich und Italien gehörten nicht dazu. Dennoch hatte die Geldpolitik der Bundesbank auch auf diese Länder Einfluß, wenngleich der Wirkungszusammenhang nicht so eng war wie innerhalb des DM-Blocks. Ein Übertragungsweg ist bzw. war das Europäische Währungssystem. Aus dessen Grundkonstruktion war eine Vormachtstellung der DM nicht abzulesen. Formal nehmen im Rahmen einer Kartellstrategie alle Länder eine gleichrangige Rolle ein. Außerdem sind Realignments explizit vorgesehen. Wird von dieser Option zur Anpassung der nominalen Wechselkurse regelmäßig Gebrauch gemacht, dann können die nationalen Geldpolitiken und Inflationsraten durchaus eigenständige Züge aufweisen.

Faktisch bildete sich allerdings eine Leitwährungsrolle der DM heraus[92]. Dies ist zum einen auf das ökonomische Gewicht Deutschlands in der EU zurückzuführen[93], zum anderen aber auch das Ergebnis der Stabilität der DM. Die DM bzw. die Währungen des DM-Blocks wiesen die niedrigsten Inflationsraten und eine permanente Aufwertungstendenz gegenüber den anderen EWS-Währungen auf. Wollten die Abwertungskandidaten Realignments aus dem Weg gehen, die seit den achtziger Jahren als Eingeständnis des Scheiterns der eigenen Stabilitätsbemühungen interpretiert wurden und deshalb von den betreffenden Regierungen aus dem Ansehensmotiv vermieden wurden, blieb ihnen nichts anderes übrig, als ihre Geldpolitik in restriktiver Richtung an die der Bundesbank anzupassen.

Mit der EWS-Krise 1992/93 hat dieser Anpassungsdruck nachgelassen. Zum einen wurden von den Märkten wieder Realignments erzwungen, zum anderen hat die Erweiterung der Interventionsbandbreiten auf +/- 15% den direkten Zusammenhang zwischen den nationalen Geldpolitiken verringert. Dennoch ist im Vorfeld der Europäischen Währungsunion weiterhin eine gewisse Führungsrolle

---

geldumlauf im Ausland, in: Deutsche Bundesbank (Hrsg.): Monatsbericht Juli 1995, S. 72. Die ausführlichere zugrundeliegende Studie ist Seitz, Franz: The Circulation of Deutsche Mark Abroad, Discussion paper 1/95, Economic Research Group of the Deutsche Bundesbank, 1995.

92 Zu diesem Ergebnis gelangt auch Mayer, Gebhard: Die D-Mark als Leitwährung in Europa?, Frankfurt am Main und andere Orte, 1996, zugl. Diss., TU München, 1995.

93 Der deutsche Anteil am BIP der 15 EU-Länder beträgt 28,6%; Angaben für 1997 aus Statistisches Bundesamt (Hrsg.): Statistisches Jahrbuch 1997 für das Ausland, Wiesbaden, 1997, Tab. 17.2, S. 149.

der Bundesbank bei geldpolitischen Entscheidungen beobachtbar. Ob die Anpassung an die Bundesbank dabei tatsächlich auf eine entsprechende Machtposition im europäischen Währungsgefüge zurückzuführen ist oder ob die anderen Notenbanken aus eigenem Antrieb ihre teilweise neu gewonnene Autonomie nutzend Stabilitätspolitik betreiben, ist nicht eindeutig feststellbar.

Die Einflußnahme der Bundesbank auf andere Währungen ist ferner keine Einbahnstraße. Daß starke Rückwirkungen auf die eigene Politik möglich sind, haben die Spannungen während der EWS-Krise gezeigt. Hohe obligatorische Interventionen haben die binnenwirtschaftlich orientierte Geldmengensteuerung der Bundesbank im Jahre 1992 erheblich gefährdet. Hier war die Bundesbank mit einer Zunahme der Devisenreserven um 69 Mrd. DM auf Jahresbasis 1992 - das bedeutete mehr als eine Verdoppelung der Netto-Auslandsposition - außerordentlich starken außenwirtschaftlichen Belastungen ausgesetzt. Die davon ausgehenden Geldmengenwirkungen konnten nur teilweise kompensiert werden[94].

Eine weitere internationale Restriktion für das Handeln der Notenbanken stellt die heute vorherrschende hohe Kapitalmobilität dar, der sich auch und gerade ein effizienter Kapitalmarkt wie der der DM nicht entziehen kann. Zinspolitische Maßnahmen müssen darauf Rücksicht nehmen. Der Einsatz geldpolitischer Instrumente ist bei hoher internationaler Kapitalmobilität oft mit einer unerwünschten überschießenden Wechselkursreaktion verbunden, in dem Sinne, daß der Kurs vom Niveau der Kaufkraftparität abweicht, was zu handelspolitischen Problemen führen kann.

Die Spielräume und Restriktionen der Bundesbank beschränken sich keineswegs auf das nationale Umfeld. Es existieren sowohl Einflußmöglichkeiten auf andere Länder als auch Rückwirkungen, die von der Bundesbank beachtet werden müssen.

### 1.2.3 Die Wahl des geldpolitischen Instrumentariums als Beispiel für Interessenlagen und Ineffizienzen

Die Ausstattung einer Notenbank mit geldpolitischen Instrumenten bestimmt ihre Einflußmöglichkeiten. Insofern ist zu erwarten, daß die Notenbanken eine möglichst reichhaltige Ausstattung wünschen werden. Bei der hier anzustellenden Analyse soll es nicht um die Frage gehen, ob verschiedene Instrumente in

---

94 So auch o. V.: Zum Einfluß von Auslandstransaktionen auf Bankenliquidität, Geldmenge und Bankkredite, in: Deutsche Bundesbank (Hrsg.): Monatsbericht Januar 1993, S. 19 - 34.

bestimmten Situationen für eine sinnvolle Geldpolitik nötig sind. Vielmehr soll die Interessenlage der Notenbank und anderer Akteure dargestellt werden, die von der Einrichtung oder Beibehaltung eines spezifischen Instrumentes profitieren können. Damit kann erklärt werden, warum einige Instrumente sich bei den Notenbanken hoher Beliebtheit erfreuen, selbst wenn der Einsatz dieser Instrumente mit gewissen Ineffizienzen verbunden ist.

Die Offenmarktpolitik in ihren verschiedenen Ausgestaltungsformen setzt sich international immer mehr als das geldpolitische Normalinstrument durch[95]. Geringe Transaktionskosten, Feinsteuerbarkeit, Marktkonformität und Nicht-Diskriminierung sind die Merkmale, durch die sich dieses Instrument auszeichnet[96]. Die Offenmarktpolitik braucht wegen ihrer Effizienz keiner Public-Choice-Analyse unterworfen zu werden. Vielmehr muß angesichts der Tatsache, daß eine Geldpolitik theoretisch ausschließlich mit dem Instrument der Offenmarktpolitik auskommen kann[97], was einige Notenbanken auch praktizieren, nach den Gründen gefragt werden, warum andere Notenbanken überhaupt noch von weiteren Instrumenten Gebrauch machen. Wie sich zeigen wird, liefert die Public-Choice-Perspektive mit ihrer Annahme der Eigennutzorientierung der Akteure dafür einige plausible Erklärungen[98]. Solche Überlegungen werden im folgenden für die drei verbreiteten und auch von der Bundesbank verwendeten Instrumente Refinanzierungspolitik, Mindestreservepflicht und Devisenpolitik angestellt.

---

[95] Dieser Trend wird festgestellt und als Orientierungsgröße für die Diskussion um die Ausstattung der Europäischen Zentralbank angeführt von Menkhoff, Lukas: Offenmarkt- oder Refinanzierungspolitik für Europa, in: Wirtschaftsdienst, 1995, Nr. 6, S. 313.

[96] Einige dieser Vorteile werden belegt von Menkhoff, Lukas: Geldpolitische Instrumente der Europäischen Zentralbank. Eine Analyse unter den Gesichtspunkten Effizienz, Wettbewerbsneutralität und Dezentralität, Wissenschaft für die Praxis, Abt. Forschung, Bd. 5, Stuttgart, 1995.

[97] So bereits für Zeiten, in denen ein alleiniges Operieren nur mit der Offenmarktpolitik noch völlig unüblich war, Smith, Warren L.: The Instruments of General Monetary Control, in: National Banking Review, No. 1, 1963, abgedruckt in: Smith, Warren L. / Teigen, Ronald L. (Hrsg.): Readings in Money, National Income and Stabilization Policy, Homewood, 1970, S. 281.

[98] Am Beispiel der kanadischen Notenbank wird die Wahl des geldpolitischen Instrumentariums in einer bürokratietheoretischen Perspektive untersucht von Chant, John F. / Acheson, Keith: The Choice of Monetary Instruments and the Theory of Bureaucracy, in: Public Choice, Spring 1972, S. 13 - 33. Die dort angestellten Überlegungen lassen sich weitgehend für andere Länder verallgemeinern.

### 1.2.3.1 Refinanzierungspolitik

Bei der Ausgestaltung der Konditionen der Refinanzierungspolitik verfügt die Notenbank über mehrere Freiheitsgrade. Es können dabei auch Bedingungen festgelegt werden, die von den momentanen Marktkonditionen abweichen. Ein Beispiel dafür bietet die Diskontpolitik der Bundesbank. Durch die Einreichung von Handelswechseln können sich die Geschäftsbanken in der Regel zu Sätzen unter den laufzeitmäßig vergleichbaren Geldmarktzinssätzen refinanzieren. Ursprünglich mag hinter der bevorzugten Behandlung der Wechsel ein objektiv gerechtfertigter Gedanke gestanden haben, nämlich dadurch direkt Handelsgeschäfte mit einem entsprechenden Güterangebot zu finanzieren und liquide geldähnliche Papiere aus dem Verkehr zu ziehen. Zusätzlich bietet das Diskontinstrument aber auch Vorteile für ein etwaiges eigennutzorientiertes Handeln der geldpolitischen Entscheidungsträger.

Diese Aussage überrascht zunächst, da die sonst teilweise für eigene Zwecke zu verwendende Seigniorage durch die Gewährung der günstigen Konditionen gemindert wird. Verständlich wird dieses Verhalten der Notenbanken aber, wenn man sich die ansehenspolitisch motivierte Wirkung auf die Geschäftsbanken verdeutlicht. Mit dem Instrument der Diskontpolitik kann die Notenbank nach eigenem Gutdünken den Geschäftsbanken Vorteile zukommen lassen. Hinzu kommt als positive Eigenschaft aus Sicht der Zentralbank, daß sich diese Wohltaten differenziert auf die einzelnen Geschäftsbanken verteilen lassen, nämlich über das Instrument der Rediskontkontingente. Wegen der Attraktivität der Diskontierungssätze gibt es eine Notwendigkeit für eine solche mengenmäßige Begrenzung. Formal wird die Höhe der individuellen Rediskontkontingente aus bestimmten Bemessungskriterien abgeleitet, so daß zunächst der Eindruck einer objektiven Vorgehensweise entsteht. Doch verfügt die Notenbank durch die Auswahl und Änderung dieser Kriterien über genügend Gestaltungsspielraum, um die Vorteilhaftigkeiten der Rediskontierungsmöglichkeiten nach individuellen Präferenzen zu verteilen. Ähnliche Überlegungen könnten für das Lombardgeschäft angestellt werden. Im Rahmen beider Geschäftstypen kann die Notenbank außerdem durch Zulassung oder Ablehnung bestimmter Wertpapiertypen positive oder negative Einflüsse auf verschiedene Emittentengruppen ausüben.

Ein weiterer polit-ökonomischer Vorteil der Refinanzierungspolitik ist die Tatsache, daß eine Änderung von Diskont- und/oder Lombardsatz in der Öffentlichkeit hohe Beachtung findet. Die Notenbank kann durch einen geräuschvollen Einsatz dieser Instrumente Aktionismus demonstrieren, beispielsweise um aufkommende Inflationserwartungen zu brechen. Die tatsächlich praktizierte Geldpolitik muß dagegen nicht unbedingt eine entsprechende Änderung erfahren, wenn die bisherigen Geldmarktsätze in einer Höhe liegen, in der sich die Spannen zwischen alten Diskont- und Lombardsätzen und den neuen Sätzen überlappen.

Mit den gezeigten Argumenten läßt sich das Festhalten der Notenbanken und auch der Deutschen Bundesbank am Instrument der Refinanzierungspolitik verstehen. Die Zentralbanken sind aus den genannten polit-ökonomischen Gründen bereit, den hohen Verwaltungsaufwand, der mit diesem Instrument verbunden ist, zu tragen. Die Verwaltung der Rediskontkontingente, die Prüfung und Abwicklung der eingereichten Papiere lassen höhere Kosten erwarten als hochvolumige Transaktionen im Zuge von Offenmarktgeschäften.

### 1.2.3.2 Mindestreserve

Die Verpflichtung zur Hinterlegung einer Mindestreserve ist offensichtlich ein nicht-marktkonformes Instrument. Es stellt das schärfste hoheitliche Instrument im Arsenal der Notenbanken dar. Es wirkt schnell und bedarf keiner Reaktion der Geschäftsbanken auf schwächere Preissignale. Den Notenbanken ist mit diesem Instrument ein Machtmittel gegeben, auf das sie ungern verzichten möchten. Als Notinstrument zur Abwehr schwerer Marktstörungen mag die Reservepflicht tatsächlich eine sachliche Berechtigung haben. In der Geschichte der Bundesbank wurde das Instrument mehrfach in dieser Rolle eingesetzt, meist in der Form von Sonder- oder Zuwachsreservepflichten[99].

Doch versuchen die Notenbanken regelmäßig, dieses Instrument auch in normalen Zeiten einzusetzen. Als sachliche Begründung kann der Bedarf für eine Stabilisierung der Nachfrage nach Zentralbankgeld und in Zeiten rückläufiger Bargeldquoten eine Begrenzung der multiplen Geldschöpfungsmöglichkeiten genannt werden. Die gleiche angestrebte Geldmenge könnte aber theoretisch ebenso gut allein mit einer geschickten Offenmarktpolitik erreicht werden. Die Zielerreichung wird durch die Existenz der Mindestreserve nicht erst möglich, sondern lediglich einfacher. Mit dieser Erklärung ist verständlich, warum die Notenbanken den Einsatz der Mindestreserve bevorzugen. Eine höhere Trefferquote bei der Geldmengensteuerung ist schließlich dem Ansehen der Notenbank dienlich.

Der Gedanke, daß die Mindestreservepflicht womöglich dem Einlegerschutz dienen könnte, kann getrost verworfen werden. Mit den Grundsätzen des Kreditwesengesetzes liegen viel stärkere Beschränkungen der Verwendung der Ein-

---

[99] So z. B. die speziellen Reservepflichten für die Zuwächse von Einlagen von Gebietsfremden, die in den ersten fünf Monaten des Jahres 1978 in Kraft waren.

lagen vor als mit der Mindestreservepflicht. Letztere wirkt für den Einleger sogar negativ, da sie ihn um einen Teil seiner Ertragsmöglichkeiten bringt. Die Geschäftsbank kann nämlich höchstens denjenigen Teil der Einlage maximal in Höhe des Geldmarktzinses bedienen, der nicht ertraglos bei der Notenbank stillgelegt ist. Die Mindestreservepflicht erzeugt eine Einkommensumleitung von den Einlegern bzw. den Geschäftsbanken zu der Zentralbank. Letztere kann dadurch ihre Seigniorage steigern. Damit ist ein weiteres Motiv für die Beibehaltung der Mindestreserven aus Sicht der Notenbanken gefunden.

Der Zinsnachteil von mindestreservepflichtigen Einlagen hat in den letzten Jahren im Zuge zunehmender Kapitalmobilität die Wirksamkeit des Mindestreserveinstrumentes weitgehend untergraben. Im Einlagengeschäft bedeuten hohe Reservesätze einen Standortnachteil. Das Einlagengeschäft ist in zunehmendem Maße an die Euro-Märkte abgewandert, an denen man keine Reservepflicht kennt. Die Notenbanken beobachten diese Entwicklung mit Unbehagen und mußten gezwungenermaßen mit einem Verzicht auf hohe Reservesätze dieser Entwicklung folgen[100]. Daß geldpolitische Störungen trotzdem ausblieben ist ein Indiz dafür, daß das Instrument der Mindestreservepflicht in normalen Zeiten unnötig ist. Dennoch fordern diejenigen Notenbanken, die bisher über dieses Instrument verfügten, einschließlich der Deutschen Bundesbank[101], eine Übernahme der Mindestreservepflicht in die Verfassung der Europäischen Zentralbank. Eine europaweite einheitliche Mindestreserve hätte aus Sicht der Zentralbanken außerdem den Vorteil, das Problem der Abwanderung des Einlagengeschäftes teilweise wieder einzudämmen.

### 1.2.3.3 Devisenpolitik

Auf den ersten Blick erscheint die Devisenpolitik aus der Sicht der Notenbank unattraktiv. Es besteht die Gefahr, daß die Notenbank in eine passive Rolle gerät, nämlich dann, wenn sie in einem System fester Wechselkurse zu Interventionen verpflichtet ist. Liegt die Entscheidung über die Höhe der Kurse noch dazu bei der Regierung, dann könnte sich diese Tatsache sogar als Einfallstor zur Aushebelung der Autonomie erweisen. In einer solchen Situation hätte die Notenbank

---

[100] Die Deutsche Bundesbank hat die Mindestreservesätze in mehreren Stufen gesenkt, zuletzt zum 01.08.1995 auf 2% für Sicht- und Termineinlagen und 1,5% für Spareinlagen.

[101] Vgl. die Erläuterungen der Deutschen Bundesbank zu den Neuordnungen der Mindestreservevorschriften in Deutschland in den Monatsberichten Juli 1995, S. 29 - 31 bzw. Februar 1994, S. 13 - 17.

in der Tat eher ein Interesse an flexiblen Kursen und würde vermutlich gern auf das Instrument der Devisenpolitik verzichten.

Allerdings sind auch andere Umstände denkbar, in denen die Möglichkeit von Devisengeschäften durchaus im Interesse der Notenbank liegt. Am deutlichsten ist dies in einem System flexibler Wechselkurse. Hier gibt ein Schmutziges Floating der Notenbank zusätzliche Einflußmöglichkeiten in die Hand. Eine Beeinflussung der Wechselkurse kann für die Notenbank aus ansehens- und aus machtpolitischen Erwägungen heraus attraktiv sein. Eine externe Stabilisierung mag von der Öffentlichkeit begrüßt werden. Mit einer Beeinflussung der Wechselkurse kann die Notenbank außerdem reale Effekte erzielen, die sie bei rationalen Erwartungen der Marktteilnehmer mit rein binnenwirtschaftlichen Instrumenten nicht hätte erreichen können[102].

In einem System fester Wechselkurse sind die Entscheidungsspielräume der Notenbank stärker eingeschränkt. Dennoch ist ex ante nicht unbedingt von einer negativen Beurteilung eines solchen Systems durch die Notenbank auszugehen. Selbst wenn die Entscheidung über Einrichtung und Aufhebung eines Festkurssystems und über Realignments formal meist im Kompetenzbereich der Regierung liegt, ist doch in der Praxis eine Mitwirkung der Notenbanken zu beobachten. Je nach Machtstellung der Notenbank im politischen und sozialen Gefüge kann die Notenbank sogar die Initiative in Fragen der Ausgestaltung des Währungssystems innehaben. Notfalls kann sie ihr Ansehen in der Öffentlichkeit mobilisieren und behaupten, ein Verzicht auf ein Realignment würde die interne Stabilität bedrohen. Die Notenbank würde auf diese Weise die Regierung unter Druck setzen. Hat die Notenbank faktisch die Entscheidungskompetenz über Wechselkursanpassungen erworben, übt sie gegenüber dem Ausland eine starke Machtposition aus. Sie kann dann differenzieren, welche Währungen durch Interventionen gestützt werden und welche Währungen durch schnelle Kursanpassungen nicht in den Genuß von Stützungskäufen kommen[103].

---

[102] Die Wirtschaftssubjekte können bei rationalen Erwartungen, wenn sie nicht bewußt von der Notenbank getäuscht werden, auf Änderungen der Geldmengenänderungsrate und der Inflationsrate mit Anpassungen anderer nominaler Größen reagieren, so daß reale Effekte unterbleiben. Eine Reaktion am Devisenmarkt mit realen Folgen ist dagegen mit rationalen Erwartungen nicht nur vereinbar, sondern braucht diese sogar als Voraussetzung, so z. B. bei einem Overshooting aufgrund perfekter Erfüllung der Zinsparität.

[103] Als ein Beispiel kann das Verhalten der Bundesbank im Herbst 1992 angesehen werden. Hier war die Bundesbank bereit, zur Stützung des französischen Francs deutlich höhere Interventionsvolumina aufzubringen als in den vorangegangenen spekulativen Attacken

Ein System fester Wechselkurse kann außerdem die machtpolitische Stellung der Leitwährungsbank auf andere Länder ausdehnen, wie dies bereits in einem vorangegangenen Abschnitt für die Bundesbank gezeigt wurde. Aber auch für die Zentralbanken, die in einem System fester Kurse oder gar bei einer einseitigen Anbindung in einer rein passiven Rolle den äußeren Vorgaben folgen müssen, können polit-ökonomische Vorteile erwachsen, nämlich dann, wenn durch den Hinweis auf außenwirtschaftliche Erfordernisse die Stellung gegenüber der eigenen Regierung gestärkt werden kann. Schließlich können alle Notenbanken, egal in welcher Rolle sie sich innerhalb eines Währungsverbundes befinden, durch diese Einbindung an Argumentationsmöglichkeiten gegenüber der Öffentlichkeit gewinnen. Sie können ihre Reputation retten, wenn es ihnen gelingt etwaige Verfehlungen bei der Preisniveaustabilisierung mit tatsächlichen oder behaupteten außenwirtschaftlichen Einflüssen zu entschuldigen.

Als Fazit zur Devisenpolitik ebenso wie zu den anderen untersuchten geldpolitischen Instrumenten kann festgehalten werden, daß die Wahl des geldpolitischen Instrumentariums nicht ausschließlich von Effizienzüberlegungen geprägt ist, sondern von zahlreichen eigennutzorientierten Erwägungen überlagert sein kann.

## 1.3 Demokratische Kontrolle der Geldpolitik

Wenn die Führungsebene der Notenbanken, wie gezeigt, bei der Ausgestaltung der Geldpolitik nicht frei von persönlichen Präferenzen und Interessenlagen entscheidet, stellt sich die Frage nach einer Kontrollinstanz, die möglichst demokratisch legitimiert sein sollte und die geeignet ist, Effizienz und das Betreiben einer stabilitätsorientierten Politik sicherzustellen.

In diesem Abschnitt wird deshalb das Spannungsverhältnis zwischen der Geldpolitik, dem Volk als dem Träger der Souveränität in einer Demokratie und anderen Politikbereichen, vor allem der Finanzpolitik diskutiert. Die Entscheidungsfindung in einem parlamentarischen System ist wegen seiner mehrstufigen Willensaggregation und Entscheidungsdelegation nicht unproblematisch. Persönliche Ziele werden dabei nicht nur von den geldpolitischen Entscheidungsträgern, sondern auch und gerade von den Akteuren in denjenigen politischen Institutionen

---

gegen andere Währungen wie beispielsweise die spanische Peseta. Diese Differenzierung war aus fundamentalen, an der Kaufkraftparität ausgerichteten Überlegungen heraus sicherlich gerechtfertigt. Es paßt aber auch in das public-choice-analytische Bild einer engen politischen Verbundenheit mit Frankreich. Es sei noch erwähnt, daß auch diese enormen Interventionsvolumina ein vom Markt erzwungenes Realignment nicht verhindern konnten.

verfolgt, die für eine Überwachung der Geldpolitik in Frage kommen. Dadurch kann ein zu installierender Kontrollmechanismus leicht mit der Notenbankautonomie kollidieren, deren Nutzen für die Sicherstellung von Preisniveaustabilität bereits bewiesen wurde.

## 1.3.1 Grundlegende Argumente für eine demokratisch legitimierte Aufsicht

Daß auch die Geldpolitik einer demokratisch legitimierten Kontrollinstanz unterworfen werden muß, kann mit verschiedenen Argumentationslinien begründet werden. Im folgenden werden drei Betrachtungsweisen vorgestellt. Begonnen wird mit einer verfassungstheoretischen politischen Perspektive, die die Geldpolitik in die Systematik öffentlicher Institutionen in einer parlamentarischen Demokratie einzuordnen sucht. Danach folgt die Principal-Agent-Theorie, d. h. eine ökonomische Theorie, die die Probleme bei einer Entscheidungs- und Handlungsdelegation behandelt und die auch auf die Geldpolitik angewandt werden kann. Zuletzt wird an die bereits angestellten Überlegungen zur persönlichen Motivation der Entscheidungsträger der Notenbanken angeschlossen, indem aus den diagnostizierten Verhaltensdeterminanten eine Notwendigkeit für die Installierung von Handlungsrestriktionen und Kontrollmechanismen abgeleitet wird.

### 1.3.1.1 Souveränität und Entscheidungsdelegation

Jede öffentliche Entscheidungsfindung muß in einem demokratischen System letztlich auf das Volk zurückgeführt werden können. Doch ist eine gewisse Entscheidungsdelegation aus Gründen der Praktikabilität unumgänglich. Selbst bei einer basisdemokratischen Organisationsform müssen bestimmte Entscheidungen an politische Organe delegiert werden[104]. Noch stärker trifft dies für den Fall einer repräsentativen Demokratie zu. Hier spielt das Parlament als Volksvertretung eine zentrale Rolle bei der politischen Willensbildung. Die öffentlichen Institutionen werden einer parlamentarischen Kontrolle unterworfen. Diese kann indirekt selbst dann erfolgen, wenn einzelne Institutionen direkt der Exekutive unterstellt sind. Denn die Regierung ist von einer Unterstützung der Legislative abhängig bzw. ihr gegenüber rechenschaftspflichtig. Entscheidend ist, daß letzt-

---

[104] Dies kann man sich plastisch am Fall der in der vorliegenden Arbeit relevanten geldpolitischen Entscheidungen verdeutlichen: es ist wohl kaum vorstellbar, daß in einem basisdemokratischen System in einer Volksversammlung über jede Leitzinsänderung abgestimmt wird.

lich alle öffentlichen Entscheidungen, wenn auch über mehrere Zwischenstufen, auf den Souverän zurückgeführt werden können.

In einer Übertragung dieses allgemeinen Prinzips hieße dies für die in der vorliegenden Arbeit zu untersuchende Geldpolitik, daß auch sie sich einer Kontrolle oder gar Weisungsbefugnis unterwerfen müßte. Diese Überwachung müßte von einer demokratisch legitimierten Instanz ausgeübt werden[105]. Tatsächlich findet sich in vielen Ländern eine solche Unterordnung der Notenbank unter die Regierung, in der Regel dem Kompetenzbereich des Finanzministers zugeordnet. Will man die sich daraus ergebenden Zielkonflikte und die Einschränkung der Autonomie vermeiden, so wäre alternativ ohne die politische Systematik einer repräsentativen Demokratie zu verletzen auch eine parlamentarische Kontrolle der Notenbank unter Ausklammerung der Regierung möglich. Die demokratische Legitimation der Geldpolitik wäre bei einer solchen Konstruktion sogar noch direkter erkennbar. Dieser Gedanke wird später noch einmal aufgegriffen[106]. Wie sich dann zeigen wird, bleibt aber auch bei einer parlamentarischen Kontrolle die Autonomiefrage problematisch.

Egal welche Organisationsform im konkreten Fall verwirklicht sein mag, ist der grundsätzlich entscheidende Punkt, daß die Geldpolitik nicht der Willkür einzelner Entscheidungsträger überlassen bleibt, sondern daß eine wie auch immer geartete demokratische Legitimation und Kontrolle installiert sein muß. Dieses verfassungstheoretische Argument wird in der internationalen politischen und wissenschaftlichen Diskussion oft vorgebracht, insbesondere dann, wenn damit eine nicht-autonome Organisationsform der Notenbank begründet werden soll. Eine solche Argumentation findet sich vor allem im angelsächsischen Kulturraum, was vermutlich auf die lange dortige parlamentarische Tradition zurückgeführt werden kann, die im öffentlichen Bewußtsein tief verwurzelt ist. Dazu paßt als praktische Ausprägung dieses Gedankengutes z. B. die nicht-autonome Organisationsform der Bank of England.

---

[105] Dafür plädiert aus einer politischen Perspektive am Beispiel einer Rechenschaftspflicht der EZB gegenüber dem Europäischen Parlament Randzio-Plath, Christa: Die demokratische Rechenschaftspflichtigkeit der EZB muß erhöht werden, in: Wirtschaftsdienst, 1998, Nr. 5, S. 269 - 276.

[106] Im Abschnitt 1.3.2 wird das Konfliktpotential zwischen demokratischer Legitimation und Sicherung der Autonomie betrachtet.

### 1.3.1.2 Principal-Agent-Theorie

Mit der Principal-Agent-Theorie als einem Entwicklungsstrang der Neuen Institutionenökonomik[107] werden Ineffizienzen und Probleme verdeutlicht, die bei der Delegation von Entscheidungskompetenzen auftreten können. Sie ist in der Anwendung keineswegs auf den politischen Bereich beschränkt. Vielmehr ist ihr ursprüngliches Hauptanwendungsgebiet die Erklärung von internen Abläufen in Unternehmen und zwar sowohl für das Verhältnis zwischen Eigentümern und Management, wie auch innerhalb einer Unternehmenshierarchie. Die Principal-Agent-Theorie beruht auf einer asymmetrischen Informationsverteilung zwischen den beiden beteiligten Personen oder Personengruppen.

Ein Auftraggeber, Principal genannt, überträgt die Ausführung einer bestimmten Aufgabe an eine handelnde Person, den Agenten. Letzterer verfügt über genauere Informationen hinsichtlich der tatsächlichen Qualität seiner Handlungen, die er selbst vornimmt, als der Principal. Ob die vereinbarte Vergütung für die delegierte Leistung angemessen ist, kann vom Auftraggeber nicht exakt ermittelt werden. Hinzu kommt das sogenannte „moral-hazard-Problem“[108]: Der Agent könnte versucht sein, seinen Informationsvorteil in der Form auszunutzen, daß er nach erfolgter Beauftragung sein Verhalten ändert und bewußt eine schlechtere Leistung für den Auftraggeber erbringt, die ihm selbst Vorteile liefert, wie z. B. höheren Komfort, geringeren Aufwand, unterschlagene Erträge oder ähnliches. Gegen eine solche Entwicklung wird sich der Principal durch eine möglichst genaue vertragliche Leistungsdefinition und durch eine anschließende Kontrolle zu schützen suchen. Beides verursacht aber Transaktionskosten. Außerdem ist davon auszugehen, daß eine perfekte Kontrolle nicht möglich ist. Denn diese wäre mit einem so hohen Aufwand des Principals verbunden, daß der Sinn der Delegation der Aufgabe verloren ginge[109]. Jede Aufgabendelegation ist demnach

---

[107] Einen Überblick über die Neue Institutionenökonomik gibt Richter, Rudolf: Neue Institutionenökonomik, in: Wirtschaftswissenschaftliches Studium (WiSt), 24. Jg., 1995, Heft 3, S. 132 - 140. Die Grundzüge der Teildisziplin Principal-Agent-Theorie mit einer Unterscheidung in positive und normative Vertretungstheorie finden sich ebenda S. 134 und 138. Einen aktuellen Kurzüberblick gewähren Pfaff, Dieter / Zweifel, Peter: Die Principal-Agent-Theorie, in: Wirtschaftswissenschaftliches Studium (WiSt), 27. Jg., 1998, Heft 4, S. 184 - 190.

[108] Zum informationsökonomischen Begriff Moral-Hazard und seine Rolle im Rahmen des Principal-Agent-Ansatzes siehe Richter, Rudolf: Neue Institutionenökonomik, in: Schriften des Vereins für Socialpolitik, Neue Folge Bd. 256, zugleich Beiheft 6, 1998, S. 327.

[109] In der Tat können einige Aufgabendelegationen, die bei perfekter Information mit einem Wohlfahrtsgewinn verbunden wären, in der Praxis wegen zu hoher Transaktionskosten unterbleiben. Der gesamte Markt für eine bestimmte zu delegierene Leistung kann

bei Existenz von Informationsasymmetrien mit Ineffizienzen und zusätzlichen Transaktionskosten verbunden.

Diese Erkenntnisse können auf den Betrachtungsgegenstand Geldpolitik übertragen werden. Der Principal ist das Volk, das eine effiziente Geldversorgung wünscht[110]. Der Agent ist die Zentralnotenbank oder in einer weiteren Abgrenzung das Bankensystem. In einem zweistufigen Bankensystem macht man sich für den Geschäftsbankensektor den Wettbewerb als Disziplinierungsinstrument zu Nutze, so daß die Bankgeschäfte außer der Notenemission über Marktbeziehungen geregelt werden können[111]. Für das normale Bankgeschäft stellt sich demnach das für hierarchische Organisationsformen relevante Principal-Agent-Problem nicht. Die Zentralnotenbank muß dagegen als Agent des Volkes in das öffentliche politische System eingebunden werden.

Die Principal-Agent-Theorie läßt erwarten, daß die Notenbank ihren Informationsvorsprung über die Qualität der von ihr praktizierten Geldpolitik auszunutzen versucht, um Freiheitsgrade für die Gestaltung ihres Verhaltens nach eigenen Zielvorstellungen zu gewinnen. Dies paßt zu den bereits angestellten Überlegungen über die Motivation der geldpolitischen Entscheidungsträger. Diese werden von persönlichen Präferenzen beeinflußt und streben nicht ausschließlich danach, ihrem Principal zu dienen. Es ist deshalb keineswegs sichergestellt, daß die Notenbank als Agent des Volkes eine Geldpolitik betreibt, die den Wünschen des Principals entspricht.

Das Endergebnis der geldpolitischen Bemühungen in Form des Qualitätsindikators Inflationsrate scheint eindeutig meßbar zu sein, doch erschweren andererseits Wirkungsverzögerungen und Einflüsse auf das Preisniveau, die nicht von der Notenbank kontrolliert werden, die Beurteilung ihrer Leistung. An dieser Stelle sei angemerkt, daß in der Principal-Agent-Perspektive nicht unbedingt Preisniveaustabilität das erstrebenswerte Ziel darstellt, sondern die vom Principal, d. h.

---

schlimmstenfalls sogar völlig zusammenbrechen, wenn das Problem der adversen Auslese hinzutritt, d. h. wenn ein Mißbrauchsabschlag auf die Vergütung vorgenommen wird, der dazu führt, daß sich die Auftragsannahme für den „ehrlichen" Agenten nicht mehr lohnt.

[110] Zusätzliche Probleme, die sich aus der Personenmehrheit auf Seiten des Principals und durch die daraus folgende indirekte Delegation ergeben, werden behandelt von Walsh, Carl E.: Optimal Contracts for Central Bankers, in: The American Economic Review, Vol. 85, 1995, No. 1, S. 150 - 151.

[111] Es gibt Überlegungen, auch die Notenemission und Zentralbankaufgaben kompetitiv zu organisieren. Das von Hayek vorgestellte System der Währungskonkurrenz wird ausführlich behandelt in Abschnitt 2.2.

dem Volk, präferierte Inflationsrate. Es gilt einen Organisationsrahmen zu finden, in dem die Geldpolitik dazu gebracht wird, dieses vorgegebene Ziel tatsächlich zu verfolgen. Dazu ist eine Kontrolle der geldpolitischen Instanzen unumgänglich. Sie muß vom Principal bzw. einer von ihm legitimierten Institution, wie z. B. dem Parlament, durchgeführt werden. Die Anwendung der Principal-Agent-Theorie führt damit zu den gleichen Ergebnissen wie die vorangegangenen verfassungstheoretischen Betrachtungen.

#### 1.3.1.3 Notwendigkeit von Handlungsrestriktionen für geldpolitische Entscheidungsträger

Auch ohne verfassungstheoretische Begründung und Principal-Agent-Theorie läßt sich die Notwendigkeit für eine Begrenzung der Entscheidungskompetenzen der Notenbanken mit Plausibilitätsüberlegungen verdeutlichen. Daß eine alleinige Orientierung an den persönlichen Präferenzen der Führungsebene der Zentralbank zu Willkür führen könnte, ist unmittelbar einsichtig. Die Geldpolitik muß auf ein übergeordnetes Ziel ausgerichtet werden, und diese Orientierung muß, damit dieses Ziel praktische Relevanz erhält, einer Kontrolle unterworfen werden.

Dabei ist nicht unbedingt zwingend, daß das als volkswirtschaftlich sinnvoll erachtete Ziel mit den Präferenzen des Volkes oder des Parlamentes übereinstimmt. Gedacht ist hierbei an den Fall, daß bei Existenz einer entsprechenden Inflationsmentalität nach der öffentlichen Meinung eine geringe, aber positive Inflationsrate zugelassen werden soll, während gleichzeitig beispielsweise aus Kreisen der Wirtschaftswissenschaft eine absolute Preisniveaustabilität gefordert wird. Letztere Sicht als objektiv zu deklarieren und eine entsprechende Orientierung der Notenbank entgegen dem Volkswillen zu fordern, würde aber eine gewisse Arroganz verraten und ist mit demokratischen Prinzipien nicht vereinbar, so daß letztlich bei der Zielbestimmung nur an die in der Öffentlichkeit vorherrschende Mehrheitsmeinung angeknüpft werden kann.

Um die Geldpolitik aber dennoch von tagespolitischen Schwankungen der öffentlichen Meinung zu befreien, bietet es sich an, die Ziele der Geldpolitik langfristig zu fixieren, etwa in einem Notenbankgesetz oder möglichst sogar in der Verfassung. Entscheidend ist, daß der Notenbank von außen ein Ziel vorgegeben wird, damit sich nicht eigene Interessenlagen der Zentralbank zum Schaden der Volkswirtschaft entfalten können. Die Einhaltung der Orientierung an dem extern gesetzten Ziel muß überwacht werden.

Ein weiteres Argument, das für eine Kontrolle des Notenbankverhaltens spricht, ist das aus der Motivation der geldpolitischen Entscheidungsträger folgende Aufwandsverhalten. Sowohl aus komfort- und ansehens- als auch aus machtpolitischen Erwägungen können zusätzliche Kosten entstehen, die vom Steuerzahler getragen werden müssen, z. B. in der Form, daß die sonst zur Verfügung stehende Seigniorage gemindert wird. Wenngleich dieses Kostenargument nicht die gleiche Bedeutung wie das Orientierungsziel für die praktizierte Geldpolitik einnimmt, sprechen diese Ineffizienzen ebenso für die Notwendigkeit einer Überwachungsinstanz. Eine ansatzweise Kostenüberwachungsfunktion wird in Deutschland vom Bundesrechnungshof wahrgenommen, doch kann er Mißstände nur publik machen; echte Sanktionsmechanismen fehlen.

Zusammenfassend kann festgehalten werden, daß die angestellten Plausibilitätsüberlegungen hinsichtlich der Interessenlagen die gleichen Ergebnisse wie die beiden vorangegangenen theoretischen Betrachtungen liefern, nämlich den Bedarf für eine Kontrollinstanz für die Geldpolitik. Im Rahmen des Problems der Zielorientierung läßt sich ein Überwachungsgremium zu einem gewissen Grade durch eine hohe Stabilitätsorientierung in der öffentlichen Meinung, d. h. das Fehlen einer Inflationsmentalität, ersetzen bzw. ergänzen. Denn über das Ansehensmotiv würde dann eine quasi freiwillige Orientierung der Notenbankpolitik am Willen des Volkes auch bei Fehlen einer Kontrollinstanz erzeugt.

### 1.3.2 Konflikt mit der Sicherstellung von Autonomie

Der erarbeitete Bedarf für eine externe Kontrolle der praktizierten Geldpolitik scheint im Konflikt mit der Forderung nach Autonomie der Notenbank zu stehen. Beide Prinzipien können aber zumindest theoretisch vereinbart werden, wenn man unter Autonomie sinnvollerweise nicht eine freie Selbstbestimmung der Notenbank versteht, sondern lediglich eine Freiheit von Weisungen anderer Institutionen, die von Interessenlagen bestimmt werden, die dem extern definierten Ziel der Geldpolitik abträglich sind. Die Einhaltung der Orientierung an dem vorgegebenen Ziel, beispielsweise der Preisniveaustabilisierung, muß bei der so definierten autonomen Notenbank selbstverständlich weiterhin extern überprüft werden.

In der Praxis kann dies dann doch leicht zu einem Konflikt zwischen Kontrolle und Autonomie führen, nämlich dann, wenn die in Frage kommenden Überwachungsinstanzen eigene währungspolitische Interessen verfolgen, die nicht mit der Preisniveaustabilisierung im Einklang stehen. Wie im folgenden gezeigt wird, ist dies für die in der Praxis vorherrschenden oder denkbaren Institutionen, nämlich Regierung und Parlament, der Fall.

### 1.3.2.1 Delegation von Finanz- und Geldpolitik

Untersucht man das Verhältnis zwischen Parlament, Regierung und Notenbank bei der Ausübung von Geld- und Finanzpolitik, so ist zunächst ihre hierarchische Stellung untereinander zu betrachten. Das Volk delegiert über das Parlament beide Politikbereiche an die entsprechenden Institutionen. Geld- und Finanzpolitik stehen damit theoretisch symmetrisch nebeneinander. In der Praxis sind dagegen beide Politikbereiche unterschiedlich organisiert. Dies folgt bereits aus der Beteiligung der Legislative an der Finanzpolitik. Neben der Regierung ist das Parlament z. B. in der Steuergesetzgebung direkt in die Prozeßpolitik eingebunden. Für den Bereich der Geldpolitik ist im Gegensatz dazu eine strikte Trennung der Aufgaben zu erkennen. Das Parlament beschränkt sich hier auf ordnungspolitische Aufgaben, wie die einmalige Verabschiedung des Notenbankgesetzes, während die Zentralbank den tagespolitischen Ablauf selbständig regelt.

Wenn nun entweder Parlament oder Regierung als Kontrollinstanzen für die Geldpolitik herangezogen werden, ändert sich die soeben geschilderte Konstellation. Die Folge ist eine Einschränkung der Autonomie. Am deutlichsten ist dies, wenn die Regierung mit einer Weisungsbefugnis gegenüber der Notenbank ausgestattet wird. In der Tat ist dies die klassische Organisationsform einer nichtautonomen Notenbank. Welche Probleme damit verbunden sind, wurde bereits ausführlich dargestellt. In der hier betrachteten hierarchischen Systematik entspräche dies zudem einer Unterordnung der Geldpolitik unter die Finanzpolitik. Die Delegation der beiden Politikbereiche würde bei dieser Konstruktion asymmetrisch erfolgen. Im Konfliktfalle würden dann vermutlich finanzpolitische Zielsetzungen Vorrang genießen.

Als Alternative böte sich eine parlamentarische Kontrolle der geldpolitischen Institutionen an. Die Geldpolitik erhielte dadurch eine gleichberechtigte Stellung neben der Finanzpolitik. Beide würden vom Volk mit einer Zwischenstufe, dem Parlament, delegiert werden. Von der verfassungstechnischen Konstruktion her scheint damit die parlamentarische Kontrolle einer Unterstellung unter die Regierung überlegen zu sein.

### 1.3.2.2 Interessenkonflikte und Freiheitsgrade parlamentarischer Entscheidungsfindung

Eine parlamentarische Kontrolle ist aber keine perfekte Alternative. Zum einen würde nämlich die saubere Aufgabenteilung zwischen Ordnungs- und Prozeßpolitik im Bereich der Geldpolitik verlorengehen. Zum anderen muß auch eine parlamentarische Einflußnahme als Einschränkung der Autonomie der Notenbank angesehen werden. Dies kann zu gefährlichen Zielkonflikten führen, da das Parlament nun sowohl in der geldpolitischen als auch in der finanzpolitischen Prozeßpolitik aktiv wäre. Wegen seiner traditionellen Rolle bei der Budgeterstellung könnten für das Parlament genau diejenigen Motive relevant werden, die die Autonomie theoretisch begründen, z. B. der Wunsch einer inflationären Entschuldung. Ferner könnte die aktivere Teilnahme der Legislative an der Geldpolitik zu einer personellen und inhaltlichen Politisierung und Instrumentalisierung der Geldpolitik führen. Damit wäre dem Ziel der Preisniveaustabilisierung mit Sicherheit nicht gedient. Die Idee einer parlamentarischen Kontrolle der Geldpolitik muß deshalb ebenso wie die Unterordnung unter die Regierung verworfen werden.

Die dargelegten Untersuchungen hinterlassen damit ein Dilemma: Einerseits wurde ein Bedarf für eine externe Kontrolle der Notenbankpolitik ermittelt, andererseits scheiden alle in Frage kommenden Institutionen wegen ihrer Gefährdung der Notenbankautonomie aus.

## 1.4 Folgerungen für die institutionellen Rahmenbedingungen

Nachdem die Rolle der Notenbankautonomie in Theorie und Empirie erarbeitet, die Motivation der geldpolitischen Entscheidungsträger aufgezeigt und der Bedarf für eine demokratisch legitimierte Aufsicht festgestellt wurde, stellt sich nun die Frage nach den Lehren, die aus einer Synthese dieser Erkenntnisse gewonnen werden können. Wie sollen die geldpolitischen Rahmenbedingungen in einer normativen Perspektive ausgestaltet werden, um Preisniveaustabilität zu garantieren? Einige Lösungsansätze werden in diesem Abschnitt präsentiert[112]. Dabei werden gleichzeitig weiterführende Fragen aufgeworfen, die die Überleitung zu den folgenden Kapiteln liefern.

Zuerst werden die zu treffenden nötigen Maßnahmen für die Sicherstellung der Notenbankautonomie behandelt. Danach folgt die Entwicklung von Aufsichtsmechanismen, die immerhin Teilbereiche der Kontrollproblematik abdecken, ohne die Autonomie zu gefährden. Danach werden Anreiz- und Sanktionsmecha-

---

[112] Dieses Kapitel ist deshalb weitgehend von normativem Charakter. Die folgenden Vorschläge sollten auf der Basis der bisher angestellten Untersuchungen nachvollziehbar sein. Dennoch sind bei dem Entwurf für die institutionellen Rahmenbedingungen Werturteile nicht immer vermeidbar. Im Zweifel sind deshalb die abgeleiteten Empfehlungen und Abwägungen als persönliches Urteil des Verfassers zu verstehen.

nismen vorgestellt, die geeignet erscheinen, das Verhalten der geldpolitischen Entscheidungsträger in Richtung Stabilitätsorientierung zu beeinflussen. Zuletzt werden Vorschläge für eine regelgebundene Geldpolitik diskutiert, die eine Automatik der Geldpolitik erzeugen sollen. Den Abschluß bildet der Versuch einer Synthese der vier diskutierten Ordnungsprinzipien.

## 1.4.1 Sicherstellung der Autonomie

Der Bedarf für eine autonome Organisationsform ist bereits ausführlich in der vorliegenden Arbeit herausgearbeitet worden. Es gilt nun, die Umsetzungsformen der Unabhängigkeit mit ihren wesentlichen Bestandteilen für die praktische Ausgestaltung zu bestimmen. Eine Orientierung am Vorbild der Deutschen Bundesbank mit ihrer weitgehenden Autonomie bietet sich an. Da diese aus theoretischer Sicht aber nicht perfekt ist, sind einige ergänzende Elemente erforderlich. Die sechs wesentlichen Punkte, die zur Sicherstellung einer autonomen Geldpolitik garantiert werden müssen, werden im folgenden behandelt.

Daß eine konstitutionelle Absicherung von Regelungen, die die Autonomie betreffen, einer einfachen gesetzlichen Vorschrift, die jederzeit von der Legislative und Regierung geändert werden können, vorzuziehen ist, wurde bereits begründet[113] und soll an dieser Stelle noch einmal betont werden. In diesem Punkt entspricht das Bundesbankgesetz bereits nicht dem theoretischen Idealbild.

### 1.4.1.1 Eindeutige Zielverpflichtung

Für die Verfolgung einer autonomen Politik ist die eindeutige Verpflichtung auf ein einziges Ziel die Voraussetzung, d. h. für die Geldpolitik die alleinige Orientierung am Ziel der Preisniveaustabilisierung. Eine Vermischung mit anderen Zielen führt zu Zielkonflikten, die eine Unterminierung der Zentralbankautonomie bewirken können. Der Wortlaut des Bundesbankgesetzes mit der Aufforderung „Soweit dies unter Wahrung ihrer Aufgabe als Bestandteil des Europäischen Systems der Zentralbanken möglich ist, unterstützt sie die allgemeine Wirtschaftspolitik der Bundesregierung“[114], liefert ein Beispiel für ein Nebenziel.

---

[113] Siehe Abschnitt 1.1.1.2.

[114] Gesetz über die Deutsche Bundesbank § 12. Dieser Paragraph wurde im Zuge der Änderung des Bundesbankgesetzes im Dezember 1997 leicht modifiziert. Der betreffende Passus lautete zuvor: „Die Deutsche Bundesbank ist verpflichtet, unter Wahrung ihrer Aufgabe die allgemeine Wirtschaftspolitik der Bundesregierung zu unterstützen“. Der Grundcharakter der Formulierung blieb bestehen. Vgl. o. V.: Änderung des Gesetzes..., a. a. O., S. 29.

Zwar herrscht für den deutschen Fall weitgehend Einigkeit, daß das Preisniveauziel im Zweifel Vorrang genießt, doch kann eine solche Formulierung als Ansatzpunkt für einen entsprechenden Druck der Regierung auf die Notenbank dienen. Mit Sicherheit ist aber eine eindeutige strenge Zielvorgabe besser geeignet, die Position der Notenbank zu stärken. Gleichzeitig erscheint auch aus der Public-Choice-Perspektive Eindeutigkeit gegenüber einer Zielvielfalt überlegen, da sie leichter meßbare Verantwortlichkeiten schafft.

Die eindeutig zu formulierende Zielvorgabe kann für eine stabilitätsorientierte Geldpolitik entweder als binnen- oder außenwirtschaftliches Stabilisierungsziel ausgestaltet werden, d. h. sich auf das Preisniveau oder auf den Wechselkurs beziehen. Die in der Praxis oft vorkommende Verbindung dieser beiden Ziele widerspricht der oben geforderten Zieleindeutigkeit. Für den Konfliktfall muß zumindest ein Vorrang explizit festgeschrieben sein. Im strengsten Sinne bedeutete dann ein Wechselkursziel den Verzicht auf eine Binnen-Preisniveaustabilisierung. Eine außenwirtschaftliche Zielvorgabe macht deshalb höchstens für kleine Länder mit hohen Offenheitsgraden, die von einer einseitigen Anbindung an eine andere Währung stark profitieren können, Sinn. Eine solche Anbindung kann in der Praxis auch dann vorteilhaft sein, wenn ein Land gleichsam als Notfallmaßnahme Stabilität importiert, wenn es selbst nicht zu eigener Stabilitätspolitik in der Lage ist[115]. Dies kann aber nicht das Leitbild für die hier gesuchte optimale Organisationsform sein.

Für ein großes Land wie Deutschland wird deshalb ein eindeutiges Ziel für die Geldpolitik gefordert und zwar in der Ausgestaltung einer binnenwirtschaftlich orientierten Preisniveaustabilisierung. Die Verankerung dieses Ziels wird bei den folgenden Betrachtungen zugrundegelegt, wenn nicht andere Angaben gemacht werden.

#### 1.4.1.2 Formale Unabhängigkeit und Weisungsfreiheit

Mit der formalen Unabhängigkeit ist die verfassungsrechtliche Einordnung der Notenbank in die Organisationsstrukturen staatlicher Organe angesprochen. Im Vordergrund steht die Frage, ob die Zentralbank einer anderen Institution untergeordnet ist und Weisungen dieser Stelle ausführen muß. Ein unmittelbares

---

[115] Beispiele hierfür wären Currency-Board-Systeme, wie sie z. B. in Argentinien mit einer Bindung an den US-Dollar eingeführt wurden, um nach den Hyperinflationserfahrungen Stabilität zu erzwingen. Zur theoretischen Funktionsweise solcher Systeme und zu weiteren Beispielen siehe Abschnitt 2.1.4.1.

Weisungsrecht beispielsweise des Finanzministers, wie in einigen Ländern praktiziert, steht dem Autonomieprinzip diametral entgegen. Deshalb liegt spontan der Gedanke nahe, zur Sicherung der Unabhängigkeit jegliches Weisungsrecht abzulehnen und über der Notenbank keine andere Institution anzusiedeln. Das reine Autonomiekriterium würde eine solche Organisationsform sicher ideal erfüllen.

Gleichzeitig sollte nach der angestellten Public-Choice-Analyse mit dem ermittelten eigennutzorientierten Verhalten und dem erarbeiteten Bedarf für eine demokratische Kontrolle selbstverständlich sein, daß es nicht gilt, einen maximalen Autonomiegrad zu verwirklichen, sondern einen optimalen. Gewisse Vorgaben für das Notenbankverhalten, wie z. B. eine möglichst genaue und auch sanktionierbare Zielvorgabe müssen als Einschränkung zugelassen werden.

In Anbetracht der in der Praxis vorkommenden Ausgestaltungsformen, ist dieser Einwand allerdings zweitrangig. Gemessen an den international bisher erreichten Autonomiegraden muß das Hauptaugenmerk einer weiteren Stärkung der Unabhängigkeit gelten[116]. Insbesondere der Schutz gegen Einflußnahmen aus dem Bereich der Finanzpolitik muß garantiert sein. Ein Weisungsrecht der Regierung ist unbedingt auszuschließen. Für die operative Gestaltung der Geldpolitik und Entscheidungen über den Instrumenteneinsatz ist der Notenbank freie Hand zu lassen, allerdings bei gleichzeitiger Vorgabe und Kontrolle des Endziels Preisniveaustabilität.

#### 1.4.1.3 Personelles Besetzungsverfahren

Selbst bei perfekter Ausgestaltung der formalen Autonomie kann bei den geldpolitischen Entscheidungsträgern eine Rücksichtnahme auf Wünsche der Regierung erfolgen, wenn dies den persönlichen oder politischen Präferenzen entspricht. Dies wäre insbesondere dann zu befürchten, wenn die Regierung an dem personellen Besetzungsverfahren der Notenbank-führung beteiligt ist. Dann droht eine Plazierung von eigenen Parteigängern. Dieses Problem eröffnet die Frage, welche andere Institution statt der Regierung über die Bestellung der Notenbankführung entscheiden soll.

---

[116] Ein empirischer Beleg für eine Überschreitung des optimalen Autonomiegrades wären höhere Inflationsraten bei den extremsten Autonomieausprägungen. Der festgestellte Inflationstrend fällt aber bei den beobachtbaren praktischen Fällen monoton mit zunehmendem Autonomiegrad, wie im Abschnitt 1.1.2 gezeigt wurde.

Eine Alternative wäre eine direkte Wahl durch das Parlament. Dies böte außerdem den Vorteil einer direkten demokratischen Legitimation der Geldpolitik. Daß bei einer Bestellung durch das Parlament aber tatsächlich andere Ergebnisse erzielt würden als bei einer Ernennung durch die Regierung, ist anzuzweifeln. Die parteipolitischen Verbindungen zwischen Regierung und Parlament verringern in den heutigen repräsentativen Demokratien immer mehr die Gewaltenteilung. Zudem ist wegen seiner Rolle bei Haushaltsentscheidungen eine vorrangig finanzpolitische Orientierung des Parlamentes nicht auszuschließen. Die Interessenlagen von Regierung und Parlament bei der Bestellung der Notenbankführung nähern sich folglich stark an.

Die in Deutschland praktizierte Aufteilung der Ernennungsinstanz entschärft die angesprochene Problematik nicht. Die Tatsache, daß die Landeszentralbankpräsidenten auf Vorschlag des Bundesrates und das Direktorium auf Vorschlag der Bundesregierung ernannt wird, sorgt lediglich für eine stärkere Unsicherheit über die zukünftigen Mehrheitsverhältnisse im Zentralbankrat. Dies kann die Neigung, nur treue Parteigänger zu plazieren, sogar noch verstärken.

Ob gesetzlich verankerte sachliche Anforderungen an die Amtsbewerber der Autonomie dienlich sein können, ist ebenfalls fraglich. Zwar könnte z. B. die Forderung nach Parteilosigkeit die Neutralität gegenüber der Regierung fördern, und bestimmte qualifikatorische Bedingungen wären geeignet, die Ernennung politisch präferierter, aber fachlich inkompetenter Bewerber zu verhindern. In der Praxis wären solche Kriterien aber manipulierbar und würden ihren ursprünglichen Zweck nicht mehr erfüllen, sondern lediglich die Transparenz des Prozesses mindern[117].

Es verbleibt demnach trotz aller Mängel lediglich die Möglichkeit, eine weitgehend unregulierte Berufung durch Parlament und/oder Regierung zuzulassen. Daß ein solches Verfahren aber dennoch politisch autonom agierende Notenbankvertreter hervorbringen kann, wird in einer Übertragung eines historischen Beispiels von dem sogenannten Thomas-Becket-Effekt behauptet. Thomas Becket wurde als Parteigänger des englischen Königs von diesem als Erzbischof eingesetzt. Danach entwickelte sich Becket aber im Konflikt zwischen Kirche

---

[117] Sollte beispielsweise Parteilosigkeit verlangt werden, könnte dies durch einen rein formalen Parteiaustritt direkt vor der Berufung erfüllt werden. Dies entspräche nicht dem Sinn einer solchen Vorschrift und würde die wahre politische Gesinnung für die Öffentlichkeit nur schwerer erkennbar machen.

und Krone zum gefährlichsten Gegner des Königs[118]. In einer Übertragung auf die Geldpolitik[119] hieße dies, daß Mitglieder der Notenbankführung ex post selbst nach einer politisch motivierten Berufung Selbstbewußtsein zeigen und eine eigenständige Position einnehmen, möglichst in Form einer Stabilitätsorientierung. Für diese These spricht der bei den Notenbanken, namentlich der Deutschen Bundesbank, beobachtbare Korpsgeist, der eine Orientierung an den Zielen der Institution Notenbank fördert und der bereits im Rahmen des Ansehensmotives angesprochen wurde. Eine gewisse Skepsis gegenüber dem idealistischen Thomas-Becket-Effekt ist aber dennoch gerade aus Public-Choice-Sicht angebracht. Zumindest ist ein entsprechender Verhaltenswandel nicht bei allen Individuen zu erwarten.

Ob die Entscheidungsträger in den Notenbanken überhaupt die Gelegenheit haben, sich oppositionell gegenüber der Regierung zu verhalten, hängt nicht zuletzt von den Regelungen ab, die die Abberufung bzw. die Amtsverlängerung der Notenbankführung betreffen. Sollte die Regierung im Extremfall in der Lage sein, jederzeit mißliebige Geldpolitiker abzuberufen, wird sich eine politische Selbständigkeit der Notenbank kaum entfalten können. Insofern ist dem Abberufungsmechanismus besondere Aufmerksamkeit zu widmen, zumal bei dem Besetzungsverfahren, wie gezeigt, kaum Gestaltungsmöglichkeiten bestehen.

Zur Diskussion stehen neben der Abberufung während einer laufenden Amtsperiode auch die Regelungen, die eine etwaige Amtsverlängerung betreffen. Bei einer möglichen Verlängerung besteht die Gefahr, daß der Geldpolitiker in seiner ersten Amtsperiode eine der Regierung gefällige Politik betreibt, um sich in deren Perspektive für eine zweite Amtszeit zu qualifizieren. Diese Überlegungen legen nahe, als strengste Regelung in der Notenbankverfassung sowohl die Möglichkeit von Abberufungen wie auch von Amtsverlängerungen komplett auszuschließen. Allerdings kann hier ein Konflikt mit den aus Public-Choice-Perspektive wünschenswerten Anreizmechanismen entstehen. Als Sanktion für eine autonom gestaltete, aber objektiv schlechte Geldpolitik muß die Entlassung möglich bleiben, und umgekehrt kann die Amtsverlängerung als Belohnung und Anreiz dienen. Entscheidend ist, daß das Urteil darüber nicht in das willkürliche Ermes-

---

[118] Thomas Becket (1118 - 1170) war von 1155 bis 1162 unter König Henry II Kanzler von England und wurde von diesem 1162 als Erzbischof von Canterbury eingesetzt. Eine Kurzbiographie und eine Beschreibung des Streits mit dem König findet sich in Encyclopaedia Britannica Inc. (Hrsg.): The New Encyclopaedia Britannica, Vol. 2, 15th edition, Chicago und andere Orte, 1991, S. 31 - 32.

[119] Eine solche wird vorgenommen von Benkhoff, Werner: Das Europageld und der „Thomas-Becket-Effekt“, in: Handelsblatt, 30.08.1995.

sen der Regierung oder des Parlamentes gestellt wird, sondern nach objektiven, vorher festgelegten Kriterien erfolgen muß, z. B. in Abhängigkeit von der erzielten Inflationsrate. Dieser Gedanke wird im folgenden noch aufgegriffen werden, wenn es gilt, Anreiz- und Sanktionsmechanismen für die Geldpolitik zu entwerfen. Im Rahmen der zur Autonomie anzustellenden Überlegungen bleibt zunächst festzuhalten, daß der Regierung bzw. dem Parlament möglichst kein diskretionärer Entscheidungsspielraum über Abberufungen und Vertragsverlängerungen zugestanden werden sollte.

### 1.4.1.4 Trennung von der Haushaltsfinanzierung

Da die wichtigste Interessenlage der Finanzpolitik an einer Einflußnahme auf die Geldpolitik von den Möglichkeiten einer inflationären Entschuldung ausgeht, besteht ein weiteres Element einer Stärkung der Notenbankautonomie in der Verhinderung einer geldpolitischen Alimentation von Haushaltsdefiziten. Es gilt, die Geldpolitik von der Haushaltsfinanzierung zu trennen. Eine direkte Finanzierung des Staatshaushaltes durch Notenbankkredite ist deshalb auszuschließen. Änderungen der gesetzlichen Regelungen in verschiedenen Ländern haben in den letzten Jahren dieser Forderung Rechnung getragen[120].

Schwieriger ist dagegen eine indirekte Staatsfinanzierung durch die Notenbank zu verhindern. Gedacht ist hier z. B. an den Aufkauf von Staatsschuldtiteln im Rahmen der Offenmarktpolitik. Dies ist gegenüber einer direkten Notenbankfinanzierung das kleinere Übel, da der Staat hier zunächst seine Titel zu Marktkonditionen plazieren muß. Entscheidend ist aber, daß die Notenbank durch jede Art von expansiver Geldpolitik, egal ob diese mit einem Instrumenteneinsatz unter Einbeziehung von Staatsschuldtiteln verwirklicht wird oder mit anderen Maßnahmen, einer defizitfinanzierten Haushaltspolitik Erleichterung verschaffen kann. Dabei ist es gleichgültig, ob dies je nach makroökonomischer Konstellation durch niedrigere Nominalzinsen oder ein steigendes Preisniveau erfolgt.

Als eine sehr streng wirkende institutionelle Regelung könnte sich deshalb sogar eine automatische Restriktivierung der Geldpolitik bei Auftreten staatlicher Finanzierungsdefizite als sinnvoll darstellen. Eine solche Regelung scheint aber, selbst wenn sie makropolitisch effizient sein sollte, wegen des ohnehin komplexen Verhältnisses zwischen Geld- und Finanzpolitik impraktikabel zu sein. Als realistische Alternative bietet sich die Trennung der Geldpolitik von der Haus-

---

[120] So sind auch in Deutschland die bis dahin möglichen, wenn auch betragsmäßig begrenzten, Kassenkredite seit dem 01.01.1994 nicht mehr zulässig.

haltsfinanzierung an und zwar zumindest in Form eines Verbots einer direkten Notenbankfinanzierung von Staatsdefiziten. Den besten Schutz gegen eine indirekte Finanzierung bietet die Stärkung der anderen Autonomiefaktoren.

#### 1.4.1.5 Ausreichendes Instrumentarium

Um tatsächlich autonom über den operativen Kurs der Geldpolitik entscheiden zu können, muß die Notenbank mit einem dafür ausreichenden Instrumentarium ausgestattet sein. Dies gilt sowohl für die Breite der Instrumentenpalette als auch für ihre Tiefe, d. h. die Modalitäten und die Stärke mit der einzelne Maßnahmen durchgesetzt werden können.

Eine große Vielfalt an Instrumenten, die der Notenbank zur freien Verfügung stehen, können zwar aus der Autonomieperspektive sinnvoll sein, andererseits aber mit den Erkenntnissen der Public-Choice-Analyse kollidieren. Wie bereits gezeigt wurde, kann eine eigennützig agierende Notenbankführung geneigt sein, einen ineffizienten Instrumentenmix einzusetzen, wenn dies persönlichen Zielen dienlich ist. Besondere Vorsicht ist bei der Zulassung von hoheitlichen Instrumenten wie der Mindestreserve geboten, da diese stärker mißbraucht werden können und größere Verzerrungen hervorrufen als marktkonforme Instrumente, wie z. B. die Offenmarktpolitik. Marktkonforme Maßnahmen sind deshalb vorzuziehen. Im Zweifel sollte die Ausstattung mit Instrumenten aber breit ausgelegt werden. Etwaige Ineffizienzen beim Instrumenteneinsatz, beispielsweise in Form von höheren Implementierungskosten, sind von ihrer Größenordnung her geringer einzuschätzen als die Kosten eines Verlustes an Preisniveaustabilität wegen eines unzureichenden Instrumentariums.

Hinsichtlich der Kompetenztiefe beim Instrumenteneinsatz ist eine möglichst umfassende und alleinige Entscheidungsgewalt der Notenbank zu fordern. Regelungen, nach denen, wie z. B. bisher in Deutschland, ein zeitlicher Aufschub für das in Kraft treten von geldpolitischen Entscheidungen durch den Einspruch von Regierungsvertretern bewirkt werden kann[121], sind abzulehnen. Bei der heutigen hohen Reaktionsgeschwindigkeit der Geld- und Kapitalmärkte kann auch ein kurzfristiger Aufschub geldpolitischer Maßnahmen erhebliche Ineffizienzen

---

[121] Im Zuge der Vorbereitung der Europäischen Währungsunion und der Neufassung des Bundesbankgesetzes ist diese Verschiebungsoption entfallen. Die alte Regelung war Gesetz über die Deutsche Bundesbank, § 13, Abs. 2: „Die Mitglieder der Bundesregierung haben das Recht, an den Beratungen des Zentralbankrates teilzunehmen. Sie haben kein Stimmrecht, können aber Anträge stellen. Auf ihr Verlangen ist die Beschlußfassung bis zu zwei Wochen auszusetzen.“

hervorrufen oder sogar die Autonomie bedrohen. Eine noch stärkere Einschränkung der Geldpolitik bedeutet eine endgültige Genehmigungspflicht von Maßnahmen, wie z. B. in Großbritannien[122]. Eine solche Regelung ist mit Autonomie nicht vereinbar.

### 1.4.1.6 Wechselkurskompetenz

Ein weiterer Punkt, der die Autonomie berührt, ist die Frage nach der Entscheidungskompetenz über das Wechselkursregime. Die damit verbundene Ausgestaltung der Devisenpolitik hätte bereits unter dem vorangegangenen Abschnitt zum Instrumenteneinsatz subsummiert werden können, soll aber wegen seiner besonderen Bedeutung gesondert behandelt werden. Denn Wechselkursentscheidungen der Regierung können die Notenbankautonomie erheblich beeinträchtigen.

Theoretisch denkbar wäre eine autonome Notenbank auch ohne jegliche Wechselkurskompetenz und ohne das Instrument der Devisenpolitik. Entscheidende Voraussetzung dafür wäre aber, daß keine andere Institution durch die Installation von Interventionsverpflichtungen für die betroffene Notenbank eingreifen kann, d. h., dies wäre nur bei einem reinen System flexibler Wechselkurse möglich. Ein System fester Wechselkurse oder ein Mischsystem mit unterschiedlich geregelten Währungsbeziehungen, welchem z. B. die DM zur Zeit ausgesetzt ist, erfordern dagegen explizite Entscheidungen, sowohl über die Einrichtung eines solchen Systems als auch über die Leitkurse und etwaige Realignments.

Nach dem Status quo der gesetzlichen Regelungen liegt die Wechselkurskompetenz in den meisten Ländern und auch in Deutschland in der Hand der Regierung. Dies bedeutet eine Unterhöhlung der Notenbankautonomie. So kann z. B. bei anhaltendem Aufwertungsdruck die Verweigerung eines Realignments die Notenbank dazu zwingen, Inflation zu importieren. Im Extremfall könnte die Regierung durch geschickte Umgestaltungen der Währungsbeziehungen jede ihr genehme Geldpolitik erzwingen.

---

[122] Dort bedurften zinspolitische Entscheidungen des Notenbankgouverneurs bis 1997 grundsätzlich der Zustimmung des Schatzkanzlers. Zwar fällt die Notenbank seitdem die Entscheidungen üblicherweise operativ selbständig, doch kann der Schatzkanzler das Verfahren jederzeit an sich ziehen bzw. über die Vorgabe eines entsprechenden Inflationsziels einen ihm genehmen geldpolitischen Kurs erzwingen. Zu den Änderungen 1997 siehe Chote, Robert: Biggest upheaval in Bank's 300-year history, in: Financial Times, Frankfurt am Main und London, 07.05.1997, abgedruckt in: Deutsche Bundesbank (Hrsg.): Auszüge aus Presseartikeln, Nr. 27, 09.05.1997, S. 15.

Die Entscheidung über die Teilnahme an internationalen Währungssystemen kann wegen seiner grundlegenden völkerrechtlichen und politischen Bedeutung nicht der Regierung entzogen werden. Auf der operativen Ebene muß aber der Notenbank die Entscheidungsvollmacht übertragen werden und zwar einschließlich der Festlegung von Realignments[123]. Die Wechselkurskompetenz ist ein wesentlicher Bestandteil zur Vervollkommnung der Autonomie.

## 1.4.2 Installation geeigneter Aufsichtsmechanismen

Aus dem zu erwartenden eigennutzorientierten Verhalten der Notenbankführung ist der Bedarf für eine demokratisch legitimierte Überwachungsinstanz abgeleitet worden. Die Installation eines Aufsichtsgremiums kann allerdings die aus anderer Perspektive wünschenswerte Autonomie bedrohen. Damit stellt sich die Frage, ob es gelingen kann, Kontrollmechanismen zu finden, die einerseits mit der Unabhängigkeit der Notenbank vereinbar sind, aber andererseits gleichzeitig wenigstens Teilbereiche der polit-ökonomischen Problemfelder im positiven Sinne regulieren können. Dieser Aufgabe widmet sich dieser Abschnitt.

### 1.4.2.1 Eigenständiges Kontrollgremium

Eine Unterordnung der Notenbank unter Regierung oder Parlament steht dem Prinzip der Autonomie diametral entgegen. Wie bereits dargelegt wurde, führen Zielkonflikte zu einer Dominanz finanzpolitischer Interessen. Für eine autonome Notenbank kommt deshalb nur eine von der Regierung und möglichst auch vom Parlament getrennte Institution als Kontrollgremium in Frage. Im Extremfall führte dieser Gedanke zur Schaffung einer speziell für diesen Zweck eingerich-

[123] In der praktischen Umsetzung können sich dem allerdings völkerrechtliche Hürden in den Weg stellen. Die vertragliche Ausgestaltung eines Währungssystems kann etwa zwingend eine Beteiligung der Regierung vorsehen oder gar eine alleinige Außenvertretung der Notenbank ausschließen. Dies ist insbesondere dann denkbar, wenn bei multilateral zu treffenden Entscheidungen über Realignments auf Seiten der Partnerländer direkt die Regierungen entscheiden. Verfolgt man aber ernsthaft das Ziel der Autonomie, kann wenigstens im Innenverhältnis die Entscheidungskompetenz in das Ermessen der Notenbank gestellt werden. Nach außen müßte dann notfalls folgerichtig in Umkehrung der gewohnten Verhältnisse die Regierung als ausführender Agent der Notenbank auftreten. In der praktischen Diskussion findet sich ein solcher Gedanke in den Konzeptionen für ein EWS II, das immerhin die Möglichkeit für die Notenbanken umfassen soll, Verhandlungen über Paritätsänderungen auszulösen.

teten Aufsichtsinstanz[124]. Dadurch würde sichergestellt, daß sich diese Einrichtung ausschließlich an geldpolitischen Zielen orientierte.

Fordert man konsequenter Weise eine demokratische Legitimation des Aufsichtsgremiums, bleibt letztlich nur die Möglichkeit, seine Bestellung durch das Parlament vorzunehmen. Hier droht allerdings wieder eine Verquickung mit anderen Interessen. Allerdings ist eine potentielle Einflußnahme auf die Notenbank durch das Parlament bei dieser vorgeschlagenen Konstruktion schwieriger und höchstens indirekt möglich. Die Autonomie von Notenbank und Kontrollgremium kann ferner dadurch gestärkt werden, daß die Aufgaben der Aufsicht genau definiert sind und ein Einschreiten gegen Maßnahmen der Notenbank oder etwaige personelle Konsequenzen nur bei Verletzung bestimmter Kriterien, etwa Abweichungen von einer Norminflationsrate, möglich sind. Sanktionen könnten bei bestimmten Fehlentwicklungen sogar mit einer Automatik eingeleitet werden[125].

Als Gegenstück zur Aufsicht und zur etwaigen Abberufung der Notenbankführung könnte dem Kontrollgremium auch die Aufgabe der Ernennung der Notenbankführung zugewiesen werden. Die sich daraus ergebende Organisationsform wäre vergleichbar der Aufsichtsrat-Vorstand-Beziehung in privaten Gesellschaften. Tatsächlich existieren solche Organisationsformen bei verschiedenen Notenbanken. Sie sind in den meisten Fällen auf die historischen Wurzeln der betreffenden Banken zurückzuführen[126]. Die Gefahr bei einer solchen mehr-

---

[124] Als historisches Beispiel einer ähnlichen Konstruktion, wenngleich in einer ausgesprochenen Sondersituation, kann für Deutschland die Allied Bank Commission genannt werden, die in der Nachkriegszeit die Aufsicht über die Bank deutscher Länder, den Vorläufer der Bundesbank, mit Weisungsrecht ausübte. Die Zusammenarbeit zwischen diesen beiden Institutionen funktionierte recht gut, wohl vor allem wegen des existierenden stabilitätspolitischen Grundkonsenses. Die alliierte Stabilitätsvorgabe war in der Anfangsphase ein geeigneter externer Disziplinierungsfaktor. Für die Normalkonstellation souveräner Staaten mit etablierten Währungen kommt eine solche Konstruktion selbstverständlich nicht in Frage. Das historische Beispiel ist denn auch eher auf politische Erwägungen als auf institutionenökonomische Gestaltungsüberlegungen zurückzuführen. Eine Beschreibung über die Anfangsphase der Bank deutscher Länder und die Rolle der Alliierten bei der personellen Besetzung und der operativen Geldpolitik findet sich bei o. V.: Der Zentralbankrat vor fünfzig Jahren, in: Deutsche Bundesbank (Hrsg.): Monatsbericht März 1998, S. 17 - 31.

[125] In diesem Abschnitt werden automatische Sanktionsmechanismen als Schutz gegen Einflußnahmen von Regierung und Parlament verstanden. Im späteren Abschnitt 1.4.3 wird in einer anderen Perspektive gezeigt, daß automatische Anreiz- und Sanktionsmechanismen auch positive Effekte auf die Motivation der geldpolitischen Entscheidungsträger aufweisen. Sie stellen dann sogar ein gewisses Substitut für ein eigenständiges Aufsichtsgremium dar.

[126] So weisen einige Notenbanken eine privatrechtliche Organisationsform auf, firmieren als Aktiengesellschaft und verfügen über Aufsichtsräte oder gar Hauptversammlungen. Die

stufigen Organisationsform ist die sich daraus ergebende mehrfache Principal-Agent-Beziehung. Auf jeder Delegationsstufe können hier Agenteninteressen einwirken. Um so wichtiger ist es, daß die Ziele und Vorgehensweise für das Aufsichtsgremium genau vorgegeben sind.

Im Ergebnis stellt sich nach dem hier unterbreiteten Vorschlag die Beziehung der beteiligten Institutionen wie in Abb. 4 dar.

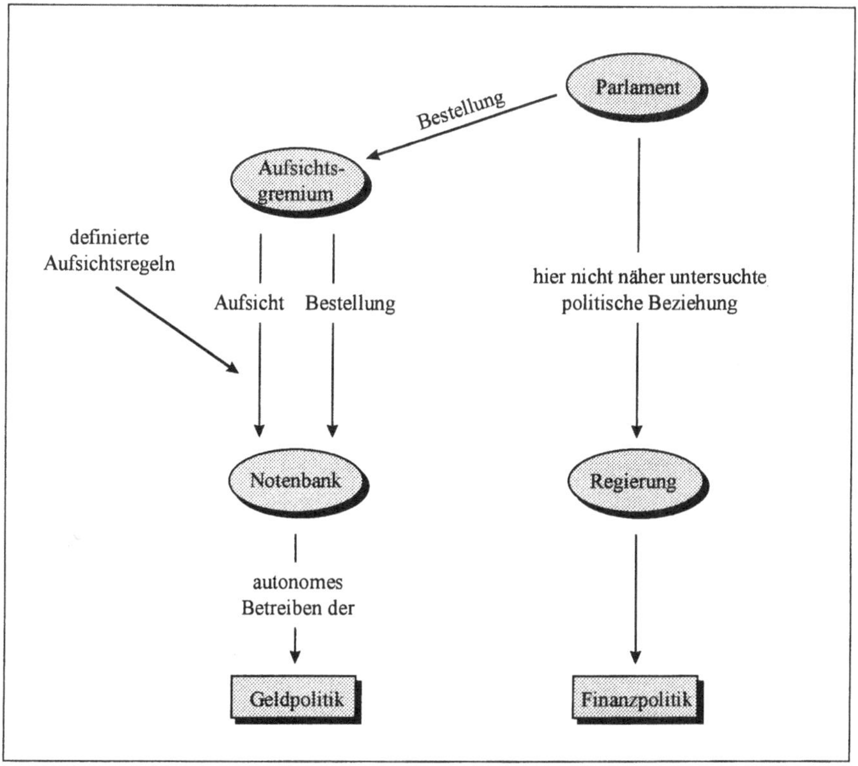


**Abb. 4 Stellung eines geldpolitischen Aufsichtsgremiums im Verfassungsgefüge**

---

Führung der Banca d'Italia bekommt z. B. Entlastung durch die Aktionäre, in der Regel Geschäftsbanken, auf der Jahresversammlung erteilt. Vgl. Gröteke, Friedhelm: Italiens Notenbank zeigt der Regierung die Zähne, in Handelblatt, 17.06.1997, S. 25. Andere Beispiele finden sich in diversen Beiträgen dieser Artikel-Serie über Notenbanken im Handelsblatt in den Jahren 1996 und 1997.

### 1.4.2.2 Trennung von Aufsicht und operativen Kompetenzen

Auf keinen Fall darf die Aufsichtsinstitution eine zu große Machtfülle akkumulieren. Sie darf der autonomen Notenbank keine detaillierten Vorschriften erteilen. Andernfalls wäre die Aufgabenteilung in diesem zweistufigen System sinnlos. Bei dem Kontrollgremium würden alle aus der Public-Choice-Perspektive ermittelten Probleme des Entscheidungsverfahrens der Notenbank selbst wirksam. Dies ist nur zu vermeiden, wenn der Aufsicht lediglich Kompetenzen für Berufung und Abberufung sowie die Kontrolle der Einhaltung genau definierter Zielkriterien übertragen werden. Es ist davon auszugehen, daß die Ausführung dieser wenigen, exakt umrissenen Aufgaben so transparent erfolgt, daß das Kontrollgremium seinerseits keine eigenen Interessen verfolgen kann.

In der operativen Ausführung der Geldpolitik soll die Notenbank völlig selbständig bleiben. Sie trifft eigenmächtig die Entscheidungen über das verfolgte geldpolitische Konzept und über den Instrumenteneinsatz. Die Notenbank agiert autonom. Sie muß lediglich die Einhaltung eines gewissen Zielrahmens gleichsam als Nebenbedingung ihres Handelns beachten. Nur bei Überschreitung dieser festgelegten Vorgaben darf die Aufsichtsbehörde intervenieren. Diese Situation könnte man mit dem Begriff einer erfolgsabhängigen Autonomie belegen. Die bedingte Unabhängigkeit ist in ihrer Wirksamkeit ausschließlich von den Aktionen der Notenbank selbst abhängig und nicht von der Willkür anderer Institutionen, seien es Regierung, Parlament oder eigenständiges Kontrollgremium.

Ferner sei ausdrücklich darauf hingewiesen, daß das hier diskutierte Aufsichtsgremium einen grundlegend anderen Charakter hat als der in der politischen Diskussion im Vorfeld der Europäischen Wirtschafts- und Währungsunion angedachte Stabilitätsrat. Letzterer ist überhaupt nicht mit dem Autonomieprinzip vereinbar. Der Stabilitätsrat ist als politisches Gremium konzipiert und wird von Regierungsangehörigen besetzt. Er wäre eine institutionelle Manifestierung der Bedrohung der Geldpolitik durch politische Interessen. Das in der vorliegenden Arbeit vorgeschlagene Aufsichtsgremium soll genau entgegengesetzt überwachen, ob sich die Geldpolitik Interessen erfolgreich entziehen konnte und allein ihr stabilitätspolitisches Ziel verfolgt.

### 1.4.2.3 Überwachung des Aufwandsverhaltens

In bestimmten Teilbereichen des Tätigkeitsspektrums der Notenbank kann zum Zwecke der Effizienzsteigerung eine weitere Einschränkung des Ermessensspielraums der Bankführung geboten sein und zwar in den Bereichen, die nicht den geldpolitischen Kurs betreffen, sondern lediglich technische Nebenbereiche. Der

Kernbereich der geldpolitischen Entscheidungen soll durch Autonomie geschützt bleiben.

Bei den unabhängigen Notenbanken geht die geldpolitische Autonomie in der Regel einher mit einer selbstverantwortlichen Verwaltung der Budgets. Das dies bei Vorliegen einer Eigennutzorientierung zu Ineffizienzen führt, wurde in der vorliegenden Arbeit bereits theoretisch begründet und mit Beispielen belegt. Hier könnte eine partielle Einschränkung der Selbständigkeit die Kosteneffizienz erhöhen.

Nötig wäre dazu eine Institution wie der Bundesrechnungshof, allerdings zusätzlich ausgestattet mit dem Recht, aufgedeckte Ineffizienzen auch tatsächlich mit probaten Maßnahmen zu bekämpfen. Diese Einschränkung der Budgetautonomie darf aber nicht so weit führen, daß sich Rückwirkungen auf geldpolitische Entscheidungen ergeben. So darf die Notenbank z. B. nicht dazu getrieben werden, durch eine Erhöhung der Seigniorage und deren interne Verwendung eine etwaige Budgetrestriktion zu unterlaufen.

Die praktische Ausgestaltung einer Überwachung des Aufwandsverhaltens stößt auf zahlreiche Umsetzungsprobleme. Da die Kosteneffizienz nur eine Nebenargumentationslinie einnimmt und im Vergleich zu den makroökonomischen Effekten der Geldpolitik weniger bedeutend erscheint, soll dieser Punkt im folgenden nicht mehr weiterverfolgt werden, zumal dieses Problem kein Notenbankspezifikum ist, sondern bei allen öffentlichen Institutionen auftritt[127]. Als Fazit bleibt festzuhalten, daß eine partielle Einschränkung der Notenbankautonomie in Nebenbereichen sinnvoll sein kann, während der Kernbereich der geldpolitischen Autonomie unbedingt zu erhalten ist.

### 1.4.3 Anreiz- und Entlohnungssysteme

Günstiger als eine dirigistische Aufsicht mit bürokratischem Aufwand wäre die Installation von Anreiz- und Sanktionsmechanismen für das Entscheidungsverhalten der Notenbankführung. Wenn nach den Ergebnissen der Public-Choice-Analyse von einer Eigennutzorientierung auszugehen ist, stellt sich die Frage, ob diese Situation für die Herbeiführung einer stabilitätsorientierten Geldpolitik ausgenutzt werden kann. Dazu müssen Regelungen gefunden werden, die die gesell-

[127] Als Beispiel seien nur die Universitäten genannt, bei denen der Autor, wie vermutlich viele Leser der vorliegenden Arbeit, zahlreiche Ineffizienzen aus eigener Anschauung erleben konnte.

schaftlich gewünschten Zustände in die persönliche Nutzenfunktion der geldpolitischen Entscheidungsträger integrieren. Diese verhalten sich dann aufgrund der gesetzten Anreize freiwillig in der erwünschten Weise.

Solche Motivationsmechanismen sind außerdem systemkonformer, da sie nicht auf Zwang und Vorschrift beruhen, sondern ähnlich dem Marktmechanismus, sozial sinnvolles Verhalten belohnen und Fehlverhalten strafen, dem Entscheidungsträger aber die freie Wahl beim operativen Betrieb der Geldpolitik überlassen. Vorab definierte Anreize und Sanktionen, die an den stabilitätspolitischen Erfolgen bemessen werden, sind außerdem uneingeschränkt mit dem Prinzip der Autonomie vereinbar. Sie stellen ein gewisses Substitut für die Kontrolle durch andere Institutionen dar, die viel eher mit der Unabhängigkeit der Notenbank in Konflikt geraten kann.

Im folgenden werden einige einfache anreizkompatible Regelungen vorgestellt, die bei Rationalverhalten der Notenbankführung eine stabilitätspolitische Orientierung fördern. Diese Aufreihung erhebt keinen Anspruch auf Vollständigkeit. Sie soll lediglich einen Eindruck vom Funktionsprinzip und den Konstruktionsmerkmalen solcher Mechanismen liefern. Sicher sind kompliziertere Verfahren denkbar[128], aber wie gezeigt werden wird, sind bereits einfachste Regelungen geeignet, die Motivation erfolgreich zu beeinflussen. Simple Instrumente weisen ferner den Vorteil höherer Transparenz gegenüber komplexen Modellen auf.

Allen Anreizmechanismen ist gemein, daß sie bei den Faktoren ansetzen, die die persönliche Nutzenfunktion bestimmen. In der obigen Public-Choice-Analyse wurden dazu die vier Elemente Einkommen, Komfort, Ansehen und Macht ermittelt. Am einfachsten und direktesten läßt sich von außen eine Anreizregelung über das Einkommen implementieren, da es kardinal meßbar, stetig variierbar und damit mit einer formelhaften Automatik an die erreichten stabilitätspolitischen Erfolge anpaßbar ist.

#### 1.4.3.1 Fixierung der Nominalentlohnung

Ein Sanktionsmechanismus, der in die gewünschte Richtung wirkt, wurde bereits bei der Behandlung des Einkommensmotivs im Rahmen der angestellten Public-Choice-Betrachtung angesprochen. Gemeint ist der Effekt, der von einer streng nominal ausgerichteten Entlohnung der Notenbankführung ausgeht. Im Falle einer

---

[128] Differenzierte Konstruktionen mit analytischer Ableitung der zu erwartenden Ergebnisse werden überprüft von Walsh, Carl E.: Optimal Contracts..., a. a. O., S. 154 - 164.

Inflation würde der Realwert des Gehaltes automatisch gemindert. Der geldpolitische Entscheidungsträger hätte dann eine Motivation, Inflation zu vermeiden.

Damit eine solche Regelung tatsächlich greift, muß eine diskretionäre Anpassung der Nominalentlohnung unbedingt unterbleiben. Dies ist dem Geldpolitiker ex ante unmißverständlich klar zu machen, damit in Erwartungen der Sanktion die gewünschte Orientierung entstehen kann. Über langfristige Zeiträume kann die Nominallohnstarrheit aber zu Problemen führen. Denn etwaige Gehaltsanpassungen, die aus nicht-preislichen Erwägungen geboten scheinen, dürfen ebenfalls nicht zugelassen werden, da eine perfekte Erkennung der Ursache der Gehaltsveränderung kaum möglich erscheint. Diese mangelnde Transparenz könnte zu Mißbrauch und einem Unterlaufen der ursprünglich beabsichtigten Regelung führen. Deshalb sollte sicherheitshalber völlig auf eine Änderung der Nominalgehälter der Notenbankführung verzichtet werden.

Da die nominale Konstanz als persönliche Motivation für jeweils ein einzelnes Individuum wirken soll, gilt die Fixierung nur für einen Dienstvertrag mit einer Person. Bei einem Generationswechsel der Notenbankführung kann daher problemlos eine Niveauanpassung vorgenommen werden. Dies kann auch bei unterschiedlich langen und sich überlappenden Dienstzeiten erfolgen. Damit würde das Problem der aus nicht-preislichen Erwägungen sinnvoll erscheinenden Änderungen relativiert, da diese in größerem Umfang erst über längere Zeiträume hinweg nötig werden und bei einem personellen Wechsel vollzogen werden können. Die vorgeschlagene Regelung würde dann bedeuten, daß das jeweilige Gehaltsniveau für ein individuelles Mitglied der Notenbankführung bei dessen Ernennung nominal fixiert wird und während seiner Amtszeit nicht verändert werden kann.

Allerdings besteht selbst bei einer solchen Regelung noch die Gefahr einer Ausbeutung, nämlich über die Dauer der Amtsausübung. Im Falle einer spürbaren Preisniveausteigerung ergibt sich nämlich für den Geldpolitiker ein einkommensorientierter Kündigungsgrund. Er würde nur die für ihn real ertragreichen Perioden im Amt bleiben. Spontan liegt der Gedanke nahe, dies durch feste Amtszeiten zu verhindern, bei denen eine frühere Kündigung unmöglich ist. Mit einer solchen Vorschrift wäre der Sache aber kaum gedient. Eine innere Kündigung und ein suboptimales Engagement würden gerade im Falle einer solch verantwortungsvollen Position verheerende Wirkungen haben. Außerdem kann es kaum im Interesse der Stabilität liegen, wenn man gerade die unerfolgreichen Geldpolitiker im Amt behalten will.

Außerdem ist bei der Nominalgehaltsfixierung fraglich, ob die davon ausgehende Sanktion stark genug ausfällt. Bei einer geringen, positiven Inflationsrate etwa im einstelligen Bereich und bei kurzen Amtszeiten, die durch eine solche Regelung, wie gezeigt, noch gefördert werden, fallen die realen Gehaltseinbußen relativ gering aus. Wenn man sich außerdem noch vergegenwärtigt, daß das Einkommen nur ein Verhaltensmotiv unter mehreren darstellt, reicht die nominale Gehaltsfestlegung offensichtlich nicht aus, um eine stabilitätsorientierte Politik zu erzwingen.

### 1.4.3.2 Inflationsabhängige Vergütung

Erfolgversprechender als die Nominalfixierung erscheint es, das Gehalt statt an das Preisniveau an dessen Veränderungsrate zu koppeln. Hierfür reicht es allerdings nicht, passiv wie bei der nominalen Konstanz auf den automatischen Eintritt der Sanktion zu warten. Vielmehr ist eine explizite Formulierung der Abhängigkeit des Gehalts von der dynamischen Größe erforderlich. Dies hat aber den Vorteil, daß die Stärke der Sanktion in unterschiedlichen Höhen festgelegt werden kann. Beispielsweise könnte bei Auftreten von Inflation das Jahresgehalt um den zehnfachen Satz der Jahresinflationsrate gekürzt werden. Dies würde auch schon für die Zulassung von einstelligen Inflationsraten eine starke Sanktion bewirken. Ob die Strafe sogar so stark ausfallen sollte, daß sogar ein negatives Gehalt fällig würde, d. h. eine echte Strafzahlung, wie dies in dem eben angeführten Beispiel bei einer Überschreitung der Marke einer Jahresinflation von zehn Prozent der Fall wäre, bleibt zu diskutieren[129].

Eine unerwünschte deflationäre Tendenz kann ebenfalls mit einer Einkommenseinbuße belegt werden. Eine solche Regelung verhindert diejenige Fehlmotivation, die der einfachen Nominalfixierung innewohnt. Denn für den Fall, daß eine bestimmte Nominalentlohnung langfristig festgelegt ist, könnte die Notenbankführung geneigt sein, ihr Realeinkommen durch eine Deflationspolitik zu verbessern. Diese falschen Anreize können durch eine Orientierung an den Preisniveauveränderungsraten vermieden werden. So könnte z. B. die verhängte Einkommensstrafe an den Absolutbetrag der Änderungsrate gekoppelt werden. Damit würde eine symmetrische Sanktion um das Ziel Stabilität gelegt.

---

[129] Zwar mag eine solche Strafe angesichts des in diesem Falle angerichteten volkswirtschaftlichen Schadens gerechtfertigt erscheinen, doch ist zu bedenken, daß individuelle Unterschiede in der Höhe des Privatvermögens dazu führen könnten, daß nicht der kompetenteste, sondern der reichste Bewerber in die Notenbankführung berufen wird, um bei einer Hyperinflation eine entsprechende Haftungsmasse bereitzustellen.

Bei der Bestimmung der Sanktionsregel bieten sich zahlreiche Gestaltungsspielräume. So ist man keineswegs auf den Zielwert einer Nullinflationsrate festgelegt. Durch eine entsprechende Entlohnungsformel kann der Notenbankführung ein Anreiz für die Verfolgung jeder Norminflationsrate vorgegeben werden[130]. Auch kann das Inflationsziel als Intervall angegeben werden. Das Gehaltsmaximum könnte beispielsweise bei Erreichung einer Preissteigerung zwischen null und zwei Prozent gewährt werden. Ferner ist man keineswegs an lineare Schlüsselungen gebunden. Ist man der Meinung, daß die Inflationsschäden mit zunehmender Rate überproportional zunehmen, so liegt nahe, dies dem Geldpolitiker über eine entsprechende Strafstaffelung zu signalisieren.

Für die Stärke der Sanktionen und die Höhe der Norminflationsrate ist außerdem die Ausgangssituation mit zu berücksichtigen. Ein Geldpolitiker, der von seinem Vorgänger eine Hyperinflation und verfestigte Inflationserwartungen erbt und allenfalls eine vorsichtige Disinflationierung betreiben kann, ist mit anderen Maßstäben zu messen als eine Notenbankführung, die auf eine längere Stabilitätstradition zurückgreifen kann und von einem etablierten Vertrauenskapital profitiert. Dies hieße in praktischer Konsequenz, für den Zentralbankrat der Deutschen Bundesbank besonders harte Sanktionsmechanismen zu installieren.

Nun könnte als Kritik des Konzept einer inflationsabhängigen Vergütung die Befürchtung geäußert werden, daß eine solche Regelung eine Übereifrigkeit bei der Inflationsbekämpfung hervorbrächte. Dies würde heißen, daß durch die Existenz eines Anreizmechanismus letztlich sogar eine schädliche Entwicklung hervorgerufen werden könnte. Dieses Argument kann in drei Abstufungen gemeint sein, die im folgenden erörtert werden sollen: das Betreiben einer Deflation, einer Disinflation oder Verletzung anderer wirtschaftspolitischer Ziele.

Eine auf eine Preisniveausenkung abzielende Politik kann dadurch vermieden werden, daß der Anreizmechanismus symmetrisch ausgestaltet wird, d. h. auch eine negative Preisveränderungsrate mit einer Strafe sanktioniert. Dieses Gegenargument gegen eine inflationsabhängige Vergütung kann demnach einfach

---

[130] Der Autor der vorliegenden Arbeit hält allerdings als Idealform wegen der Planungsvereinfachung für langfristige Vorhaben und aus Überlegungen zur Geldhaltungseffizienz absolute Preisniveaustabilität für überlegen. Es soll aber nicht verschwiegen werden, daß einige Argumente für die Zulassung einer leicht positiven Inflationsrate sprechen: statistische Ungenauigkeiten bei der Preisindexmessung, qualitative Verbesserungen der Güter, Erleichterung eines Preisstrukturwandels bei nach unten unflexiblen Einzelpreisen. Auf diese Punkte wird noch eingegangen bei der Diskussion der Preisindexorientierung im Abschnitt 3.1, insbesondere 3.1.3.

widerlegt werden. Zweitens kann bei der Rückführung einer vorhandenen Inflationsrate ein zu hohes Tempo betrieben werden. Bei verfestigten Inflationserwartungen mag dies zu realen Einbußen führen. Eine vorsichtigere Restriktivierung der Geldpolitik wäre hier angebracht. Dieses Problem ist aber durch eine entsprechende Rücksichtnahme bei der Einführung der Entlohnungsregel lösbar. Wie bereits geschildert wurde, muß die Sanktionsschwelle ohnehin auf die vorgefundene Situation eingehen. Dann ist aber die Befürchtung einer zu plötzlichen Restriktivierung unbegründet[131]. Dem dritten und letzten Gegenargument muß allerdings eine gewisse Berechtigung eingeräumt werden. Eine alleinige Beurteilung und Entlohnung der Notenbankführung nach der Inflation führt zu einer Vernachlässigung anderer Ziele. Die Inflation wird im Zweifel um jeden Preis bekämpft ohne Rücksicht auf Liquidität, Zinsniveau oder Beschäftigung. Diese Erwägung ist aber nur dann relevant, wenn man tatsächlich einen trade-off zwischen Inflation und anderen Zielverfehlungen vermutet, etwa wie von Anhängern der Phillips-Kurve behauptet. Glaubt man dagegen, daß Preisniveaustabilität allen anderen wirtschaftspolitischen Zielen zumindest langfristig förderlich ist, dann verliert dieses Argument seine Relevanz. Passend zu der am Anfang der vorliegenden Arbeit präsentierten Abwägung sollte die Geldpolitik sich dann tatsächlich ausschließlich auf das Inflationsziel konzentrieren.

Ein anderes Problem für die Ausgestaltung einer inflationsorientierten Einkommensbemessung ergibt sich aus den Wirkungsverzögerungen der Geldpolitik. Die Richtigkeit oder Falschheit geldpolitischer Entscheidungen zeigt sich in dem Endergebnis der Preisentwicklung erst mit einem gewissen time-lag. Für die aktuelle Geldpolitik können keine Anreize gesetzt werden, die sich an einem Maßstab orientieren, der erst in der Zukunft bekannt ist. Eine pragmatische Bindung der Entlohnung an die periodengleiche Inflationsrate kann zu fehlerhaften Signalen und Anreizen führen, insbesondere in den Zeiträumen kurz vor und kurz nach größeren personellen Wechseln. Für eine Fehlentscheidung deren Konsequenz und deren Einkommenseinbuße erst den Amtsnachfolger trifft, versagt der vorgestellte Sanktionsmechanismus. Ist zumindest die normale Zeitdauer der Wirkungsverzögerungen bekannt, könnten die time-lags in der Entlohnungsregel

[131] So könnte z. B. bei einer hohen Inflationsrate bei Einführung der Vergütungsregel ein Stufenplan verankert werden, der eine langsame Rückführung der Norminflationsrate vorsieht, die keine Einkommensstrafe bewirkt. Es wird versucht, ein soft-landing zu programmieren. Die Veröffentlichung dieses Stabilisierungspfades erscheint geeignet, die Erwartungsbildung der Wirtschaftssubjekte positiv zu beeinflussen und auf diese Weise die Inflationsmentalität zu brechen. Die inflationsabhängige Vergütung würde im Gegensatz zur ursprünglichen kritischen Argumentation die Disinflation ohne reale Einbußen sogar noch erleichtern.

Berücksichtigung finden. Die Gehälter dürften - zumindest vollständig - erst mit einem entsprechenden zeitlichen Nachlauf ausgezahlt werden, wenn die endgültige Preisperformance feststeht.

Eine innovative Idee, um doch eine sofortige periodengerechte Auszahlung zu ermöglichen wäre eine Orientierung an Terminkontrakten. So könnte bei Unterstellung rationaler Erwartungen statt der erst in der Zukunft ermittelbaren Inflationsrate bereits vorzeitig die implizit in bestimmten Terminkontrakten, wie z. B Zins- oder Wechselkursfutures enthaltene Preissteigerungserwartung Verwendung finden. Allerdings besteht die Gefahr, daß Fehler im Meinungsbildungsprozeß der Marktteilnehmer auftreten könnten. Diese Befürchtung ist insbesondere auch deshalb relevant, weil die Notenbankführung durch Intransparenzen der Geldpolitik eine bewußte Täuschung der Terminmärkte hervorrufen könnte, wozu sie bei Verwendung von Terminmarktpreisen für die Entlohnungsbestimmung Anlaß hätte. Das Ergebnis wäre nicht unbedingt die gewünschte Stabilitätsorientierung, sondern ein zusätzlicher Mangel der Terminmärkte. Die dargestellte derivative Entlohnungsregel ist deshalb zu verwerfen.

An dieser Stelle sei ferner darauf verwiesen, daß alternativ oder in Ergänzung zu der Preisniveauorientierung auch eine Koppelung an andere geldpolitische Ziele möglich erscheint. Damit ließe sich das Problem der Wirkungsverzögerungen eventuell entschärfen. In Frage kommen zu einem gewissen Grade auch Zwischenziele wie beispielsweise die Einhaltung eines Geldmengenziels. Etwaige derartige Verfehlungen könnten ebenfalls mit einer Sanktion belegt werden. Die Wirksamkeit einer solchen Regel wird davon beeinflußt, ob das Ziel von der Notenbankführung selbst gesetzt wird, was für den Fall eines Zwischenziels üblicherweise gelten wird. Dann kann eine daran gekoppelte Entlohnungsregel Inflation nicht verhindern. Sie kann aber die Transparenz der Geldpolitik fördern, wenn für die Notenbankführung ein Anreiz besteht, selbst gesetzte und veröffentlichte Zielvorgaben auch einzuhalten. Die Wirtschaftssubjekte erhalten dadurch verläßlichere Informationen für ihre Planungen und ihre Erwartungsbildung.

#### 1.4.3.3 Entlassungsregeln

Eine noch stärkere Sanktion als eine Einkommenseinbuße bildet eine Entlassungsautomatik bei Verfehlung der stabilitätspolitischen Vorgaben[132]. Auch

---

[132] Eine Entlassungsregel für die zukünftige Europäische Zentralbank fordert z. B. Vaubel, Roland: Für einen geldpolitischen Stabilitätspakt, der seinen Namen verdient, in: Handelsblatt, 06./07.12.1996, S. 2.

hier entfalten sich anreizkompatible Effekte. Neben der Motivationswirkung ist als weiterer Vorteil zu verbuchen, daß eine inkompetente oder politischen Präferenzen nachgebende Notenbankführung schnell ausgewechselt würde. Sie kann dann keinen weiteren Schaden anrichten. Die automatische Abberufung nach genau definierten Vorgaben und die damit verbundene Automatik sind einer diskretionären Entscheidung eines Aufsichtsgremiums oder der Regierung vorzuziehen. Denn in letzterem Falle wäre nicht sicher, ob inflationäre Geldpolitik überhaupt bestraft würde, wenn jene nämlich den Präferenzen der Entscheidungsinstanz entspräche. Die automatische Entlassungsregel bedeutet damit indirekt eine Stärkung der Autonomie.

Gegenüber einer variablen Gehaltsregelung weist die inflationsabhängige Abberufung aber den Nachteil auf, daß sie nicht stetig variierbar ist. Es existieren nur die Möglichkeiten Kündigung oder Amtsfortführung. Deshalb liegt der Gedanke nahe, die automatische Entlassung mit einem erfolgsgebunden Gehalt zu kombinieren. Die Abberufung könnte z. B. als Substitut für die problembehaftete Frage eines negativen Gehaltes dienen, die im vorangegangenen Abschnitt diskutiert wurde. Die Kombination könnte etwa so ausgestaltet werden, daß das Einkommen sich mit steigender Preisveränderungsrate verringert und daß zusätzlich nach der ersten Periode, in der die Verfehlung so groß wäre, daß das Gehalt negativ würde, die Entlassung ausgesprochen würde.

Dafür ist die Entlassungsregel aber mit einer anderen technischen Schwierigkeit verknüpft. Die Problematik der Wirkungsverzögerungen, die bereits bei der Einkommensregel angesprochen wurde, ist hier genauso relevant. Zusätzlich wird die technische Ausgestaltung der Sanktion dadurch erschwert, daß es sich bei den Notenbankführungen in der Regel um mehrköpfige Organe handelt, die die wichtigsten geldpolitischen Entscheidungen kollektiv herbeiführen. Insofern können ihre Mitglieder nicht in einem streng individualistischen Sinne zur Verantwortung gezogen werden. Selbst wenn etwaige Minderheitenmeinungen z. B. bei geldpolitischen Beschlüssen exakt protokolliert würden, kann das Maß an Mitschuld an einer inflationären Entwicklung kaum hinreichend differenziert werden. Es bleibt als einzige praktikable, wenn auch mit Mängeln belegte Möglichkeit die Haftung als Personenmehrheit. Dies mag bereits bei der variablen Entlohnungsregel zu individuellen Ungerechtigkeiten führen und schlimmstenfalls sogar die angestrebten Motivationseffekte unterminieren[133]; als noch problematischer

---

[133] Wenn das einzelne Mitglied der Notenbankführung glaubt, den Kurs der betriebenen Geldpolitik nicht beeinflussen zu können, geht der Zusammenhang zwischen Verhalten und Anreiz- und Sanktionsmechanismus verloren. Angesichts der noch überschaubaren Kopfzahl

erweist sich dieser Einwand aber bei der Entlassungsregel. Hier gehen bei einer kollektiven Abberufung der Notenbank auch kompetente Mitglieder verloren.

Ferner würde es die organisatorische Struktur der Zentralbank schwer erschüttern, wenn sie auf einen Schlag ihrer gesamten Führungsebene beraubt würde. Um solche Einschnitte zu vermeiden, muß die Entlassung auf einen engen Personenkreis beschränkt werden. Würde aber z. B. nur der Notenbankpräsident einer Entlassungsregel unterliegen, dann fühlten sich die anderen Mitglieder des Entscheidungsgremiums nicht mehr von der Sanktion bedroht und die Entlassungsregel verlöre ihre Wirkung[134]. Es müßte eine Regel gefunden werden, die nur die Entlassung einiger Mitglieder der Notenbankführung zur Folge hat, aber andererseits ex ante für alle eine Drohung mit einer Sanktion bewirkt. Eine innovative Idee dazu ist die Auslosung der tatsächlich zu entlassenen Individuen[135]. Dieses Zufallsprinzip weist genau die gewünschten Eigenschaften auf.

Mittlerweile liegen erste empirische Ergebnisse zum Abschneiden von erfolgsabhängigen Sanktionsmechanismen für die Notenbankführung vor. Neuseeland hat die hier dargelegten Ideen bereits umgesetzt[136], allerdings in Verbindung mit

---

in den Führungsgremien der Notenbanken relativiert sich aber dieser Einwand. Tendenziell geht von dieser Erwägung ein Argument für kleine Kopfstärken der obersten Entscheidungsinstanz aus.

[134] Als Extremfall wäre sogar ein kontraproduktiver Effekt denkbar: Die Mitglieder der Zentralbankführung könnten bewußt eine Inflationspolitik betreiben, um ihren Vorsitzenden in die Entlassungssanktion zu drängen, wenn sie sich davon Vorteile für die eigene Position erwarten.

[135] Die Idee der Auslosung wurde bei einer Diskussion im Rahmen des Seminars Internationale Wirtschaftsbeziehungen an der BTU Cottbus im WS 1996/97 entwickelt.

[136] Diese Maßnahmen waren Teil der seit 1984 verfolgten Liberalisierung und Reformierung des Neuseeländischen Finanzsektors. Der wichtigste Einschnitt war der Reserve Bank Act von 1989. Er verschaffte der Notenbank ganz im Gegensatz zu der bis dahin geltenden Tradition zumindest teilweise Autonomie. Die Verfolgung der Preisniveaustabilität ersetzte das zuvor verankerte Zielbündel. Im Jahre 1990 wurde, wie in der Notenbankverfassung vorgesehen, ein Inflationsziel als Übereinkunft zwischen Finanzminister und Notenbankgouverneur beschlossen und zwar in Höhe von 0 bis 2%. Seine Einhaltung ist mit dem Arbeitsvertrag des Gouverneurs verknüpft. Einen Überblick zu den Motiven und Inhalten der Reform liefert Massey, Patrick: The Changing Role of New Zealand's Reserve Bank, in: The Irish Banking Review, Autumn 1990, S. 15 - 27. Eine modelltheoretische Überprüfung des Optimalitätsgrades der Anreizkompatibilität der neuen institutionellen Bedingungen mit positivem Ergebnis wird angestellt von Walsh, Carl E.: Is New Zealand's Reserve Bank Act of 1989 an Optimal Central Bank Contract?, in: Journal of Money, Credit, and Banking, Vol. 27, 1995, No. 4, S. 1179 - 1190. Ein Vergleich der neuseeländischen Konstruktion der

einer nicht-autonomen Organisationsform[137]. Die damit gemachten Erfahrungen sind bisher eindeutig positiv[138]. In dem in der Vergangenheit höhere Inflationsraten gewohnten Land ist heute eine erfreuliche Stabilität zu beobachten. Es bleibt abzuwarten und anläßlich der erfolgreichen Entwicklung zu hoffen, daß andere Länder diesem Pionierbeispiel folgen. Von den Notenbanken selbst sind darauf gerichtete Initiativen vermutlich nicht zu erwarten, da es kaum in ihrem Eigeninteresse liegen dürfte, Sanktionen für eigene Mißerfolge zu fordern. Ein äußerer Druck bzw. eine entsprechende Notwendigkeit müssen als Triebfeder vorhanden sein. Damit läßt sich erklären, daß gerade ein Hochinflationsland als erstes zu innovativen Instrumenten wie inflationsabhängiger Vergütung bzw. Entlassungsregel gegriffen hat.

In einer anekdotischen Schlußbemerkung kann festgehalten werden, daß bei Existenz einer automatischen Entlassungsregel tatsächlich ein Zusammenhang zwischen Inflation und Arbeitslosigkeit besteht, allerdings nicht in Form des trade-off der Phillips-Kurve, sondern in positiver Richtung: Je höher die Inflation, desto höher fällt auch die Arbeitslosigkeit aus, jedenfalls unter Notenbankern[139].

### 1.4.3.4 Motivation für Kosteneffizienz

Neben den anreizkompatiblen Regeln, die den Kurs der praktizierten Geldpolitik beeinflussen sollen, besteht die Möglichkeit, auch das Aufwandsverhalten der Notenbank über Belohnungs- und Strafmechanismen zu steuern. Wenn es gelänge, ein kostenbewußtes Verhalten der Notenbankführung zu erzeugen, dann könnte der Zentralbank Autonomie in der Haushaltsführung, die, wie gezeigt, bei ungesteuertem Verhalten mannigfache Ineffizienzen hervorbringen kann, zugebilligt werden. So könnte der Notenbank ein Gesamtbudget mit einer fixierten Obergrenze vorgegeben werden. Die interne Allokation der Mittel wird frei in das Ermessen der Bank gestellt. Zusätzlich wird eine Unterschreitung des maximalen Haushaltsvolumens mit einer Prämie als Belohnung für die betreffenden Entscheidungsträger verbunden.

---

Rahmenbedingungen der Notenbank mit der deutschen und niederländischen findet sich bei Eijffinger, Sylvester C. W. / De Haan, Jakob, a. a. O., S. 19.

137 Darauf wird hingewiesen von Bofinger, Peter / Reischle, Julian / Schächter, Andrea: Geldpolitik, München, 1996, S. 189 - 191.

138 So beträgt die durchschnittliche Inflationsrate gemessen am Deflator des Bruttoinlandsproduktes zwischen 1990 und 1997 2,1% im Gegensatz zu zweistelligen Raten bis zur Mitte der achtziger Jahre, Daten aus OECD, a. a. O., Annex Table 14, S. 266.

139 Diese Formulierung geht auf eine entsprechende Äußerung eines Teilnehmers der Vorlesung Geld- und Einkommenstheorie an der TU Berlin im Wintersemester 1992/93 zurück.

Im einfachsten Fall läßt sich die Belohnung im Einkommen implementieren. Neben die bereits vorgestellte Abhängigkeit von der Inflationshöhe tritt die Koppelung an das Budgetvolumen. Die Stärke der Ausprägung der Kosteneffizienzprämie darf aber nicht so stark sein, daß es die geldpolitischen Anreizmechanismen dominiert. Sonst wäre eine Konstellation denkbar, in der die Notenbankführung einen so harten internen Sparkurs verordnet, daß eine optimale Durchführung der Aufgabe Geldpolitik nicht mehr möglich ist.

Eine ausführliche Behandlung der Ausgestaltung von Anreizsystemen für Kosteneffizienz soll in der vorliegenden Arbeit unterbleiben, da es sich nicht um ein geldpolitisches Spezifikum handelt, sondern als allgemeines Thema in allen staatlichen Institutionen zur Debatte steht.

### 1.4.4 Regelgebundene Geldpolitik

Neben der indirekten Beeinflussung des Verhaltens der Geldpolitiker durch die Setzung von Anreizen, bleibt noch zu diskutieren, inwieweit direkte Vorschriften für die Ausgestaltung der Geldpolitik geeignet sind, das Endziel Preisniveaustabilisierung zu fördern. Dabei ist nicht an diskretionäre Anweisungen einer anderen Instanz, wie z. B der Regierung gedacht, sondern an verfassungsgleich festgelegte Regeln. Diese bedeuten im Gegensatz zu Einzelweisungen eine Stärkung der Autonomie, weil sich die Notenbank bei der Abwehr von äußeren Einflußnahmeversuchen auf das Regelerfordernis berufen kann. Gleichzeitig sollen die Vorschriften die Verfolgung von Eigeninteressen der Notenbank erschweren und sie zum Praktizieren einer Stabilitätspolitik zwingen. Sie stellen insofern eine Ergänzung der Anreizmechanismen dar.

Ein auf einer geldpolitischen Regel beruhender Automatismus ist ferner geeignet, die betriebene Politik zu verstetigen und erhöht die Transparenz für die Erwartungsbildung der Wirtschaftssubjekte. Andererseits kann die von der Regelbindung ausgehende Einschränkung der Gestaltungsoptionen der Geldpolitik die Effizienz des Instrumentariums mindern und die Zielerreichung erschweren. Schließlich muß für eine funktionsfähige Regelbindung eine sachlich richtige und unumstrittene Grundkonzeption für die Geldpolitik vorliegen, die wegen der verfassungsgleichen Verankerung auch im Zeitablauf stabil bleiben muß.

#### 1.4.4.1 Automatismen zur Verstetigung der Politik

Automatismen der Geldpolitik wurden ursprünglich nicht als Ergebnis von Public-Choice-analytischen Betrachtungen der geldpolitischen Institutionen vorgeschlagen, sondern im Zusammenhang mit der Diskussion um effiziente makroökomische Politik. Vorgegebene Automatismen stehen im Gegensatz zu einer keynesianischen diskretionären Wirtschaftspolitik. Im Zeitablauf stabil bleibende Grundregeln für die Wirtschaftspolitik sollen zu einer Verstetigung führen. Konjunkturelle Schwankungen werden auf diese Weise vermieden bzw. angesichts des Problems von Wirkungsverzögerungen diskretionärer Maßnahmen wenigstens nicht von einer stop-and-go-policy noch weiter verstärkt. Zunächst stand nicht eine Public-Choice-Perspektive im Zentrum der Verstetigungsdiskussion, sondern das traditionelle Konjunkturphänomen.

Mit der Anwendung der Verstetigungsargumentation auf die Theorie des politischen Konjunkturzyklus werden allerdings institutionenökonomische Erwägungen angestellt. Die Regelbindung soll in diesem Zusammenhang eine wahltaktisch motivierte, bewußte Erzeugung von Konjunkturschwankungen verhindern. Auch auf den Spezialfall der Geldpolitik läßt sich diese Überlegung anwenden. Die möglichen eigennutzorientierten Motive der Notenbankführungen wurden bereits herausgearbeitet. Eine Verstetigungsregel, z. B. in Form einer vorgeschriebenen Geldmengenexpansionsrate, kann deshalb unter bestimmten Umständen sinnvoll sein. Sie würde auf jeden Fall den diskretionären Entscheidungsspielraum einer autonomen Notenbankführung begrenzen und drohende Willkür unterbinden. Ferner würde verhindert, daß durch überraschende Kehrtwendungen der Geldpolitik die Effizienz der Erwartungsbildung der Wirtschaftssubjekte gemindert würde[140].

### 1.4.4.2 Automatismen zur Immunisierung gegen Interessen

Ein weiteres Argument für eine Regelbindung in Form eines geldpolitischen Automatismus ist der davon ausgehende Schutz gegen Einflußnahmeversuche von außen. Die Notenbank kann das Erfordernis der Regeleinhaltung ins Feld führen, wenn es gilt, einen Versuch der Einflußnahme durch bestimmte Interessengruppen, insbesondere der Regierung, abzuwehren. Eine gesetzlich vorgeschriebene geldpolitische Regel macht es der Regierung praktisch unmöglich, einen ihr genehmen geldpolitischen Kurs zu erzwingen, ohne eine Gesetzesänderung zu initiieren. Die Existenz einer Regelbindung wirkt deshalb tendenziell in Richtung einer Stärkung der Autonomie.

---

[140] Solche institutionenökonomischen Betrachtungen zur Regelbindung finden sich bei Richter, Rudolf: Theorie der Notenbankverfassung aus der Sicht der Neuen Institutionenökonomik, in: Bofinger, Peter / Ketterer, Karl-Heinz (Hrsg.): Neuere Entwicklungen in der Geldtheorie und Geldpolitik, Tübingen, 1996, S. 119 - 136 und bei McCallum, Bennett T.: The Case for Rules in the Conduct of Monetary Policy: A Concrete Example, in: Weltwirtschaftliches Archiv, Bd. 123, 1987, S. 415 - 429.

Auch in der öffentlichen Diskussion wird die Position der Notenbank durch die Existenz einer Regelbindung beeinflußt. Ein entsprechendes Regelerfordernis steigert die Akzeptanz unpopulärer Maßnahmen. Ist die Regel sogar als Automatismus ausgestaltet, der beispielsweise die Leitzinsen direkt an die Geldmengenwachstumsrate koppelt, können restriktive Maßnahmen relativ geräuschlos umgesetzt werden, da gar kein expliziter und eventuell kontrovers erörterter Entscheidungsprozeß nötig ist.

#### 1.4.4.3 Abwägung von Ineffizienzen der Regelbindungen

Um beurteilen zu können, ob die Installation von Regelbindungen tatsächlich sinnvoll sein kann, sind die dargestellten Public-Choice-analytischen Vorteile gegenüber etwaigen Nachteilen der automatischen Geldpolitik gegenüberzustellen. Dies entspricht der in der Literatur umfangreich geführten Debatte unter dem Begriff „Regeln versus Diskretion"[141]. Jede Vorschrift mindert die Flexibilität der Geldpolitik. Die Gestaltungsoptionen werden geringer. Dies ist zwar einerseits gewollt, um einer eigeninteressenorientierten Ausnutzung vorzubeugen, andererseits müssen genügend Entscheidungsgrade erhalten bleiben, um eine effiziente Geldpolitik betreiben zu können. Die vorgegebene Regel kann sich deshalb nur auf den grundsätzlichen geldpolitischen Kurs beziehen. Der detaillierte Instrumenteneinsatz muß weiterhin in das Ermessen der Notenbankführung gestellt werden.

Aber selbst bei Beschränkung auf eine Globalregel können sich ineffiziente Einschränkungen ergeben. So ist kaum vorstellbar, daß eine bestimmte vorgeschriebene Geldmengenexpansionsrate zu jedem Zeitpunkt dem theoretischen Optimum entspricht. Gewisse Schwankungen der Umlaufgeschwindigkeit würden z. B. eigentlich eine Anpassung der Geldmengenexpansion erforderlich machen, was aber bei einer fixierten Vorschrift für diese Größe unzulässig ist.

Für die Installation einer Regel muß weitgehender Konsens über die Richtigkeit der dahinter stehenden Theorie herrschen. Es stellt sich ferner die Frage, ob man bei einer späteren Änderung der Umstände, z. B. einem Wandel der Geldhaltungsgewohnheiten, die gültige Regel modifizieren oder gar aufheben sollte. Eine Beibehaltung würde die Effizienz der betriebenen Politik mindern, aber eine Änderung würde Erwartungen, die sich auf einen Fortbestand richteten, enttäu-

---

[141] Einen Überblick über diese Diskussion gewährt Issing, Otmar: Regeln versus Diskretion in der Geldpolitik, in: Bofinger, Peter / Ketterer, Karl-Heinz (Hrsg.): Neuere Entwicklungen in der Geldtheorie und Geldpolitik, Tübingen, 1996, S. 3 - 20.

schen und auf diese Weise Vertrauenskapital zerstören, das gerade für den sensiblen Bereich der Geldpolitik so wichtig ist.

#### 1.4.4.4 Abhängigkeit der Regel vom geldpolitischen Grundkonzept

Um der Geldpolitik in Form einer Regel oder eines Automatismus sinnvolle Vorschriften machen zu können, muß man über gesicherte Kenntnisse über die Richtigkeit der Maßnahme verfügen. Nur wenn man die grundsätzliche Korrektheit eines Zusammenhanges unterstellen kann, bietet er sich für eine Umsetzung als Automatik oder Regelbindung an. Außerdem ist darauf zu achten, daß die ermittelten Zusammenhänge auch langfristig wirksam bleiben, weil die Regelbindungsvorschrift ebenfalls langfristig verankert werden soll. Wie bereits im vorangegangenen Abschnitt angesprochen wurde, muß in der Beurteilung der theoretischen Richtigkeit der Vorschrift und ihrer Stabilität im Zeitablauf weitgehender Konsens bestehen.

Eine solche Einigkeit ist in der aktuellen wissenschaftlichen und wirtschaftspolitischen Diskussion aber nicht zu erkennen. Als Beispiel sei der Streit über das richtige geldpolitische Konzept und die korrekte Orientierungsgröße der Geldpolitik genannt. Mehrere alternative End- und Zwischenziele werden diskutiert und von der geldpolitischen Praxis in international unterschiedlichen Gewichtungen beachtet. In der Tat ist eine gewisse Parallele zwischen den Konzepten und Orientierungsgrößen einerseits und den denkbaren Regelbindungen und Automatismen andererseits festzustellen. Beide sollen der Geldpolitik eine langfristig stabile Richtschnur liefern. In der praktischen Ausgestaltung basieren die Regelbindungen im Prinzip auf einer institutionellen Verankerung einer geldpolitischen Grundkonzeption.

Bei einer strikten Einhaltung eines geldpolitischen Konzepts ähnelt die praktizierte Politik stark einer entsprechenden Regelbindung. Bei der potentialorientierten Geldmengensteuerung der Deutschen Bundesbank z. B. folgt die Ableitung des Zielkorridors fast immer der gleichen Schematik, so daß die Umwandlung der bisher selbst gesetzten Zielvorgabe in eine entsprechende formelmäßige Vorschrift keine wesentliche Änderung hervorrufen würde. Wesentliche Unterschiede zwischen einem selbst gesetzten Ziel und einer extern verankerten Regel sind aber festzuhalten: Zwang statt Freiwilligkeit und ein unterschiedliches Maß an Flexibilität. Dies kann in der Praxis erhebliche Differenzen bewirken.

Das beste Beispiel sind die häufigen Zielverfehlungen des Geldmengenziels der Deutschen Bundesbank, die bei einer Regelvorschrift nicht zugelassen werden dürften. Ob sie positiv oder negativ zu beurteilen sind, ist zunächst offen. Daß die Abweichungen überhaupt möglich sind, ist Folge der Freiwilligkeit des Geldmengenziels in Form einer weichen Selbstverpflichtung. Hier könnten eigennutzorientierte Interessen der Notenbankführung ein Rolle spielen. Eine gesetzliche Regelvorschrift zur zwangsweisen Durchsetzung des Geldmengenziels würde die Willkür einschränken und wäre deshalb aus dieser Perspektive vorzuziehen. Andererseits mag die Zulassung der Zielabweichung sachlich gerechtfertigte Gründe gehabt haben. Dann wäre die Flexibilität der Freiwilligkeit der strengen Vorschrift überlegen. Die Fähigkeit auf langfristige Änderungen zu reagieren, ist ebenfalls als Vorteil eines selbstbestimmten geldpolitischen Konzepts zu betrachten. Wenn z. B. die langfristige Stabilität der Umlaufgeschwindigkeit verlorenginge, kann die Notenbank das bisherige Konzept verwerfen und zu einer neuen Orientierungsgröße übergehen, was bei einer gesetzlich verankerten Regel nicht so einfach möglich ist.

Die angestellte Betrachtung zu einer Geldmengenregel ist nur als Beispiel zu verstehen. Für die Ausgestaltung einer Regel kommt zunächst eine Vielfalt von Konzepten in Frage. Genannt seien neben der Geldmenge nur eine Orientierung an der Preisentwicklung, der Zinsentwicklung oder an den Wechselkursen. Die theoretische Funktionsfähigkeit dieser Konzepte ist zum Teil umstritten. Zusätzlich zu einer Prüfung des ökonomischen Sinns der diskutierten Vorschläge ist aber noch zu prüfen, ob sie sich auch in Form einer Regelbindung umsetzen lassen oder gar eine automatische Anpassung des geldpolitischen Kurses ermöglichen können. Neben die ökonomische Richtigkeit muß noch die technische Machbarkeit treten. Dieser Frage soll in der vorliegenden Arbeit an späterer Stelle in Abschnitt 2.1 ausführlich Aufmerksamkeit gewidmet werden.

### 1.4.5 Kombinationsmöglichkeiten von Regelbindung, Anreizsystemen, Autonomie und Aufsicht

Insgesamt wurden vier verschiedene Organisationselemente für die Ausgestaltung der institutionellen Rahmenbedingungen der Geldpolitik vorgestellt. Es gilt nun, die Vereinbarkeit dieser vier Prinzipien zu überprüfen. Lassen sich die ermittelten Vorteile in einer Synthese betonen und die Nachteile der Einzelelemente neutralisieren? Zunächst sollen die Vor- und Nachteile der vier erarbeiteten Bestandteile in einer tabellarischen Übersicht gegenübergestellt werden.

**Tab. 4 Vor- und Nachteile geldpolitischer Ordnungselemente**

| | Autonomie | Aufsicht | Anreizsystem | Regelbindung |
|---|---|---|---|---|
| Vorteile | • Schutz vor finanz-politischen Interessen<br>• klare Verant-wortlichkeit | • Demokratische Legitimation möglich | • ökonomischer Mechanismus (Freiwilligkeit, Rational-verhalten)<br>• Effizienz-wahrung | • Automatismus möglich<br>• Eigennutz-begrenzung<br>• Transparenz für die Erwartungs-bildung |
| Nachteile | • Eigennutz-orientierung der Notenbank-führung | • Konflikt mit Autonomie | • time-lags<br>• Personen-mehrheit<br>• Generations-wechsel<br>• Übereifrigkeit bei Inflations-bekämpfung | • „richtige" Theorie nötig<br>• Konsens für Einführung nötig<br>• Problematische Umstellung bei Änderungs-bedarf<br>• Flexibilitäts-verlust |

Die Frage ist, ob sich die einzelnen Organisationsprinzipien überhaupt vereinbaren lassen. Zwischen jeweils zwei Elementen können drei Arten von Beziehungen bestehen:

- Konflikt
- Substitut
- Ergänzung

Ein Konflikt besteht immer dann, wenn beide Prinzipien nicht gleichzeitig perfekt umgesetzt werden können. Sollen dennoch beide Elemente aufgenommen werden, dann können beide nicht in letzter Konsequenz ausgestaltet werden, weil sie sich sonst gegenseitig ausschlössen.

Ein Element ist ein Substitut für ein anderes Ordnungsmerkmal, wenn beide die gleiche motivatorische Problematik lösen können. Es genügt einer der beiden substitutionalen Mechanismen aus, um das Verhalten der Notenbankführung in die gewünschte Richtung zu beeinflussen. Im Gegensatz zum Konflikt ist eine

Koexistenz beider Regelungen möglich, wenn auch nicht nötig und möglicherweise problematisch.

Im Fall der Ergänzung ist eine gleichzeitige Wirksamkeit beider Regeln nicht nur möglich, sondern sogar gewünscht, da jeweilige Lücken der anderen Regelung geschlossen werden bzw. weil die Funktionsfähigkeit des einen Mechanismus positiv von der Existenz des anderen abhängt.

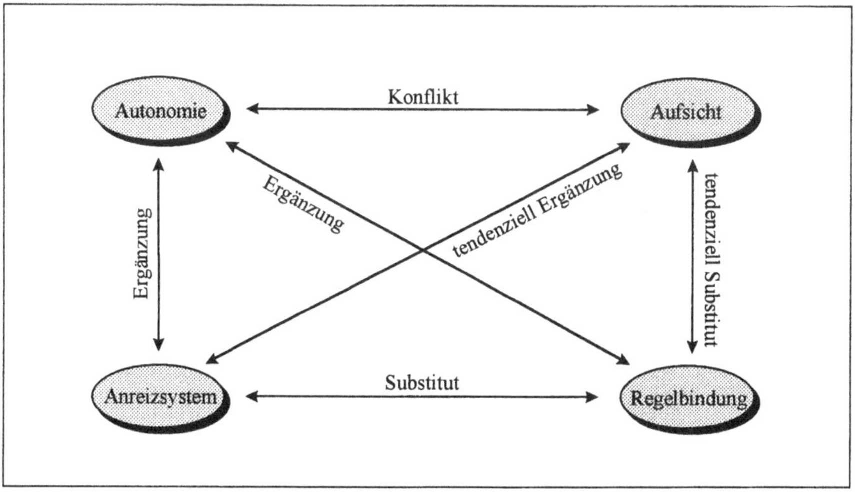


**Abb. 5 Beziehungen zwischen den geldpolitischen Ordnungselementen**

Im folgenden werden die in Abb. 5 vorgenommenen Bewertungen der Beziehungen zwischen den Mechanismen erläutert. Der potentielle Konflikt von Aufsicht und Autonomie ist bereits ausführlich erarbeitet worden. Mehr Kontrolle bedeutet immer eine Einschränkung der Autonomie.

Gerade bei Autonomie droht aber die Verfolgung von Eigeninteressen der Notenbankführung. Sie ist deshalb durch ein Anreizsystem oder eine Regelbindung zu ergänzen[142]. Der Ergänzungscharakter gilt aber auch in der umgekehrten Rich-

[142] Anders als die hier vorgenommene Einstufung als Ergänzung wird Autonomie als Ersatz für optimal gestaltete Anreizsysteme oder Regelbindungen angesehen von Illing, Gerhard / Fecht, Falko: Konservativer Zentralbanker versus Optimaler Zentralbankkontrakt - Eine spieltheoretische Analyse, in: Das Wirtschaftsstudium (wisu), 27. Jg., 1998, Heft 1, S. 84 - 93. Dort wird die Berufung eines konservativen Zentralbankers, der die Stabilitätsorientierung bereits in seiner eigennutzorientierten Nutzenfunktion trägt, vorgestellt. Diese Lösung

tung. Will man die Notenbankführung erfolgsabhängig belohnen bzw. bestrafen oder verlangt man von ihnen die Einhaltung einer bestimmten Regel, so müssen die geldpolitischen Entscheidungsträger auf der operativen Ebene frei entscheiden können[143]. Da sowohl die Regelbindung als auch ein Anreizsystem das gleiche polit-ökonomische Ziel verfolgen sollen, stehen sie untereinander in einer substitutionalen Beziehung. Eine gleichzeitige Realisation kann sogar schaden, weil dann z. B. durch eine „falsche" Regelvorschrift Sanktionen für die Notenbankführung ausgelöst werden können, obwohl die Ursache gar nicht von der ausführenden Geldpolitik beeinflußt werden konnte.

Am schwierigsten ist das Verhältnis zwischen der Installierung eines Kontroll- und Aufsichtsgremiums einerseits und Anreizmechanismen und Regelbindung andererseits zu beurteilen. Beide Beziehungen sind von einer Mischung aus Ergänzung und Substitution geprägt, allerdings in unterschiedlicher Gewichtung. Ein Anreizsystem soll das Verhalten der Notenbankführung steuern. Da es aber nie lückenlos alle Teilaspekte erfassen wird und da es letztlich auf Freiwilligkeit beruht, ist eine gewisse Ergänzung durch eine hoheitliche Aufsicht nötig. Das Aufsichtsgremium könnte auch die technische Ausführung der definierten Sanktionen übernehmen. Dagegen stellt die Regelbindung wegen der Stringenz der Vorschrift eine viel stärkere Einschränkung der Freiheitsgrade der geldpolitischen Entscheidungsträger dar. Der Ergänzungsbedarf ist hier niedriger. Die Regelvorschrift steht deshalb tendenziell in einer substitutionalen Beziehung zur Aufsichtsoption.

---

ist nach Illing und Fecht aber der Effizienz einer expliziten institutionellen Regelung unterlegen. Dagegen wird die Möglichkeit der Egänzung von Anreizen durch die Bestellung eines konservativen Zentralbankers betont von Herrendorf, Berthold / Lockwood, Ben: Rogoff's „Conservative" Central Banker Restored, in: Journal of Money, Credit, and Banking, Vol. 29, 1997, No. 4, S. 476 - 495. Dort findet sich einleitend auch ein Überblick über die Literatur zum Thema „Konservativer Zentralbanker".

143 Die Bewertung der Beziehung zwischen Autonomie und Regelbindung als Ergänzung ist aus einer anderen Perspektive nicht unproblematisch. Sie bezieht sich hier auf die Möglichkeit und Sinnhaftigkeit einer gleichzeitigen Existenz beider Mechanismen für eine autonome Notenbank. Betrachtet man dagegen als Ausgangspunkt für eine abhängige Notenbank das Verhältnis zur Regierung, so kann man ein substitutionales Verhältnis zwischen dem Übergang zur Autonomie und der Einführung einer Regelbindung konstatieren. Denn beide Organisationselemente sind geeignet, die Geldpolitik vor einer Einflußnahme der Regierung zu schützen. Einen Überblick über das Spannungsverhältnis zwischen Notenbankautonomie und Regelbindung und eine Systematisierung der Regelbindungsargumente liefert Francke, Hans-Hermann: Zu einigen ablauf- und ordnungspolitischen Problemen einer Europäischen Zentralbank aus polit-ökonomischer Sicht, in: Hasse, Rolf / Schäfer, Wolf (Hrsg.): Europäische Zentralbank, Göttingen, 1990, S. 140 - 146.

Aus obiger Vereinbarkeitsmatrix lassen sich Schlüsse für die Möglichkeiten einer praktischen Ausgestaltung der institutionellen Rahmenbedingungen der Geldpolitik ziehen. Zunächst muß eine klare Entscheidung für oder gegen die Autonomie der Notenbank getroffen werden. Da sowohl relevante theoretische Erwägungen wie auch empirische Ergebnisse, wie in der vorliegenden Arbeit gezeigt, für eine unabhängige Organisationsform sprechen, soll nur diese hier weiterverfolgt werden. Ein zusätzliches und möglichst demokratisch legitimiertes Aufsichtsgremium muß in seinen Befugnissen stark beschränkt sein, um die grundsätzlich gewünschte Autonomie nicht zu gefährden. Lediglich in Randbereichen, wie der Überwachung des Aufwandsverhaltens der Notenbank, kommt eine Kontrolllösung in Betracht. Für das Hauptproblem der Erzeugung einer stabilitätspolitischen Orientierung der Notenbankführung scheinen dagegen Anreizmechanismen oder Regelbindungen besser geeignet zu sein.

Für welches dieser beiden Instrumente man sich entscheidet, hängt in erster Linie davon ab, ob die theoretischen Kenntnisse über langfristig stabile geldpolitische Zusammenhänge überhaupt ausreichen, um eine geldpolitische Regel zu installieren. Ist dagegen die „richtige“ Politik nicht bekannt, bleibt nur die Möglichkeit, die Politik in das freie Ermessen der Notenbankführung zu stellen und zu versuchen ihr Verhalten durch Anreiz- und Sanktionsmechanismen zu steuern.

## 1.5 Zusammenfassung der Ergebnisse des ersten Kapitels

In einer polit-ökonomischen Perspektive wird das Verhalten der Notenbanken in Abhängigkeit von ihren institutionellen Rahmenbedingungen untersucht. Den Ausgangspunkt bildet dabei das Prinzip der Autonomie, das als Ordnungsmerkmal international immer mehr Verbreitung findet. Autonomie wird zunächst theoretisch mit Zielkonflikten in der Wirtschaftspolitik und insbesondere mit den finanzpolitischen Interessen der Regierung, die eine inflationäre Minderung ihrer Verschuldung anstreben könnten, begründet. Empirisch kann belegt werden, daß ein höherer Grad an Autonomie der Preisniveaustabilität zuträglich ist.

Eine Betrachtung der Motivation der geldpolitischen Entscheidungsträger zeigt, daß sich gerade bei Autonomie eigennutzorientierte Zielsetzungen ergeben können und daß eine Stabilitätsorientierung keineswegs die zwingende Folge von Unabhängigkeit ist. Statt dessen sind persönliche Ziele wie Einkommen, Komfort, Ansehen und Macht relevant, deren Wirkung auf das Verhalten der Notenbankführung untersucht wird. Am Beispiel der Deutschen Bundesbank wird gezeigt, wie bei Existenz dieser Motivation die institutionellen Rahmenbedingungen die Art der betriebenen Geldpolitik beeinflussen. Eigennutzorientierte Erwägungen sind ferner geeignet, nicht nur den geldpolitischen Kurs, sondern auch die Wahl des Instrumentariums zu beeinflussen.

Sind Ineffizienzen der Geldpolitik und im schlimmsten Fall eine autonome Inflationspolitik als Folgen einer egoistischen Motivation der geldpolitischen Entscheidungsträger dadurch zu vermeiden, daß die Notenbank einer demokratischen Kontrolle unterworfen wird? Zur Beantwortung dieser Frage wird die Stellung der Notenbank im politischen System bestimmt. Das Verhältnis zwischen Parlament und Notenbank kann dazu in Anwendung eines institutionenökonomischen Ansatzes als Principal-Agent-Theory modelliert werden. Es ergibt sich daraus ein Bedarf für eine demokratisch legitimierte Kontrolle der Geldpolitik. Alle diskutierten Ausgestaltungsformen etwaiger Kontrollgremien erweisen sich aber als Einschränkung der im Grundsatz als sinnvoll erachteten Autonomie.

Schließlich werden normative Folgerungen für die institutionellen Rahmenbedingungen der Geldpolitik entwickelt. Wegen der theoretischen Vorzüge und der empirischen Erfolge wird dazu auf eine autonome Organisationsform zurückgegriffen. Es werden diejenigen Elemente genannt, die zur Sicherung der Unabhängigkeit erforderlich sind. Ferner werden Aufsichtsmechanismen vorgestellt, die zumindest Teilprobleme wie das Aufwandsverhalten erfassen können, ohne die grundsätzliche Autonomie zu bedrohen. Um das Verhalten der geldpolitischen Entscheidungsträger in Richtung einer Stabilitätsorientierung zu beeinflussen, werden Anreiz- und Sanktionsmechanismen wie eine inflationsabhängige Vergütung für die Notenbankführung vorgeschlagen. Als Alternative werden Regelbindungen für die Geldpolitik diskutiert, die ebenfalls geeignet erscheinen, eine willkürliche Geldpolitik zu verhindern. Allerdings muß als Voraussetzung für eine Regelvorschrift ein tragfähiges geldpolitisches Grundkonzept existieren. Den Abschluß bildet eine Betrachtung des Verhältnisses der diskutierten Ordnungselemente zueinander. Eine gewisse Synthese erscheint dabei möglich.

# 2 Möglichkeiten für die Ausgestaltung von Anreizsystemen und Regelbindungen bei verschiedenen geldpolitischen Konzepten

## 2.1 Tauglichkeit der Orientierungsgrößen staatlich monopolisierter Notenbanken

In den letzten Jahren ist die Diskussion über die geldpolitischen Konzeptionen wieder mit verstärkter Aktivität geführt worden. Während sich in den achtziger Jahren die Geldmengenorientierung international weitgehend durchgesetzt hatte, haben seit dem neuere Entwicklungen an den Finanzmärkten die stabile Geldnachfrage, die die Grundlage dieses Systems ist, wieder in Frage gestellt. Die Notenbanken mehrerer großer Volkswirtschaften haben sich deshalb in den neunziger Jahren von diesem Konzept abgewandt[144]. Die Deutsche Bundesbank, die bisher weiterhin an Geldmengenzielen festhält, ist wegen ihrer zahlreichen Zielverfehlungen in die Kritik geraten.

In diesem Abschnitt werden deshalb die in der aktuellen Diskussion behandelten und international praktizierten geldpolitischen Konzepte vergleichend dargestellt. Dabei ist aus der in der vorliegenden Arbeit eingenommenen Perspektive weniger die theoretische Funktionsweise der verschiedenen Orientierungsgrößen von Relevanz als vielmehr ihre Eignung für die Installation von Anreizsystemen oder Regelbindungen. Die Darstellung der Konzepte selbst bleibt daher im folgenden nur auf ihre Grundlagen beschränkt. Das Hauptaugenmerk gilt der Frage, ob die-

---

[144] So z. B. in Großbritannien, Schweden, Finnland und Spanien, wo man jetzt ein direktes Preisziel verfolgt. Einen Überblick über die zur Zeit praktizierten Konzepte liefert o. V.: Geldpolitische Strategien in den Ländern der Europäischen Union, in: Deutsche Bundesbank (Hrsg.): Monatsbericht Januar 1998, S. 33 - 47. Das Federal Reserve System der USA beachtet inzwischen eine Indikatorvielfalt, darunter auch die Zinsentwicklung, vgl. Parry, Robert T.: Monetary Policy in the United States: Goals, Instruments, and Strategies, Address on the occasion of the 50th Anniversary of the Landeszentralbank im Freistaat Bayern, München, 17.03.1997, abgedruckt in: Deutsche Bundesbank (Hrsg.): Auszüge aus Presseartikeln, Nr. 18, 25.03.1997, S. 12 - 16. Ein weiteres Beispiel für ein Mehr-Indikator-Konzept bietet der Monetary Conditions Index (MCI) der kanadischen Notenbank; vgl. o. V.: In der Zwickmühle zwischen Politik und Markt, Nr. 11 der Serie: Wie unabhängig sind die Notenbanken?, in: Handelsblatt, 23.04.1997, S. 39. Dieser Indikator wurde auch von der Schweizer Notenbank begutachtet, aber für die eigenen Zwecke verworfen; vgl. o. V.: Ein neuer Geldindikator für die Schweiz?, in: Neue Zürcher Zeitung, 06.04.1997.

jenigen Mechanismen an ihnen verankert werden können, die im ersten Abschnitt als sinnvoll aus der Public-Choice-Analyse hervorgingen.

Bei den folgenden Konzepten geht es um die Wahl der Orientierungsgröße, nicht um unterschiedliche Endziele. Das Endziel Preisniveaustabilität wird dabei als extern gegeben ange-sehen[145]. Letzteres ist keine Selbstverständlichkeit, könnte doch die Verfolgung eines anderen wirtschaftspolitischen Ziels aus der eigennutzorientierten Perspektive der Notenbank attraktiver erscheinen[146]. Deshalb ist die externe Fixierung des Endziels durch den institutionellen Rahmen unbedingt erforderlich[147]. In den folgenden Betrachtungen steht die Frage im Mittelpunkt, ob die Zwischenziele und Orientierungsgrößen der Geldpolitik ebenfalls von der institutionellen Gestaltung erfaßt werden sollten, sofern dadurch Anreizmechanismen oder Regelbindungen daran verankert werden können.

Verzichtet wird in der folgenden Abhandlung auf die ausführliche Betrachtung eines Konzeptes, das sich an der Entwicklung des nominalen Sozialproduktes orientiert. Zwar werden jener Vorgehensweise einige Vorteile wie eine implizite Berücksichtigung von Schwankungen der Umlaufgeschwindigkeit und ein gewisser Schutz vor Nachfrageschocks zugesprochen[148], doch stehen dem erhebliche Mängel gegenüber[149]. Insbesondere kann dieses Konzept im Gegensatz zu den im folgenden behandelten Ansätzen nicht konfliktfrei mit dem hier als gegeben angenommenen Oberziel der Preisniveaustabilisierung in Einklang gebracht werden. Vielmehr bedeutet es den Übergang zu einem anderen Endziel bzw. eine Zielaufspaltung, die schon allein aus dem institutionenökonomischen Aspekt der

---

[145] Eine Ausnahme bildet lediglich ein Wechselkursziel, das entweder ein Zwischenziel für Preisniveaustabilität sein kann oder alternativ auch als eigenständiges, extern orientiertes Endziel auftreten kann.

[146] Dieses Problem der Wahl des Endziels durch die Notenbank wird untersucht und für den Fall Kanadas empirisch betrachtet von Acheson, Keith / Chant, John F.: Bureaucratic Theory..., a. a. O.

[147] Dies ist außerdem für die Sicherstellung der Notenbankautonomie wichtig, wie bereits in Abschnitt 1.4.1.1 begründet wurde.

[148] Die Idee der Orientierung der Geldpolitik am nominalen Sozialprodukt ist dargestellt bei Feldstein, Martin / Stock, James H.: The Use of a Monetary Aggregate to Target Nominal GDP, in: Mankiw, N. Gregory (Hrsg.): Monetary Policy, Chicago, 1994, S. 7 - 62 und Hall, Robert E. / Mankiw, N. Gregory: Nominal Income Targeting, in: Mankiw, N. Gregory (Hrsg.): Monetary Policy, Chicago, 1994, S. 71 - 93. Einen Überblick liefert Issing, Otmar: Einführung in die Geldpolitik, a. a. O., S. 190 - 191.

[149] Issing nennt die nur indirekte Steuerbarkeit der Zielgröße, Wirkungsverzögerungen und die Aufgabe von Geldwertstabilität als eigenständiges, vorrangiges Ziel; vgl. Issing, Otmar: Einführung in die Geldpolitik, a. a. O., S. 191.

Verwischung der Verantwortlichkeiten abzulehnen ist. Außerdem ist ein etwaiger Gewinn an Gestaltungsmöglichkeiten einer Sozialproduktorientierung gegenüber einer direkten Preisniveauorientierung grundsätzlich in Frage gestellt, wenn man davon ausgeht, daß die Geldpolitik ohnehin keine langfristigen realen Effekte erzielen kann[150].

## 2.1.1 Endziel Preisniveaustabilisierung ohne Zwischenziele

Wegen der in jüngster Zeit aufgekommenen Bedenken hinsichtlich der Stabilität der Geldnachfrage und der daraus folgenden Skepsis gegenüber dem Geldmengenkonzept findet die als „Inflation targeting“[151] bezeichnete Preisniveauorientierung international zunehmende Verbreitung. Großbritannien, Kanada, Neuseeland, Schweden und Finnland praktizieren solche Konzepte[152]. Eine direkte Orientierung am Preisniveau verzichtet auf eine explizite Benennung eines Zwischenziels bzw. eines Indikators. Dieses Konzept unterscheidet sich insofern von den drei anderen später diskutierten Ansätzen. Es stellt sich die Frage, ob diese Besonderheit die Installierung von Anreizmechanismen und die Ausgestaltung als regelgebundene Politik begünstigt oder erschwert.

### 2.1.1.1 Grundsätzliche Funktionsweise

Der Kurs der Geldpolitik wird hier direkt an der Entwicklung des Endziels ausgerichtet. Das Konzept des „Inflation targeting“ muß dabei nicht unbedingt das Anstreben absoluter Stabilität voraussetzen. Vielmehr kann und wird in der Praxis auch häufiger eine bestimmte positive Preissteigerungsrate angestrebt[153]. Einer zu stark inflationären Tendenz wird mit einer Restriktivierung der Geldpolitik begegnet; eine Preisniveauentwicklung, die unter der Zielrate liegt, sollte nach diesem Konzept eine Lockerung der Geldpolitik zur Folge haben. So einfach diese Anwendung zunächst klingen mag, so schwierig gestaltet sich die Umsetzung in der Praxis. Insbesondere das Problem der Wirkungsverzögerungen

---

150 Darauf verweisen Bofinger, Peter / Schächter, Andrea: Geldmengen- versus Zinssteuerung, in: Wirtschaftswissenschaftliches Studium (WiSt), 26. Jg., 1997, Heft 3, S. 107.

151 Siehe zu diesem Begriff z. B. Bofinger, Peter / Schächter, Andrea, a. a. O., S. 107.

152 Vgl. Leiderman, Leonardo / Svenson, Lars E. O. (Hrsg.): Inflation Targets, Centre for Economic Policy Research, 1995, Länderüberblick der Herausgeber S. 1 - 17.

153 So z. B. von der Bank of England praktiziert. Seit Juni 1997 beträgt die Zielinflationsrate 2,5%. Bei einer mehr als einprozentigen Abweichung muß diese vom Notenbankgouverneur erläutert werden. Zuvor hatte das Ziel 2,5% oder weniger geheißen. Zu den mit dem Regierungswechsel in Großbritannien zusammenhängenden Änderungen des geldpolitischen Konzeptes siehe o. V.: Brown setzt neues Inflationsziel, in: Handelsblatt, 12.06.1997, S. 8.

bedeutet ein Hindernis. Darauf wird im nächsten Abschnitt noch ausführlicher eingegangen.

Ein wesentlicher Bestandteil der direkten Preisniveausteuerung ist in den meisten Fällen die Ankündigung eines Preisziels. Dies hat mehrere Funktionen:

- Die Bekanntmachung von Informationen für die Wirtschaftssubjekte
- Erhöhung der Transparenz und Nachvollziehbarkeit der Geldpolitik
- Erleichterung der Zielerreichung durch Verhaltensanpassung

Sofern das verkündete Preisziel tatsächlich ernsthaft angestrebt und möglichst auch annähernd erreicht wird, ist die mit der Ankündigung verbundene Verbesserung des Informationsstandes, die sonst nur annähernd und durch Aufwendung von Kosten der Wirtschaftssubjekte erreicht werden könnte, effizient. Der zweite Punkt, die Erhöhung der Transparenz, ist gerade aus der Public-Choice-Perspektive von Bedeutung, sei es für die Wirkung auf das Ansehensmotiv oder sei es als Voraussetzung für die Verankerung von Sanktionsmechanismen. Der wichtigste Punkt für die theoretische Funktionsfähigkeit des Konzeptes ist der dritte, nämlich die Tatsache, daß die Kenntnis des Preisniveauziels der Notenbank das Verhalten der Wirtschaftssubjekte beeinflussen kann. Tendenziell geht davon ein stabilisierender Einfluß aus. Eine Antizipation der Zielinflationsrate in Lohnverhandlungen und an den Finanzmärkten erleichtert die Realisation der Zielgröße, ohne reale Werte verzerren zu müssen. Abweichungen von der Norminflationsrate würden idealerweise sogar durch spekulatives Agieren der Wirtschaftssubjekte ausgeglichen, etwa durch Kaufzurückhaltung bei einem dem Zeitpfad voranlaufenden Preisniveau oder die sofortige Vorwegnahme von nötigen Änderungen der Notenbankzinsen durch die Geld- und Kapitalmärkte. Ein derartiges unterstützendes Verhalten der Privaten ist aber nur dann rational und zu erwarten, wenn die Notenbank eine hohe Glaubwürdigkeit genießt und mit hoher Wahrscheinlichkeit von einem tatsächlichen Erreichen der Zielvorgabe ausgegangen werden kann.

#### 2.1.1.2 Problemfelder

Der entscheidende Mangel der direkten Preisniveausteuerung sind die Wirkungsverzögerungen der Geldpolitik. Dieser Einwand geht so weit, daß die grundsätzliche Funktionsfähigkeit des Konzeptes in Frage gestellt ist. Die Übertragungswege geldpolitischer Maßnahmen, wie Änderungen der Geldmengenexpansion oder der Notenbankzinsen, beeinflussen erst langfristig und über mehrere

Zwischenstufen die realwirtschaftlichen Dispositionen, die Nachfrage und damit das Preisniveau[154]. Reagiert die Geldpolitik gemäß dem dargelegten Konzept auf die aktuelle Preisentwicklung, so besteht die Gefahr einer prozyklischen Reaktion. Zukünftige Schwankungen der Inflationsrate werden dann eventuell sogar noch verstärkt.

Dem kann zu einem gewissen Grade durch die Verwendung von Frühindikatoren entgegengewirkt werden. Beispielsweise können Erzeugerpreise, Importpreise oder Rohstoffpreise beachtet werden. Deren Vorlauf ist allerdings nicht so groß wie die time-lags der Geldpolitik selbst. Zwar reagieren diese Größen schneller auf Änderungen der Geldpolitik als der Preisindex für die Lebenshaltung, doch auch sie können nicht anzeigen, bevor ihre eigene Ursache eingetreten ist. Es entsteht zwangsläufig ein Dilemma, wenn man die gleiche Größe, die Ziel und Folge der Geldpolitik sein soll, auch als Indikator und Ursache verwenden will.

Ein weiterer, wenn auch umstrittener Einwand gegen die Preisniveauorientierung ist, daß diese Endgröße von Entwicklungen beeinflußt wird, die nicht im Einflußbereich der Notenbank liegen. Nicht-monetäre Störungen aus der Finanz- und Tarifpolitik können zumindest vorübergehende Preisreaktionen induzieren. Das Preisniveau unterliegt demnach nicht allein der Steuerbarkeit durch die Geldpolitik und ist deshalb als zentrales Steuerungsinstrument nicht geeignet. Einschränkend kann diesem Einwand aber entgegengehalten werden, daß langfristig die Preisentwicklung doch allein mit den monetären Instrumenten, die die dominanten Inflationsfaktoren umfassen, kontrollierbar ist, wenngleich dies gegebenenfalls vorübergehend reale Konsequenzen erzeugt. Kurzfristig kann die Indikatorfunktion auf jeden Fall beeinträchtigt sein.

Beide Einwände, sowohl die Time-Lag-Problematik als auch die mangelnde kurzfristige Freiheit von exogenen Störungen, erschüttern das Konzept der Preisniveauorientierung schwer. Es liegt deshalb nahe, zu Orientierungsgrößen überzugehen, die einen zeitlichen Vorlauf aufweisen und direkter von der Notenbank kontrolliert werden können. Bevor die hier angestellte Betrachtung zu solchen Indikatoren wechselt, soll aber zuerst noch überprüft werden, ob sich die Preisniveausteuerung wenigstens in technischer Hinsicht für die aus der Public-Choice-Perspektive erwünschten Anreizmechanismen oder Regelbindungen eignet.

---

[154] Zu Wirkungsverzögerungen der Geldpolitik siehe z. B. Bofinger, Peter / Reischle, Julian / Schächter, Andrea, a. a. O., S. 129 - 132.

#### 2.1.1.3 Eignung für Anreizsysteme

Bereits bei der allgemeinen theoretischen Vorstellung der anreizkompatiblen Sanktionsmechanismen für die Geldpolitik war eine Abhängigkeit der Entlohnung der Notenbankführung vom Erfolg bei der Preisniveaustabilisierung als Beispiel gewählt worden. Das Konzept der Preisniveauorientierung bietet eine direkte Möglichkeit für die Verankerung einer Entgeltregelung. Letztlich ist es ein positives Ergebnis beim Endziel, das erwünscht ist. Etwaige Sanktionen sollten deshalb daran ansetzen. Abweichungen bei Zwischenzielen zu bestrafen, wenn sich deren ursprünglich vermutete Beziehung zum Endziel als falsch herausstellt und Preisniveaustabilität erreicht wird, erscheint dagegen als nicht sachgerecht. An Zwischenzielen verankerte Sanktionen könnten schlimmstenfalls Anreize für eine reine Optimierung der Indikatoren ohne Rücksicht auf die Effekte für das Endziel hervorrufen. Die Orientierung am Preisniveau ist deshalb vor dem Hintergrund der Frage nach der Möglichkeit von Anreizsystemen den an Zwischenzielen ansetzenden Konzepten überlegen. Tatsächlich verwendet die bei den Entlohnungs- und Entlassungsmechanismen innovative Neuseeländische Notenbank ein Preisziel[155].

Die technische Ausgestaltung einer Entlohnungsregel kann unmittelbar an dem angekündigten Preisziel anknüpfen. Abweichungen von der Zielinflationsrate würden einen Entlohnungsabschlag für die Notenbankführung nach sich ziehen. Allerdings sollte dann die Entscheidung über die Höhe des Zielpfades nicht der Notenbank selbst überlassen bleiben, sondern ihr extern vorgegeben werden[156]. Andernfalls würde der Sanktionsmechanismus nicht zwingend Stabilität generieren. Vielmehr wäre dann ein solches Inflationsziel zu erwarten, von dem die Notenbank glaubt, es am leichtesten erreichen zu können. Immerhin würde damit der Notenbank wenigstens ein Anreiz für die Abgabe einer realistischen Inflationsprognose geboten, was als Steigerung der Transparenz zu begrüßen wäre. Die Möglichkeiten einer sinnvollen Entlohnungsregel würden aber damit nicht ausgeschöpft und teilweise vergeudet, während dagegen ein extern vorgegebenes und sanktioniertes Preisziel Stabilität fördern kann.

---

[155] Vgl. Massey, Patrick, a. a. O., S. 20. Siehe auch Abschnitt 1.4.3.3 der vorliegenden Arbeit.

[156] Insofern scheint die britische Praxis der Vorgabe des Inflationsziels durch den Finanzminister auf den ersten Blick sinnvoll, ist es aber bei näherer Betrachtung nicht. Vielmehr ist dadurch Autonomie verhindert, weil die Regierung über die Bestimmung des von der Notenbank zu verfolgenden Preisziels jede ihr genehme geldpolitische Expansion erzwingen kann. Bei einer externen Zielvorgabe für autonome Notenbanken ist dagegen an eine in der Notenbankverfassung verankerte Größe gedacht bzw. an eine Festlegung durch ein von der Regierung unabhängiges Gremium.

Ein weiterer Vorteil der Kombination des Konzepts der Preisniveauorientierung und einer stabilitätsabhängigen Entlohnung ist der Effekt, daß die bloße Existenz des Sanktionsmechanismus die theoretische Funktionsfähigkeit des Konzepts, die, wie gezeigt wurde, problematisch ist, verbessert. Die Selbststabilisierung durch eine Verhaltensanpassung der Wirtschaftssubjekte wird gefördert, wenn jene wegen der Wirksamkeit des Sanktionsmechanismus eher auf eine zielorientierte Geldpolitik vertrauen können.

#### 2.1.1.4 Eignung für Regelbindungen

Für die Verankerung von Regelbindungen ist das Konzept der direkten Preissteuerung nicht geeignet. Ein Automatismus, der auf einem Preisindikator basiert, müßte rein technisch geldpolitische Kursänderungen in Abhängigkeit von der Preisentwicklung bewirken. Wegen der Problematik von Wirkungsverzögerungen wäre dies zum Scheitern verurteilt. Vielmehr erfordert gerade die direkte Preisniveausteuerung ein vorausschauendes Agieren und eine Kunst der Geldpolitik. Dieses Konzept ist deshalb einer Automatik nicht zugänglich. Zur Erreichung der Zielvorgabe beim Endziel ist eine hohe Flexibilität beim Instrumenteneinsatz und bei den Steuerungsgrößen erforderlich. Ein im voraus langfristig zu definierender Regelmechanismus kann diese benötigte Anpassungsfähigkeit nicht aufweisen.

### 2.1.2 Geldmengenziele

Geldmengenziele erfreuten sich in den achtziger Jahren international weiter Verbreitung. Die Deutsche Bundesbank, die bereits in den siebziger Jahren zu einem Geldmengenkonzept übergegangen ist, hält bis heute daran fest[157]. Der fundamentale Unterschied dieses Ansatzes im Vergleich zur direkten Preisniveausteuerung ist, daß es sich um eine Zwischenziel-Strategie handelt. Dies bewirkt zahlreiche Differenzen im theoretischen Konzept und hat, was hier wiederum von besonderem Interesse ist, Implikationen für die Möglichkeiten der Einführung von Anreizmechanismen und Regelbindungen.

---

[157] Ein Überblick über die Geschichte des Geldmengenkonzeptes in Deutschland findet sich bei Vehrkamp, Robert: Geldmenge M3 und die Geldpolitik der Bundesbank, in: Handelsblatt, 24.03.1997, abgedruckt in: Deutsche Bundesbank (Hrsg.): Auszüge aus Presseartikeln, Nr. 18, 25.03.1997, S. 2 - 3. Die Beschreibung der grundsätzlichen Funktionsweise des Konzeptes findet sich in praktisch jedem Lehrbuch zur Makroökonomik bzw. zur Geldtheorie und -politik.

### 2.1.2.1 Grundsätzliche Funktionsweise

Die Verwendung von Zwischenzielen kann als unmittelbare Konsequenz aus der Problematik der Wirkungsverzögerungen der Geldpolitik betrachtet werden. Da eine Reaktion auf Änderungen des Preisniveaus zu spät käme, sucht man Größen, die Ursache der Preisentwicklung sind und einen entsprechenden zeitlichen Vorlauf aufweisen. Neben der möglichst engen kausalen Verbindung der gesuchten Größe zum Endziel sollte sie außerdem von der Notenbank gut konrolliert werden können. Beide Bedingungen werden von der Geldmenge weitgehend erfüllt. Sie kann von der Zentralbank ziemlich direkt gesteuert werden[158] und beeinflußt das Preisniveau nach quantitätstheoretischer Sicht proportional. Daß bei der Übertragung auf die Preise eine Verzögerung besteht, ist bei dem Geldmengenkonzept kein Problem, sondern sogar ein Vorteil, da sie der Notenbank Zeit zum Reagieren und Gegensteuern gibt. Die tatsächliche Entwicklung der Geldmenge stellt einen Indikator dar, an dem frühzeitig ein Korrekturbedarf für eine Änderung des geldpolitischen Kurses abgeleitet werden kann.

Für das Praktizieren von Geldmengenkonzepten lassen sich Geldmengenziele recht einfach aus der Verkehrsgleichung des Geldes ableiten. Hierfür sind Prognosen über die Entwicklung der Umschlaghäufigkeit und des Güter-Handelsvolumens nötig. Diese können problembehaftet sein, wie noch gezeigt werden wird. Ferner muß eine Norminflationsrate vorgegeben werden. Inwieweit die geschilderte Grundstruktur durch eine Potentialorientierung, wie von der Deutschen Bundesbank praktiziert, verfeinert und leicht antizyklisch ausgestaltet werden kann, soll hier nicht näher diskutiert werden.

Die Veröffentlichung von Geldmengenzielen kann die Transparenz des Konzeptes und des aktuellen geldpolitischen Kurses fördern. Die Erwartungsbildung der Privaten wird erleichtert, und es werden Informationen generiert, jedenfalls dann, wenn die Ziele tatsächlich eingehalten werden. Nicht zu unterschätzen ist auch das Argument, daß eine Restriktivierung der Geldpolitik leichter durchsetzbar ist und eher auf Akzeptanz stößt, wenn eine Zielüberschreitung beim Geldmengenwachstum die Maßnahme argumentativ stützt.

---

[158] Gelegentlich wird in einer weiteren Untergliederung der Wirkungskette noch die Geldbasis eingefügt. Für sie gilt die Kontrollierbarkeit uneingeschränkt. Sie ist das „Operating Target" des geldpolitischen Instrumenteneinsatzes. Von ihm gehen Einflüsse auf das eigentliche Zwischenziel Geldmenge und letztlich auf das Endziel Preisniveau aus. Vgl. Bofinger, Peter / Schächter, Andrea, a. a. O., S. 106.

### 2.1.2.2 Problemfelder

Die entscheidende Annahme für die Funktionsfähigkeit eines Geldmengenkonzeptes ist die Stabilität der Geldnachfrage. Ist sie in Frage gestellt, wird die Ableitung eines sinnvollen Geldmengenziels wegen der Unkenntnis der zu erwartenden Umschlaghäufigkeit unmöglich. Es ist dann nicht erkennbar, ob eine Zunahme der Geldmenge von einer entsprechenden Geldnachfrage kompensiert wird oder ob sie inflationären Druck erzeugt. Bei volatiler Geldnachfrage verliert die Geldmenge ihre Indikatoreigenschaft. Insbesondere Finanzinnovationen haben die Liquidität von Einlagen verändert, neue enge Substitute für Geld geschaffen und das Zinsmanagement revolutioniert. Hinzu kommt, daß die Verwendung einer Währung sich immer mehr von der regionalen Abgrenzung der Nationalstaaten löst. Diesen Entwicklungen ist durch eine Modifikation der Geldmengenabgrenzungen, wie z. B. der deutschen $M3_{erweitert}$ nur begrenzt zu begegnen. Dies ist der Grund für die Abkehr vom Geldmengen-Konzept, die in den letzten Jahren von mehreren Notenbanken vollzogen wurde.

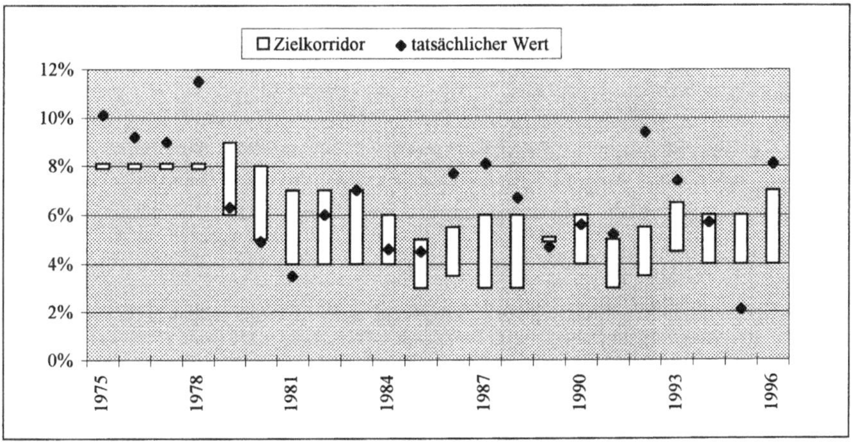


**Abb. 6 Geldmengenziele und tatsächliche Expansion in Deutschland**[159]

[159] Bezogen auf die Zentralbankgeldmenge bzw. ab 1988 auf die Geldmenge M3. Das Geldmengenziel 1997/1998 wurde in Abb. 6 weggelassen, da es sich abweichend von den in Abb. 6 dargestellten Jahresraten erstmals um ein Zweijahresziel handelt. Die der Abbildung zugrundeliegenden Daten sind aufgeführt in Tab. A2.1 im Anhang 2. Daten aus Deutsche Bundesbank (Hrsg.): Die Geldpolitik der Bundesbank, Sonderveröffentlichung, Frankfurt am Main, 1995, Tab. 5, S. 82.

Die Deutsche Bundesbank ist angesichts der Beibehaltung des Geldmengenkonzeptes wiederholt in die Kritik geraten, insbesondere deshalb, weil die eigenen Zielkorridore in ungefähr jedem zweiten Jahr verfehlt wurden, wie aus Abb. 6 abgelesen werden kann. Dies mag jeweils aufgrund von Sonderfaktoren gerechtfertigt gewesen sein. Vor allem die von der Zinsstruktur abhängige Geldkapitalbildung hat Schwankungen der Geldnachfrage bewirkt. Die Zulassung der Abweichung war deshalb meistens sinnvoll, zumal beim Endziel Preisniveaustabilität bemerkenswerte Erfolge erzielt wurden. Der Vertrauensbildung und dem Ansehen der Institution sind die häufigen, zumindest erklärungsbedürftigen Abweichungen nicht dienlich. Die Deutsche Bundesbank hat für 1997 und 1998 darauf mit der Ankündigung eines zweijährigen Ziels reagiert, vor allem um den Unsicherheiten im Vorfeld der Europäischen Wirtschafts- und Währungsunion zu begegnen[160]. Eine grundsätzliche Antwort auf das Problem einer instabilen Geldnachfrage ist dies aber nicht.

### 2.1.2.3 Eignung für Anreizsysteme

Auf den ersten Blick erscheint es einfach, eine Entlohnungsregel an einem Geldmengenziel zu verankern. Technisch bereitet es keine Schwierigkeiten, beispielsweise eine Verfehlung des Zielkorridors zu sanktionieren. Doch wie gezeigt werden wird, ist die Installation inhaltlich sinnvoll wirkender Anreize problematisch. Für eine detailliertere Betrachtung der Effekte müßten zwei Fälle von Ausgestaltungsformen unterschieden werden: Erstens die freie Wahl des Zielkorridors durch die Notenbankführung und zweitens eine externe Vorgabe des Geldmengenziels.

Der erste Fall einer freien Wahl des Geldmengenziels, das bei Ex-post-Verfehlungen zu einem Gehaltsabschlag führt, ist nicht geeignet, eine Stabilitätspolitik zu erzwingen. Die Notenbankführung würde nicht unbedingt einen stabilitätsgerechten Korridor wählen, sondern denjenigen, den sie am leichtesten ohne Entlohnungseinbuße einhalten könnte. Ein positiver Nebeneffekt wäre lediglich, daß die Transparenz der Geldpolitik erhöht würde. Die Wirtschaftssubjekte könnten eher mit der tatsächlichen Realisation eines einmal veröffentlichten Geldmengenziels rechnen.

---

[160] Die Position der Bundesbank zum neuen zweijährigen Geldmengenziel wird ausführlich erläutert von o. V.: Geldmengenstrategie 1997/98, in: Deutsche Bundesbank (Hrsg.): Monatsbericht Januar 1997, S. 17 - 25.

Als zweite Alternative bliebe zur Erzwingung einer stabilitätsverträglichen Geldmengenexpansion lediglich eine der Notenbank von außen auferlegte Zielvorgabe, deren Einhaltung von einem Anreizmechanismus sanktioniert wird. Hier stellt sich das Problem, wer den Korridor extern bestimmen soll. Seine optimale Höhe ist nicht für alle zukünftigen Situationen ex ante bekannt. Dies ist ein Unterschied zum Preisziel, bei dem als Endziel die gewünschte Höhe leichter vorab bestimmt und institutionell verankert werden kann. Offenbar sind Zwischenziele für die Installation von Anreizmechanismen von ihrer Grundkonstruktion her schlechter geeignet als das Endziel. Eine Belohnung der Erreichung des Endziels hat gerade den Vorteil, daß der Weg zur Erreichung in das freie Ermessen des Agenten gestellt ist. Diese Flexibilität der operativen Entscheidung geht bei einem an einem Zwischenziel wie der Geldmenge verankerten Sanktionsmechanismus verloren. Der bei der Installation als richtig erachtete Zielpfad wird quasi vorgeschrieben. Dies wäre aber von seiner Wirkung her identisch mit einer Regelbindung, jedenfalls dann, wenn man davon ausgeht, daß die Notenbankführung die Zielvorgabe bei Existenz einer Gehaltssanktion aus Eigeninteresse einhält. Wenn man schon meint, auf der institutionellen Ebene die richtigen zukünftigen Geldmengenziele zu kennen, so sollte statt eines Anreizmechanismus der direktere Weg einer Regelvorschrift gewählt werden.

#### 2.1.2.4 Eignung für Regelbindungen

Das Geldmengenkonzept ist in seiner monetaristischen Tradition eng verknüpft mit der Idee der regelgebundenen Politik. Friedman selbst hat Ideen entwickelt, um durch Vorschriften über die Geldmengenexpansion die Geldpolitik einer Regelbindung zu unterwerfen[161]. Zwei Überlegungen standen bei der Entwicklung dieser Forderung im Vordergrund: Die Geldmengenregel sollte zum einen die Wirtschaftssubjekte vor geldpolitischen Überraschungen schützen und zum anderen den Einfluß der Politik auf die Geldpolitik ausschalten[162]. Beides paßt zu den in der vorliegenden Arbeit aus der Public-Choice-Analyse entwickelten Notwendigkeiten: Verhinderung von Willkür der geldpolitischen Entscheidungsträger und Sicherung der Autonomie. Bleibt zu prüfen, ob diese Ziele mit einer Geldmengenregel technisch umgesetzt und ohne negative Rückwirkungen auf die Funktionsfähigkeit des theoretischen Konzepts realisiert werden können.

---

[161] Vgl. Friedman, Milton: Die optimale Geldmenge und andere Essays, München, 1970.

[162] Der Kurs der Geldpolitik kann ohne eine Aufhebung des institutionellen Arrangements in Form der Regelbindung nicht geändert werden.

Technische Schwierigkeiten stellen sich, sofern man davon ausgeht, daß die Geldmenge von der Notenbank kontrollierbar ist, diesem Ansatz nicht in den Weg. Jede beliebige, als sinnvoll erachtete Geldmengenentwicklung kann der Notenbank dann auf institutioneller Ebene vorgeschrieben werden. Es fragt sich nur, in welcher Höhe dies geschehen soll. Als einfachste Ausgestaltungsform wurde vorgeschlagen, die Geldmenge ein für alle Mal zu fixieren[163]. Da dies in einer wachsenden Wirtschaft unweigerlich deflationäre Tendenzen erzeugen würde, scheint eine feste positive Expansionsrate sinnvoller zu sein. Berühmtheit haben in diesem Zusammenhang Friedmans „Fünf-Prozent-Regel“ bzw. „Zwei-Prozent-Regel“ erlangt[164]. Doch auch eine solche Regel weist Inflexibilität auf. Eine differenzierte Anpassung der Geldmengenentwicklung an die Geldnachfrage erlaubt sie nicht.

Als Verfeinerung der dargelegten Grundidee böte sich deshalb ein formelmäßig abgeleiteter Zielkorridor an. Dieser könnte an den Zusammenhängen der Verkehrsgleichung ansetzen. Tatsächlich folgt die Bekanntgabe der jährlichen Geldmengenziele der Deutschen Bundesbank einer von Jahr zu Jahr ziemlich konstant bleibenden Vorgehensweise. Die Annahmen für die Ableitung der Zielhöhe wandeln sich kaum. Es würde deshalb nur eine geringfügige Änderung für die Höhe des Geldmengenziels bedeuten, wenn die in freier Selbstverantwortung abgeleitete Zielvorgabe durch eine institutionell vorgeschriebene Formel ersetzt würde[165]. Aus der Public-Choice-Perspektive wäre der Unterschied aber bedeutsam. Die Zielbestimmung wäre der Willkür der Notenbankführung entzogen. Wichtig ist aber vor allem, daß es nicht bei dem Zielcharakter der Geldmengenexpansionsrate bleibt. Bei einer regelgebundenen Geldpolitik ist der Expansionspfad vielmehr als eine zwingende Vorschrift für die Geldpolitik zu verstehen. Zielüberschreitungen sind unzulässig und erzwingen einen entsprechenden Instrumenteneinsatz.

Allerdings darf angesichts dieser polit-ökonomischen Vorteile einer Regelbindung und ihrer einfachen technischen Umsetzung anhand eines Geldmengenkonzeptes nicht vergessen werden, daß die wichtige Voraussetzung für die Funktionsfähig-

---

[163] Vgl. Friedman, Milton, a. a. O., S. 42 und 69.

[164] Vgl. ebenda S. 71.

[165] In einem weiten Begriffssinne kann man bereits eine solche Selbstbindung als Regel bezeichnen. Sie erfüllt grundsätzlich den selben Zweck, nämlich die Wirtschaftssubjekte vor Überraschungen zu schützen. Allerdings ist die Glaubwürdigkeit einer auf Selbstbindungen beruhenden Ankündigung wegen der fehlenden Sanktion schwächer und maßgeblich von der Reputation der betreffenden Institution abhängig. Sich wiederholende Zielverfehlungen bedrohen ihre Wirksamkeit.

keit des Geldmengenkonzeptes gegeben sein muß, nämlich eine stabile Geldnachfrage. Bei Fehlen dieser Voraussetzung wäre ein insti-tutionell verankerter Regelmechanismus sogar schädlich, weil er die dann nötige flexible Anpassung der Geldpolitik an Änderungen der Geldnachfrage unmöglich machen würde. Veränderungen der Geldhaltungsgewohnheiten kann bei Existenz einer institutionell verankerten Geldmengenregel nicht einfach durch einen pragmatischen Wandel des Konzepts Rechnung getragen werden, weil dies die Vorschrift verbietet. Die Voraussetzung einer langfristig stabilen Geldnachfrage ist deshalb für eine Regelbindung noch essentieller als für ein aus freiem Ermessen der Notenbankführung betriebenes Geldmengenkonzept. Zweifel daran negieren die Eignung.

## 2.1.3 Zinsziele

Eine weitere Strategie, die Zwischenziele verwendet, ist die Zinssteuerung, sei es in Form einer Orientierung am Zinsniveau oder an der Zinsstruktur. Ihre Grundkonstruktion mit einem Indikator ähnelt der Geldmengensteuerung. Dennoch wird gezeigt werden, daß die Unterschiede in der theoretischen Funktionsweise der beiden Systeme sehr verschiedene Implikationen für die Eignung von Anreizmechanismen und Regelbindungen liefern.

### 2.1.3.1 Grundsätzliche Funktionsweise

Die Zinssteuerung zielt ebenso wie das Geldmengenkonzept auf die Geldnachfrage, nur daß eben nicht die Mengenkomponente, sondern die Preiskomponente angepeilt wird. Bei einer volatilen Geldnachfrage, die nicht den quantitätstheoretischen Annahmen folgt, scheint die Zinssteuerung einer Geldmengensteuerung überlegen. Mit ihr kann die Entwicklung des Zinsniveaus auch bei schwankender Geldnachfrage verstetigt werden. Der Zins wird bei diesem Konzept als die Schlüsselgröße der Übertragung geldpolitischer Änderungen auf die Realwirtschaft angesehen. Es gilt, eine Reaktion der zinselastischen Komponenten der gesamtwirtschaftlichen Nachfrage auf monetäre Störungen zu verhindern. Für eine Stabilisierung des realen Output-Niveaus ist ein Zinssteuerungskonzept deshalb recht gut geeignet[166]. Bei Angebotsschocks ist die Preisniveaustabilisierung dafür aber um so schwieriger[167].

---

[166] Vgl. Bofinger, Peter / Schächter, Andrea, a. a. O., S. 110. Eine Zinsregel, die sich aus einer Mischung aus Abweichungen von einem Preisziel und einem Produktionswachstumsziel ergibt, wird vorgeschlagen von Filc, Wolfgang: Zinsregel für die europäische Geldpolitik,

Das anzustrebende Zinsniveau muß demjenigen entsprechen, bei dem der realwirtschaftliche Kapitalmarkt ohne geldpolitische Spill-Over-Effekte geräumt ist; denn dann ist bei dem herrschenden Preisniveau auch der Gütermarkt im Gleichgewicht[168]. Es entstehen dann keine monetären, zu Inflation führenden Nachfrageüberschüsse[169]. Die Zinssteuerung muß demnach, um bei der Preisniveaustabilisierung erfolgreich zu sein, eine passive Strategie verfolgen. Es gilt das „natürliche", aus den realwirtschaftlichen Bedingungen resultierende Zinsniveau möglichst nicht zu verfälschen. Dazu muß versucht werden, die zu diesem Zins herrschende Geldnachfrage mit einem genau gleich hohen Geldangebot zu bedienen.

Die Höhe des als Datum hinzunehmenden Kapitalmarktzinses ist für die Notenbank aber nicht ohne weiteres erkennbar. Auf dieses entscheidende Problemfeld wird im folgenden Abschnitt noch ausführlich eingegangen. Um dieses Problem zu entschärfen, kann versucht werden statt des Zinsniveaus die laufzeitenabhängige Zinsstruktur zu steuern. Die dahinter stehende Idee ist eine theoretische Trennung zwischen dem langfristigen Kapitalmarktzins, der von den realen Bedingungen abhängt und dem von der Geldpolitik beeinflußbaren Geldmarktzins. Auf die Richtung etwaiger Spill-Over-Effekte wird aus der Zinsstruktur geschlossen. So gilt aus dieser Sicht z. B. eine inverse Zinsstruktur tendenziell als restriktive Einflußnahme der Geldpolitik[170], die ebenso wie eine expansive Beeinflussung vermieden werden soll.

Sowohl Zinsniveau als auch Zinsstruktur können als Indikator für den praktizierten Expansionsgrad der Geldpolitik dienen. Diese Größen müssen aber vor dem aktuellen Umfeld anderer ökonomischer Größen sehr differenziert interpretiert

---

erschienen beim Institut für Empirische Wirtschaftsforschung, Berlin und Halle, Februar 1998.

167 Vgl. Bofinger, Peter / Schächter, Andrea, a. a. O., S. 110.

168 Walrasianische Gleichgewichtsökonomik bei Vollbeschäftigung bzw. Gültigkeit des Sayschen Theorem bei Abwesenheit monetärer Ungleichgewichte.

169 Ersparnis ist dann gleich Investition, und die gesamtwirtschaftliche Gütermarktnachfrage entspricht dem Angebot.

170 Die Zinsstruktur als geldpolitischer Impuls für die konjunkturelle Lage wird untersucht von Krämer, Jörg W. / Langfeldt, Enno: Die Zinsdifferenz als Frühindikator für die westdeutsche Konjunktur, in: Die Weltwirtschaft, 1993, Heft 1, S. 34 - 42. Dort steht allerdings eher ihre Rolle als Konjunkturindikator denn als geldpolitisches Konzept im Vordergrund. Für ersteren Zweck scheint sich die Zinsdifferenz empirisch zu bewähren, wie auch die Verwendung als ein Bestandteil für die Konstruktion des Handelsblatt-Frühindikators belegt. Andererseits warnen Krämer und Langfeldt davor, die Zinsstruktur als geldpolitischen Indikator zu verwenden, ebenda S. 41.

werden. Eine genaue, zuverlässige Punktindikatorfunktion der Zinsen ist dagegen nicht zu erwarten. Dies wird sich bei der Überprüfung für die Eignung für Sanktionsmechanismen und Regelbindungen niederschlagen. Zunächst werden aber erst noch die Problemfelder des Konzepts selbst hinsichtlich seiner theoretischen Funktionsfähigkeit vertieft.

#### 2.1.3.2 Problemfelder

Das entscheidende Problem für die Zinssteuerung ist die mangelnde Erkennbarkeit des „natürlichen Zinses" im Sinne von Knut Wicksell[171]. Nach Wicksell besorgt der Zins einen Ausgleich zwischen Absorptionsüberschüssen und -defiziten, d. h. zwischen Kapitalverwendung als Investition und Kapitaldisposition aus Ersparnissen. Der natürliche Zins hat rein realwirtschaftlichen Charakter. Die in der Praxis auftretenden Zinssätze sind dagegen von monetären Einflüssen überlagert. Zwar sollen solche Einflüsse beim Konzept der Zinssteuerung durch eine Orientierung der Geldpolitik am natürlichen Zins vermieden werden, doch kann die Notenbank nie erkennen, ob die vorgefundenen Zinssätze nicht schon durch monetäre Dispositionen der Vorperioden verfälscht worden sind. Wenn in der Vergangenheit nicht immer exakt getroffen wurde, ist die Orientierungsgröße für die Gegenwart unvollkommen. In der Praxis ist deshalb ein andauerndes Schwanken des tatsächlichen Geldzinses um den natürlichen Zins zu vermuten. Die Notenbank kann an den Zinsen mangels Identifizierbarkeit des Normniveaus nicht erkennen, ob sie mit ihren momentanen geldpolitischen Dispositionen die Abweichung verstärkt oder verringert.

Die für die Zinssteuerung problematische Zinsbildung durch die Mischung von realen und monetären Einflußfaktoren kann an der Theorie ausleihbarer Fonds dargestellt werden[172]. Beim Handelsgegenstand am Kreditmarkt kann die reale oder monetäre Herkunft und Verwendung der umgesetzten Mittel nicht erkannt werden. Beide können deshalb zu einem Markt zusammengefaßt werden, an dem Kreditmittel, ausleihbare Fonds, gehandelt werden und zwar zu einem einheitlichen Preis, dem Zins. Dieser mag zwar nach Laufzeit und Risiko für einzelne Verträge variieren, der monetäre oder reale Charakter eines einzelnen Kredit-

---

[171] Wicksell, Knut, a. a. O.

[172] Einen kurzen Überblick über die Theorie ausleihbarer Fonds (Loanable-Funds) liefert Issing, Otmar: Einführung in die Geldtheorie, 10. überarbeitete Aufl., München, 1995, S. 115 - 117.

angebots oder einer Kreditnachfrage ist aber irrelevant. Die Gleichgewichtsbedingung für den zusammengefaßten Kreditmarkt lautet dann[173]:

$S(i) + M = I^n(i) + L(i) + LBS(i)$ [174, 175]

Das Angebot stammt aus der gesamtwirtschaftlichen Ersparnis S und aus der Geldmenge M, die Nachfrage aus der Netto-Investition $I^n$ und der Geldnachfrage L. Für eine offene Volkswirtschaft muß ferner berücksichtigt werden, daß die Geldvermögensposition eines Landes sich mit dem Leistungsbilanzsaldo LBS ändert. Das einheitliche Geldzinsniveau wird sich als Gleichgewichtswert für diesen Gesamtkreditmarkt einstellen. Darin können positive oder negative monetäre Spill-Over-Effekte enthalten sein. Sollen diese vermieden werden, um beim natürlichen Zins ein realwirtschaftliches Gleichgewicht zu erreichen, das keine Preisniveauänderung erforderlich macht, muß zusätzlich für die Teilmärkte als Bedingung gelten:

---

[173] Ein anderer Weg als der in der vorliegenden Arbeit beschrittene, um reale und monetäre Faktoren zu aggregieren, wird präsentiert von Siebke, Jürgen / Willms, Manfred: Zinsniveau, Geldpolitik und Inflation, in: Kredit und Kapital, 1972, Nr. 2, S. 171 - 205. Dort wird aufgrund der festgestellten Unvollständigkeit des traditionellen keynesianischen Geldmarktes versucht, diesen um zusätzliche Effekte zu erweitern, die jeweils in ihrer Wirkung auf Geldangebot bzw. -nachfrage Berücksichtigung finden. Dagegen sollen hier die realwirtschaftlich bedingte Kreditnachfrage und Kreditangebot explizit als eigene Bestandteile genannt werden.

[174] Die Gleichung stellt eine erläuterungsbedürftige Mischung von Stromgrößen (S, $I^n$, LBS) und Bestandsgrößen (M, L) dar. Exakter wäre eine Einbeziehung der Veränderungsraten der Bestandsgrößen und die Formulierung eines reinen Stromgrößengleichgewichts. Tatsächlich sind es die Zunahme der Geldmenge, die auf dem Kreditmarkt angeboten wird und die zusätzliche Geldnachfrage, die am Markt nachgefragt wird. Die Gleichung würde dann lauten:
$S(i) + \Delta M = I^n(i) + \Delta L(i) + LBS(i)$ oder $S(i) + M_t - M_{t-1} = I^n(i) + L_t(i) - L_{t-1}(i) + LBS\,(i)$
Geht man davon aus, daß der Geldmarkt in der Vorperiode geräumt war, d. h., daß $M_{t-1} = L_{t-1}$ ist, dann ist die Ersetzung, die zu der Gleichung im Text führt, zulässig. Sie wird hier vorgenommen, um die strengere Bedingung für die Bestandsgrößen am Geldmarkt abzuleiten für den Fall, daß die Notenbank in jeder Periode das Zinsniveau optimal trifft, statt nur eine schwächere Bedingung für die Veränderungen von Geldmenge und Geldnachfrage in der laufenden Periode aufzustellen.

[175] Der Leistungsbilanzsaldo ist hier als in seiner Höhe vom Zinsniveau abhängig angenommen. Dies kann entweder mit dem Absorptionsansatz, Alexander, Sidney S.: Effects of a Devaluation on a Trade Balance, in: International Monetary Fund Staff Papers, Bd. 2, 1951/52, S. 263 - 278, oder mit einer indirekten Beeinflussung durch die Wechselkurseffekte eines zinsabhängigen Kapitalverkehrs begründet werden. Die Annahme eines zinsunelastischen Leistungsbilanzsaldos würde an den hier abgeleiteten Ergebnissen nichts ändern.

$S(i) = I^n(i) + LBS(i)$ und damit auch

$M = L(i)$ für das gleiche i

Als Lösung für diese beiden Bedingungen und damit auch für die Gesamtgleichung gibt es nur eine Kombination von Geldmenge und Zins, nämlich den Zins, der die realwirtschaftliche Bedingung erfüllt und die Geldmenge, die der bei diesem Zins herrschenden Geldnachfrage entspricht[176].

Dieses Modell hat erhebliche Implikationen für die theoretische Funktionsfähigkeit des Konzepts der Zinssteuerung. Das natürliche Zinsniveau ist nicht isolierbar und damit nicht für die Notenbank erkennbar. Die nötige Punktlandung ist deshalb kaum möglich. Sie wird in der Praxis noch zusätzlich durch die bei Inflation nötige Unterscheidung in Real- und Nominalzinsen, durch die Berücksichtigung von Risikoprämien, Laufzeiten, Zinsänderungserwartungen und Zinszyklen erschwert.

Eine Orientierung an der Zinsstruktur ist ähnlich problematisch. Es ist nicht zu unterscheiden, ob und in welchem Grade Differenzen im Zinsniveau für verschiedene Laufzeiten Auslöser von Spill-Over-Effekten zwischen Geld- und Kapitalmarkt sind oder ob sie lediglich Ausdruck von Zinsänderungserwartungen sind. Eine inverse Zinsstruktur muß z. B. nicht unbedingt Folge einer restriktiven Geldpolitik sein, sondern kann genauso gut nötig sein, um bei vorherrschenden Erwartungen eines Sinkens der langfristigen Zinsen und entsprechenden Kursgewinnen langlaufender festverzinslicher Wertpapiere die Attraktivität kurzfristiger Anlagen auf ein vergleichbares Niveau zu bringen. Die Notenbank kennt die verzerrungsfreie, „natürliche“ Zinsstruktur ebenso wenig wie das „natürliche“ Zinsniveau.

---

[176] Noch komplizierter würde die Zinsbildung, wenn man ein zinselastisches Geldangebot aus dem Zusammenspiel von freien Liquiditätsreserven und der Kreditnachfrage zuließe. Solche Zusammenhänge werden z. B. untersucht von Siebke, Jürgen / Willms, Manfred: Die Determinanten des Zinsniveaus in der Bundesrepublik Deutschland, in: Kredit und Kapital, 1973, Nr. 2, S. 203 - 219. Dieser Artikel ist zwar nicht sehr aktuell, seine theoretischen Ergebnisse gelten aber auch noch heute. Außerdem ist interessant, daß es sich um eine Erwiderung auf eine Untersuchung Wolfgang Gebauers von der Deutschen Bundesbank handelt, in der eine Orientierung an der Geldmenge abgelehnt wird. Vgl. ebenda, S. 203. Der Standpunkt der Notenbank war damals also genau entgegengesetzt zu dem in der heutigen Diskussion!

Als Fazit kann festgehalten werden, daß abgesehen von Sondersituationen, wie beispielsweise der Stabilisierung von Nachfrageschocks, die Zinssteuerung wegen der praktischen Unmöglichkeit der Ableitung der Zwischenzielgrößen als geldpolitische Konzeption abgelehnt werden muß[177].

### 2.1.3.3 Eignung für Anreizsysteme

Bei der Verankerung eines Anreizmechanismus an einer Zwischenzielvariablen muß bei der Installation der Belohnungs- bzw. Strafvorschrift die optimale Höhe der Zielgröße, wenn auch nicht absolut, aber doch zumindest in Abhängigkeit von anderen meßbaren ökonomischen Variablen bekannt sein. Nur eine Verfehlung dieses erwünschten Niveaus kann mit der Sanktion belegt werden. Genau dies ist aber bei der Zinssteuerung gerade nicht möglich.

Wie dargestellt wurde, ist das anzusteuernde „natürliche" Zinsniveau der Notenbank selbst nicht einmal in einer diskretionären Entscheidungssituation bekannt. Der Gesetzgeber hat auf der konstitutionellen Ebene noch viel weniger Informationen über die zukünftig „richtigen" Zinsen. Die Umsetzung von Anreizmechanismen in einem Zinskonzept ist deshalb nicht möglich.

### 2.1.3.4 Eignung für Regelbindungen

Für das Zinssteuerungskonzept gilt hinsichtlich der Möglichkeiten für Regelbindungen im Prinzip das gleiche wie für die Anreizmechanismen. Hier fehlen ebenfalls die Informationen über die richtige Höhe der Zwischenzielvariablen. Selbst eine gleitende Regelvorschrift in Form einer variablen Zinshöhe in Abhängigkeit von anderen ökonomischen Größen ist nicht möglich. Dazu fehlt es an der Kenntnis bzw. der Meßbarkeit der Bestimmungsfaktoren der richtigen Zinshöhe bzw. Zinsstruktur.

Die Eignung oder besser Nicht-Eignung der Zinssteuerung für die Verankerung von Anreizmechanismen oder Regelbindungen kann nicht als Rechtfertigung oder Gegenargument zu den theoretischen Mängeln des Konzeptes angeführt werden, sondern verstärkt die Ablehnung des Konzeptes sogar noch.

---

[177] Zu diesem Fazit gelangen auch Bofinger, Peter / Schächter, Andrea, a. a. O., S. 113.

## 2.1.4 Wechselkursziele

Eine Alternative zu den bisher diskutierten drei Konzepten bietet ein Wechselkursziel. Dies kann entweder als eigenständiges Endziel verstanden werden, falls der externen Stabilität Vorrang vor der internen Preisniveaustabilität eingeräumt wird, oder das Wechselkursziel kann als Zwischenziel für die Preisniveaustabilisierung dienen, falls eine sehr enge Korrelation zwischen äußerer und innerer Entwicklung vorliegt. Beide Zwecke sind aber, wie gezeigt werden wird, nur für kleine Länder geeignet. Für die in der vorliegenden Arbeit im Mittelpunkt des Interesses stehende Frage der Eignung für Anreizmechanismen und Regelbindungen halten diese Konzept positive Antworten bereit.

### 2.1.4.1 Grundsätzliche Funktionsweise

Wechselkursziele können die Geldpolitik in sehr verschiedenen Konstellationen und unter stark unterschiedlichen institutionellen Rahmenbedingungen beeinflussen. Deshalb wird im folgenden zunächst eine Übersicht als Systematisierung der Konzepte, die mit Wechselkurszielen arbeiten, gegeben. Ihre Erläuterung soll bewußt kurz gehalten werden und bleibt auf die jeweiligen Grundlagen beschränkt.

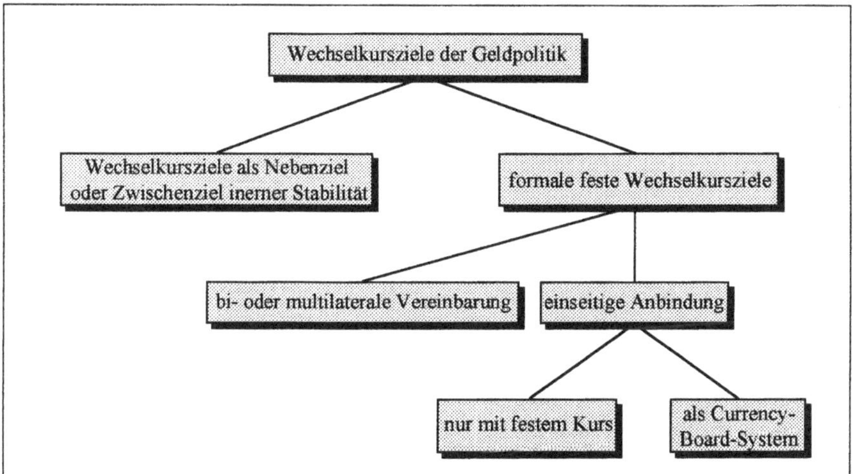


**Abb. 7 Systematik geldpolitischer Konzepte mit Wechselkurszielen**

Das in Abb. 7 links angeführte Wechselkursziel als Nebenziel oder Zwischenziel für die Erreichung interner Stabilität, d. h. Preisniveaustabilität, hat am meisten

Ähnlichkeit mit den bisher diskutierten Konzepten der Preis-, Geldmengen- und Zinssteuerung. Hier handelt es sich ebenfalls um eine von der Notenbank gewählte Orientierungsgröße. Abwertungen der eigenen Währung zeigen inflationären Druck über steigende Importpreise in eigener Währung an, und Aufwertungen bergen eine deflationäre Tendenz[178]. Dem soll durch die Verfolgung von Wechselkurszielen, die mit interner Stabilität vereinbar sind, entgegengewirkt werden, etwa durch eine Stabilisierung der realen Wechselkursentwicklung bei vorgegebenen inländischen Preiszielen. Die interne Stabilität bleibt das Endziel. Die Wechselkursziele sind nur Mittel zum Zweck. Sie sind kurzfristig nicht zwingend einzuhalten. Deshalb kann dieses System weitgehend auf Interventionen verzichten. Die Wechselkursziele können vielmehr mit inländischen Steuerungsgrößen verfolgt werden, wie z. B. eine Zinssenkung und Geldmengenausweitung, um eine für die interne Stabilität als nötig erachtete Abwertungstendenz hervorzurufen.

Bei den Konzepten, die in dem rechten Ast der Abb. 7 angesiedelt sind, ist die Notenbank wesentlich stärker gebunden. Es sind ihr formal extern bestimmte, feste Wechselkurse vorgegeben. Diese müssen im Gegensatz zu einer frei gewählten internen Orientierungsgröße strikt eingehalten werden und erfordern deshalb notfalls Devisenmarktinterventionen. Die festen Wechselkurse und die Interventionsverpflichtungen können dabei auf gegenseitiger Basis, d. h. bi- oder multilateral, vereinbart sein oder Ausdruck einer einseitigen Anbindung eines Landes an eine andere Währung sein. In beiden Fällen ist entscheidend, ob und in welchem Ausmaß Realignments vorgesehen sind. Bei Zulassung von Wechselkursanpassungen erzwingt ein fester Wechselkurs nicht unbedingt eine wechselkursorientierte Geldpolitik. Ein Verzicht auf Realignments wäre dagegen gleichbedeutend mit einem Vorrang der externen Stabilität vor der internen. Eine unabhängige Preisniveausteuerung ist bei unveränderlichen festen Wechselkursen nicht möglich.

Dies ist insbesondere bei der einseitigen Anbindung[179] meist gerade erwünscht, verspricht man sich von der Einrichtung eines solchen Regimes nämlich den

---

[178] Insbesondere für kleine Länder mit hohen Offenheitsgraden sind die genannten Übertragungswege sehr wirksam. Für solche Länder bietet sich eine Orientierung der Geldpolitik an der Wechselkursentwicklung zumindest als ein Indikator unter mehreren an.

[179] Aber auch die Mitgliedschaft in einem multilateralen System fester Wechselkurse kann bereits positive Glaubwürdigkeitseffekte für die Teilnehmer mit geringerer Stabilitätsreputation bewirken. Dies wird am Beispiel des EWS gezeigt von Giavazzi, Francesco / Pagano, Marco: The Advantage of Tying One's Hands, in: European Economic Review, 1988, No. 32, S. 1055 - 1075.

Import von Stabilität. Vor allem Länder, die z. B. aufgrund von gemachten Hyperinflationserfahrungen glauben, eine unabhängige Geldpolitik nicht erfolgreich umsetzen zu können, greifen zu dem Mittel der einseitigen Anbindung. Statt eigenes Vertrauenskapital für die eigene Notenbank eigenständig mühsam aufzubauen, wird dieser Prozeß durch den Import von Glaubwürdigkeit und Stabilität erleichtert, sei es in der schwächeren Form der einseitigen Verteidigung eines festen Wechselkurses oder in der Extremform eines Currency-Board-Systems. Bei letzerem findet nicht nur eine wertmäßige, sondern auch eine mengenmäßige Anbindung an eine andere Währung statt. Die eigene ausgegebene Geldmenge ist vollständig durch Devisenreserven gedeckt. Die Interventionsfähigkeit ist damit immer garantiert. Geldmengenänderungen können nur durch Devisenbilanzsalden erfolgen. Die Notenbank wird zu einer reinen Tauschstelle[180] zwischen eigener Währung und der Anbindungswährung degradiert. Dieses System bedeutet demnach einen völligen geldpolitischen Souveränitätsverlust, ist aber in Extremsituationen geeignet, Stabilität zu erzwingen[181, 182].

---

180 Aus dieser Einschränkung der Notenbankfunktion leitet sich der Begriff des Currency-Boards ab, der in einer sinngemäßen Übersetzung soviel heißt wie Währungsrat, Währungsbehörde.

181 Ein Beispiel ist Argentinien, das mit einem Currency-Board-System seine Hyperinflationsprobleme quasi über Nacht beseitigen konnte. Faktisch ist die 1:1-Anbindung an den US-Dollar mit vollständiger Deckung gleichbedeutend mit der Einführung des US-Dollars im eigenen Lande, wenngleich mit feinen psychologischen Unterschieden und der Sicherung einer eigenen Seigniorage. Einige osteuropäische Länder wie Litauen und Estland verfolgen ähnliche Strategien. Ein weiteres Beispiel für ein Currency-Board-System ist der Hongkong-Dollar und zwar mit der zusätzlichen Spezialität, daß mehrere private Banken die Noten emittieren dürfen. Auch hier war der Grund für die Einführung einer Bindung an den US-Dollar eigene Instabilität, allerdings nicht in Form von Inflation, sondern von mangelnder externer Stabilität aufgrund spekulativer Attacken. Die Volksrepublik China hat das System für den Hongkong-Dollar nach der Übernahme 1997 zumindest bis heute beibehalten. Der damit verbundene Vertrauensimport ist gerade für die in der politischen Übergangsphase vorhandenen Unsicherheiten nötig. Hinzu kamen die Belastungen aus der Finanzkrise ganz Südostasiens im Jahre 1997, die auch Hongkong erfaßte, was z. B. an der Reaktion des Aktienmarktes ablesbar war. Im Gegensatz zu den Währungen fast aller Nachbarländer geriet der Hongkong-Dollar selbst nicht unter Abwertungsdruck. Insofern bot das Currency-Board-System offenbar Schutz, wenngleich die erfolgte deutliche relative Aufwertung die Wettbewerbsfähigkeit deutlich mindern dürfte.

182 Auf eine weiterführende Diskussion von Vor- und Nachteilen des Currency-Board-Systems sei verwiesen auf Williamson, John: What Role for Currency Boards?, Policy Analyses in International Economics, Bd. 40, Washington, 1995, S. 13 - 29 und auf Fuhrmann, Wilfried / Richert, Robert, a. a. O., S. 1035 - 1039.

Bei der soeben vorgenommenen Darstellung der verschiedenen Konzepte mit Wechselkurszielen ist auffällig, daß diese Systeme, zumindest diejenigen, die mit formal fixierten Kursen arbeiten, bereits mit Regeln für die Notenbanken ausgestattet sind. Es stellt sich damit die Frage, ob diese den Konstruktionsmechanismen innewohnenden Vorschriften die Anforderungen erfüllen, die aus Public-Choice-analytischer Sicht sinnvoll erscheinen. Dies wird in den folgenden Abschnitten untersucht werden, nachdem zunächst die theoretischen Problemfelder von Wechselkurskonzepten geklärt werden.

### 2.1.4.2 Problemfelder

Wechselkursziele lassen sich rein technisch sehr leicht von der Notenbank verwirklichen, zumindest dann, wenn die Interventionsfähigkeit sichergestellt ist. Die Kurse sind viel direkter steuerbar als beispielsweise das Preisniveau. Von dieser Seite her bestehen deshalb keine Zweifel an der Funktionsfähigkeit des Systems. Dafür sind aber zahlreiche Nebenwirkungen zu berücksichtigen. Genannt sei nur die Diskussion über die Vor- und Nachteile fester Wechselkurse, die hier in ihrem komplexen Umfang nicht geführt werden soll[183]. Wichtig ist es, festzuhalten, daß die externe und die interne Stabilität einer Währung nicht unbedingt miteinander vereinbar sein müssen, insbesondere dann, wenn in den Partnerländern Inflation herrscht. Je nach konkreter Ausgestaltung des Wechselkursziels kann ein Vorrang des externen Ziels gegeben sein und z. B. eine importierte Inflation erzwingen.

Weitere Probleme können der gegebenenfalls nötige Souveränitätsverlust in geldpolitischen Fragen und die Einnahme einer passiven, abhängigen Position mit sich bringen. Dieser politische Aspekt kann allerdings nur schwer ökonomisch bewertet werden. Anzunehmen ist, daß nur kleine Länder dazu bereit sein werden. Nur für solche kleinen Länder macht es überhaupt erst wirtschaftlich Sinn, dem Wechselkurs eine bedeutende Rolle bei der Bestimmung der Geldpolitik zukommen zu lassen. Nur bei hohem Offenheitsgrad haben die über den Wechselkurs steuerbaren außenwirtschaftlichen Ströme ein ausreichendes Gewicht, um erwünschte binnenwirtschaftliche Anpassungen auszulösen. Als Beispiel sei die ausschließlich über Devisenbilanzsalden entstehende Geldmengenänderung in einem Currency-Board-System genannt. Umgekehrt muß die Währung, an die sich ein kleines Land eventuell bindet, zu einem deutlich größeren Land bzw. Währungsraum gehören. Andernfalls besteht die Gefahr, daß

---

[183] Dieses Thema wird als weitgehend bekannt vorausgesetzt; es kann jedem Lehrbuch zu Internationalen Wirtschaftsbeziehungen entnommen werden.

Anpassungsströme wie z. B Devisenbilanzsalden des sich anbindenden Landes die binnenwirtschaftlich orientierte Geldpolitik des Wirtslandes untergraben.

Als Fazit kann deshalb festgehalten werden, daß Wechselkursziele für kleine Länder funktionsfähig sein können, wenngleich sie je nach Ausgestaltung mit Souveränitätsverlust und einem Konflikt mit der internen Stabilität belastet sein können. Für große Länder scheidet diese Möglichkeit aber aus. Die Wechselkursorientierung ist für sie keine Alternative zu den anderen diskutierten Konzepten. Deutschland ist in diesem Sinne als großes Land zu betrachten. Zwar hat Deutschland einen relativ hohen Offenheitsgrad, vor allem bei größenbereinigter Betrachtung, so daß eine Beachtung der Wechselkursentwicklung angezeigt ist. Eine alleinige Ausrichtung der Geldpolitik an der externen Situation kommt aber dennoch nicht in Frage. An welcher anderen Währung sollte man sich orientieren oder sich gar anbinden? Der US-$ ist als bedeutendste Weltwährung von seiner Geldmenge oder dem Sozialproduktniveau her nicht deutlich genug um Größenordnungen größer als der DM-Raum. Außerdem wird der Hauptanteil des Außenhandelsvolumens Deutschlands nicht mit dem Dollar-Raum abgewickelt, sondern innerhalb der EU[184]. Eine Wechselkursorientierung als alleiniges Konzept der Geldpolitik bietet sich nur für solche kleinen Länder an, die möglichst mit ihrer Außenhandelsstruktur stark mit einem großen Währungsgebiet verflochten sind. Als Beispiel drängt sich in diesem Zusammenhang Österreich auf[185], das in der Tat eine passive Geldpolitik einer Anpassung an die deutsche Geldpolitik bei einem festen Wechselkursziel verfolgt.

### 2.1.4.3 Eignung für Anreizsysteme

Anreizsysteme in Verbindung mit Wechselkurszielen können in solchen Ausgestaltungsformen des Wechselkursziels umgesetzt werden, in denen eine strenge

---

[184] Gemessen am Warenhandel wurden 1997 mit anderen EU-Ländern 55%, mit den USA dagegen nur 8% des Gesamthandelssvolumens (Summe aus Ex- und Importen) abgewickelt; Daten aus Deutsche Bundesbank (Hrsg.): Monatsberichte, eigene Berechnungen.

[185] Österreich hat einen Gesamt-Offenheitsgrad in Höhe von 44,5% des BSP. Es wickelt 38,4% seiner Warenexporte mit Deutschland ab und sogar 43,6% seiner Importe. Eigene Berechnungen auf Basis von Daten aus Österreichisches Statistisches Zentralamt (Hrsg.): Statistisches Jahrbuch für die Republik Österreich, Wien, 1996. Die Stabilisierung der Außenhandelsbedingungen und die Verringerung von Unsicherheiten bringen dabei erhebliche Vorteile für das kleine Land. Sie dürften im Falle Österreichs die Motive für die einseitige Anbindung gewesen sein, nicht etwa die Unfähigkeit zu einer selbständigen souveränen Geldpolitik, wie in den Hyperinflationsländern, die aus Not zum Mittel der Anbindung greifen.

Vorschrift fehlt, d. h. in Systemen in denen ein Erreichen des Wechselkursziels zwar erwünscht, aber nicht zwingend ist. Es hängt dann vom Verhalten der Notenbankführung ab. Dies wäre z. B. bei Wechselkurszielen ohne formale feste Wechselkurse der Fall. Das Einhalten des Zielkurses würde mit einem ex ante definierten Bonus belohnt.

Das Problem hierbei ist, daß das Wechselkursziel bei Fehlen formaler fester Wechselkurse eher den Charakter eines internen Ziels der Geldpolitik als Zwischenziel für das Endziel Preisniveaustabilität aufweist. Das bedeutet aber, daß die konkrete Höhe des Zielkurses Veränderungen unterworfen ist; er muß an veränderte Rahmenbedingungen wie beispielsweise internationale Inflationsratenunterschiede angepaßt werden. Auf institutioneller Ebene weiß man deshalb bei der Einrichtung des Notenbankgesetzes und der Anreizmechanismen über die zukünftig zu sanktionierenden Kurse noch nicht Bescheid. Eine Lösung könnte darin bestehen, daß die Einhaltung vorab definierter realer Wechselkurse sanktioniert wird; diese wären immerhin immun gegen Anpassungszwänge aufgrund unterschiedlicher Preisentwicklungen. Oder, was die problemloseste Alternative zu sein scheint, man verzichtet auf die Sanktion absoluter Ziele und knüpft die Belohnung bzw. Bestrafung statt dessen an die Wechselkursvolatilität. Eine Verringerung der Schwankungsstärke der Kurse ist praktisch immer erwünscht[186]. Zwar liegt die Wechselkursentwicklung nicht im alleinigen Einflußbereich der inländischen Notenbank, doch kann durch ein entsprechendes Anreizsystem ein volatilitätsmindernder Beitrag erzeugt werden. Eine harte Sanktion, wie eine Entlassungsregel, empfiehlt sich bei Verfehlungen des Wechselkursziels wegen der Unmöglichkeit der Abschirmung von Auslandseinflüssen allerdings nicht.

Die Notenbankführung könnte bei Existenz einer Belohnung für Kursstabilität geneigt sein, diese mit Gewalt und mit schädlichen Folgen für andere Ziele und die Effizienz der Geldpolitik durch Devisenmarktinterventionen zu erreichen. Einer solchen Fehlwirkung des Anreizmechanismus kann aber leicht vorgebeugt werden, indem die Kursstabilitätsprämie nur für den Fall, daß der Zielkurs bzw. eine geringe Volatilität ohne Interventionen erreicht wurde, ausgezahlt wird.

Dieser Gedanke kann fortentwickelt werden, um auch für die bisher bei den Anreizsystemen noch gar nicht betrachteten Systeme formaler fester Wechselkurse Sanktionsmechanismen zu entwerfen. Die Einhaltung der Zielkurse ist hier obligatorisch; sie ist bei Funktionsfähigkeit des Systems immer gewährleistet und

---

[186] Die Gründe dafür ähneln den Argumenten für feste Wechselkurse. Zu letzteren siehe z. B. Willms, Manfred: Internationale Währungspolitik, München, 1992, S. 142 - 143.

bietet sich deshalb nicht für einen Anreizmechanismus an. Wohl aber kann das „Wie“ der Einhaltung der festen Kurse belohnt werden. Hält man z. B. direkte Devisenmarktinterventionen für eine mit negativen Nebenwirkungen verbundene Notfallmaßnahme und bevorzugt eine Einhaltung fester Kurse durch eine Koordination der Geldpolitiken, dann kann eine Belohnungssumme installiert werden, deren Höhe negativ vom angefallenen Interventionsvolumen abhängig ist.

Im Zusammenhang mit Wechselkurszielen der verschiedensten Ausgestaltung sind diverse sinnvolle Anreizmechanismen denkbar, d. h. die Eignung ist zu bejahen. Hinzu kommt die Besonderheit, daß die Sanktionsmechanismen, die grundsätzlich eigentlich in einer substitutionalen Beziehung zu Regelvorschriften stehen[187], hier auch als Ergänzung einer Regel eingesetzt werden können, z. B. bei festen Kursen (Regel) mit Belohnung für interventionsfreie Erreichung (Anreiz).

#### 2.1.4.4 Eignung für Regelbindungen

Die Vereinbarkeit von Wechselkurszielen und Regelvorschriften ist unmittelbar einsichtig. Systeme mit formal fixierten Wechselkursen, die durch die Notenbank verteidigt werden müssen, sind eine Vorschrift für das Verhalten der Notenbank. Sie schränken ihren Entschei-dungsspielraum ein. Genau das war in der Public-Choice-Analyse als sinnvoll erarbeitet worden. Allerdings muß unterschieden werden, ob die festen Wechselkurse wirklich mit dem Ziel der Gestaltung der institutionellen Rahmenbedingungen der Zentralbank oder schlicht zur Ordnung der Devisenmärkte eingeführt wurden oder schlimmstenfalls sogar als Unterminierung der Autonomie durch von der Regierung geschaffene Interventionsverpflichtungen. Der Schwerpunkt der Motive hängt in entscheidendem Maße von der Art des Kurssystems ab.

Bei gegenseitig vereinbarten festen Wechselkursen dürften die Kurse selbst und die Devisenmärkte, die Vermeidung von Misalignments und Unsicherheiten das Hauptziel darstellen. Der Effekt der Einschränkung des Entscheidungsspielraums der Notenbank ist dabei nur eine Nebenwirkung. Diese muß nicht einmal die aus der Public-Choice-Perspektive gewünschte Wirkung haben, Stabilitätspolitik zu fördern, sondern kann umgekehrt gerade zum Import von Inflation zwingen[188].

---

[187] Beide Instrumente erfüllen grundsätzlich den selben Zweck, nämlich die Lenkung des Notenbankverhaltens, siehe zu ihrem Verhältnis zueinander Abschnitt 1.4.5.

[188] Solche Erfahrungen mußte z. B. Deutschland sowohl Anfang der 70er Jahre im Bretton-Woods-System machen als auch 1992 im Europäischen Währungssystem.

Hier zeigt sich, was eigentlich selbstverständlich sein sollte: Die Existenz einer Regel ist noch kein Wert an sich; oder: Nicht jede Regel ist eine gute Regel.

Anders ist dagegen der Fall bei einer einseitigen Anbindung geartet. Hier ist neben der Wechselkursstabilisierung meist auch ein Stabilitätsimport als Motiv existent. Kandidaten, an die man sich bereit ist zu binden, sind regelmäßig stabile Währungen. Am deutlichsten wird dies beim Extremfall des Currency-Board-Systems. Dabei greift man zum Mittel des Stabilitätsimports, weil man sich nicht in der Lage glaubt, selbständig eine stabile Entwicklung zu erzeugen. Die Notenbank wird dazu in ihrem Entscheidungsspielraum extrem beschnitten. Dies ist hier nicht nur eine Nebenwirkung, sondern Ziel und zwar gerade aufgrund von Public-Choice-Argumenten. Die geldpolitischen und die sie vermutlich dominierenden allgemeinpolitischen Institutionen, denen Finanzmärkte und Geldverwender z. B. aufgrund von gemachten Hyperinflationserfahrungen Mißtrauen entgegenbringen, werden in ihrem Entscheidungsspielraum eingeschränkt, um über importierte Stabilität und von den ausländischen Institutionen geborgtes Vertrauen die Währung funktionsfähig und stabil zu halten. Eine wechselkursorientierte Regel kann unter bestimmten Umständen sowohl das Verhalten als auch die Stellung der Notenbank optimieren.

### 2.1.5 Fazit zur Eignung der diskutierten Ansätze

Die Eignung der vier diskutierten geldpolitischen Konzeptionen wird hier vergleichend gegenübergestellt. In Tab. 5 werden sie anhand von vier Kriterien bewertet. Die Hauptmängel, die die theoretische Funktionsfähigkeit der einzelnen Konzepte bedrohen, werden angeführt, und die Brauchbarkeit für kleine und große Länder wird beurteilt. Die unterschiedlichen Eignungskonstellationen für Anreiz- und Sanktionsmechanismen einerseits und Regelbindungen und Vorschriften andererseits sind ebenfalls zusammengetragen.

Alle vier Konzepte sind mit theoretischen Mängeln behaftet. Am besten schneidet dabei noch das Wechselkursziel ab. Die dort genannten Problemfelder treten nur bei formal fixierten festen Kursen auf. Frei gewählte operative Wechselkurse als Zwischenziele für Preisniveaustabilität weisen diese Nachteile nicht auf. Sie sind aber nur für kleine, mit anderen stabilen Währungsräumen eng verflochtene Länder praktikabel.

**Tab. 5 Vergleichende Bewertung geldpolitischer Konzepte**

| Kriterium / Konzept | Mängel des theoretischen Konzepts und Problemfelder | Eignung für große und kleine Länder | Eignung für Anreiz-mechanismen | Eignung für Regel-bindungen |
|---|---|---|---|---|
| Preisniveau-steuerung | Wirkungs-verzögerungen | ja | ja | nein |
| Geldmengen-ziele | Stabilität der Geldnachfrage vorausgesetzt | ja | begrenzt | ja |
| Zinsziele | Mangelnde Erkennbarkeit des natürlichen Zinses | ja | nein | nein |
| Wechselkurs-ziele | eventuell Konflikt mit interner Stabilität und Souveränitäts-verzicht | nur für kleine Länder | ja | ja |

Die Eignung für Public-Choice-analytische, institutionelle Arrangements fällt bei dem Vergleich sehr unterschiedlich aus. Die Zinsziele sind dafür in keiner Form geeignet. Zusammen mit den schwerwiegenden Bedenken hinsichtlich der theoretischen Funktionsfähigkeit führt dies zu einer klaren Ablehnung des Konzepts. Ein direkter Vergleich der Eignung von direkten Preiszielen und der Geldmengensteuerung offenbart eine Asymmetrie: Die Preisziele sind besser für Anreizmechanismen geeignet, während die Geldmengensteuerung bei der Regelbindung überlegen ist. Bei der Preisniveausteuerung kann direkt das Endziel bei operativer Freiheit der geldpolitischen Entscheidungen sanktioniert werden, während eine Entlohnungsregel beim Geldmengenkonzept höchstens begrenzt wirken könnte, nämlich in Form einer Belohnung der Einhaltung von selbst gesetzten und veröffentlichten Geldmengenzielen. Dagegen bereitet eine Regelvorschrift für die Geldmengenentwicklung technisch keinerlei Probleme, ist aber nur bei unbedingter Stabilität der Geldnachfrage sinnvoll. Dafür leidet das direkte Preisziel unter dem erheblichen Problem der Wirkungsverzögerungen. Wechselkursziele erscheinen sowohl bei Anreizmechanismen als auch bei Regelvorschriften als gangbare Alternative; beide Ausgestaltungen sind je nach konkretem Arrangement des Wechselkursziels möglich. Dieses Konzept ist deshalb aus Public-Choice-Sicht sehr attraktiv. Doch die Problematik ist damit nur verschoben. Nicht alle Länder, insbesondere große, können ein Wechselkursziel verfolgen. Mindestens ein großes Land muß den Stabilitätsanker bereitstellen[189] und sich an einem der anderen Konzepte orientieren, die aber alle mit Mängeln behaftet sind.

Die angestellten Betrachtungen hinterlassen ein ausgesprochenes Dilemma. Keines der diskutierten Konzepte ist optimal und erfüllt die gestellten Anforderungen[190]. Vielmehr sind bereits die verschiedenen Ansätze selbst in ihrer theoretischen Funktionsfähigkeit in Frage gestellt. Das noch relativ gut abschneidende Wechselkursziel bietet keine wirkliche Alternative. Es ist für große Länder wie Deutschland ungeeignet und verlagert bei Verwendung das Problem des Auffindens geeigneter Konzeptionen lediglich auf andere Länder.

In der praktischen Anwendung mögen die Konzepte zwar empirisch gesehen mehr oder minder akzeptable Ergebnisse erzeugen, was aber eher auf ein kunstvolles Beherrschen der Geldpolitik in pragmatischer Sicht schließen läßt, als auf die Existenz eines geschlossenen theoretischen Systems, das zusätzlich noch die aus der Public-Choice-Perspektive erforderlich erachteten Eigenschaften aufweist.

Diese sehr unbefriedigenden Zwischenergebnisse zwingen zur Suche nach Alternativen. Neben den bisher diskutierten herkömmlichen geldpolitischen Konzepten soll das Augenmerk deshalb nun exotischeren Ansätzen gelten, die eine Disziplinierung der Geldpolitik auf vollkommen andere Art herbeiführen wollen, als die End- oder Zwischenzielkonzepte.

## 2.2 Währungskonkurrenz

Angesichts des bei der Betrachtung der Eignung der konventionellen geldpolitischen Konzepte hinterlassenen Dilemmas ergibt sich die Notwendigkeit, nach

---

[189] Im Extremfall könnten theoretisch alle Währungen / Notenbanken der Welt ein Wechselkursziel verfolgen bis auf eines. Diese Situation ist bekannt als das Problem des n-ten Landes bei der Bestimmung der Wechselkurse bzw. Ziele in einem System fester Wechselkurse mit Kartellstrategie.

[190] Dies gilt insbesondere auch für das hier nicht explizit behandelte Konzept einer nominalen Sozialproduktorientierung, wie bereits einleitend zu Abschnitt 2.1 erläutert wurde.

weniger üblichen Alternativen Ausschau zu halten. Dazu wird in diesem Abschnitt die Währungskonkurrenz analysiert. Parallel zu der bisherigen Vorgehensweise wird dabei sowohl die theoretische Funktionsfähigkeit des Ansatzes untersucht wie auch seine Eignung, das Verhalten der Akteure der Geldpolitik in Richtung Stabilitätsorientierung zu beeinflussen.

## 2.2.1 Idee und Funktionsweise

Die Idee der Währungskonkurrenz stellt die Notwendigkeit einer staatlichen Monopolisierung der Geldversorgung grundsätzlich in Frage. Wenn in diesem Bereich keine Marktunvollkommenheiten aufgezeigt werden könnten, sollte diese Tätigkeit einem privaten, kompetitiven Angebot überlassen bleiben. Dies wäre ordnungspolitisch konsequent. Diese Gedanken sind in das moderne Schrifttum von F. A. von Hayek eingeführt worden[191]. Von Hayek verspricht sich vom Wettbewerb eine stabilitätspolitische Disziplinierung der Geldpolitik und die Verhinderung der inflationären Ausbeutung des Notenausgabemonopols durch den Staat. Genau diese Punkte sind gerade diejenigen, die aus der Public-Choice-Perspektive so nötig erscheinen.

### 2.2.1.1 Freiheit der Notenausgabe

Bei einer freien kompetitiven Geldversorgung ist es jedem privaten Wirtschaftssubjekt freigestellt, sich am Geldangebot zu beteiligen. Ein staatliches Monopol wird bzw. bleibt nicht errichtet. Diese Freiheit beschränkt sich nicht wie in einem zweistufigen Bankensystem nur auf die Giralgeldschöpfung, sondern umfaßt auch und gerade die Notenausgabe. Für den Wettbewerbsprozeß sind verschiedene Wertstandards, d. h. verschiedene Basisgeldarten nötig. Für die praktische Umsetzung ist nicht daran gedacht, daß etwa jeder einzelne private Haushalt seine eigenen Noten emittiert. Gemeint ist vielmehr die Betätigung von Großunternehmen und Banken als Geldemittenten. Denkbar wäre in einem solchen

---

[191] Die grundlegenden Arbeiten zu diesem Thema sind Hayek, Friedrich August von: Choice in Currency - A Way to Stop Inflation, Institute of Economic Affairs, Occasional Paper, No. 48, London, 1976 und ders.: Entnationalisierung des Geldes, Tübingen, 1977. Frühere Ansätze, die in Richtung Währungskonkurrenz zielen, finden sich in der Diskussion zwischen Klein und Tullock in folgenden Artikeln: Klein, Benjamin: The Competitive Supply of Money, in: Journal of Money, Credit and Banking, Vol. VI, 1974, S. 757 - 775, ders.: Competing Monies: A Comment, in: Journal of Money, Credit and Banking, Vol. VIII, 1976, S. 513 - 519, Tullock, Gordon: Competing Monies, in: Journal of Money, Credit and Banking, Vol. VII, 1975, S. 491 - 497 und ders.: Competing Monies. A Reply, in: Journal of Money, Credit and Banking, Vol. VIII, 1976, S. 521 - 525.

Regime z. B. der gleichzeitige Umlauf von Vereinsbank-Taler, Commerzbank-Groschen, Deutsche Bankmark, Daimler-Pfennig oder Toyota-Dollar, um noch einen ebenfalls zulässigen ausländischen Emittenten zu nennen.

Eine weniger extreme Ausprägungsform[192], die aber ebenfalls unter dem Begriff Währungskonkurrenz subsumierbar ist, wäre die Zulassung von ausländischen staatlichen Währungen im Inland als vollwertiges Zahlungsmittel. Zwar wäre hier ein gewisser Wettbewerb zugelassen, und die Möglichkeit scheint bei erster Betrachtung realistischer zu sein, doch wäre dies eine inkonsequente Umsetzung der Idee einer freien, kompetitiven Geldversorgung, da weiterhin nur staatliche Emittenten als Anbieter aufträten.

Bei beiden Ausgestaltungsformen muß die Akzeptanz der einzelnen Währungen durch die Wirtschaftssubjekte in deren jeweiliges Ermessen gestellt werden. Es darf keinen Kontrahierungszwang für alle oder einige der umlaufenden Währungen geben. Über die Verwendung und Annahme einer Währung entscheidet jedes Wirtschaftssubjekt frei[193]. Andernfalls bestünde keine Hoffnung, daß ein qualitativer Wettbewerbsprozeß wirksam werden kann.

### 2.2.1.2 Unterscheidbarkeit und flexible Kurse

Bei oberflächlicher Betrachtung der Vorschläge zur Währungskonkurrenz können zunächst Zweifel hinsichtlich der theoretischen Funktionfähigkeit aufkommen: Droht die Geldemission nicht unendliche Ausmaße anzunehmen? Sofern die physische Geldproduktion keine nennenswerten realen Kosten erzeugt und solange das Geld noch eine positive, über den Produktionskosten liegende Kaufkraft besitzt, lohnt sich für den Emittenten scheinbar eine weitere Geldmengenausweitung[194]. Die Situation erweckt den Eindruck einer Legalisierung einer rentablen Falschmünzerei.

---

[192] Noch mehr verschiedene, hier zum Teil nicht behandelte Typen der Währungskonkurrenz unterscheidet Bofinger, Peter: Währungswettbewerb, Köln und andere Orte, 1985, Kapitel VI. bis IX.

[193] Vgl. Hayek, Friedrich August von: Freie Wahl der Währungen: Ein Mittel gegen die Inflation, in: Wirtschaftswissenschaftliches Seminar, Bd. 10 Geldpolitik, 1980, S. 141.

[194] Diese Befürchtung findet sich in verschiedenen frühen, kritischen Reaktionen auf den Hayekschen Vorschlag, z. B. bei Gehrig, Bruno: Brauchen wir monopolistische Zentralbanken?, in: Wirtschaft und Recht, 30. Jg., 1978, S. 453 - 454; weitere Autoren dieser Meinung, nämlich Lutz, Pesek, Saving, Johnson und Meltzer werden aufgezählt bei: Vaubel, Roland: The Governments Money Monopoly: Externalities or Natural Monopoly?, in:

Diese Analogie trifft aber bei näherer Betrachtung nicht zu. Die einzelnen Emittenten geben eben nicht ein und dieselbe gemeinsame Geldart aus, in welchem Fall tatsächlich die oben geschilderten Überlegungen drohten. Statt dessen werden verschiedene, voneinander unterscheidbare Geldarten angeboten[195]. Eine übermäßige Emission hat dann Konsequenzen, aber nur für den jeweiligen Anbieter, nicht für die Gesamtgeldmenge. Der einzelne Anbieter muß die seiner Währung gegenüber gebrachte Geldnachfrage als Restriktion beachten. Sonst entsteht Inflation, allerdings nur in seiner Währung nicht aber eine allgemeine aller Geldarten. Seine hausgemachte Inflation hätte negative Konsequenzen für die Akzeptanz seines Geldes, seiner Geldnachfrage und damit seiner Seigniorage. Jeder Geldanbieter ist deshalb im eigenen Interesse gut beraten, eine übermäßige Geldmengenexpansion zu vermeiden. Die realen Kosten einer zusätzlich emittierten Geldeinheit sind bei Berücksichtigung der genannten Effekte bei unterscheidbaren Geldarten eben nicht Null oder vernachlässigbar gering.

Damit der geschilderte, die Geldmengenexpansion disziplinierende Effekt eintreten kann, muß unbedingt eine Unterscheidbarkeit der einzelnen Währungen gewährleistet sein. Dies gilt insbesondere für ihre Wertentwicklung und hat Implikationen für das Verhältnis der Geldarten untereinander zur Folge. Es müssen flexible Wechselkurse zwischen den einzelnen Privatwährungen herrschen[196]. Nur dann sind Anreize existent, die die Geldpolitik der Geldanbieter sanktionieren und den Wettbewerb funktionsfähig halten. Feste Wechselkurse entsprächen einem Anbieterkartell. Zwar wäre dadurch die theoretische Funktionsfähigkeit nicht sofort grundsätzlich durch eine übermäßige Notenemission bedroht, da die mögliche Geldmengenerhöhung innerhalb des Kartells quotiert werden könnte bzw. müßte. Doch würde man mit der Duldung fester Kurse auf die Vorteile der kompetitiven Währungsordnung verzichten. Gerade der Wettbewerb und seine effizienzsteigernden Wirkungen sind doch das Motiv dieses Systems.

---

Kyklos, Vol. 37, 1984, S. 27. Eine Überemission befürchtet auch Friedman; sinngemäß abgedruckt in: Dowd, Kevin: Is Banking a Natural Monopoly?, in: Kyklos, Vol. 45, 1992, S. 384 - 385 und bei Neldner, Manfred, 1983, a. a. O., S. 398.

[195] Vgl. Klein, Benjamin: The Competitive Supply of Money, in: Kredit und Kapital, Vol. 6, November 1984, S. 426.

[196] Diese könnten auch formal an einer nötigen und sich deshalb wahrscheinlich von selbst herausbildenden Umlaufmittelbörse festgestellt werden.

### 2.2.1.3 Neutralität des Staates

Eine weitere wichtige Voraussetzung für die Funktionsfähigkeit der Währungskonkurrenz ist neben der Unterscheidbarkeit der einzelnen Währungen und den flexiblen Kursen die strikte Neutralität des Staates. Er darf bestimmten Geldarten keine privilegierte Rolle zugestehen. Insbesondere bei Existenz einer staatlichen Notenbank droht eine solche Sonderstellung des staatlichen Geldes. Die Effizienz des Wettbewerbsmechanismus wäre gefährdet. Zwar muß auch dem Staat die freie Entscheidung über die Akzeptanz der einzelnen Währungen für die Abwicklung seiner Transaktionen zugestanden werden; doch muß diese Auswahl nach möglichst objektiven Kriterien wie Stabilität und Verbreitung der Währungen erfolgen. Sie braucht ferner nicht zentral zu geschehen. Denkbar sind durchaus unterschiedliche Geldverwendungen durch verschiedene Gebietskörperschaften und öffentliche Unternehmen.

Keineswegs darf es in einem System mit Währungskonkurrenz ein gesetzlich definiertes Zahlungsmittel[197] geben, wie dies etwa in Deutschland von der Preisangabenverordnung und vom Währungsgesetz bestimmt wird[198]. Der davon ausgehende Kontrahierungszwang wäre nicht wettbewerbsneutral. Eine etwaige Genehmigungspflicht für die Verwendung gewisser Währungen wäre für die Währungskonkurrenz ebenfalls völlig undenkbar.

Der Verzicht auf eine herausgehobene Rolle bedeutet für den Staat den Verlust der bei einem Notenausgabemonopol zufließenden Seigniorage. Allenfalls entsprechend ihrem im Wettbewerb behaupteten Marktanteil könnten die staatlichen Banken Gewinne aus der auf ihre Währungen gerichteten Geldnachfrage ziehen. Der Rest der Seigniorage verteilt sich auf die privaten Geldanbieter oder wird zugunsten der Verwender herauskonkurriert. Damit ist verständlich, daß ein Wechsel zu Währungskonkurrenz aus rein fiskalischer Perspektive des Staates nicht gerade wünschenswert erscheint[199].

---

[197] Gesetzliches Zahlungsmittel bedeutet Annahmezwang für alle Gläubiger und begründet die Verpflichtung der Schuldner, auf Verlangen mit diesem zu zahlen und nicht z. B. mit einer Überweisung. Dieser Begriff eines gesetzlichen Zahlungsmittels folgt Neldner, Manfred: Notenausgabemonopol oder Währungswettbewerb?, in: Wirtschaftswissenschaftliches Studium (WiSt), 12. Jg., 1983, Heft 8, S. 397.

[198] Einen Überblick über die relevanten gesetzlichen Vorschriften liefert Bofinger, Peter, a. a. O., S. 37 - 64.

[199] Aus der Sicht der wohlfahrtsökonomischen Theorie der Besteuerung ist diesem Argument sogar eine gewisse Berechtigung zuzumessen, nämlich dann, wenn eine Seigniorage weniger

### 2.2.1.4 Wettbewerbliche Auslese

Bei Vorliegen adäquater Rahmenbedingungen scheint eine effiziente wettbewerbliche Auslese möglich. Diejenigen Geldarten, die aus der Sicht der Verwender eine gute Qualität besitzen, werden sich durchsetzen. Dies bedeutet eine Umkehrung des bekannten Greshamschen Gesetzes[200]. Nach Gresham setzt sich das „schlechte" Geld als Zahlungsmittel durch. Diese Aussage bezog sich auf den historischen Bimetallismus, d. h. den gleichzeitigen Umlauf mehrerer Edelmetalle als Zahlungsmittel in einem festen Wertverhältnis. Tatsächlich zeigte sich in solchen Systemen, daß sich das aus realen Gründen an Wert verlierende Metall als Zahlungsmittel durchsetzte, da das relativ im Wert steigende von den Wirtschaftssubjekten gehortet und nicht mehr in Umlauf gegeben wurde[201].

Droht nun in einer Währungskonkurrenz ein ähnliches Schicksal? Die Antwort ist ein eindeutiges Nein. Denn die Wirksamkeit des Greshamschen Gesetzes beruht auf dem festen Wertverhältnis der beiden potentiellen Zahlungsmittel. Dies ist bei der Währungskonkurrenz vermeidbar, nämlich dann, wenn flexible Wechselkurse zwischen den einzelnen Währungen herrschen, was bereits als Voraussetzung genannt wurde. Dann ist die Bezahlung mit dem inflationierenden Geld nicht mehr attraktiv, da bei der Bezahlung sofort ein Kursabschlag wirksam würde. Es kommt im Gegenteil sogar zu einer Umkehrung des Greshamschen Gesetzes: Das gute Geld setzt sich durch, nämlich dasjenige, dessen Eigenschaften den Präferenzen der Geldverwender entspricht[202]. Dazu gehört insbesondere die verbreitete Akzeptanz bei anderen Wirtschaftssubjekten, die überhaupt erst die Zahlungsmitteleigenschaft sicherstellt. Diese ist wiederum von der Stabilität der Währung abhängig. Inflationäre Geldarten werden gemieden, d. h. ihre Akzeptanz verweigert, weil ihre Haltung Vermögensverluste bedeutet.

---

Verzerrungen und Erhebungskosten verursacht als andere Methoden der staatlichen Einnahmeerzielung. Eine Alternative zur Überwindung dieses Argumentes gegen die Währungskonkurrenz wäre eine eventuell mögliche effiziente Besteuerung der privatisierten Seignioragen. Diese Idee findet sich bei Vaubel, Roland: The Governments..., a. a. O., S. 28.

200 Benannt nach dem britischen Schatzkanzler Thomas Gresham (1519-1579), vgl. auch Starbatty, Joachim: Zur Umkehrung des Greshamschen Gesetzes bei Entnationalisierung des Geldes, in: Kredit und Kapital, 15. Jg., 1982, S. 388 - 389.

201 Ein ähnliches Phänomen tritt auch bei einer Gold-/Notenwährung mit fester Parität bei Aufgabe der Einlöseverpflichtung auf, vgl. Burchardt, Michael: Die Banking-Currency-Kontroverse - Beitrag Nr. X, in: Kredit und Kapital, 18. Jg., 1985, Nr. 4, S. 458 - 459.

202 Vgl. Starbatty, Joachim: Zur Umkehrung..., a. a. O., S. 390.

Durch diesen Wettbewerbsdruck wird eine Stabilitätsorientierung der Geldanbieter erzwungen. Dies kann so weit führen, daß sogar über absolute Preisniveaustabilität hinausgehende Vorteile für die Nutzer entstehen können. Denn bei perfektem Herauskonkurrieren etwaiger Seigniorагen dürften keine systematischen Erträge aus dem Geldangebot verbleiben bzw. diese würden an die Nutzer weitergegeben[203]. Die Geldhaltung erzeugte dann keine Opportunitätskosten, z. B. weil das Geld verzinslich ist, was bei Buchgeldformen leicht vorstellbar ist. Bei Bargeld wäre die technische Realisation komplizierter; das Preisniveau müßte, in der betreffenden Währung ausgedrückt, jede Periode mit dem Realzins fallen, was einem Nominalzins von Null entspräche. Ein solches Arrangement entspräche den Forderungen Friedmans nach einem opportunitätskostenfreien Geldangebot, weil bei dieser optimalen Geldmenge der Nutzen aus der Geldhaltung maximal wäre[204]. Eine solche Deflationsentwicklung ist allerdings nicht ganz unproblematisch. Dies wird an späterer Stelle noch ausführlich betrachtet werden[205]. Hier soll diese Problematik im Rahmen der Währungskonkurrenz nicht weiter vertieft werden. Es bleibt lediglich festzuhalten, daß in einem kompetitiv ausgestalteten Währungssystem eine starke wettbewerbsinduzierte Tendenz zur Stabilitätsorientierung hin existiert.

### 2.2.1.5 Stabilisierungsversprechen und Realanbindung

Trotz des allgemeinen Stabilitätstrends besteht die Gefahr einer kurzfristigen inflationären Ausbeutung der Geldhalter durch einzelne Geldanbieter. Bei einer einmal etablierten Geldnachfrage kann aus der Sicht des Anbieters zumindest einmalig eine Seigniorage durch übermäßige Notenemission erzielt werden. Als Sanktionsmechanismus gegen ein solches unerwünschtes Verhalten kommt der Verlust von Vertrauenskapital in Frage. Das mißbräuchliche Verhalten würde langfristig die Geldnachfrage nach diesem Geldtypus verringern und damit den Anbieter selbst strafen. Tatsächlich werden die Geldanbieter sich eher bemühen, einen Markennamen zu etablieren und Vertrauenskapital anzusammeln, weil dies ihre langfristigen Verdienstmöglichkeiten verbessert. Ausnahmen, etwa beim ohnehin geplanten Marktaustritt eines Anbieters, sind aber damit nicht auszuschließen. Hinzu kommt, daß bei einer Vielzahl von Geldarten, die vom Konzept der Währungskonkurrenz gerade gewünscht ist, der Markt sehr unübersichtlich

---

[203] So z. B. Giersch, Herbert: Worldwide Currency Competition: A Guarantor of Stable Money, in: The Cato Journal, 10., 1990, S. 515.

[204] Vgl. Friedman, Milton, a. a. O., S. 29 - 36.

[205] Der Vorschlag opportunitätskostenfreien Geldes wird als Einwand gegen Preisindexstabilität in Abschnitt 3.1.3.3 analysiert.

werden kann, zumal die bisherige Inflationsrate nur ein sehr unvollkommener Qualitätsindikator für die Zukunft einer Währung ist. Der Sanktionsmechanismus über Vertrauenskapital reicht allein offenbar nicht aus.

Von Hayek selbst erwartet deshalb, daß sich wegen des berechtigten Mißtrauens der Nutzer nur solche Geldanbieter am Markt etablieren können, die ein Stabilisierungsversprechen abgeben, d. h. bestimmte Einzelpreise oder besser Preisindizes garantieren[206, 207]. Dies könnte privatrechtlich sanktioniert werden, etwa dadurch, daß bestimmte Entschädigungszahlungen an die Geldhalter bei Verfehlung der versprochenen Preisperformance fällig werden. Am einfachsten wäre der Schutz der Geldhalter durch eine direkte Realanbindung, d. h. durch eine Einlösepflicht, garantiert. Die miteinander konkurrierenden Geldarten können dabei die unterschiedlichsten Ausgestaltungsformen der Einlösepflicht aufweisen. Der Kunde hat die Wahl. Die Realanbindung tritt hier als Ergänzung des Wettbewerbsprinzips auf[208].

### 2.2.1.6 Historische Erfahrungen mit Bankenfreiheit

Es stellt sich die Frage, ob sich die theoretisch begründete grundsätzliche Funktionsfähigkeit der Währungskonkurrenz empirisch durch die reale Existenz solcher Geldordnungen belegen läßt. In Reinform sind solche Systeme heute gar nicht aufzufinden. Lediglich in der schwächeren Ausprägungsform des parallelen Umlaufs von Auslandswährungen existieren heute Beispiele. Die häufige Verwendung von harten Devisen in einigen Transformationswirtschaften Osteuropas oder in hochinflationären Entwicklungsländern kann als Indiz dafür angesehen

---

206 Von Hayek denkt insbesondere an Rohstoffpreisindizes, vgl. Hayek, Friedrich August v.: Entnationalisierung..., a. a. O., S. 31.

207 Die Vielfalt unterschiedlicher Stabilisierungsversprechen mit unterschiedlichen Einzelpreisen oder Preisindizes ist ein weiterer Vorteil der Währungskonkurrenz. Jeder Geldverwender kann sich eine Geldart aussuchen, deren Zielwarenkorb am ehesten seinem eigenen entspricht. Ein einziger Gesamt-Preisindex kann nie für alle einzelnen Wirtschaftssubjekte repräsentativ sein. Dies belegt bereits die statistische Praxis mit ihrer Ermittlung der Lebenshaltungskosten für verschiedene Haushaltstypen. Insofern kann bei einer einzigen Währung immer nur ein Durchschnittsindex stabilisiert werden, nicht aber die individuell empfundene Preisentwicklung. Für bestimmte Unternehmen könnte die Kalkulation in einer Währung sinnvoll sein, die stabile Investitionsgüterpreise, Vorproduktpreise oder Erzeugerpreise statt stabiler Lebenshaltungskosten anstrebt.

208 In späteren Kapiteln ab 2.3 wird die Realanbindung dagegen als Ersatz für die Disziplinierung durch Wettbewerb vorgestellt, sofern sich die kompetitive Währungsordnung wegen unüberwindbarer praktischer Hindernisse nicht realisieren läßt.

werden, daß diese begrenzte Form der Währungskonkurrenz zumindest besser funktioniert als ein „schlecht" bewirtschaftetes staatliches Geldmonopol.

Für Beispiele die auch eine private Notenausgabe beinhalten, muß auf historische Fälle zurückgegriffen werden. Am ehesten können dafür die Phasen der Bankenfreiheit in Schottland von 1715 bis 1845, in der Schweiz von 1826 bis 1907 und in den USA von 1837 bis 1863 herangezogen werden[209]. Zeitlich fallen alle drei Systeme in die Ära der Goldkernwährung. Die privaten Banken hatten dabei jeweils das Recht, eigene Banknoten zu emittieren, waren aber verpflichtet, diese auf Verlangen der Noteninhaber zum Nennwert in Gold einzulösen. Hinzu kam in den USA noch eine starre Deckungsvorschrift mit Staatsanleihen.

Unterschiede bestanden insbesondere bei den Clearing-Systemen[210]. In Schottland und in der Schweiz wurden regelmäßig die bei den einzelnen Banken aufgelaufenen Fremdnoten ausgetauscht und verrechnet, was zwei positive Folgen hatte. Zum einen konnte so keine Bank dauerhaft mehr Noten emittieren, als es der Nachfrage entsprach, da diese über das Clearingsystem schnell wieder an sie zurückflossen, während sonst eine Überausgabe durch das Halten durch andere Banken vorübergehend alimentiert würde, zum anderen wurden Betrugs- und Fälschungsversuche bei dem Durchlaufen des Clearing-Verfahrens schneller aufgedeckt. In den USA, in denen das schnelle Clearing fehlte, kam es dagegen zu zahlreichen Bankzusammenbrüchen aufgrund von Notenüberemission und zu vielen Betrugsfällen, mit jeweils erheblichen Verlusten für die Noteninhaber, während Schottland und die Schweiz in dieser Hinsicht positive Erfahrungen vermitteln. Eine Konzentration des Notengeschäfts auf wenige oder sogar nur eine Bank konnte in keinem der drei Fälle beobachtet werden[211].

Dies scheint für die Funktionsfähigkeit der Währungskonkurrenz zu sprechen. Dabei ist aber zu berücksichtigen, daß in den beschriebenen Beispielen immer der einheitliche Goldstandard zugrundelag, so daß das Gold selbst als das eigentliche Basisgeld angesehen werden kann, während die Notenemission darauf basierend

---

[209] Eine Darstellung der genannten Beispiele findet sich bei Neldner, Manfred: Bankenfreiheit, in: Wirtschaftswissenschaftliches Studium (WiSt), 18. Jg., 1989, Heft 11, S. 549 - 556. Phasen der Bankenfreiheit, teilweise mit schwächeren Ausprägungen als in den drei genannten Beispielen, sowie der Übergang zu Zentralnotenbanksystemen und die dem zugrundeliegenden international unterschiedlich verlaufenen Diskussionen werden geschildert von Smith, Vera: The Rationale of Central Banking and the Free Banking Alternative, Westminster, 1936, Reprint 1990.

[210] Neldner, Manfred, a. a. O., S. 550 und 555.

[211] Ebenda, S. 551, 552, 554.

eher mit der heutigen Giralgeldschöpfung vergleichbar wäre. Eine wirkliche Konkurrenz in Form von unterschiedlichen Wertstandards fand nicht statt[212].

Deshalb sind die historischen Erfahrungen mit der Bankenfreiheit auch nur sehr eingeschränkt auf das allgemeine Konzept der Währungskonkurrenz übertragbar. Die empirischen Beispiele sind insbesondere nicht geeignet, die Einwände und Probleme zu entkräften, die bei einer Vielzahl von verschiedenen Wertstandards auftreten können, wie sie in den folgenden Abschnitten erarbeitet werden.

### 2.2.2 Gegenargumente und Marktunvollkommenheiten des Gutes Geld

Wie gezeigt wurde, ist das Konzept der Währungskonkurrenz grundsätzlich funktionsfähig. Zu prüfen bleibt, ob sich seiner praktischen Umsetzung Hindernisse in den Weg stellen. Marktunvollkommenheiten des Gutes könnten eine kompetitive Währungsverfassung beeinträchtigen oder gar verhindern. Beispielsweise kann das Verhalten der Geldanbieter externe Effekte über Vertrauenswirkungen erzeugen. Außerdem ist zu untersuchen, ob die Geldversorgung nicht gar ein natürliches Monopol ist, was wesentliche Implikationen für die Funktionsfähigkeit des gewünschten Wettbewerbsprozesses hätte. Skalenvorteile, die ein natürliches Monopol begründen würden, können sowohl bei der Bereitstellung wie insbesondere bei der Nutzung des Geldes auftreten. Gegebenenfalls erstrecken sie sich nicht nur auf das Basisgeld, sondern auch auf andere Geschäftsfelder des Bankwesens, die im weitesten Begriffssinne auch zur Geldversorgung einer Gesellschaft gezählt werden können. All diese Einwände gegen die praktische Funktionsfähigkeit und Effizienz der Währungskonkurrenz werden in diesem Abschnitt auf ihre Stichhaltigkeit hin überprüft.

#### 2.2.2.1 Vertrauenssensibilität

Für die Funktionsfähigkeit des monetären Wettbewerbs war die Etablierung von Vertrauenskapital[213] als Voraussetzung erarbeitet worden. Im Zusammenhang

---

[212] Als ähnlich wirkendes moderneres Beispiel kann der Hongkong-Dollar genannt werden, der ebenfalls von mehreren privaten Banken emittiert wird. Dieser Prozeß ist aber stark reguliert. Vor allem handelt es sich, wie in den Beispielen im Abschnitt 2.1.4 bereits angeführt, um ein Currency-Board-System, bei dem der US-Dollar als externer Wertstandard dient.

[213] Zum Begriff des Vertrauens, seiner Rationalität und seiner Bedeutung für Entscheidungen in komplexen Systemen siehe Luhmann, Niklas: Vertrauen: ein Mechanismus der Reduktion sozialer Komplexität, 3. Aufl., Stuttgart, 1989.

damit kann ein Problem externer Effekte konstruiert werden. Das Verhalten eines Anbieters kann den Markennamen anderer Wettbewerber mitbeschädigen. Inflation in einer Währung kann zu Attentismus bei den Geldverwendern führen, zu einer übervorsichtigen Geldnachfrage auch bei bisher stabilen Geldarten. Schlimmstenfalls erzeugt dies im Sinne einer sich selbst erfüllenden Prophezeiung tatsächlich Inflation in allen Währungen. Die Situation ist mit den Effekten bei einem Banken-Run vergleichbar[214].

Um sich vor solchen überspringenden Vertrauens- oder besser Mißtrauenseffekten zu schützen, können zwischen den einzelnen Emittenten Disziplinierungs- und Unterstützungsverfahren vereinbart werden[215]. Solche Arrangements tragen aber den Keim einer Kartellbildung in sich, die nicht mit dem grundsätzlichen Wettbewerbsgedanken vereinbar ist[216]. Statt einer Vereinheitlichung sollte statt dessen vielmehr auf Differenzierung gesetzt werden und die Unterscheidbarkeit der einzelnen Geldarten gefördert werden. Dann ist dem Geldverwender bewußt, daß ein Qualitätsverlust in einer Währung nichts über den Status der Konkurrenzwährungen aussagt. Die Wettbewerber des Weichwährungsanbieters könnten in diesem Falle sogar von der dann substitutionalen Beziehung durch höhere umgeschichtete Geldnachfrage profitieren. Ein Problem entsteht also lediglich als Folge von mangelnder Information in Form von unzureichender qualitativer Unterscheidbarkeit der einzelnen Währungen und einem daraus folgenden gleichgerichteten Handeln der Geldverwender.

Die beobachtbaren starken Substitutionsbewegungen an den internationalen Finanzmärkten als Reaktion auf Qualitätsänderungen einzelner Währungen schei-

---

[214] Die im folgenden angestellten Überlegungen können deshalb nicht nur auf die Situation der Währungskonkurrenz, sondern weitgehend auch auf das Einlagengeschäft der Geschäftsbanken bezogen werden. Für die Risikosteuerung von im Notengeschäft tätigen privaten Notenbanken ist zumindest bei Existenz einer Realanbindung und Einlösepflicht oder einem sanktionierten Stabilisierungsversprechen statt einer Bodensatztheorie die Maximalbelastungstheorie von Stützel zu empfehlen: Stützel, Wolfgang: Ist die Goldene Bankregel eine geeignete Richtschnur für die Geschäftspolitik der Kreditinstitute?, 1959, abgedruckt in: Deppe, Hans-Dieter (Hrsg.): Texte zur wissenschaftlichen Bankbetriebslehre II, Göttingen, 1981. Dies Empfehlung wird auch ausgesprochen von Bofinger, Peter, a. a. O., S. 176.

[215] In einer Übertragung auf das Einlagengeschäft kann z. B. an Instrumente wie Einlagensicherungsfonds gedacht werden.

[216] Eine grundsätzliche, die Währungskonkurrenz bedrohende Kartellisierungstendenz auszumachen meinen Schöler, Klaus: Preisniveaustabilität durch kompetitive Geldsysteme?, in: Kredit und Kapital, 19. Jg., 1986, Heft 3, S. 351 - 365 und Honeck, Gerhard: Probleme einer Privatgeldordnung, Frankfurt am Main, 1985, S. 67 - 85.

nen gleichsam als Testfall für eine Binnen-Währungskonkurrenz die geschilderten Bedenken zu zerstreuen. Selbst wenn Informationsmängel und externe Effekte existieren sollten, ist das Ausmaß der davon ausgehenden Effizienzverluste nicht geeignet, die grundsätzliche Funktionfähigkeit des Konzeptes in Frage zu stellen.

#### 2.2.2.2 Skalenvorteile bei der Bereitstellung

Die stärkste Begründung für ein staatliches Geldmonopol wäre gegeben, wenn das Gut Geld die Eigenschaften eines öffentlichen Gutes aufwiese. Dies ist aber eindeutig zu verneinen. Weder das Kriterium der Nicht-Ausschließbarkeit noch das der Nicht-Rivalität sind erfüllt[217]. Eine Konvention als Definition von Geld mag technisch zwar die Kriterien eines öffentlichen Gutes erfüllen[218], doch ist eine solche Konvention nicht zwingend nötig, sondern vielmehr bereits die spezifische Ausgestaltungsform eines Monopolgeldes. Als schwächere Begründung können aber gewisse Skalenvorteile bei der Bereitstellung von Geld genannt werden. Ein Geldangebot im großen Stil scheint gegenüber einer polypolistischen Angebotsstruktur Kostenvorteile aufzuweisen.

Der erste derartige Vorteil liegt bei der Erzeugung von Information. Bei mehreren Währungen werden gegenüber einer Einheitswährung viel mehr Informationen, etwa über Wechselkurse oder über Qualitätsmerkmale der einzelnen Währungen, benötigt. Dies verursacht für die Geldnutzer zahlreiche zusätzliche Kosten, wie noch im nächsten Abschnitt gezeigt werden wird. Doch auch die Geldanbieter müssen einen Teil dieser Informationskosten tragen, etwa in Form der Etablierung eines Markennamens. Die dafür nötige Informationsbereitstellung trägt weitgehend den Charakter von Fixkosten, so daß mit zunehmender Geldnachfrage pro Währung die Durchschnittskosten sinken. Der pure Bekanntheitsgrad eines bestimmten Geldtyps selbst hängt noch direkter von der umlaufenden Notenmenge ab[219].

---

[217] Bofinger teilt diese Ansicht bei Anwendung der Kriterien für einige der von ihm unterschiedenen Abgrenzungen von Währungswettbewerb. Für Teilstufen räumt er aber Eigenschaften eines öffentlichen Gutes ein. Vgl. Bofinger, Peter, a. a. O., S. 197 - 201.

[218] Vgl. Vaubel. Roland: The Governments..., a. a. O. S. 29 -30. Nach Dowd wird beim Beharren auf der Notwendigkeit einer Konvention Ursache und Wirkung verwechselt, vgl. Dowd, Kevin, a. a. O., S. 386. Die Konvention wäre für die Entfaltung von Währungskonkurrenz kein öffentliches Gut, sondern ein „Schlecht“, „Public bad“. Zu diesem Begriff siehe Tullock, Gordon: Public Decisions as Public Goods, in: Journal of Political Economy, Vol. 79, 1971, No. 4, S. 913.

[219] Vgl. Klein, Benjamin, a. a. O., S. 435.

Die Konzentration auf wenige Anbieter würde die Geldbereitstellung weiterhin deshalb vereinfachen, weil weniger Clearing-Mechanismen nötig wären, d. h. die Transaktionskosten des Zahlungsverkehrs geringer ausfielen. Außerdem könnte eine hohe Volatilität einzelner, stark zersplitterter Geldnachfragen die jeweiligen Geldpolitiken erschweren und damit verteuern. Weitere Argumente im Bereich der Verbreitung der Akzeptanz und von Netzexternalitäten haben zwar auch Kostenaspekte bei der Bereitstellung, in erster Linie sind sie aber der Nutzungsseite zuzuordnen und werden deshalb dort im folgenden Abschnitt behandelt. Insgesamt kann als Zwischenergebnis festgehalten werden, daß gewisse, allerdings schwach ausgeprägte Skalenvorteile bei der Bereitstellung vorliegen, die für sich allein genommen zwar noch keine Einheitswährung begründen, sondern lediglich eine oligopolistische Struktur nahelegen.

### 2.2.2.3 Skalenvorteile bei der Nutzung

Die Eigenschaft einer bestimmten Geldart, tatsächlich als Zahlungsmittel fungieren zu können, ist bei einer Vielzahl von Währungen und dem Fehlen einer Annahmepflicht von der freiwilligen Akzeptanz durch die Transaktionspartner abhängig. Die Akzeptanz wird neben den Qualitätsmerkmalen auch von der Verbreitung dieses Geldtyps bestimmt. Exotische Noten weisen dann nur eine äußerst beschränkte Zahlungsmitteleigenschaft auf. Die hohe Akzeptanz weit verbreiteter Währungen kann deshalb als Skalenvorteil bei der Nutzung interpretiert werden. Dies spricht für einen weitgehenden Konzentrationsprozeß. Eine gewisse kritische Masse an Verwendern pro Geldart muß erreicht werden. Hier entsteht das Problem der Netzexternalitäten[220]. Die Entscheidung eines Wirtschaftssubjektes darüber, eine bestimmte Geldart zu akzeptieren oder nicht, übt positive externe Effekte auf andere Nutzer dieses Geldes aus, da dessen Verwendbarkeit steigt. Die Nutzung bzw. Akzeptanz fällt deshalb gemessen am

---

[220] Zum Begriff der Netzexternalitäten siehe Steyer, Ronald: Netzexternalitäten, in: Wirtschaftswissenschaftliches Studium (WiSt), 26. Jg., 1997, Heft 4, S. 206 - 210. Die Idee der Netzexternalitäten kann anschaulich verdeutlicht werden am Aufbau eines Telefonnetzes. Solange der Gebrauch von Telefonen nicht allgemein verbreitet ist, stiftet die Teilnahme nur einen geringen Nutzen. Überspitzt formuliert: Wen soll der erste und einzige Telefonnutzer anrufen? Eine ähnliche Situation, die direkter mit dem Betrachtungsgegenstand Geld zu tun hat, ist die Kreditkartennutzung. Eine bestimmte Kreditkarte entfaltet einen um so größeren Nutzen je mehr Akzeptanzstellen existieren, was seinerseits wiederum von der Zahl der Nutzer abhängen wird. Die Entwicklung von Kreditkarten in Zeiten, als diese noch nicht so stark wie heute verbreitet waren, wird untersucht von O'Driscoll, Gerald P.: The American Express Case: Public Good or Monopoly?, in: The Journal of Law & Economics, Vol. 19, 1976, S. 163 - 175.

Gesamtnutzen zu gering aus. Hier wäre theoretisch eine Subventionierung der Geldnutzung als Internalisierung angesagt. Dies würde aber die Währungskonkurrenz wieder dem staatlichen Einfluß aussetzen, den es gerade zu vermeiden galt. Außerdem drohten Mitnahmeeffekte und Wettbewerbsverzerrungen durch die Subvention.

Da die Akzeptanz einer einzigen Währung bei Währungskonkurrenz nicht bei allen Gläubigern garantiert ist, werden die Wirtschaftssubjekte gezwungen sein, mehrere Geldarten zu halten. Die Geldnachfrage spaltet sich auf. Wegen der Unsicherheiten über die Akzeptanzen sind dabei in mehreren Geldarten zusätzliche Vorsichtskassen nötig. In der Summe ist die Kassenhaltung bei mehreren Währungen deshalb größer als bei Existenz einer Einheitswährung[221]. Dieser Unterschied kann erhebliche Ausmaße annehmen. Bei n umlaufenden Geldarten muß für eine geplante Transaktion bei völliger Ungewißheit über die Akzeptanz im Extremfall die n-fache Geldmenge bereitgehalten werden. Die Vermeidung der Kosten dieser zusätzlichen Kassenhaltung kann als Skalenvorteil der Nutzung einer Einheitswährung interpretiert werden.

Bei einer anderen Geldnutzergruppe, nämlich den Verkäufern, fallen ebenfalls zusätzliche Kosten bei Währungskonkurrenz an. Zu denken ist etwa an die Auspreisung[222]. Man stelle sich einen Supermarkt vor, der mehrere Geldarten akzeptiert, wobei diese Geldarten einen sich ständig ändernden Wechselkurs untereinander aufweisen. Die bei wahrscheinlichen Unterschieden der Währungsstrukturen bei Einnahmen und Ausgaben anfallenden Tauschaktivitäten tragen ebenfalls zu weiteren Transaktionskosten bei. Hinzu kommen Erschwernisse in der Buchhaltung, da ein größerer Anteil von zu bewertenden und umzurechnenden Vermögensgegenständen in Fremdwährung auftritt als bei einem Einheitsgeld.

F. A. v. Hayek verspricht sich die Einschränkung von Transaktionskosten durch den Einsatz moderner Technologien. Tatsächlich können Scannerkassen, EDV-Clearingsysteme und Informationstechnologien die aus einer Vielzahl von Währungen entspringenden Probleme mindern. Der Einsatz dieser Technologien selbst muß aber gegebenenfalls zu den Transaktionskosten der Währungskonkurrenz gezählt werden. Technik kann sogar zusätzliche Probleme schaffen. Als Beispiel

---

[221] Siehe zu zusätzlichen Kassenhaltung und anderen Transaktionskosten erhöhenden Argumenten Neldner, Manfred: Notenausgabemonopol..., a. a. O., S. 397 - 403

[222] Vgl. Gehring, Bruno, a. a. O., S. 457 - 458. Anschauliche Darstellungen der Schwierigkeiten finden sich bei Honeck, Gerhard, a. a. O., S. 45 - 52.

seien nur Münzautomaten genannt, die auf eine Vielzahl verschiedener Münztypen ausgelegt werden müßten. Schließlich sei noch die geringere Fälschungssicherheit bei Währungskonkurrenz genannt, die bei einer Vielzahl von teils selten auftretenden und deshalb in ihrer Erscheinung unbekannten Noten unumgänglich ist.

Auf der Nutzungsseite stellen sich dem Konzept der Währungskonkurrenz damit unüberwindliche praktische Hindernisse in den Weg. Der Verlust eines einheitlichen Wertstandards beraubt das Geld einer seiner wichtigsten Funktionen, nämlich zu vereinfachen, Tausch zu erleichtern und Informationen zu generieren. Bei der Währungskonkurrenz sind diese Eigenschaften durch zusätzliche Transaktionskosten und Informationsbedürfnisse gemindert.

### 2.2.2.4 Skalenvorteile im Geschäftsbankensektor

Die Frage, ob die Geldversorgung ein natürliches Monopol darstellt, kann in einem weiteren Begriffssinne über die reine Bereitstellung eines Wertstandards und des Basisgeldes hinaus auf den Geschäftsbankensektor ausgeweitet werden. Sollten auch im „normalen" Bankgeschäft steigende Skalenerträge vorliegen, wäre dies ein weiteres Argument gegen die Währungskonkurrenz. Oligopolistische oder gar monopolistische Strukturen in den Kreisen, die am ehesten für eine Betätigung im Notengeschäft in Frage kämen, würden den erhofften Effizienzgewinn bei der Aufgabe des staatlichen Notenausgabemonopols relativieren.

In zwei Bereichen läßt sich die Existenz von Skalenvorteilen sehr leicht modellhaft belegen und zwar bei der Reservehaltung im Einlagengeschäft und bei der Risikosituation im Kreditgeschäft. Bei beiden kann die Bank von einem Ausgleich durch große Zahlen profitieren. Je mehr voneinander unabhängige Einlagen vorliegen, desto eher gleichen sich Ein- und Auszahlungen statistisch aus[223]. Bei plausiblen Annahmen steigt die optimale Reservehöhe nur mit der Wurzel des Einlagevolumens[224]. D. h. die spezifische Reserve pro Einlageeinheit nimmt wurzelhaft ab. Zwar kann diese Tendenz durch einheitliche Mindestreservevorschriften oder bankenaufsichtsrechtliche Regelungen in der Praxis gehemmt sein. Bezieht man das Modell optimaler Reservehaltung aber auf die freien Liquiditätsreserven statt auf gesetzliche, werden die Skalenvorteile wieder wirksam.

---

[223] Ein Modell zur Ableitung der größenabhängigen optimalen Reservehöhe wird vorgestellt von Baltensperger, Ernst: Economies of Scale, Firm Size, and Concentration in Banking, in: Journal of Money, Credit and Banking, 1971, S. 468 - 473

[224] Dies wird hergeleitet in Anhang 3.

Ähnliche Überlegungen lassen sich für die Risiken im Aktivgeschäft anstellen[225]. Bei größeren Banken mit einer höheren Anzahl von Kreditnehmern ist der interne Risikoausgleich wahrscheinlicher, so daß die Ergebnisentwicklung der Bank eine geringere Volatilität aufweisen wird. Dies bedeutet, daß weniger des teuren Eigenkapitals vorgehalten werden muß bzw. daß dieses bei risikoaversen Eigentümern billiger zu mobilisieren ist[226].

Beide geschilderten Effekte lassen Skalenvorteile vermuten, die allerdings ab einer gewissen Mindestgröße kaum noch eine Rolle spielen, da die freiwillige Reservehaltung und die rein anzahlmäßige Risikovarianz dann ohnehin relativ nahe Null liegen. Die beiden kurz angerissenen Argumentationslinien sollen hier nicht weiter vertieft werden, zumal es sich nur um einen Randbereich der Frage nach den Hindernissen der Währungskonkurrenz handelt. Empirische Studien bestätigen die nach den angestellten theoretischen Überlegungen vermuteten, auf kleine Betriebsgrößen begrenzten Skalenvorteile[227]. Passend dazu ist die in der Praxis beobachtbare oligopolistische Bankenstruktur mit weiterer Konzentrationstendenz[228]. Für die Währungskonkurrenz wäre dies zwar nicht gerade förderlich; es bedeutet aber kein so schwerwiegendes Hindernis wie die Probleme bei der Nutzung verschiedener Wertstandards. Die durchgeführte Analyse kann damit als Bestätigung der Idee eines zweistufigen Bankensystems verstanden werden: Staatliches Notenmonopol und einheitlicher Wertstandard, aber Zulassung von Wettbewerb bei den darauf aufbauenden Bankgeschäften.

---

[225] Vgl. Baltensperger, Ernst: Economies of Scale..., a. a. O., S. 473.

[226] Vgl. Baltensperger, Ernst: Alternative Approaches to the Theory of the Banking Firm, in: Journal of Monetary Economics, Vol. 6, 1980, S. 10 - 18.

[227] Wegen der Vielzahl von Banken und der im internationalen Vergleich sehr unterschiedlichen Bankenstrukturen ist eine empirische Untersuchung gut möglich. Entsprechend reichhaltig ist das entsprechende Schrifttum. Als einige Beispiele seien nur genannt: Benston, George J. / Hanweck, Gerald A. / Humphrey, David B.: Scale Economies in Banking, in: Journal of Money, Credit and Banking, Vol. 14, 1982, S. 440. Schuster, Leo: Wettbewerb, Konzentration und Ertragslage von Banken, in: Wirtschaft und Recht, 42. Jg., 1990, Heft 4, S. 245 - 247. Eine Zusammenfassung der Ergebnisse vieler Untersuchungen findet sich bei Gilbert, R. Alton: Bank Market Structure and Competition, in: Journal of Money, Credit and Banking, Vol. 16, 1984, S. 617 - 660. Welzel, Peter: Kosten- und Größeneffizienz im Bankgewerbe, Vortrag auf der Jahrestagung des Vereins für Sozialpolitik, Kassel, 26.09.1996.

[228] Für die jüngste Großfusion im deutschen Bankgewerbe wurden von den beteiligten Banken explizit Skalenvorteile als Begründung angeführt: „Sowohl die Hypo als auch die Vereinsbank sind für sich genommen zu klein, um die Skaleneffekte zu realisieren, die auf den größer gewordenen Märkten nötig sind." So zumindest Martini, Eberhard, Vorstandssprecher der Hypobank, auf der Pressekonferenz zur Bekanntgabe der Fusionspläne. Gemeinsame Presseerklärung der Hypobank und Vereinsbank, München, 21.07.1997.

### 2.2.3 Beurteilung der Eignung

Die Währungskonkurrenz bietet eine äußerst unkonventionelle Alternative zu den herkömmlichen geldpolitischen Konzepten. Sie weist eine hohe ordnungssystematische Konsistenz auf. Der Wettbewerbsmechanismus ist grundsätzlich geeignet, die gesuchten Anreiz- und Sanktionsmechanismen zu liefern, um eine den Wünschen der Geldverwender entsprechende Stabilitätsorientierung zu erzeugen. Und dies ist mit viel einfacheren institutionellen Rahmenbedingungen möglich als in den vorangegangenen Abschnitten erarbeitet. Außerdem droht der wettbewerbliche Sanktionsmechanismus nicht mit dem Autonomieprinzip in Konflikt zu geraten; es bietet im Gegenteil gerade die Aufhebung des staatlichen Notenausgabemonopols den besten Schutz vor einem staatlichen Mißbrauch. Die Währungskonkurrenz läßt den Betreibern der Geldpolitik im Gegensatz etwa zu Regelbindungen völlige operative Freiheit und Flexibilität und garantiert dennoch Stabilitätsorientierung. Die Anforderungen, die eine Public-Choice-Analyse an eine Geldverfassung stellt, werden perfekt erfüllt.

Aber diese theoretischen Vorteilen der Währungskonkurrenz sehen sich erheblichen praktischen Umsetzungshindernissen gegenüber. Zwar stehen die Skalenvorteile bei der Bereitstellung von Geld, sei es in Form von unterschiedlichen Basisgeldarten oder im sonstigen Bankgeschäft, einer Realisation der Währungskonkurrenz allein nicht im Wege. Es sind in beiden Bereichen Skalenvorteile feststellbar, ihre Höhe ist aber nicht prohibitiv und müßte gegen die Vorteile der Währungskonkurrenz abgewogen werden.

Doch die enormen Probleme, die sich auf Seiten der Geldnutzung bei einer Vielzahl von Geldarten ergeben, stellen die praktische Realisierbarkeit erheblich in Frage. Die zusätzlichen Transaktionskosten und der hohe Informationsbedarf stehen dem Sinn von Geld, Tausch zu vereinfachen, entgegen. In der Praxis bleibt keine Alternative zu einer Vereinheitlichung mit einem einheitlichen Wertstandard.

Zwar können aus der Idee der Währungskonkurrenz Folgerungen gezogen werden, wie beispielsweise in einem zweistufigen Bankensystem möglichst weite Bereiche kompetitiv zu gestalten oder an den internationalen Finanzmärkten Wettbewerb zwischen Anlagewährungen zuzulassen. Sich einen völligen Ersatz für die traditionelle Form der Geldpolitik vorzustellen, bleibt dagegen aber unrealistisch. Damit behält das Problem, einen wirksamen Anreizmechanismus für eine zumindest innerhalb eines Landes weitgehend monopolisierte Geldpolitik zu finden, weiterhin Bestand.

# 2.3 Historische Goldkernwährung

Aufgrund der problembehafteten Ergebnisse der geldpolitischen Konzepte bei den existierenden Papierwährungen, die ebenso wenig perfekte Lösungen bieten, wie der bisher nicht praktizierte Ansatz der Währungskonkurrenz, bleibt zu fragen, ob eventuell historische institutionelle Rahmenbedingungen heute wieder geeignet erscheinen. Die überkommene Goldkernwährung ist ein solches, früher weit verbreitetes und bewährtes Beispiel. Tatsächlich zeigt sich dieses System gerade aus der modernen Public-Choice-Perspektive als hoch interessant. Die vom Arrangement der Goldkernwährung ausgehenden Handlungsbeschränkungen für die Geldpolitik und die allgemeine Wirtschaftspolitik, die früher als Nachteil empfunden wurden und wesentlich zu ihrer Abschaffung beitrugen, sind bei Unterstellung von eigennutzorientierten Entscheidungsträgern dagegen sogar als Vorteil einzustufen.

## 2.3.1 Funktionsweise der Goldkernwährung

Der bisherigen Vorgehensweise bei den herkömmlichen geldpolitischen Konzepten und der Währungskonkurrenz folgend soll auch für die Goldkernwährung ihre grundsätzliche Funktionsweise sowie ihre Eignung für Anreizmechanismen und Regelbindungen betrachtet werden. Wie sich zeigen wird, sind hier gar keine gesonderten externen Regeln und Anreize nötig. Vielmehr ist die Installation einer Goldkernwährung selbst bereits eine Regel mit inhärenten Anreizmechanismen. Die vermeintlichen und tatsächlichen Gegenargumente und die Problemfelder werden abweichend von der bisherigen Gliederungssystematik erst nachgelagert diskutiert. Denn der eine festzustellende, allerdings wesentliche Mangel wird den Ausgangspunkt für die Überlegungen einer Modernisierung der alten Goldkernwährung im dritten Kapitel bilden.

### 2.3.1.1 Evolution der Goldkernwährung

Die Goldkernwährung bzw. allgemeiner Metallkernwährung[229] ist sowohl zeitlich, wie auch systematisch die Weiterentwicklung der Gold- bzw. Metall-

---

[229] Die in diesem Abschnitt exemplarisch erläuterte Goldkernwährung läßt sich beliebig auf andere Edelmetalle oder sogar auf völlig andere Realgüter als Bindungskern einer Währung übertragen. Theoretische Funktionsweise und Problemfelder sind weitgehend identisch. Lediglich die technische Abwicklung der Noteneinlösung in das Realgut und die Wertentwicklung werden direkt von der Wahl eines bestimmten Gutes beeinflußt. Hier erscheinen einige Güter wegen ihrer physischen und ökonomischen Eigenschaften besser geeignet

umlaufswährung. Interessanterweise ist zu vermerken, daß sich Systeme der Goldkernwährung zunächst ohne staatliche Einflußnahme herausbildeten und das obwohl die Goldumlaufswährung selbst meist durch ein staatliches Münzregal geprägt[230] war. Dies kann als Beispiel für eine Funktionsfähigkeit von privater Währungskonkurrenz auf Basis eines gemeinsamen, realen Wertstandards angesehen werden.

Die spontane, evolutorische Herausbildung der Währungsordnung der Goldkernwährung spricht ferner für die Richtigkeit der Position, daß die Wirtschaftssubjekte ihnen sinnvoll erscheinende Gelder definieren und verwenden, ohne daß es des hoheitlichen Aktes einer Gelddefinition bedürfte. Die Auseinandersetzung um die Frage, wie stark der Staat definierend und regulierend in die Geldschöpfung eingreifen sollte, war auch Gegenstand der sogenannten Banking-Currency-Kontroverse, die später im Rahmen der Problemfelder einer Goldkernwährung diskutiert wird[231]. Sie zeigt gewisse Parallelen zur Diskussion um die Währungskonkurrenz und kann als eine ihrer historischen Wurzeln angesehen werden.

Was war beim Übergang von der Metallumlaufswährung zur Metallkernwährung passiert? Es wurde mit den zusätzlich aufkommenden Banknoten nicht etwa bewußt ein Zahlungsmittel geschaffen. Vielmehr hatten die Banknoten zunächst eine Art Einlagencharakter. Sie verbrieften die Hinterlegung einer bestimmten Menge Edelmetall bei einer Bank[232]. Zu einem Zahlungsmittel wurden diese Noten erst, als ihre Verwender erkannten, daß damit eine Wertübertragung einfach und sicher zu bewerkstelligen ist, zumindest dann, wenn die Note als Inhaberpapier ausgestaltet ist und möglichst noch standardisiert auftritt[233]. Die

---

als andere. Genauere Betrachtungen zu dieser Frage werden noch im 3. Kapitel angestellt, wenn nach Alternativen zum Gold Ausschau gehalten wird. Gold ist bei den hier angestellten Betrachtungen lediglich als bewährtes und (früher) verbreitetes Beispiel zu verstehen.

230 „Geprägt" hier im doppelten Wortsinne.

231 Die Positionen dieser Kontroverse beeinflussen die Flexibilität der Geldschöpfung in einer Goldkernwährung, die im Abschnitt 2.3.3.2 behandelt wird.

232 Diese Art von Geschäften wurde in Oberitalien bereits im 12. Jahrhundert praktiziert. In Nordeuropa, insbesondere London, verbreitete sich die Notenemission im 17. Jahrhundert. Teilweise betätigten sich dabei auch schon staatliche/fürstliche Banken als Notenemittenten, vgl. Sprenger, Bernd: Das Geld der Deutschen: Geldgeschichte Deutschlands von den Anfängen bis zur Gegenwart, Paderborn und andere Orte, 1991, S. 150 - 151.

233 Interessanterweise sind ähnliche Prozesse in einer nächsten Stufe heute wieder zu beobachten. Auch andere Einlagetypen als Sichtguthaben gewinnen an Liquidität und werden damit zum Zahlungsmittel. Als Beispiel wäre zu denken an „Certificates of Deposits", kurz CD's, die über eine Verbriefung und Übertragbarkeit von Termineinlagen Zahlungsmitteleigenschaften herstellen.

Banknote ist für viele Transaktionen einem umständlichen Transfer von realem Edelmetall technologisch überlegen. Diese praktische Überlegenheit ließ die Noten das umlaufende Gold als Zahlungsmittel immer mehr verdrängen.

Ein zweites wichtiges Element für die Herausbildung einer Goldkernwährung ist neben der Verhaltensänderung bei den Nutzern auch ein Wandel bei den Geldanbietern. Diese erkannten, daß wegen der praktischen Vorzüge der Noten eine gewisse Notenmenge immer in Umlauf verbleibt und eben nicht sofort zur Einlösung in Gold vorgelegt wird. Die Banken können deshalb mehr Noten emittieren, als sie kurzfristig Gold zu liefern in der Lage sind[234]. Dies ist der vielleicht wichtigste Schritt für den Übergang zu einer Goldkernwährung, denn er erlaubt die Entkoppelung der Goldmenge von der Geldmenge und ermöglicht auf diese Weise eine flexible Anpassung der letzteren an die Geldnachfrage.

Die Noten bleiben, zwar nicht mengenmäßig, doch aber wertmäßig an das reale Gold gebunden. Anders wäre die Akzeptanz der Noten zumindest in der Entstehungsphase der Goldkernwährung gar nicht denkbar. Die Gold-Einlösepflicht des Emittenten ist der entscheidende psychologische Faktor, der das Vertrauen der Geldnutzer erzeugt und zugleich rechtfertigt. Die Einlösepflicht ist darüber hinaus das zentrale Element für die Wertentwicklung der Goldkernwährung und wird wegen seiner Bedeutung im folgenden eigenständigen Teilabschnitt erläutert.

### 2.3.1.2 Einlösepflicht und Wertstabilisierung

Die Einlösepflicht sorgt dafür, daß die Noten keine autonome Wertentwicklung aufweisen können, zumindest nicht in nennenswertem Umfang. Das Gold behält weiterhin seine Eigenschaft als realer Wertstandard der betrachteten Währung. Noten und reales Gold sind über die Einlöseverpflichtung miteinander verbunden. Ein Arbitrageprozeß, der die Werte angleicht, ist zu erwarten. Sollte die Kaufkraft der Banknoten unter den realen Wert der entsprechenden Goldmenge sinken, z. B. wegen übermäßiger Notenausgabe, dann ist es für den Geldhalter sinnvoll, die Note zur Einlösung vorzulegen und mit dem erhaltenen Gold zu zahlen; die Einlösung bringt einen Gewinn. Deshalb ist in der genannten Ausgangssituation ein automatischer Rückfluß von Noten zum Emittenten zu erwarten. Die umlaufende Notenmenge nimmt ab, und die umlaufende Goldmenge nimmt zu. Dadurch wird sich der Wert der Noten dem des Goldes wieder

---

[234] Hier drängt sich wieder die Parallele zum Einlagengeschäft der heutigen Geschäftsbanken auf, das ebenfalls auf einem „Bodensatz"-Phänomen beruht.

annähern. Ein etwaiger Unterschied ist auf die Transaktionskosten der Einlösung begrenzt.

In der anderen Richtung gilt die Argumentationsweise analog, zumindest dann, wenn die Einlösepflicht symmetrisch ausgestaltet ist, d. h. die Notenbanken zur Annahme von Gold zur Parität verpflichtet. Selbst wenn eine solche explizite Verpflichtung fehlen sollte, ist tendenziell dennoch ein entsprechendes Verhalten zu erwarten. Die Banken werden dann ihren zusätzlich möglichen Geldschöpfungsspielraum aus Gewinninteresse freiwillig ausschöpfen.

Die Währung ist wegen der Einlösepflicht und der Arbitragebewegungen real angebunden. Eine Inflation durch eine monetäre, willkürliche Geldschöpfung ist ausgeschlossen. Eine Gefahr ergibt sich allerdings dann, wenn die Banken wegen Fehlern in ihrer Politik ihrer Zahlungsverpflichtung in Gold nicht mehr nachkommen können. Die Noten werden dann in einem solchen Bankenkonkurs wertlos mit entsprechenden Schäden für die Noteninhaber. Mit diesem Argument betätigte sich der Staat sehr früh in Systemen mit einer Goldkernwährung. Zum Schutz der Geldverwender wurden entweder bankenaufsichtsrechtliche Vorkehrungen getroffen oder sogar die Notenausgabe dem Monopol einer staatlichen Zentralbank unterworfen. Hinzu kommt das Motiv der Reservierung der Seigniorage durch den Staat. „Schutz"-Regelungen umfaßten oft eine Deckungsvorschrift. Diese kann im Extremfall eine völlige, üblicherweise aber eine teilweise Deckung des umlaufenden Notenvolumens zu einem fixierten Anteil durch bei der Notenbank lagernde Goldvorräte umfassen oder, wie in England praktiziert, einen festen maximalen, ungedeckten Betrag erlauben.

Die Einführung von Deckungsvorschriften mutet auf den ersten Blick adäquat und plausibel an, erscheint die Einlösefähigkeit der emittierenden Bank doch dadurch gesichert. Die psychologische Vertrauensbildung in die Währung wird ebenfalls gestärkt. Welche Sensibilität hinsichtlich der zentralen Goldreserven bis heute in der Bevölkerung vorherrscht, konnte jüngst im Frühsommer 1997 beim Streit um die Höherbewertung der Reserven der Bundesbank beobachtet werden. Doch zur Sicherstellung einer flexiblen Geldmengenanpassung muß eine starre Deckungsvorschrift strikt abgelehnt werden! Dieser wichtige Punkt wird bei der Diskussion der Einwände gegen die Goldkernwährung im Abschnitt 2.3.3.2 noch ausführlich behandelt werden.

#### 2.3.1.3 Internationaler Goldmechanismus

Die Koppelung von Werten ist in der Goldkernwährung keineswegs auf das Verhältnis zwischen Note und Gold beschränkt. Es kann sich auch auf das Verhältnis zu anderen Währungen übertragen, nämlich dann, wenn diese ebenfalls als Goldkernwährung ausgestaltet sind[235]. Dies war mit dem einheitlichen internationalen Goldstandard, der im letzten Drittel des 19. Jahrhunderts und dann noch bis zum ersten Weltkrieg in allen großen Ländern vorherrschte[236], gegeben. Aus den relativen Mengenparitäten zweier Währungen zum Gold folgt unmittelbar das Wertverhältnis der Währungen untereinander, d. h. der Wechselkurs. Sollte der sich am Devisenmarkt bildende Gleichgewichtskurs von dem Verhältnis der Goldparität abweichen, lohnt sich ein Erwerb der unterbewerteten Währung am Devisenmarkt, ihre Einlösung bei der Notenbank, der Transfer des Goldes in das andere Land und dort schließlich der Eintausch in Noten der überbewerteten Währung. Diese Arbitrage-Bewegungen halten den Wechselkurs in engen Bandbreiten, deren Ausmaß von den Kosten der Arbitrage-Transaktionen, insbesondere des physischen Goldtransfers, abhängt. Man spricht auch vom sogenannten oberen und unteren Goldpunkt als denjenigen Wechselkursen, bei denen die Arbitrage rentabel wird. Auf diese Weise entsteht automatisch ein System fester Wechselkurse, ohne daß es internationaler Vereinbarungen oder Devisenmarktinterventionen bedürfte. Diese Stabilitätsgemeinschaft bei festen Wechselkursen dürfte erheblich zu der in dieser Periode beobachtbaren starken Expansion des Welthandels beigetragen haben.

### 2.3.2 Institutionenökonomik der Goldkernwährung

Das institutionelle Arrangement einer Goldkernwährung schränkt die Freiheitsgrade der Akteure der Geldpolitik ein. Günstigstenfalls ist dies als Vorteil statt als Nachteil anzusehen, nämlich dann, wenn diese Verhaltensbeeinflussung in Richtung Stabilitätsorientierung wirkt. Dann wäre die Goldkernwährung geeignet, die aus der Public-Choice-Perspektive als notwendig erachteten Ergänzungen für eine autonome Notenbank zu liefern.

---

[235] Eine Darstellung des Internationalen Goldmechanismus liefert Jarchow, Hans-Joachim: Zur Theorie und Realität internationaler Währungssysteme, in: Zeitschrift für Wirtschafts- und Sozialwissenschaften, 117. Jg., 1997, Heft 3, S. 444 - 454.

[236] In Deutschland wurde ein einheitlicher Goldstandard in der Folge der Reichsgründung eingeführt. Zuvor hatten sowohl einige ausländische Staaten als auch manche deutsche Teilstaaten einen Silberstandard verwendet. In den 1870er Jahren gingen aber fast alle zu Gold über.

### 2.3.2.1 Stabilitätszwang als Nebenbedingung

Die Wertentwicklung einer real gebundenen Währung ist der Notenbank durch den Tauschwert, d. h. die Kaufkraft des gewählten Realgutes, bei der Goldkernwährung des Goldes, extern vorgegeben. Eine bewußte Erzeugung von Inflation durch die Geldpolitik ist deshalb unmöglich. Die Entscheidung über die zukünftigen Inflations- oder Deflationsraten ist quasi bereits auf konstitutioneller Ebene mit der Wahl des Realgutes getroffen, wenngleich dies unter Unsicherheit geschieht, da die tatsächliche Entwicklung von den nicht exakt voraussehbaren Marktverhältnissen des Realgutes geprägt werden wird. Die operative Geldpolitik kann dies im Positiven wie im Negativen nicht mehr ändern. Die Inflationsgestaltung ist damit erfolgreich der Willkür der Notenbank entzogen.

Zwar kann die Notenbank immer noch gewisse kurzfristige Effekte erzielen, doch ist deren Ausmaß äußerst begrenzt. Denn bei größeren Abweichungen greift die Verpflichtung zur Noteneinlösung als Disziplinierungsinstrument. Betreibt die Notenbank etwa eine zu expansive Geldpolitik, so wird sie sich bei einsetzendem Wertverlust der Noten einem zunehmenden Einlösungsbegehren gegenübersehen. Bei begrenzten Reserven des Realgutes, d. h. in unserem Beispiel des Goldes, muß sie ihren geldpolitischen Kurs über kurz oder lang in restriktiver Richtung korrigieren. Derweil greift bei laufenden Einlösungen der Automatismus der Notenmengenreduktion.

Als Handlungsanweisung, die es unbedingt durchzusetzen gilt, muß der Notenbank deshalb einzig und allein die Sicherstellung der Einlösefähigkeit vorgeschrieben werden. Diese darf unter keinen Umständen aufgegeben werden. Denn sie sichert, wie gezeigt, nicht nur die technische Funktionsfähigkeit, sondern erleichtert auch die Erwartungsbildung der Wirtschaftssubjekte und produziert Vertrauenskapital, das bei einer Aufhebung der Einlösungsgarantie vernichtet würde.

Auf die Garantie der Einlöseverpflichtung sollten deshalb die zu installierenden Sanktionsmechanismen für die Notenbankführung gerichtet sein. Ein Mißmanagement, das zu Zahlungsunfähigkeit in dem Einlösungsgut führt, ist hart zu bestrafen, mindestens mit Entlassung, wenn möglich zusätzlich mit disziplinarrechtlichen oder gar strafrechtlichen Mitteln.

### 2.3.2.2 Operative Freiheit

Die Sanktionsmechanismen können trotz oder besser gerade wegen der Härte der Sanktion für den Extremfall auf diesen beschränkt bleiben. Solange die mit harten

Strafandrohungen erzwungene Aufrechterhaltung der Einlösepflicht gilt, ist eine weitgehend stabile, an dem Realgut orientierte Wertentwicklung der Währung garantiert. Die oben beschriebenen Mechanismen greifen dann automatisch.

Für die operative Geldpolitik kann der Notenbank dagegen volle Freiheit gelassen werden. Die Entscheidung über Auswahl und konkrete Anwendung der geldpolitischen Instrumente kann in das freie Ermessen der Notenbank gestellt werden. Lediglich die Nebenbedingung der Einlösepflicht muß gewahrt bleiben. Die Notenbank kann unter diesen Bedingungen sehr schnell und flexibel auf sich verändernde Bedingungen reagieren. Mit freier operativer Entscheidungsgewalt können gerade autonome Notenbanken ihre Kompetenz beweisen. Tatsächlich ergänzen sich die Installationen einer Goldkernwährung und Notenbankautonomie ideal. Unabhängigkeit ist geradezu eine Voraussetzung für die Goldkernwährung. Denn Weisungen von außen, z. B. von der Regierung, könnten den geldpolitischen Erfordernissen zur Sicherstellung der Einlösbarkeit widersprechen und damit das System der Goldkernwährung unterminieren. Zumeist waren es solche Einflußnahmen, wie monetäre Kriegsfinanzierung, die zum Scheitern der historischen Goldkernwährungen geführt haben.

### 2.3.2.3 Schutz vor finanzpolitischem Druck

Solange das Arrangement der Goldkernwährung an sich nicht grundsätzlich in Frage gestellt ist, bietet es hervorragenden Schutz gegen stabilitätsfeindlichen Druck auf die Geldpolitik. Die Notwendigkeit zur Aufrechterhaltung der Einlösbarkeit befreit den Wertstandard nicht nur von Willkür der Akteure der Geldpolitik selbst, sie ist vielmehr auch Argumentationshilfe und Absicherung nach außen. Der durch das Realgut definierte Wertstandard ist einer Manipulation kaum zugänglich. Eine von der Finanzpolitik gegebenenfalls gewünschte inflationäre Entwertung der Staatsschuld ist gar nicht möglich. Deshalb droht ein solches Ansinnen wegen der technischen Unmöglichkeit seiner Realisation gar nicht erst in Form von Beeinflussungsversuchen Gestalt anzunehmen.

Die einzige Möglichkeit, die dem Staat bliebe, um gleichsam mit Gewalt eine Verringerung der realen Belastung der Verschuldung herbeizuführen, ist eine Änderung der Einlösungsparität. Dabei würde direkt der verwendete Wertstandard manipuliert. Ein solches Vorgehen entspräche von seiner Wirkung her einer Münzverschlechterung in einer Metallumlaufswährung. In jedem Fall wäre ein Verlust von Vertrauenskapital zu erwarten. Immerhin wäre selbst bei dieser Maßnahme als Vorteil gegenüber einer ungebundenen Papierwährung eine höhere Transparenz bezüglich einer schleichenden Inflation gegeben. Die klare

Erkennbarkeit der Verantwortlichen für die Inflation macht diese Vorgehensweise unpopulärer, für die Betreibenden unattraktiver und damit unwahrscheinlicher.

Der Idealfall liegt aber darin, daß die Parität und die Einlösung gar nicht in Frage gestellt werden, es sei denn die Paritätsanpassungen erfolgen gemäß einem genauen und willkürfreien Mechanismus, wie er als Kern der in der vorliegenden Arbeit präsentierten Vorschläge im Abschnitt 3 vorgestellt wird.

### 2.3.3 Diskussion möglicher Problemfelder und Einwände

Die Funktionsfähigkeit der Goldkernwährung konnte theoretisch aufgezeigt werden. Sie ist zudem durch lange Perioden in internationaler Verbreitung praktisch belegt. Zusätzlich besitzt die Goldkernwährung gerade auch aus der Public-Choice-Perspektive hervorragende institutionenökonomische Mechanismen. Dennoch existieren bei der Goldkernwährung Probleme.

Wenn man an eine Evolution der Systeme glaubt, kann man bereits den Untergang der Goldkernwährung in der ersten Hälfte dieses Jahrhunderts in praktisch allen Ländern, die diese zuvor betrieben, als Indiz für die Existenz von Mängeln ansehen. Der Übergang zu einer Papierwährung müßte aus dieser evolutorischen Sicht einen Fortschritt bedeuten, der von etwaigen Problemen der Goldkernwährung befreit. Diese sollen deshalb im folgenden untersucht werden. Dabei wird sich zeigen, daß es sich bei zweien der drei diskutierten Problemfelder nur um vermeintliche Nachteile handelt, die aus heutiger Sicht anders bewertet werden können.

#### 2.3.3.1 Unmöglichkeit konjunkturpolitischer Geldpolitik

Bei Existenz einer verbindlichen Realanbindung sind die Freiheitsgrade der Geldpolitik beschränkt. Dies wird vor allem von keynesianisch orientierten Kritikern der Goldkernwährung beklagt, die bedauern, daß die Geldpolitik dann nicht für eine aktive Konjunkturpolitik benutzt werden kann. In der Tat wird vom institutionellen Arrangement einer Goldkernwährung eine ausschließlich wertstabilisierende Orientierung erzwungen. Eine Verfolgung von anderen, konjunkturpolitischen Zielen scheidet deshalb aus. Mit einem Instrument kann eben nur ein Ziel angestrebt werden. Hier ist diese Zielzuordnung unumstößlich vorgegeben. Dies kann negativ beurteilt werden, wenn man anderen wirtschaftspolitischen Zielen Priorität einräumt und wenn man eine bewußte Zulassung von Inflation für die Verbesserung anderer Zielgrößen, wie beispielsweise in der Phillips-Kurven-Diskussion, in Kauf nehmen will. Dann erscheint das starre Korsett einer Goldkernwährung tatsächlich als Hindernis.

Diese Sichtweise dürfte heute aber nur noch von einer Minderheit vertreten werden. Vielmehr wird heute, wie in Abschnitt 1.1.1.1 bereits dargelegt, gerade eine eindeutige Zuordnung von Zielen und Politiken begrüßt und zwar insbesondere auch von der in dieser Arbeit eingenommenen Public-Choice-Perspektive. Die Einschränkung der Handlungsalternativen erscheint dann nicht als Nachteil, sondern sogar als Vorteil, der die Stabilitätsorientierung garantiert.

Verständlich wird die Nicht-Eignung für Konjunkturpolitik als Argument gegen die Goldkernwährung, wenn man sich in die eigennutzorientierte Interessenlage der Politiker versetzt und zwar sowohl der Geldpolitiker als auch und vor allem der allgemeinen. Sie werden einen möglichst breiten Handlungsspielraum wünschen. Aus ihrer Sicht scheint es deshalb attraktiv, die Fesseln einer Goldkernwährung abzustreifen. Das vermeintliche Problemfeld der Unmöglichkeit aktiver Konjunkturpolitik kommt dazu als Argumentationshilfe sehr gelegen. In der historischen Lage nach den meist kriegsbedingten Zusammenbrüchen der Goldkernwährungen mag dieses Argument seine Wirkung entfaltet haben. Die Politiker, die die Gestaltungsmöglichkeiten einer ungedeckten Papierwährung schätzen gelernt hatten, konnten damit insbesondere nach der Weltwirtschaftskrise und unter Nutzung des sich ausbreitenden keynesianischen Gedankengutes eine Rückkehr zum Goldstandard auf Dauer verhindern.

#### 2.3.3.2 Flexibilität der Geldmengenanpassung

Dieses angebliche Problemfeld der Goldkernwährung zielt auf einen Mengenzusammenhang zwischen der Goldmenge und der umlaufenden Geldmenge ab. Es steht in engem Zusammenhang mit den in Goldkernwährungen oft üblichen Deckungsvorschriften für den Notenumlauf. Das Argument lautet, daß die Menge entdeckten und geförderten Goldes sich höchstens zufällig mit der gleichen Rate entwickelt wie die Geldnachfrage. Von den sehr wahrscheinlichen Unterschieden gingen unweigerlich Inflation oder Deflation aus. Insbesondere der zweite Effekt wird für normale Situationen befürchtet. Bei konstanter Goldmenge müsse in einer wachsenden Wirtschaft Deflation einkehren, weil die wachsende Geldnachfrage nicht mit einem höheren Geldangebot bedient werden könne.

Diese Argumente sind aber zumindest in dieser Form der Übertragungswege nicht haltbar. Sie gelten nur bei Existenz starrer Deckungsvorschriften. Bei solchen wäre in der Tat eine weitere Notenemission begrenzt. Dieses Argument zeigt lediglich die schädliche Wirkung einer Deckungsvorschrift; es ist aber kein Problem der Goldkernwährung an sich. Das zentrale Element der Goldkernwährung ist eben nicht die Deckung, sondern die Einlösepflicht. In einer sinnvoll ausgestalteten Goldkernwährung ohne Deckungsvorschrift ist eine flexible Geldmengensteuerung auch und gerade in dem vermeintlichen Problemfall ohne weiteres möglich. Angenommen sei z. B. der Fall einer wachsenden Wirtschaft mit steigender Geldnachfrage bei konstanter Goldmenge. Der Wert der Noten würde zunächst aufgrund der gestiegenen Geldnachfrage die Parität übersteigen, da die Nachfrage wegen der praktischen Vorteile von Noten für Geldhaltungszwecke sich eben auf diese und nicht auf das Gold erstreckt. Dies erlaubte eine Erhöhung der Notenausgabe, ohne daß die Menge des physisch vorhandenen Goldes zunehmen muß. Die Mengen sind entkoppelt.

Im Extremfall wäre es sogar möglich, eine Goldkernwährung ohne ein einziges Gramm Gold zu betreiben. Die Notenbank müßte dann lediglich zwingend immer den Wert der Noten leicht über der Parität halten. Einlösebegehren sind dann nicht zu erwarten. Reale Goldbestände sind unnötig. In der Praxis ist ein Sicherheitsbestand an Gold sicher eine Vereinfachung für die Kunst der Geldpolitik, zwingend notwendig ist er indes nicht. Diese Beispiele sollten genügen, um zu belegen, daß zwischen Goldmenge und Notenmenge eben kein Zusammenhang besteht. Noten und Gold sind nicht mengenmäßig, wohl aber wertmäßig verknüpft. Die Einlösepflicht ist deshalb entscheidend; eine Deckungsvorschrift ist dagegen schädlich.

Diesen Charakter der Goldkernwährung erkannte bereits David Ricardo. Dies ist ersichtlich aus seinen Stellungnahmen in der sogenannten Bullion-Kontroverse mit Henry Thornton[237]. Dabei ging es um die Reaktion der Bank of England auf die zu Beginn des 19. Jahrhunderts von der Finanzierung der Kriege gegen Napoleon ausgelösten Krise. Dadurch induzierte Inflationstendenzen führten zu zunehmenden Einlösebegehren und einer drohenden Gold-Zahlungsunfähigkeit der Bank of England. Henry Thornton wollte dem mit einer Aufhebung der Einlöseverpflichtung begegnen. Die Stabilisierung der Währung sollte dagegen durch die Einführung von Deckungsquoten garantiert werden. Ricardo war sich der damit verbundenen Probleme bewußt und bestand auf der Aufrechterhaltung der Einlösepflicht, was nach den obigen Überlegungen als richtig erscheint.

---

[237] Vgl. Ricardo, David: Proposals for an economical and secure currency; with observations on the profits of the Bank of England, London, 1816; ders.: The High Price of Bullion: A Proof of the Depreciation of Bank Notes, London, 1910, wiederabgedruckt in: Sraffa, Piero (Hrsg.): The Works and Correspondence of David Ricardo, Vol. III, Pamphlets and Papers 1809 - 1811, Cambridge, 1962 und Thornton, Henry: An enquiry into the nature and effects of the paper credit of Great Britain, 1802, Neudruck New York, 1965. Eine Zusammenfassung geben Gerding, Rainer /Starbatty, Joachim: Zur Entnationalisierung des Geldes, Tübingen, 1980, S. 16 - 17 und Lechner, Hans H.: Währungspolitik, Berlin und New York, 1988, S. 184 - 185.

Mit ähnlichen Fragestellungen befaßte sich in der Folge auch die sogenannte Banking-Currency-Kontroverse. Dabei standen Geldschöpfungsmöglichkeiten, Deckungsvorschriften und Goldautomatismus im Vordergrund[238]. Diese Diskussion kann als Beispiel für die frühe Beschäftigung mit Regelbindungen der Geldpolitik verstanden werden, wobei die Banking-Vertreter eine liberale Notenausgabe befürworteten, während die Currency-Vertreter eine restriktive Vorschrift für eine staatliche Zentralbank forderten. Letztere setzten sich zur Mitte des 19. Jahrhunderts weitgehend durch als 1844 die Peel'sche Bankakte[239] eine Deckungsvorschrift für die Bank of England einführte, die gleichwohl langfristig die Zahlungsfähigkeit nicht garantieren konnte und lediglich zu Problemen einer inflexiblen Geldmengenanpassung führte.

### 2.3.3.3 Reale Wertschwankungen des Goldes

Zwar besteht, wie gezeigt, kein Mengenzusammenhang zwischen Realgut und Noten, wohl aber ein Wertzusammenhang. Dies war als erzwungene Stabilitätsorientierung als Vorteil verbucht worden. Diese Stabilität ist aber von der Wertstabilität des Bindungsgutes, d. h. in unserem Beispiel des Goldes, abhängig. Vor einer rein monetären Inflation ist die Währung geschützt. Reale Wertveränderungen in Form von Verschiebungen der relativen Preise können aber die Stabilität des Geldes bedrohen. Wenn der Tauschwert von Gold gegenüber anderen Gütern steigt, bedeutet dies in einer Goldkernwährung automatisch Deflation. Die Notenbank ist gezwungen, eine so restriktive Geldpolitik zu betreiben, daß Deflation entsteht, weil sonst Einlösebegehren für das im Wert gestiegene Gold wirksam würden. Zu denken wäre als Beispiel etwa an eine neu entwickelte industrielle Anwendung von Gold, die die reale Nachfrage und den relativen Preis erhöht.

Umgekehrt würde bei einem Wertverfall des Goldes Inflation möglich. Dies wäre z. B. bei neuen Goldfunden denkbar. Indirekt gäbe es dann doch eine Mengen

---

[238] Für einen Überblick über die Banking-Currency-Kontroverse siehe Bofinger, Peter / Reischle, Julian / Schächter, Andrea, a. a. O., S. 176 - 177. Die Kontrahenten der Diskussion werden vorgestellt von Burchardt, Michael, a. a. O., S. 461. Dort wird auch versucht den mit recht unscharfen Konturen versehenen Gegenstand der Diskussion abzugrenzen, vgl. ebenda S. 462 - 465. Weiterführende Literatur zum Thema wird zusammengestellt von Richter, Rudolf: Geldtheorie, 2. durchgesehene und ergänzte Auflage, Berlin und andere Orte, 1990, S. 355 - 356.

[239] Benannt nach dem britischen Premierminister Sir Robert Peel. Siehe Burchardt, Michael, a. a. O., S. 460.

wirkung, allerdings nicht über einen unmittelbaren Mengenzusammenhang, wie im vorangegangenen Abschnitt widerlegt, dafür aber über die davon ausgelösten Werteffekte[240].

Insbesondere heute, in modernen, volatilen Zeiten, ist fraglich, ob diese reale Wertstabilität noch hinreichend gegeben ist. Erinnert sei in diesem Zusammenhang nur an die starken Goldpreissteigerungen der siebziger Jahre dieses Jahrhunderts, die als Beispiel für die angeführte Argumentation dienen können. Ein Teil davon war ein rein nominales Spiegelbild der von der Ölkrise verursachten und monetär alimentierten allgemeinen Inflation dieses Jahrzehnts. Doch verbleibt nach einer entsprechenden Bereinigung immer noch eine starke reale Wertsteigerung des Goldes. Sie hätte eine erhebliche Deflation erforderlich gemacht, wenn in dieser Zeit eine Goldkernwährung praktiziert worden wäre. Letzteres sei als Gedankenexperiment im folgenden angenommen.

In Abb. 8 ist die Entwicklung des Goldpreises nominal und zu einer realen Zeitreihe deflationiert verzeichnet. Aus der realen Goldpreisentwicklung läßt sich auf die theoretische Preisniveauentwicklung schließen, die sich bei Existenz einer Goldkernwährung hätte einstellen müssen. Bei fester Parität zwischen Noten und Gold müssen die anderen Güterpreise sich gerade so verändern, daß der reale Goldpreis erreicht wird. Das Preisniveau in der hypothetischen Goldkernwährung folgt dann dem Kehrwert des realen Goldpreises. Ein notwendig gewordener realer Anstieg des Goldwertes erzwingt z. B. eine Deflation der Güterpreise in genau diesem Umfang. Dies kann in Abb. 8 an der Zeitreihe der hypothetischen Preisentwicklung bei einer Goldkernwährung nachvollzogen werden. Ihr Verlauf folgt einer spiegelbildlichen Entwicklung zum realen Goldpreis[241].

---

240 Ausführliche Betrachtungen zu den Rückwirkungen von Änderungen der Preisrelationen einschließlich von Analysen der Anpassung von realen Dispositionen wie der Goldförderung finden sich bei Niehans, Jürg: The Theory of Money, Baltimore und London, 1978, insbesondere Kapitel Eight: Commodity money, S. 140 -165.

241 Der hypothetische Preisniveauverlauf ist berechnet als Kehrwert des realen Goldpreises mit einer Normierung auf 1970 = 100%.

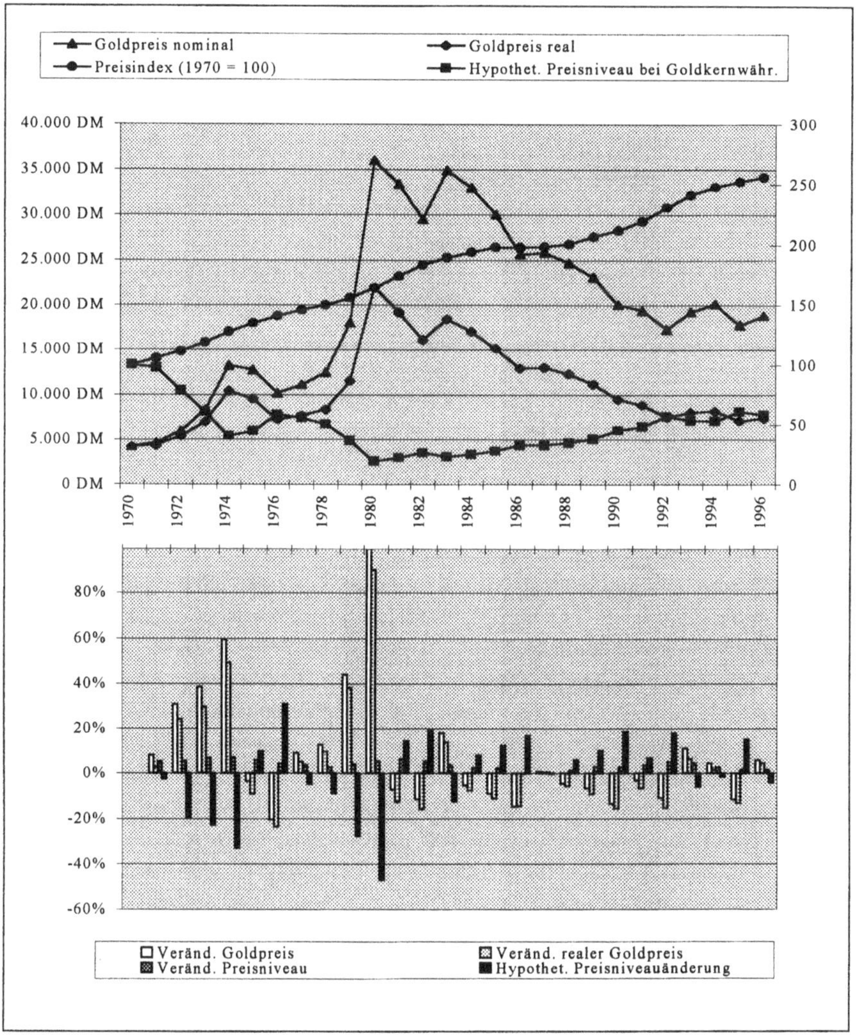


**Abb. 8 Goldpreis und Preisniveauentwicklung in einer hypothetischen Goldkernwährung in den letzten Jahrzehnten**[242]

[242] Die Datenreihen und ihre Berechnung finden sich im Anhang 4. Quelle für die Goldpreise ist die Antwort auf eine Anfrage bei der Deutschen Bundesbank. Der verwendete Preisindex ist der Index für die Lebenshaltung für den Warenkorb von 1991, Preise für Westdeutschland,

In den siebziger Jahren sinkt das hypothetische Preisniveau in Reaktion auf den starken Goldpreisanstieg. In den achtziger Jahren ist dann eine gewisse Gegenbewegung zu erkennen. Das sich theoretisch ergebende Preisniveau unterliegt demnach ausgeprägten Schwankungen. Diese sind stärker und unregelmäßiger als die Preisniveauveränderungen bei der tatsächlich praktizierten Papierwährung. Bei der langfristigen Stabilität wäre die Goldkernwährung allerdings leicht überlegen. Das Preisniveau verändert sich in der hypothetischen Währung über den gesamten Betrachtungszeitraum hinweg etwa um den Faktor 1,7 nach unten gegenüber einem Anstieg um 2,5 bei der Papierwährung. Doch die Veränderungen erfolgen in der Papierwährung wesentlich stetiger. Ein Blick auf die im unteren Teil der Abb. 8 enthaltenen jährlichen Veränderungsraten offenbart die teilweise exorbitanten Sprünge in der hypothetischen Preisniveauentwicklung. Als extremes Beispiel sei auf den theoretischen Bedarf eines Fallens des Preisniveaus um 47% im Jahre 1980 verwiesen, gefolgt von einem Anstieg um 15% im folgenden Jahr.

Zwei Argumente müssen aber als gewisse Einschränkung zu den dargelegten Überlegungen festgehalten werden. Zum einen verteuerte sich das Gold in den siebziger Jahren gerade deshalb, weil die Papierwährungen nicht daran gebunden waren. Gold diente als Fluchtgegenstand zum Schutz vor Inflation. Bei einer Goldkernwährung würde dieses Motiv fehlen, das erheblich zu der spekulativen Verteuerung des Goldes beigetragen hat. Zweitens hätten zusätzliche Operationen am Goldmarkt, die sich aus der Eigenschaft als Währungsmetall ergeben hätten, den Preistrend eventuell gebremst. Zu denken wäre etwa an ausgleichende Verkäufe oder Käufe durch die Notenbanken. Welche Bedeutung die Reservehaltungen der Notenbanken und etwaige Änderungen für die Marktvolumina haben können, zeigt der Zusammenbruch des Silberpreises in derjenigen Phase des 19. Jahrhunderts, in der beim Übergang zum Goldstandard praktisch alles Währungssilber verkauft wurde. Dies verstärkte die damals ohnehin vorhandene Volatilität des Silberpreises erheblich. Diese war es auch, die zuvor der Grund für die Abkehr von diesem Standard war. Gold erschien damals geeigneter. Grundsätzlich unterliegt es aber dem gleichen konstruktiven Mangel.

Selbst wenn die Änderungen der Preisstrukturen in den 70er Jahren dieses Jahrhunderts nicht ganz so stark ausgefallen wären wie in obiger Modellrechnung, so hätten sie eine gold-gebundene Währung doch erheblich auf die Probe gestellt

---

ab 1991 für Gesamtdeutschland. Er ist in Abb. 8 umbasiert auf 1970 = 100%. Quelle für die Preisentwicklung ist Sachverständigenrat zur Begutachtung der gesamtwirtschaftlichen Entwicklung: Jahresgutachten 1997/98, Wiesbaden, 1997, Tab. 73, S. 397.

und strapaziert. Es bleibt festzuhalten, daß die realen Wertschwankungen des Goldes, gemessen am Preisindex, Inflations- und Deflationstendenzen hervorrufen können. Das Gold ist damit, zumindest heute, ein höchst unvollkommener Wertstandard. Daraus ergeben sich entsprechende Mängel der Goldkernwährung. Eine auf dem Prinzip der Metallkernwährung beruhende Währungsordnung wäre nur dann frei von Schwankungen des Preisindexes, wenn es gelänge für die Anbindung ein Realgut mit stabilem realem Preis zu finden.

### 2.3.4 Bewertung der Goldkernwährung

Nachdem die theoretische Funktionsweise der Goldkernwährung einschließlich Problemfeldern und institutionenökonomischen Aspekten dargestellt wurde, wird nun nach einer abschließenden Bewertung gesucht. Dazu wird zunächst auf die Empirie der historischen Goldkernwährung zurückgegriffen. Danach wird eine Beurteilung aus moderner Sicht unternommen.

#### 2.3.4.1 Historische Evidenz

Die Performance der Goldkernwährung wird hier am Beispiel Deutschlands ausgewertet und zwar für den Zeitraum von 1871 bis 1913, in dem ein landesweiter Goldstandard in Kraft war. Der Verlauf der Preisentwicklung läßt sich weitgehend auf den anderer Länder übertragen. Wegen der oben erläuterten internationalen Anbindungen und quasi festen Wechselkurse bei Verwendung des gleichen Wertstandards sind große Abweichungen nicht möglich. Abb. 9 zeigt die Entwicklung eines Preisindexes für Ernährung und Wohnung.

Auffällig ist die langfristige Wertstabilität. In 42 Jahren ist der Index nur um 44% gestiegen, was einer geometrisch gemittelten Jahresrate von 0,9% entspricht. Das arithmetische Mittel beträgt 1,0%. Dies ist besser als alles, was selbst in erfolgreichen Papierwährungen erreicht wurde[243]. Wenn man geeignete Teilzeiträume betrachtet und die von Sonderfaktoren überzeichneten Zeiten nach der Reichsgründung und vor dem ersten Weltkrieg herausläßt, lassen sich noch beein-

---

[243] Zum Vergleich seien Zahlen der Preisentwicklung in der jüngeren Vergangenheit für die Bundesrepublik Deutschland genannt: Über eine Periode von 42 Jahren hinweg stieg der Preisindex für die Lebenshaltung zwischen 1954 und 1996 um 254%. Dies entspricht einer geometrisch gemittelten Jahresrate von 3,1%, d. h. mehr als dem Dreifachen des langfristigen Durchschnitts in der Goldkernwährung. Die Daten für die Bundesrepublik entstammen der aus einer Verkettung mehrerer Zeitreihen gewonnenen langjährigen Übersicht über den Preisindex für die Lebenshaltung in Statistisches Bundesamt (Hrsg.): Statistisches Jahrbuch für die Bundesrepublik Deutschland 1997, Wiesbaden, 1997, Tab. 23.12, S. 650.

druckendere Ergebnisse aufzeigen, z. B. daß der Index 1873 etwa die gleiche Höhe aufweist wie 1904. Dies muß allerdings relativiert werden durch die Anmerkung, daß sich auch in der Goldkernwährung und vor allem in der Goldumlaufswährung, bei letzterer wegen des direkten Mengenzusammenhanges, Phasen deutlicher Inflation auffinden lassen, wie beispielsweise das 16. Jahrhundert mit seinen umfangreichen Edelmetallimporten aus der neuen Welt. Doch diese langfristigen Inflationserscheinungen fallen im Vergleich zu Papierwährungen immer noch recht gering aus.

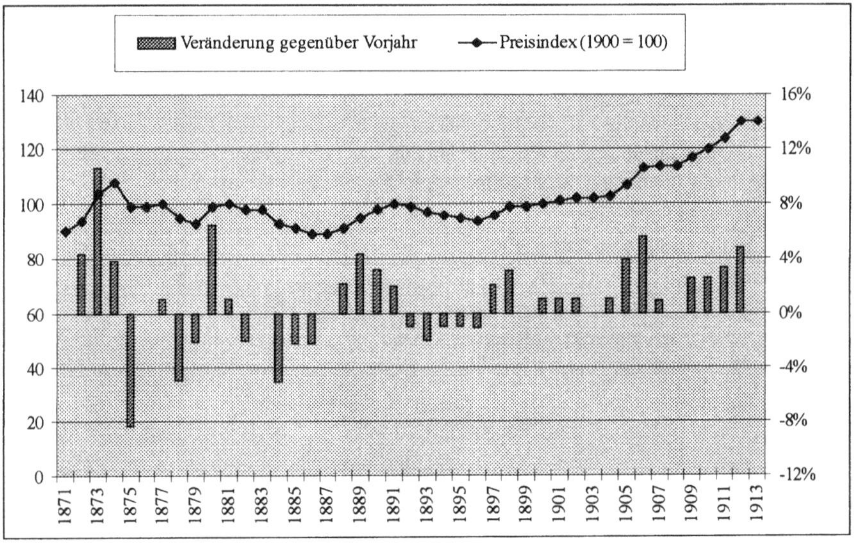


**Abb. 9 Preisniveauentwicklung in Deutschland 1871 - 1913[244]**

Andererseits ist die hohe Volatilität der einzelnen Jahresinflationsraten auffällig[245], die bereits in der hypothetischen Modellrechnung für moderne Zeiten im vorangegangenen Abschnitt verzeichnet wurde. Die Raten entfernen sich teilweise weit von dem durchschnittlichen 1%. Phasen mit Deflationstendenzen kommen mehrfach vor und halten teilweise über mehrere Jahre an. Die durch-

---

[244] Daten aus Sprenger, Bernd, a. a. O., Tab. 27, S. 199. Ähnliche Preisentwicklungen nennt für einen internationalen Vergleich für den Zeitraum 1776 bis 1913 McCallum, Bennett T., a. a. O., S. 419.

[245] Diese starken kurzfristigen Schwankungen beobachten auch Richter, Rudolf: Geldtheorie, a. a. O., S. 242 - 243 und Schwartz, Anna J.: Money in Historical Perspective, Chicago und London, 1987, S. 372 - 376.

schnittliche absolute Veränderungsrate beträgt deshalb deutlich höhere 2,5%. Dabei treten erhebliche Sprünge auf, z. B. der Swing von plus 4% in 1874 zu minus 8% im Jahr darauf. Solche Änderungen sind einer stabilen Erwartungsbildung nicht zuträglich. Folgt man der These, daß Inflation insbesondere wegen der Erzeugung von Unsicherheit schädlich ist, schneidet die Goldkernwährung nicht mehr gut ab[246].

Offenbar muß beim Vergleich der empirischen Leistungen der Goldkernwährung mit Papierwährungen die Frist bzw. die Geldfunktion unterschieden werden. Als Wertaufbewahrungsmittel und als langfristiger Wertstandard, z. B. für langfristige Investitionsprojekte, ist das Geld einer Goldkernwährung sehr gut geeignet. Als kurzfristiger Wertmaßstab und Recheneinheit ist die Eignung dagegen schlechter als bei stabilen Papierwährungen.

Die Ursachen für den Charakter der gezeigten Wertentwicklungen sind nach den vorangegangenen theoretischen Überlegungen der letzten Abschnitte sehr einfach nachzuvollziehen: Die langfristige Stabilität ist durch die Disziplinierung der Geldpolitik mittels der Einlösepflicht garantiert; die kurzfristigen realen Wertschwankungen des Goldes sind dagegen die Ursache für entsprechende Bewegungen der Währung. Einmal mehr erweisen sich diese realen Wertveränderungen als das zentrale Problemfeld der Goldkernwährung.

#### 2.3.4.2 Heutige Beurteilung

Die historische Goldkernwährung erscheint in einer modernen theoretischen Betrachtungsweise wieder attraktiv. Die Kombination dieser scheinbar antiquierten Organisationsform mit der Public-Choice-Perspektive offenbart zusätzliche Vorzüge der Goldkernwährung. Sie bietet einen institutionellen Rahmen der ideal mit Autonomie verknüpft werden kann und sogar zusätzliche auf Stabilität wirkende Anreize und Automatismen liefert. In der Goldkernwährung lassen sich institutioneller Stabilitätszwang und hohe operative Flexibilität hervorragend ver-

---

246 Ähnliche empirische Ergebnisse, wie die hier präsentierten, nennt für sieben Industrieländer Jarchow, Hans-Joachim, a. a. O., S. 453 - 454. Für den Zeitraum von 1880 - 1913 ermittelt er eine Inflationsrate von 1,0% gegenüber 3,6% während der Bretton-Woods-Periode 1946 - 1970 und 7,1% von 1973 - 1989. Der Variationskoeffizient zeigt dagegen für den Goldstandard den höchsten Wert und für die Periode flexibler Wechselkurse den niedrigsten. Die Inflations-Konvergenz zwischen den einzelnen Ländern ist beim Goldstandard genauso stark ausgeprägt wie im Bretton-Woods-System, was nach der Darstellung des internationalen Goldmechanismus nicht überrascht. Bei flexiblen Wechselkursen sind die Abweichungen stärker.

einen. Vermeintliche ehemals als Mängel angesehene Eigenschaften wie die Nicht-Eignung für aktive Konjunktursteuerung erscheinen heute sogar als Vorteil. Eine flexible Geldmengensteuerung ist bei Verzicht auf kontraproduktive Deckungsvorschriften ebenfalls problemlos möglich.

Ernst zu nehmende Probleme ergeben sich aber bei Strukturverschiebungen, die den realen Wert des Goldes bzw. jedes anderen als Realbindung gewählten Gutes tangieren. Änderungen des relativen Preises zwischen Gold und einem repräsentativen Güterbündel erzwingen gemessen an einem Preisindex Inflation oder Deflation. Bei hoher Wertvolatilität, die heutzutage zu befürchten ist, liefert das Arrangement einer unmodifizierten Goldkernwährung deshalb doch nur unzureichende Ergebnisse.

## 2.4 Zusammenfassung der Ergebnisse des zweiten Kapitels

Die vier wesentlichsten von der Geldtheorie entwickelten und international in unterschiedlicher Gewichtung praktizierten geldpolitischen Konzepte werden in ihrer Funktionsweise und mit ihren Problemfeldern dargestellt. Vor allem werden sie auf ihre Tauglichkeit für die Verankerung von Anreizmechanismen und Regelbindungen hin überprüft, die im ersten Kapitel als notwendig erarbeitet worden sind. Dabei ergibt sich aus der Kombination der Betrachtung von theoretischer Funktionsfähigkeit und der Eignung für Disziplinierungsregeln ein Dilemma. Keines der vier untersuchten Konzepte liefert bei beiden Kriterien ausreichend positive Eigenschaften.

Die direkte Preisniveausteuerung erlaubt die Installation von Sanktionsmechanismen, doch die Problematik der Wirkungsverzögerungen zieht die theoretische Funktionsfähigkeit in Zweifel. Bei Verwendung eines Geldmengenindikators läßt sich eine Regelbindung praktizieren, sie erfordert aber eine extrem hohe Stabilität der Geldnachfrage, die in der Praxis nur selten gegeben ist. Ein Zinsziel erweist sich wegen der Nicht-Erkennbarkeit des natürlichen Zinses sowohl theoretisch als mangelhaft als auch als ungeeignet für die Verankerung von Disziplinierungsmechanismen. Wechselkursziele stellen sich dagegen als theoretisch funktionsfähig dar und auch als mögliche Basis für die Einführung von Regeln und Anreizen. Sie sind aber nur für kleine Länder geeignet.

Angesichts des ermittelten Dilemmas werden als Alternativen zu den vier herkömmlichen geldpolitischen Konzepten die exotischeren Ansätze der Währungskonkurrenz und der historischen Goldkernwährung analysiert. Bei der Währungskonkurrenz ist der Wettbewerb als inhärenter Disziplinierungsmechanismus wirksam. Sie bedarf deshalb keiner zusätzlichen derartigen Installationen. Bei einer Überprüfung der theoretischen Funktionsfähigkeit dieses Ansatzes erweist sich dieses System außerdem als hochgradig konsistent. Doch bei einer praktischen Umsetzung werden Nachteile sichtbar. Der Verlust eines einheitlichen Wertstandards relativiert die Geldfunktionen. Skalenvorteile, insbesondere auf Seiten der Geldnutzung, bedeuten das Entstehen von zusätzlichen Informationserfordernissen und Transaktionskosten beim Übergang zur Währungskonkurrenz. Die Währungskonkurrenz ist deshalb nur gegenüber spürbar inflationierenden Monopolwährungen überlegen, nicht aber im Vergleich zu einem stabilen Einheitsgeld.

Die Goldkernwährung hat ihre Eignung als stabile Einheitswährung bereits historisch bewiesen. Aus Public-Choice-analytischer Perspektive ist dies auf den von der Einlösepflicht ausgehenden Sanktionsmechanismus zurückzuführen. Er erzwingt eine Stabilitätsorientierung und erlaubt zugleich eine flexible operative Geldpolitik einer autonomen Notenbank. Die Goldkernwährung bietet damit im Vergleich mit den anderen untersuchten Systemen die beste Synthese aus Funktionsfähigkeit und gewünschten institutionenökonomischen Eigenschaften. Mit dieser modernen Betrachtungsweise gewinnt dieses historische System neue Attraktivität. Als entscheidender Nachteil der Goldkernwährung ist aber ihre Anfälligkeit gegenüber realen Wertschankungen des Goldes festzuhalten, die eine Stabilisierung eines Preisindexes unmöglich macht.

# 3 Einlösepflicht mit Preisindexfixierung

## 3.1 Sinn und Problematik der Indexstabilisierung

Nachdem im vorangegangenen Abschnitt die reale Wertschwankung als das zentrale Problem der aus institutionenökonomischer Sicht sehr gut geeigneten Goldkernwährung ermittelt wurde, wird im dritten Kapitel als Weiterentwicklung eine Realanbindung, die mit Preisniveaustabilität vereinbar ist, entworfen. Dazu wird im folgenden nach einer kurzen Begründung des Sinns von Preisniveaustabilität zunächst die Messung der Stabilität selbst problematisiert. Ist eine Orientierung an Indizes wirklich geeignet, um die Neutralität von Geld zu beurteilen? Tatsächlich lassen sich mehrere Unvollkommenheiten und Abgrenzungsbedürfnisse auffinden. Doch erweisen sich diese nicht als so gravierend, daß nicht die Orientierung an Preisindizes mangels Alternativen pragmatisch weiterverfolgt werden sollte.

### 3.1.1 Gründe für Preisniveaustabilität

Die Vorteilhaftigkeit von Stabilität folgt unmittelbar aus den Problemen und Nachteilen von Preisniveauänderungen. Insbesondere denkt man in diesem Zusammenhang vor allem an den häufigeren, heute fast ausschließlich vorkommenden Fall von Preisniveausteigerungen. Die folgenden Erläuterungen wählen deshalb zumeist das Beispiel der Inflation. Die zu schildernden Effekte wirken aber in der Regel ebenso nachteilig im Falle von Deflation.

Dieser Abschnitt ist bewußt kurz gehalten, da die Folgen von Inflation weitgehend als bekannt vorausgesetzt werden können bzw. im Schrifttum hinreichend behandelt sind[247]. Die hier gelieferte Abhandlung erhebt außerdem keinen Anspruch auf Vollständigkeit. Vielmehr wird das Schwergewicht speziell auf diejenigen Effekte gelegt, wegen der nicht nur eine Konstanz der Inflationsrate, sondern möglichst gar eine absolute Preisniveaustabilität wünschenswert ist. Denn diese ist es, auf die der noch zu entwickelnde geldpolitische Ordnungsrahmen zielen soll.

Völlig ausgeklammert wird in diesem Abschnitt die Diskussion um etwaige positive Wachstums- und Beschäftigungseffekte von Inflation, da diese bei Annahme

---

[247] Für einen Überblick und weitere Literaturangaben siehe z. B. Ströbele, Wolfgang: Inflation: Einführung in Theorie und Politik, 2. Aufl., München und Wien, 1984.

rationaler Erwartungen ohnehin stark in Frage gestellt sind[248]. Statt der Ausbeutung einer vorübergehenden Geldillusion bietet langfristig eher die Stabilisierung der Erwartungen eine Grundlage für die Verbesserung der Beschäftigungslage[249].

### 3.1.1.1 Verteilungseffekte von Inflation

Da Inflation ein Prozeß über einen Zeitraum hinweg darstellt, werden davon nominal fixierte Werte in Verträgen mit längerer Laufzeit real beeinträchtigt. Typische Beispiele wären Kreditverträge mit einer realen Umverteilung zugunsten des Schuldners und Arbeitsverträge mit einer realen Benachteiligung des Lohnempfängers. Allerdings treten diese Effekte nur dann auf, wenn die Inflation nicht vorausgesehen wurde oder zumindest unterschätzt wurde. Bei einer Überschätzung, beispielsweise in Phasen einer Disinflation, gilt die Umverteilungsrichtung entsprechend umgekehrt. Bei sich als korrekt erweisenden Erwartungen scheinen Preisniveauveränderungen keine Umverteilungswirkung zu entfalten, wenn sie in die Vertragsgestaltung mit einbezogen werden können. Eine solche Einbeziehung kann allerdings zu gegebenenfalls höheren Transaktionskosten führen, z. B. in Form der Notwendigkeit einer Indexierung, Nachberechnungen, Umrechnung zukünftiger Nominalwerte oder anderen nötigen Anpassungen[250]. Schlimmstenfalls kann ein Schuldverhältnis sich einer adäquaten vertraglichen Gestaltungsmöglichkeit völlig entziehen. Dies wäre z. B. bei einseitigen Verpflichtungen wie etwa Steuerzahlungen gegeben. Selbst bei erkannter zukünftiger Inflation kann sich ein Steuerzahler nicht der Verzerrung von Nominalwerten, realen Minderungen von Freibeträgen oder kalter Progression erwehren[251]. Erwartete und erreichte absolute Preisniveaustabilität ist demnach zur Vermeidung von unerwünschten und nicht leistungsgerechten Umverteilungseffekten allemal der einfachste und günstigste Fall.

### 3.1.1.2 Allokationseffekte von Inflation

Dynamische Änderungen des Wertstandards erschweren die Kalkulation. Damit werden Fehleinschätzungen, insbesondere bei langfristigen Investitionsprojekten, wahrscheinlich. Selbst bei geringen, einstelligen Inflationsraten kumulieren sich die Veränderungen über lange Zeiträume so stark, daß das Gefühl für Werte ver-

---

[248] Zu diesen Fragestellungen siehe auch die Überlegungen im Abschnitt 1.1.1.1.

[249] Dies ist auch empirisch belegt; vgl. Bofinger, Peter / Reischle, Julian / Schächter, Andrea, a. a. O., S. 44 - 47.

[250] Kosten für die Anpassung an Inflation werden angeführt von o. V.: Vom Wert stabilen Geldes, in: Deutsche Bundesbank (Hrsg.): Geschäftsbericht, 1996, S. 87.

[251] Vgl. ebenda S. 89 - 90.

loren geht. Zwar können für die Analyse rückwirkender Zeitreihen entsprechende Preisbereinigungen vorgenommen werden, doch für die Zukunft ist dies bei Ungewißheit über die künftigen Steigerungsraten unmöglich. Geld verliert als intertemporaler Wertmaßstab bei Inflation seine Eigenschaft, Informationen zu generieren. Dies gilt für langfristige Planungen bereits bei geringen Inflationsraten, bei denen die anderen Geldfunktionen noch nicht in Frage gestellt sind. Und selbst bei perfekter Voraussicht würden ähnlich der Situation bei den Umverteilungseffekten Transaktionskosten der Anpassung anfallen, sofern solche Antizipationen überhaupt möglich sind und nicht handels- oder steuerrechtliche Regelungen dem entgegenstehen. Das von der deutschen Rechtsprechung praktizierte „Mark gleich Mark"-Prinzip ist bei geschehener oder absehbarer Inflation in diesem Zusammenhang wenig hilfreich. Jene einfache Regel wäre eben nur bei absoluter Preisniveaustabilität, nicht aber bereits bei einer konstanten, von allen Marktteilnehmern erwarteten Rate verzerrungsfrei.

Ein weiterer wohlstandsmindernder Effekt ist die Verhaltensanpassung, die sich bei den Geldverwendern einstellt. Die Geldnachfrage ist wegen der von Inflation beeinträchtigten Wertaufbewahrungsfunktion und der damit verbundenen Vermögensverluste negativ von der Inflationshöhe abhängig. Es entstehen zusätzliche Opportunitätskosten der Geldhaltung; der Liquiditätsnutzen aus der Geldhaltung ist für die Verwender bei Inflation suboptimal[252]. Dieser Effizienzverlust gilt auch bei perfekter Voraussicht über die Inflationshöhe. Statt eigentlich präferierter liquider Mittel werden vermehrt mit zusätzlichen Transaktionskosten real abgesicherte Finanzanlagen oder direkt Sachanlagen gehalten. Bei Unsicherheit über die künftige Preisentwicklung ist eine Flucht in Sachwerte erst recht zu erwarten. Diese als Reaktion auf Inflation individuell sinnvollen Verhaltensanpassungen und Dispositionen bedeuten im Vergleich zu einer inflationsfreien Situation einen ineffizienten Einsatz knapper Ressourcen und somit eine Fehlallokation.

### 3.1.2 Ausgestaltung und Wahl eines spezifischen Indexes

Um die Einhaltung einer möglichst absoluten Stabilität zu überprüfen, muß diese gemessen werden. Dazu werden in der Regel Preisindizes verwendet. Diese sind aber nur ein Indikator für die eigentlich zu messende Kaufkraft. Die Kaufkraft einer Währung selbst kann nicht direkt gemessen werden, denn sie ist der Wert-

[252] Die Frage, ob aus dieser Erwägung heraus sogar ein weitgehend opportunitätskostenfreies, deflationierendes Geld wünschenswert wäre, wird in Abschnitt 3.1.3.3 behandelt.

standard[253]. Die Erkenntnis, daß eine DM eine DM wert ist, gilt immer und hilft nicht viel weiter. Ersatzweise muß deshalb versucht werden, über Gütermengen, die mit einer Geldeinheit gekauft werden können, zu operieren. Hierbei sind die Preise der Güter der entscheidende Faktor. Gäbe es nur ein zu betrachtendes Gut, ließe sich die Kaufkraft einer Währungseinheit einfach als Kehrwert des Preises ermitteln. Doch bei mehreren Gütern stellt sich das Problem der Gewichtung und der Interpretation der zu aggregierenden Daten. Da sich für die Abgrenzungen und Gewichtungen verschiedene Alternativen anbieten, ist ein Preisindex kein eindeutiges Maß für die Kaufkraft, sondern hat lediglich Indikatorfunktion. Die damit zusammenhängenden Probleme werden in diesem Abschnitt thematisiert.

#### 3.1.2.1 Problematik der Repräsentativität des Güterbündels

Für die Messung der Kaufkraft soll zur Gewichtung ein Güterbündel verwendet werden, das möglichst repräsentativen Charakter hat. Doch kann es in der Praxis nicht für jeden, überall und immer repräsentativ sein. Dazu unterscheiden sich die Geldverwender zu sehr interpersonell, räumlich und zeitlich in ihren Gewohnheiten. Hinsichtlich dieser drei Kriterien treten Abgrenzungsprobleme auf, die hier mit ihren üblichen Lösungsansätzen skizziert werden.

In Bezug auf die Personen sind die individuellen Unterschiede der Geldnutzer zu beachten. Praktisch jedes Wirtschaftssubjekt verwendet Geld, aber in unterschiedlichen Funktionen. Die gekauften Güterbündel differieren stark. Ein exakter Preisindex für die Orientierung einer Person müßte deshalb individuelle Gewichtungen vornehmen. Dies ist impraktikabel. Statt dessen werden die Wirtschaftssubjekte zu typischen Gruppen aggregiert. Die gemessene Preisentwicklung ist dann für Mitglieder dieser Gruppen einigermaßen repräsentativ und informativ. Unternehmen etwa fragen andere Güterkombinationen nach als die privaten Haushalte.

Preisindizes für die Lebenshaltung erfreuen sich international für die Bemessung von Inflation der größten Popularität[254], unter anderem wegen der Überlegung,

---

253 Darauf, daß mit einem Maßstab immer nur andere Größen bemessen werden können, nicht aber der Maßstab selbst, wird für den Fall des Geldes als Wertmaßstab hingewiesen von Lechner, Hans H., a. a. O., S. 251. Ähnliche Überlegungen werden angestellt von Richter, Rudolf: Geldtheorie, a. a. O., S. 17 - 21 und 235 - 290.

254 Verschiedene Aspekte der Verwendung von Lebenshaltungsindizes beschreibt Issing, Otmar: Inflationsmessung und -bewußtsein in Europa, in: Börsen-Zeitung, 22.11.1997, abgedruckt in: Deutsche Bundesbank (Hrsg.): Auszüge aus Presseartikeln, Nr. 69, 27.11.1997, S. 3 - 5.

daß Vorproduktpreise, denen sich die Unternehmen gegenübersehen, in die Preise der Endverwendung bzw. die Verbraucherpreise überwälzt werden und deshalb darin mit abgebildet sind[255]. Die Lebenshaltungskosten können weiter untergliedert werden nach verschiedenen Haushaltsgruppen, etwa nach der Personenzahl pro Haushalt. Im umgekehrten Extrem zu dieser Feinunterteilung gilt der Deflator für das gesamte Sozialprodukt bzw. das Inlandsprodukt als ein sehr breiter Indikator, der die insgesamt tatsächlich produzierten Gütermengen als Gewichtung verwendet. Um besonders starken Wertschwankungen unterworfene und exogenen Schocks leicht zugängliche Güter auszublenden, werden auch sogenannte Kerninflationsraten gebildet. Aus ihnen werden z. B. Energie- oder Nahrungsmittelpreise ausgeklammert[256].

Außerdem kann und muß die Preisentwicklung innerhalb einer Währung regional unterschieden werden. In Deutschland werden die Preise länderweise erhoben, und es zeigen sich gewisse, wenn auch sich im Zeitablauf ausgleichende Differenzen. In der Phase der Liberalisierung administrierter Preise in den neuen Bundesländern kam es zu spürbaren Unterschieden gegenüber der Preisentwicklung in den alten Ländern[257]. Stärkere Abweichungen der regionalen Teilindizes sind eventuell auch staatenweise in einem einheitlichen Euro-Raum zu erwarten. Dieses Problem wird im vierten Kapitel noch aufgenommen werden[258].

Das dritte Unterscheidungskriterium für Indexabgrenzungen bezieht sich auf die dynamischen Änderungen der repräsentativen Gütergewichtungen im Zeitablauf. Verbrauchsgewohnheiten verändern sich und reagieren auf die Verschiebungen relativer Preise. Will man mit einem Preisindex die Entwicklung über einen Zeitraum erfassen, stellt sich das Problem, daß die Gewichtung nicht in allen Teilperioden repräsentativ sein kann[259]. Die zum Umgang mit diesem Problem entwickelten und in der Praxis verwendeten Indexkonzepte nach Laspeyres und

---

[255] Die Endverwendung enthält neben dem privaten Verbrauch auch die anderen Komponenten der Verwendungsgliederung der Sozialproduktsrechnung, nicht aber Vorleistungen. Zudem können die Ausgaben für die Lebenshaltung als der Endzweck der wirtschaftlichen Tätigkeit angesehen werden, vgl. o. V.: Probleme der Inflationsmessung, in: Deutsche Bundesbank (Hrsg.): Monatsbericht Mai 1998, S. 54.

[256] Zur Idee und zu Abgrenzungsproblemen von Kerninflationsindikatoren siehe Bryan, Michael F. / Cecchetti, Stephen G.: Measuring Core Inflation, in: Mankiw, N. Gregory (Hrsg.): Monetary Policy, Chicago, 1994, S. 195 - 219.

[257] So stieg der Preisindex für die Lebenshaltung von 1991 bis 1994 in Westdeutschland von 100 auf 110,6; in Ostdeutschland aber von 100 auf 130. Quelle Sachverständigenrat, a. a. O., Tab. 73, S. 397.

[258] Siehe Abschnitt 4.2.1.2.

[259] Vgl. Issing, Otmar: Inflationsmessung..., a. a. O., S. 4.

Paasche mit Gewichtungsmengen, die in einer Basisperiode bzw. in der aktuellen Periode repräsentativ sind, sind in der Literatur ausführlich dargestellt und werden deshalb hier nicht vertiefend behandelt[260]. Diese praktizierten Indexkonzepte enthalten zwar gewisse Meßfehler aufgrund unvollkommener qualitativer Abgrenzung, werden hier aber mangels überlegener Alternativen als Grundlage für die zu entwickelnden Geldsysteme verwendet[261].

Zuletzt sei als Exkurs im Zusammenhang mit den vielschichtigen Abgrenzungsproblemen bei der Indexdefinition in einem Rückgriff auf die in Abschnitt 2.2 behandelte Währungskonkurrenz verwiesen. Mit der Unmöglichkeit, einen einheitlichen, repräsentativen Index zu entwickeln, ergibt sich ein weiterer theoretischer Vorteil des Konkurrenzkonzeptes. So könnten unterschiedliche Währungsanbieter die Stabilisierung unterschiedlicher Indizes versprechen, und die Geldverwender könnten die für ihre Zwecke am besten geeignete Abgrenzung auswählen. Überspitzt formuliert könnte damit vermieden werden, daß die subjektiv von einem Nicht-Autofahrer in Baden-Württemberg empfundene Preissteigerung im Jahre 1997 von einem Preisindex, der Reifen- und Benzinpreissenkungen in Mecklenburg-Vorpommern nach einem Wägungsschema von 1991 enthält, als zu gering wiedergegeben wird.

### 3.1.2.2 Empirischer Vergleich verschiedener Preisindexreihen

Wie stark unterscheidet sich die Performance der verschieden abgegrenzten Preisindizes? Indizes mit breiten Abgrenzungen erfahren untereinander nur geringe Veränderungen der relativen Preise für die jeweils zugrundeliegenden

---

[260] Etwa Ströbele, Wolfgang, a. a. O., S. 21 - 24. Zu Preisindizes aus Sicht der statistischen Theorie siehe z. B. Bamberg, Günter / Baur, Franz: Statistik, 6. Aufl., München und Wien, 1989, S. 54 - 62. Dort finden sich auch weiterführende Literaturhinweise. Zu ökonomischen Interpretationen verschiedener Indexabgrenzungen siehe Issing, Otmar: Einführung in die Geldtheorie..., a. a. O., S. 179 - 185.

[261] Systematische Fehler in der Inflationsmessung werden beschrieben von Hoffmann, Johannes: Probleme der Inflationsmessung in Deutschland, Diskussionspapier 1/98, Volkswirtschaftliche Forschungsgruppe der Deutschen Bundesbank, 1998. Dort werden vier verschiedene Fehlerquellen analysiert: 1. wegen einer „falschen" Indexformel („Product Substitution Bias"), 2. Wegen fehlender Qualitätsbereinigung von Preisänderungen („Quality Change Bias"), 3. Wegen verspäteter Berücksichtigung neuer Produkte („New Product Bias") und 4. Wegen der unzureichenden Berücksichtigung von Strukturänderungen im Handel („Outlet Substitution Bias"). Insgesamt führt dies empirisch nach Hoffmann für Deutschland zu einer systematischen Überschätzung der Inflation mit dem üblichen Lebenshaltungs-Preisindex um ca. 3/4 Prozentpunkte, vgl. ebenda S. 198. Eine Zusammenfassung von Hoffmanns Studie ist o. V.: Probleme der Inflationsmessung..., a. a. O.

Warenkörbe. Da diese sich teilweise überlappen, ist zu erwarten, daß sich ihre Entwicklung im Zeitablauf ähnelt. Tatsächlich läßt sich dies empirisch bestätigen. In Abb. 10 sind der Deflator des Bruttoinlandsproduktes, der Preisindex für die Lebenshaltung aller privaten Haushalte und die Erzeugerpreise gewerblicher Produkte einander gegenübergestellt.

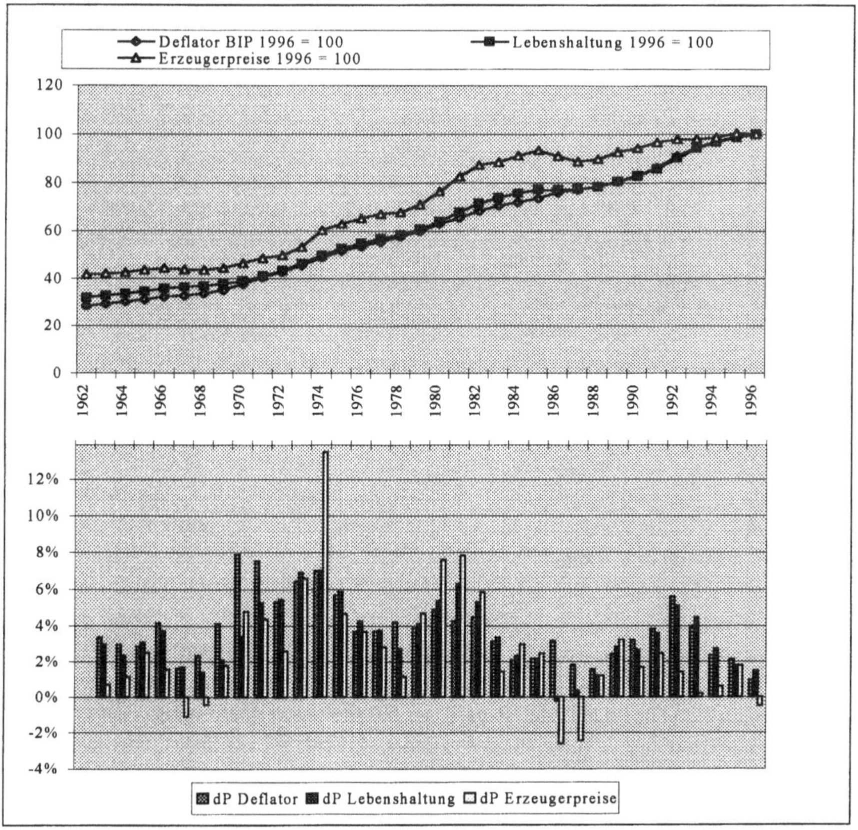


**Abb. 10 Vergleich der Niveauentwicklung und der Veränderungsraten verschiedener Preisindizes**[262]

[262] Die zugrundeliegenden Daten finden sich in Tab. A6.1 im Anhang 6, Quelle Sachverständigenrat, a. a. O., Tab. 68, 73 und 75, S. 392, 397 bzw. 399. Die dargestellten Preisindizes beruhen auf Warenkörben des Jahres 1991. Für die obere Grafik in Abb. 10 wurden sie auf 1996 = 100 umbasiert.

Die Performance der einzelnen Indexreihen verläuft ähnlich. Zumindest der langfristige Trend stimmt weitgehend überein. So verschiebt sich beispielsweise der relative Preis zwischen Bruttoinlandsprodukt und Lebenshaltungs-Warenkorb über 34 Jahre hinweg nur um den Faktor 1,12[263]. Dies entspricht einer jährlichen, geometrisch gemittelten Rate von 0,3%.

Die tatsächlichen jährlichen Veränderungsraten der einzelnen Preisindizes weisen dagegen deutlich größere Unterschiede auf. Die jeweiligen Raten sind als Balken im unteren Teil der Abb. 10 verzeichnet. Bezogen auf den Lebenshaltungs-Preisindex und den BIP-Deflator läßt sich ein Durchschnittswert für die absolute Differenz der einzelnen Jahresdaten in Höhe von 0,8% ermitteln[264]. Dies ist mit einem Faktor von 2,34 mehr als das Doppelte des oben genannten Wertes, der aus Anfangs- und Endstand der Indexniveaus gewonnen wurde. Offenbar gleichen sich die kurzfristigen Schwankungen der relativen Preise zwischen den beiden Güterbündeln langfristig weitgehend aus. Mal steigt der eine, mal steigt der andere Index schneller.

Die Entwicklung der Indexniveaus ist offenbar weit weniger anfällig für Unterschiede in der Abgrenzung der Indizes als die jährlichen Änderungsraten. Angesichts der Abgrenzungsprobleme bei der Definition und Auswahl bestimmter Indizes erscheint die Beobachtung des Indexstandes deshalb überlegen. Bei der Verwendung von jährlichen Raten besteht dagegen die Gefahr, die tatsächliche Inflationsentwicklung wegen einer vorübergehenden Sonderrolle eines speziellen Teilindexes falsch einzuschätzen.

In den gesuchten Stabilisierungsautomatismus sollte deshalb nicht die aktuelle Inflationsrate einfließen, sondern der Indexstand. Die bisherigen Änderungen der Preise werden dadurch mit berücksichtigt. Wegen der geringen Unterschiede der Entwicklung der Niveaustände ist es dann letztlich von nachrangiger Bedeutung, welcher konkrete Index verwendet werden soll. Dies gilt in ähnlicher Form auch für die zeitlichen und interpersonellen Abgrenzungsmöglichkeiten. An dieser Stelle ist es auch gar nicht nötig, sich auf eine bestimmte Spezifikation festzulegen, weil die theoretische Funktionsweise des gesuchten geldpolitischen Konzeptes für verschiedene Alternativen des Preisindexes denkbar ist und jeweils die gleichen theoretischen Eigenschaften aufweist.

---

263 Anstieg des Deflators um den Faktor 3,337 gegenüber den Lebenshaltungskosten um 2,981.

264 Siehe Tab. A6.2 im Anhang 6. Dort werden die Unterschiede in den jährlichen Änderungsraten mit den geringeren Unterschieden der langfristigen durchschnittlichen Raten verglichen.

### 3.1.3 Einwände gegen die Indexstabilisierung

Nachdem die grundsätzlichen Vorteile von Preisniveaustabilität erläutert wurden und ihre praktische Abgrenzung problematisiert worden ist, werden in diesem Abschnitt einige theoretische Einwände gegen das Konzept der Indexstabilisierung diskutiert. Die vier hier präsentierten Einwände haben untereinander kaum Gemeinsamkeiten und beleuchten sehr unterschiedliche Aspekte. Bei den folgenden Ansätzen sind sowohl Argumente für leicht steigende wie für leicht fallende Preisniveaus vertreten.

#### 3.1.3.1 Nicht-kompensatorische Preisänderungen

Preisniveaustabilität darf nicht mit Stabilität der Einzelpreise verwechselt werden. Eine hohe Flexibilität der Einzelpreise und der relativen Preise der Güter untereinander ist sogar hochgradig erwünscht. Nur so kann der Marktmechanismus seine Koordinierungsfunktion entfalten. Die auf sich ändernde Knappheitsrelationen reagierenden Einzelpreise sind aber durchaus mit Stabilität eines an einem Index gemessenen Preisniveaus vereinbar, wenn sich die Bewegungen der Preise für die einzelnen Güter gerade genau ausgleichen.

Kritiker dieses Gesetzes kompensatorischer Preisänderungen bezweifeln den Ausgleich bei Nachfragestrukturänderungen[265]. Die Zunahme der Nachfrage nach einem Gut kann eine andere Preiswirkung haben als ein entsprechender Nachfragerückgang bei einem anderen Gut, nämlich dann, wenn unterschiedliche Elastizitäten von Angebot und Nachfrage vorliegen. Zudem muß für die Wirkung auf den Gesamtpreisindex die jeweilige Gewichtung der anders nachgefragten Güter berücksichtigt werden. Stabilität ergäbe sich dann höchstens zufällig. Dieser Einwand ist zwar korrekt, aber dennoch keine Widerlegung der Möglichkeit kompensatorischer Preisänderungen. In dem genannten Fall fehlenden Ausgleichs ist lediglich die Stärke der Nachfrageänderungen nicht gut genug abgestimmt. Durch nominale Niveauverschiebungen der Gesamtnachfrage, die von der Geldpolitik erreicht werden können, ist eine Kompensation möglich. Die dazu nötige Entwicklungsrichtung der Gesamtnachfrage kann sehr einfach am Preisindex abgelesen werden, ohne daß es der Kenntnis der einzelnen Elastizitäten bedürfte. Eine solche Steuerung der Gesamtnachfrage wird von den Kritikern des Gesetzes kompensatorischer Preisänderungen implizit abgelehnt.

---

[265] So z. B. Lechner, Hans H., a. a. O., S. 252 - 253.

Eng verwandt mit dieser Ablehnung ist die Empfehlung, bei gesamtwirtschaftlichen Niveauverschiebungen eine passive Rolle zu spielen, z. B. bei einem Angebotsschock Preisniveausteigerungen hinzunehmen. Vertreter dieser Sicht argumentieren, daß in dieser Situation eine den Preisindex stabilisierende Restriktivierung der gesamtwirtschaftlichen Nachfrage, die Outputeinbußen nur noch verschärfen würde[266]. Dies wäre aber nur bei einem preiselastischen gesamtwirtschaftlichen Angebot zu befürchten, das seinerseits wiederum auf Preisstarrheiten an den Faktormärkten beruht[267].

Für die Zulassung von Preisniveausteigerungen bei einem Angebotsschock bzw. bei einer allgemeinen Produktivitätsverschlechterung spräche das Argument, daß die mengenmäßig knapper gewordene Güterausstattung tatsächlich zu einem subjektiv höher empfundenen Wert eines jeden einzelnen Gutes führt[268]. „Wert" müßte demnach an dem individuellen Nutzen gemessen werden. Eine solche Interpretation von „Wert" und „Geldwert" hat sicherlich etwas Richtiges, ist aber wegen der Unmöglichkeit, Nutzen kardinal und interpersonell zu messen, impraktikabel als Orientierung für die Geldpolitik.

Zwar könnte eine zukünftige Zulassung von Preissteigerungen in Zeiten absehbarer rückläufiger Mengenausstattungen[269] sinnvollerweise einen Anreiz liefern, durch vorzeitiges Aufsparen von Realgütern Ressourcen in die Zukunft zu verlagern, in der sie bei größerer Knappheit mehr Nutzen stiften. Doch dieser Anreiz kann auch bei Wahrung von Indexstabilität geliefert werden, nämlich durch eine entsprechende Kompensation im Zins. Der Vorteil einer Verlagerung von Realgütern in die Zukunft verspricht bei erwartetem Ausbleiben von Preissteigerungen zwar einen geringeren nominalen Gewinn, doch sinken die Opportunitätskosten des Aufhebens der Güter entsprechend, wenn der Nominalzins dafür keine Inflationsprämie enthält und entsprechend geringer ausfällt. Auch hier lassen sich also

---

266 Vgl. Lechner, Hans. H., a. a. O., S. 254. Ein monetäres Gegensteuern bei nicht-monetär verursachten Preisniveauänderungen wird auch abgelehnt von Bryan, Michael F. / Cecchetti, Stephen G., a. a. O., S. 195.

267 Der Verzicht auf eine stabilitätsorientierte Restriktivierung der Nachfrage wäre in dieser Situation allenfalls eine second-best-Strategie gegenüber dem first-best einer Flexibilisierung der Faktorpreise. Schlimmstenfalls entstehen die Rigiditäten der Faktorpreise erst durch das Vertrauen auf eine nachfrageseitige (monetäre) Alimentation. Bei Preisstarrheiten gegenüber nötigen Anpassungen einzelner Preise nach unten wird gelegentlich sogar empfohlen, grundsätzlich bewußt eine gewisse Inflation zuzulassen, um den relativen preislichen Strukturwandel zu erleichtern.

268 Etwa gemäß dem Gossenschen Gesetz.

269 Die folgende Überlegung kann genauso gut für den umgekehrten Fall steigender Produktion angestellt werden.

effiziente Lösungen finden, die mit einer Preisniveaustabilisierung gemessen an einem Preisindex vereinbar sind.

#### 3.1.3.2 Stabilisierung der Veränderungsrate statt des Preisniveaus

Eine Geldpolitik, die auf eine strikte Stabilisierung des absoluten Preisniveaus abzielt, muß gegebenenfalls eine stärkere Schwankung der jährlichen Veränderungsrate in Kauf nehmen. Denn es gilt, nicht nur die Fortsetzung und Beschleunigung eines bereits geschehenen Preistrends in Zukunft zu verhindern, sondern eine geschehene Preisniveauveränderung sogar durch eine bewußt erzeugte Gegenbewegung zu kompensieren. Jeder festgestellten Inflationsrate müßte dann in absehbarer Zukunft eine entsprechende Deflationsrate folgen.

Eine solche harte Stabilitätspolitik kann mit Problemen der Erwartungsbildung verbunden sein. Zu ihrer Beurteilung wird mit folgender Tabelle ein Zwei-Perioden-Modell entworfen[270]. Drei Verhaltensalternativen für die Geldpolitik werden darin verglichen. Den drei Alternativen ist gemein, daß sich die Notenbanken jeweils einer exogenen Preisniveausteigerung vor dem Entscheidungszeitpunkt $t_1$ in Höhe von 5 % gegenübersehen. Welches Preisziel soll dann in der zweiten Periode bis zum Endzeitpunkt $t_2$ verfolgt werden?

Alternative I ist die Orientierung am absoluten Preisniveau, das auf seinen langfristigen Zielwert von 100 zurückgeführt werden soll. Dazu muß für die zweite Periode eine Preisniveausenkung von 5% herbeigeführt werden[271]. Im Hinblick auf die Veränderungsraten ist damit ein schwerer Bruch vollzogen. Trifft dies die Wirtschaftssubjekte unerwartet und unvorbereitet, sind typisch deflationäre Folgen in Form realer Produktionseinbußen zu befürchten. Um dies zu vermeiden, könnte auf die nachträgliche Korrektur des Niveaus verzichtet werden und das Preisniveau lediglich für die Zukunft, d. h. die zweite Periode, auf dem inzwischen erreichten Niveau stabilisiert werden. Das entspräche der Vorgehensweise der Alternative II. Am wenigsten Ehrgeiz weist die Alternative III auf. Hier soll lediglich die Preisniveauänderungsrate konstant gehalten werden. Nur eine wei-

---

[270] Das hier vorgestellte Modell ist eine Weiterentwicklung ähnlicher Betrachtungen bei Bofinger, Peter / Reischle, Julian / Schächter, Andrea, a. a. O., S. 16 - 17. Dort wirt der Unterschied zwischen Preisniveauziel und Inflationsziel beschrieben, allerdings ohne Bewertung der jeweiligen Effizienz.

[271] Genau genommen in Höhe von 4,76% bezogen auf die neue Basis von 105. Anschaulicher ist zum Nachvollziehen die Weiterverwendung der Basis 100. Daran gemessen soll die Niveausenkung 5 Punkte betragen.

tere Beschleunigung der Inflation soll vermieden werden[272]. Haben sich die Wirtschaftssubjekte an das Inflationsniveau angepaßt, werden bei dieser Alternative die Kosten einer Disinflation vermieden. Diese Vorgehensweise bietet sich bei Vorliegen extrapolativer Erwartungen an.

**Tab. 6 Zwei-Perioden-Modell zum Vergleich verschiedener Stabilitätsorientierungen**

| Zeitpunkt | Alternative I | | Alternative II | | Alternative III | |
|---|---|---|---|---|---|---|
| | Indexstand | Änderung | Indexstand | Änderung | Indexstand | Änderung |
| $t_0$ | 100 | | 100 | | 100 | |
| | | +5% | | +5% | | +5% |
| $t_1$ | 105 | | 105 | | 105 | |
| | | -5% | | ±0% | | +5% |
| $t_2$ | 100 | | 105 | | 110 | |

Vorteile gewährt andererseits die absolute Preisniveaustabilisierung im Angesicht langfristiger Verträge, die sich über beide Perioden erstrecken. Ein Kreditvertrag, der in $t_0$ mit einer nominalen Fixierung der Rückzahlung in $t_2$ geschlossen wird, bleibt bei der Alternative I und nur bei dieser real unverzerrt[273]. Ein Ergebnis, das die beiden anderen Alternativen nicht zu leisten vermögen. In der langfristigen Sicht ist die absolute Stabilisierung überlegen.

Es lassen sich sogar Bedingungen nennen, die auch in der kurzen Sicht den möglichen, oben aufgezeigten Nachteil der ersten Alternative beseitigen. Kosten der Preisniveausenkungen können vermieden werden, wenn nicht extrapolative, sondern rationale Erwartungen vorherrschen. Dann können sich die Wirtschaftssubjekte an die bevorstehende Preisniveaukorrektur anpassen. Wichtig ist dafür, daß die starke Restriktivierung der Geldpolitik nicht überraschend eintritt, sondern angekündigt wird. Hohe Transparenz und ein institutionelles Arrangement,

[272] Die zweite Ableitung des Preisniveaus nach der Zeit soll hier also Null gehalten werden, gegenüber einer Fixierung der Ausgangsgröße selbst bzw. einer Null-Norm für die erste Ableitung bei den beiden anderen Alternativen.

[273] Lediglich eine etwaige Zinszahlung im Zeitpunkt $t_1$ wäre real leicht berührt, nicht aber der Kreditbetrag selbst.

das die absolute Niveaustabilisierung und Korrekturbewegungen erzwingt und glaubwürdig macht, sind dazu dienlich.

Die Nachteile der Alternative I ließen sich damit ausschließen, und die langfristigen Vorteile kämen voll zum Tragen. Das relative Abschneiden der drei diskutierten Zielalternativen ist in Tab. 7 für verschiedene Annahmekonstellationen abgebildet. Kurzfristige Verträge sind von dem exogenen Preisschock in der ersten Periode bei allen Alternativen gleichermaßen betroffen. Ihr Abschneiden in der ersten Periode wird deshalb nicht in den Vergleich einbezogen. In Tab. 7 bedeutet ein „Plus", daß die entsprechenden Verträge bei entsprechender Anpassung in der zweiten Periode real verzerrungsfrei bleiben. Ein „Minus" steht für reale Effekte aufgrund „falscher" Anpassung oder der Unmöglichkeit von Anpassungen.

**Tab. 7 Bewertung der Effekte verschiedener Stabilitätsorientierungen**

| | Alternative I | Alternative II | Alternative III |
|---|---|---|---|
| 1-periodiger Vertrag ($t_1$ - $t_2$) bei extrapolativen Erwartungen | - | - | + |
| 1-periodiger Vertrag ($t_1$ - $t_2$) bei rationalen Erwartungen und Transparenz | + | + | + |
| 2-periodiger Vertrag ($t_0$ - $t_2$) | + | - | - |

Die Alternative II ist danach eine inferiore Strategie. Dies ist erstaunlich, da sie doch am ehesten der Vorgehensweise von stabilitätsorientierten Notenbanken in der Praxis entspricht[274]. Alternative III ist nur bei Vorliegen extrapolativer

[274] Auch die Deutsche Bundesbank ist am ehesten der Alternative II zuzuordnen. Sie verfolgt implizit eine Inflationsrate von 2%, vgl. Leiderman, Leonardo / Svenson, Lars E. O. (Hrsg), a. a. O., S. 10. Exogen verursachte Änderungen der Rate werden nicht für die Zukunft toleriert (also nicht Alt. III), doch werden auch nicht rückwärts gerichtete Korrekturen von Preisniveauänderungen angestrebt (nicht Alt. I). Der Verzicht auf rückwärts gerichtete Korrekturen erstreckt sich sogar auf das Zwischenziel Geldmenge, bei dem das „Ist" und nicht das „Soll" der Vorperiode als neue Ausgangsbasis für die Zielkorridore verwendet wird. Hier ist allerdings mit dem Übergang zu einem Zweijahresziel eine gewisse Änderung erkennbar.

Erwartungen überlegen, deren Existenz in der Praxis bezweifelt werden muß[275]. Diese dritte Strategie birgt außerdem die Gefahr, daß sich bei häufigen Schocks die Inflationsrate willkürlich verändert. Nähme die Notenbank tatsächlich konsequent, wie bei diesem Konzept gefordert, jeden exogenen Anstoß passiv hin und versuchte lediglich eine erneute monetäre Modifikation zu vermeiden, würde die Rate einem Random-Walk folgen. Außerdem sind für die Stabilisierung der Änderungsrate die Probleme der Indexabgrenzung, die in Abschnitt 3.1.2.1 angesprochen wurden, sehr wirksam. Es besteht die Gefahr, daß die fortgeschriebene Indextendenz die tatsächliche Entwicklung gar nicht korrekt mißt.

Bei der Alternative I, der absoluten Stabilisierung, ist dieser Abgrenzungsmangel weniger ausgeprägt. Denn in Abschnitt 3.1.2.2 konnte gezeigt werden, daß verschieden abgegrenzte Indizes langfristig eher eine ähnliche Entwicklung aufzeigen, als die jeweiligen, in Einzelperioden weit auseinander liegenden Änderungsraten. Das Ergebnis der Untersuchungen dieses Abschnittes, der mit einem theoretischen Einwand gegen die absolute Stabilisierung begann, erweist sich damit letztlich eher als eine Bestätigung dieses Konzeptes.

### 3.1.3.3 Opportunitätskostenfreies Geld

Inflation erhöht die Opportunitätskosten der Geldhaltung. Da Geld unverzinslich ist[276], ist der Nachteil gegenüber verzinslichen Vermögensarten in Höhe des Nominalzinses zu bemessen. Bei einem gegebenen Realzins steigt bei perfekter Berücksichtigung von Preisniveauänderungen der Nominalzins mit der Inflationsrate. Die Geldnachfrage ist in ihrem Volumen von den Opportunitätskosten der Geldhaltung und somit vom Nominalzins und der Inflationsrate abhängig. Inflation verringert den Liquiditätsnutzen der Geldhaltung. Damit wäre ein weiteres Argument gegen Inflation gefunden.

Führt man diesen Gedanken weiter, folgt daraus ein Gegenargument gegen Preisniveaustabilität. Optimal wäre nämlich sogar eine Preisniveausenkung. Denn der Liquiditätsnutzen würde dann maximiert, wenn die Opportunitätskosten Null betrügen. Die Geldnachfrage sollte nach dieser Idee möglichst ihre Sättigungsmenge erreichen. Gemessen als Konsumentenrente erreichte die Fläche unter der

---

275 Siehe als Überblicksquelle zur Erwartungsdiskussion z. B. Bofinger, Peter / Reischle, Julian / Schächter, Andrea, a. a. O., S. 565 - 578.

276 Dies gilt uneingeschränkt für Bargeld. Bei Einlagetypen müßte gegebenenfalls eine Reduzierung der im folgenden betrachteten Opportunitätskosten um den erhaltenen Einlagenzins vorgenommen werden.

Geldnachfragekurve dann das Nutzenmaximum. Welche Preissenkungsrate wäre dafür nötig? Da die Opportunitätskosten dem Nominalzins entsprechen, müßte letzterer demnach auf Null gebracht werden, damit der Preis der Geldhaltung den Grenzkosten der Geldbereitstellung entspräche, die nicht wesentlich von Null verschieden sind. Die Preise müßten dazu mit einer Rate sinken, die dem Realzinsniveau entspräche[277]. Dann wäre der Realvermögenszuwachs durch sinkende Preise bei gehaltenem Geld genauso hoch wie die Realverzinsung bei anderen Anlagen.

Der Nutzenverlust bei einem nicht-opportunitätskostenfreien Geld tritt in verschiedenen Verhaltensanpassungen der Geldnutzer auf. Beispielsweise fallen Transaktionskosten für die Minderung der noch gehaltenen Geldmenge an. Wegen des Liquiditätsverlustes werden etwa zusätzliche Bankbesuche nötig. In diesem Zusammenhang wird gelegentlich auch von „Schuhlederkosten" der suboptimalen Liquiditätsausstattung gesprochen. Bei Preisstabilität und niedrigen Inflationsraten sind diese relativ gering. Mit zunehmender Inflationshöhe steigt aber ihr Gewicht[278].

Ein Geld, das die geschilderte Opportunitätskostenfreiheit aufwiese, wäre in der Tat sehr attraktiv, für ein praktikables Regime vielleicht sogar zu attraktiv. Gegenüber einem „nur" wertstabilen Geld würden beim Übergang zu opportunitätskostenfreien Geld massive Substitutionseffekte zu Lasten anderen Anlageformen einsetzen. Geld hat als liquideste Vermögensform ohnehin einen inhärenten Vorteil gegenüber anderen Anlagearten. Fallen für Geld die normalerweise üblichen Opportunitätskosten weg, könnten konkurrierende, weniger liquide und nun nicht mehr höher rentierliche Anlageformen überhaupt nicht mehr gehalten werden und womöglich völlig aussterben. Das Notenausgabemonopol könnte sich somit zu einem allgemeinen Monopol für alle Sparformen auswachsen. Die Geldnachfrage würde direkt das gesamte Ersparnisaufkommen attrahieren. Ein zweistufiges Bankensystem wäre in einer solchen Welt nicht denkbar.

---

[277] Diese Forderung erhebt Friedman, Milton, a. a. O., S. 29 - 36.

[278] Einen Überblick über verschiedene theoretische und empirische Studien zur Schätzung solcher Wohlfahrtsverluste liefern Bofinger, Peter / Reischle, Julian / Schächter, Andrea, a. a. O., S. 87. Die dort zitierten Werte reichen von unter 1 % des BIP bis zu 30 % des BIP bei Hyperinflation. Noch höhere Werte bis zu 200 % errechnen King, Banaian / McClure, J. Harold / Willett, Thomas D., a. a. O., S. 30, sind aber kritisch eingestellt gegenüber dem zugrundeliegenden theoretischen Konzept, das basiert auf Bailey, Martin J.: The Welfare Cost of Inflationary Finance, in: Journal of Political Economy, No. 64, May 1956, S. 93 - 110.

Ferner ist als Einwand gegen opportunitätskostenfreies Geld zu berücksichtigen, daß es nicht ein einheitliches Zinsniveau gibt. Einzelne Zinsen unterscheiden sich nach Anlageform, Laufzeit, Bonität, Volumen und im Aktiv- oder Passivgeschäft. Welcher Zins soll derjenige sein, an dem das Preisniveausenkungsziel orientiert werden soll? Dafür kommen allenfalls die niedrigsten Sätze des Zinsspektrums in Frage. Denn jede Form eines Kreditgeschäftes, dessen reale Zinshöhe von der Preissenkungsrate überholt würde, drohte in das oben skizzierte staatliche Kreditmarktmonopol zu verfallen. Angesichts der Tatsache, daß einige Einlagetypen, namentlich Sichtguthaben, empirisch selbst bei leicht positiven Inflationsraten oft keine Nominalverzinsung aufweisen, scheint der Spielraum für Preisniveausenkungsraten äußerst begrenzt zu sein.

Die Idee, in einer Abweichung von Preisniveaustabilität durch Preisniveausenkungen ein opportunitätskostenfreies Geld bereitzustellen, ist als theoretisches Konstrukt zwar konsistent; aber bei der praktischen Umsetzung drohen bei spürbaren Deflationsraten sehr schnell Verwerfungen und Ineffizienzen an den Kreditmärkten aufzutreten. Vor diesem Hintergrund erscheint als Randlösung der Preisniveausenkungsvarianten Stabilität vertretbar, die die Untergrenze für ein diversifiziertes Realzinsspektrum verschiedener Anlageformen bei Null fixiert.

#### 3.1.3.4 Inflation im Rahmen der Theorie optimaler Staatsfinanzierung

Bei einem völlig opportunitätskostenfreien Geld fällt für den Geldanbieter keine Seigniorage an. Eine positive Seigniorage bei positiven Nominalzinsen ist zu einem gewissen Grade der Gegenposten zu dem Nutzenverlust auf Seiten der Geldnachfrager bei einer Liquiditätsausstattung unterhalb der Sättigungsmenge. Der Gewinn kompensiert dabei den Verlust aber nicht vollständig; es verbleibt ein excess burden. Dennoch kann die Umverteilung zugunsten des Geldanbieters, d. h. der Notenbank und damit in der Regel des Staates, erwünscht sein, nämlich dann, wenn dies eine noch vergleichsweise effiziente Staatsfinanzierung bedeutet.

Die meisten in der Praxis anzutreffenden Steuerarten erzeugen ebenfalls bei ihrer Erhebung eine Überschußbelastung. Von verzerrungsfreien Steuern wie Kopfsteuern wird aus verteilungspolitischen Erwägungen in der Praxis meist abgesehen. Im Rahmen einer normativ-optimalen Staatsfinanzierung kann deshalb der Seigniorage eine Bedeutung zukommen. Es gilt, den Finanzierungsmix so abzustimmen, daß der in der Summe auftretende Wohlfahrtsverlust minimiert wird. Auf die zu diesem Thema entwickelten Besteuerungsregeln soll hier nicht vertiefend eingegangen werden. Festzuhalten bleibt lediglich, daß dabei eine optimale Höhe der Seigniorage mit dazugehöriger optimaler Geldmengenzuwachsrate und Inflationsrate bestimmt werden kann.

Fraglich ist bei der Anwendung solcher wohlfahrtsökonomischen Theorien der Staatsfinanzierung, ob Geld tatsächlich als normales Gut den üblichen normativen Regeln unterworfen werden kann. Geld ist vielmehr ein Mittel zur Abwicklung von Transaktionen in anderen Gütern. Insofern müßten die zur Erzielung einer Seigniorage nötigen Kosten bei den Geldnutzern eigentlich bis zum Endzweck weitergewälzt und damit anderen Gütern zugeordnet werden, um Doppelzählungen zu vermeiden. Die Geldnachfrage auf einzelne Güter und Bemessungsgrundlagen für die Steuererhebung aufzuschlüsseln, erscheint in der Praxis aber unmöglich.

Die endgültigen Verteilungs- und Allokationseffekte einer bewußten Inflation zur Erhebung einer Seigniorage scheinen kaum absehbar. Schätzungen für die optimale Höhe der aus diesem Motiv erzeugten Inflation weisen deshalb sehr hohe Spannen auf und sind mit starken Unsicherheiten behaftet. Die Ergebnisse hängen sehr stark davon ab, wie umfangreich das Spektrum der negativen Inflationsfolgen in die Berechnungen eingeht[279]. Bei einer vollständigen Berücksichtigung der Nachteile von Inflation kommen normativ deutlich positive Inflationsraten zur Staatsfinanzierung allenfalls als second best nur für solche Länder in Frage, die über sehr ineffiziente Steuersysteme und eine schmale Besteuerungsbasis verfügen[280].

Es sei nochmals darauf hingewiesen, daß auch bei Preisniveaustabilität bereits ein erhebliches Seigniorage-Aufkommen zu verzeichnen ist. Der vorherrschende Realzins ist üblicherweise größer als Null, d. h. bei Stabilität sind Nominalzins und Opportunitätskosten der Geldhaltung positiv. Preisniveaustabilität kann somit als Kompromiß aus den beiden in diesem und dem vorangegangenen Abschnitt diskutierten Argumenten angesehen werden[281]. Opportuitätskostenfreies Geld forderte eine leicht negative und die Seigniorage-Finanzierung eine leicht positive

---

[279] Zu diesem Fazit gelangen auch King, Banaian / McClure, J. Harold / Willett, Thomas D., a. a. O., S. 39.

[280] Traditionell wird dieser Fall auf Entwicklungsländer als Beispiel bezogen. Angesichts der heutigen Situation in Deutschland mit einer hohen Abgabenlast, einer Vielzahl verzerrender Steuern und einer nach dem Scheitern der Steuerreform immer noch eingeschränkten Bemessungsgrundlage, kann die genannte Argumentationsweise auch zu einem gewissen Grade auf Deutschland bezogen werden.

[281] Absolute Stabilität wird nach Abwägung verschiedener, sich teils kompensierender Verzerrungswirkungen auch propagiert von Feldstein, Martin: The Costs and Benefits of Going from Low Inflation to Price Stability, NBER Working Paper Series, No. 5469, Cambridge, Massachusetts, 1996. Der Wohlfahrtsgewinn eines Übergangs von einer Inflationsrate von 2% zu 0% wird dort für die USA geschätzt auf 0,63 bis 1,01% des BSP, ebenda S. 45.

Inflationsrate. Eine exakte Null-Inflationsrate wäre allerdings nur rein zufällig genau das Optimum. Doch angesichts der Schwierigkeiten einer eindeutigen analytischen Herleitung erscheint es als praktikable Lösung. Man weiß nicht, ob man mit der Verfolgung einer Null-Inflationsrate eine systematische Über- oder Unterschätzung des theoretischen Optimums verfolgt.

### 3.1.4 Fazit zur Indexorientierung

Der Wert von Geld ist nicht direkt meßbar, weil Geld selbst der Wertstandard ist. Die Kaufkraft kann nur hilfsweise mit einem Preisindex als Indikator abgeschätzt werden. Preisindizes können verschieden abgegrenzt werden, so daß ein eindeutiges Meßergebnis nicht möglich ist. Die üblichsten Abgrenzungen unterscheiden sich aber langfristig in ihrem Verlauf nur geringfügig, so daß eine pragmatische Orientierung ohne großen Auswahlfehler möglich bleibt.

Eine Orientierung an absoluter Preisniveaustabilität erweist sich einer bloßen Stabilisierung der Inflationsrate als überlegen, wenn bei Vorherrschen rationaler Erwartungen die absolute Niveauorientierung der Geldpolitik dem Publikum durch transparente institutionelle Rahmenbedingungen vermittelt werden kann. Die negativen Allokations- und Distributionseffekte von Preisniveauwirkungen lassen sich unter solchen Bedingungen am besten ausschließen.

Es lassen sich Argumente gegen eine absolute Stabilisierung des Preisniveaus finden. Einige davon sprechen für eine deflationäre, andere für eine inflationäre Abweichung. Eine eindeutige Empfehlung oder eine wohlbegründete und praktikable Alternative liefern diese Einwände nicht. Die konzeptionellen Vorzüge der absoluten Stabilitätsorientierung werden durch die Gegenargumente nicht grundsätzlich erschüttert. Im folgenden wird deshalb eine Stabilisierung des Preisindexes als Zielgröße weiterverfolgt. Ein stabiler Preisindex soll die Zielgröße für den zu entwickelnden Mechanismus sein, der ähnlich der Goldkernwährung mit einer automatischen Sanktionierung arbeitet und damit die aus Public-Choice-Perspektive erwünschten Eigenschaften aufweist.

## 3.2 Interventionen mit einem Warenkorb

Die historische Goldkernwährung bietet automatische Stabilitätsanreize. Aber sie ist anfällig für Änderungen des relativen Preises des Bindungsgutes, die die Stabilisierung eines Preisindexes unmöglich machen. Konsequent wäre es deshalb, das Güterspektrum, das einer Realanbindung unterliegt, zu erweitern, im Extremfall auf alle Güter. Dann könnte tatsächlich ein auf diesem Güterbündel basierender Preisindex stabilisiert werden. Dazu müßte die Notenbank direkte Interventionen am Gütermarkt tätigen und Warenläger betreiben. Vor- und Nachteile dieses Konzeptes werden in diesem Abschnitt diskutiert und für eine Weiterentwicklung aufbereitet.

### 3.2.1 Idee und Funktionsweise von Gütermarktinterventionen

Die Idee einer Waren-Reserve-Währung geht auf zwei nicht miteinander verwandte Herren Graham zurück[282]. Sie machten in den dreißiger und vierziger Jahren entsprechende Vorschläge. Zeitlich ist dies in die Periode nach dem Ende der klassischen Goldkernwährungen und nach der Weltwirtschaftskrise einzuordnen. Zu diesem historischen Hintergrund passend läßt sich das Konzept der Waren-Reserve-Währung als ein Versuch der Wiederbelebung einer Realanbindung und ihrer Stabilisierungseffekte mit andererseits gleichzeitigem, durch die Indexorientierung gewährleisteten Schutz vor Deflation deuten. Die Vorschläge der Grahams, die zunächst von einigen Wirtschaftswissenschaftlern befürwortet wurden[283], wurden aber in der Praxis nie verwirklicht.

#### 3.2.1.1 Preisstabilisiertes Güterbündel statt Einzelgut

Um den Preis eines ganzen Güterbündels zu stabilisieren, müßte sich die Notenbank verpflichten, dieses Bündel zum fixierten Preis zu kaufen und zu verkaufen. Technisch könnte dies in Form von standardisierten Lagerzertifikaten geschehen[284], die die Hinterlegung und Abrufbereitschaft der Güter in einem von der Notenbank oder von Privaten betriebenen Lager verbriefen. Die Banknoten hätten

---

[282] Graham, Benjamin: Storage and Stability, New York und London, 1937; ders. World Commodities and World Currency, New York und London, 1944; Graham, Frank D.: Social Goals and Economic Institutions, Princeton, 1942, insbesondere S. 94 - 98. Einen Überblick über die Waren-Reserve-Währung liefert Giersch, Herbert: Konjunktur- und Wachstumspolitik, Allgemeine Wirtschaftspolitik, Zweiter Band, Wiesbaden, 1977, S. 177 - 183.

[283] Beispiele nennt Giersch, ebenda, S. 178: Hayek, Friedrich August von: A Commodity Reserve Currency, in: Economic Journal, Vol. 53, 1943, S. 176 - 184; Hart, Albert G. / Kenen, Peter B. / Entine, Alan D.: Money, Debt and Economic Activity, 4. Aufl., Englewood Cliffs, 1969, S. 364; Eucken, Walter: Grundsätze der Wirtschaftspolitik, 4. unveränderte Aufl., Tübingen und Zürich, 1968, S. 261 - 264. Ausführlich befaßt mit der Waren-Reserve-Währung hat sich, allerdings mit ablehnendem Ergebnis, Friedman, Milton: Commodity-Reserve Currency, in: The Journal of Political Economy, Vol. 59, 1951, No. 3, S. 203 - 232.

[284] Vgl. Giersch, Herbert: Konjunktur- und Wachstumspolitik..., a. a. O., S. 178.

materiellen Forderungscharakter in Form des Anspruches auf Auslieferung des Güterbündels.

Veränderungen relativer Preise zwischen einzelnen Gütern innerhalb des fixierten Bündels bleiben weiterhin möglich. Sie können flexibel auf Änderungen der Knappheitsrelationen reagieren. Nur der Preisindex des gesamten Güterbündels wird stabilisiert. Diese Indexstabilisierung ist der entscheidende Vorteil gegenüber dem System der traditionellen Goldkernwährung, bei der direkt nur ein Einzelpreis auf definiertem Niveau gehalten werden konnte. Bei Veränderungen des relativen Preises des einzigen Interventionsgutes gegenüber den anderen Gütern wurde bei der Goldkernwährung eine Preisindexänderung erzwungen, die wie in Abschnitt 3.1 dargelegt, unerwünscht ist.

Bei der Waren-Reserve-Währung kann dagegen der Preisindex, zumindest für die in dem Referenzbündel enthaltenen Güter, konstant gehalten werden. Dies spricht dafür, möglichst viele Güter in das Reservebündel einzubeziehen. Es sollte möglichst breit angelegt sein oder wenigstens ein repräsentatives Abbild der gesamten Güterpalette umfassen.

#### 3.2.1.2 Wirkung der Interventionen an den Gütermärkten

Wodurch erfolgt in der Waren-Reserve-Währung die automatische Stabilisierung des Preisindexes? Zwei Effekte sind dabei wirksam, die in diesem und dem folgenden Abschnitt beschrieben werden: Zu unterscheiden sind Wirkungen am Gütermarkt und Wirkungen am Geldmarkt.

Droht der Preisindex für das Referenzgüterbündel die fixierte Obergrenze zu überschreiten, so muß die Notenbank Güter verkaufen, d. h. Läger auflösen. Dieses zusätzliche Angebot entfaltet auf den Märkten der betreffenden Güter unmittelbar eine preisdämpfende Tendenz. Umgekehrt kauft die Notenbank in einer deflationären Situation Güter auf und erzeugt damit zusätzliche Nachfrage und Preisauftrieb. In Ergänzung zu der damit erreichbaren Preisniveaustabilisierung ist als weiterer Vorteil zu verbuchen, daß durch die betriebenen realwirtschaftlichen Aktionen eine leicht antizyklische Wirkung ausgelöst wird. Im Boom deckt das geldpolitisch motivierte Güterangebot einen Teil der konjunkturell erhöhten Nachfrage ab; in der Rezession wird die Güternachfrage durch die Käufe der Notenbank gestützt.

Die abgewickelten Gütertransaktionen müssen nicht zwingend das gesamte Spektrum des Indexbündels umfassen. Technisch reichte selbst bei obligatorischen Interventionen eine Auswahl von angebotenen bzw. nachgefragten Gütern aus. Deren Einzelpreise müßten dabei so stark beeinflußt werden, daß ihr Einfluß über die Gewichtung im Gesamtpreisindex hinreichend groß ist, um diesen auf Zielniveau zu halten. Außerdem erzeugen Kreuzreaktionen auch Preiseffekte bei den nicht direkt von der Intervention berührten Gütern[285, 286].

Eine nach einzelnen Gütern differenzierte und beschränkte Vorgehensweise bei den Interventionen erhöht mit Sicherheit die Freiheitsgrade der Notenbank und die Praktikabilität des Konzeptes. Allerdings muß man dabei in Kauf nehmen, daß durch die Konzentration der Intervention auf ausgesuchte Einzelgüter, die relativen Preise zwischen diesen und den direkt unbeeinflußt bleibenden sonstigen Gütern verzerrt würden. Dies spräche für breite Interventionen mit kompletten Güterbündeln nach festem Wägungsschema[287], z. B. in Form der oben bereits erwähnten Lagerzertifikate.

### 3.2.1.3 Wirkung der Interventionen auf die Geldmenge

Neben der Beeinflussung der Gütermärkte gehen von den Interventionen auch Effekte auf die Geldmenge aus. Es handelt sich hier im Prinzip um Offenmarktgeschäfte der Zentralbank, nur daß nicht Finanzaktiva sondern eben Realgüter gekauft und verkauft werden. Die Wirkung auf die Geldmenge tritt dabei in der gewünschten Richtung auf. Beispielsweise bedeutet eine Güterverkaufspflicht im Falle steigender Preise das Einsammeln von Zentralbankgeld, was letztlich die Preissteigerung dämpft. Umgekehrt entsteht bei fallenden Preisen, die eine Interventionspflicht auslösen, automatisch über die Güterkäufe zusätzliches Geld, das zumindest langfristig eine ausgleichende Preissteigerung induziert.

Die indirekte Preiswirkung über die Offenmarktgeschäfte beschränkt sich keineswegs auf die Interventions- oder Währungsgüter. Vielmehr sind von den Änderungen der allgemeinen Liquiditätsausstattung auch diejenigen Güter

---

285 Die Richtung des dort ausgelösten Preiseffektes muß aber nicht unbedingt gleichgerichtet sein. Dies hängt vom Verhältnis der Güter untereinander ab. Nur bei Substitutionsbeziehungen pflanzt sich die ursprüngliche und intendierte Preistendenz fort; bei komplementären Gütern ist dagegen mit einer entgegengesetzten Entwicklung zu rechnen, die den Gesamteffekt der Intervention auf den Gesamt-Preisindex mindert.

286 Ebenso werden von den Kreuzreaktionen auch die überhaupt nicht in dem Zielbündel enthaltenen Güter erfaßt, was aber zumindest für die Steuerung des nur auf dem definierten Bündel beruhenden Ziel-Preisindexes unerheblich ist.

287 Strenggenommen wäre auch dabei eine gewisse Verzerrung der relativen Preise nicht ausgeschlossen, wenn die einzelnen Güter über unterschiedliche Preis- und/oder Einkommenselastizitäten verfügen.

berührt, bei denen nicht direkt interveniert wird. Die breit gefächerte, sich auf das gesamte Güterspektrum auswirkende Geldmengenwirkung der Interventionen erzeugt deshalb geringere Verzerrungen der relativen Preise als die oben beschriebenen punktuellen Gütermarktinterventionen.

Der von der Interventionspflicht ausgehende Effekt auf die Geldmenge ist damit der eigentliche Kernpunkt der Funktionsweise der Waren-Reserve-Währung. Zumindest langfristig ist die davon ausgehende Stabilisierung der monetären Preisdeterminanten als der Haupt-Vorteil zu verbuchen. Die direkten Gütermarkteffekte der Interventionskäufe oder -verkäufe sind dagegen lediglich kurzfristig als Ergänzung wichtig und wirken bei nicht-monetär verursachten Preisschocks zusätzlich stabilisierend. Ohne die Hauptwirkung der als Offenmarktgeschäft erzwungenen, stabilitätspolitischen Disziplinierung der Geldmengenentwicklung wären sie aber allein nicht ausreichend.

## 3.2.2 Probleme der Realisation

Das theoretische Konzept der Waren-Reserve-Währung ist hervorragend geeignet, Preisindexstabilität über einen Automatismus zu gewährleisten. In dieser Hinsicht ist es der Funktionsweise der traditionellen Goldkernwährung deshalb theoretisch überlegen. Aber ähnlich der Konstellation beim Konzept der Währungskonkurrenz im Abschnitt 2.2 scheitert es an technischen Hemmnissen der praktischen Umsetzung. Die Faktoren der mangelnden Praktikabilität der Waren-Reserve-Währung werden im folgenden diskutiert.

### 3.2.2.1 Nicht-erfaßbare Güter

Das Referenz-Güterbündel sollte möglichst umfassend sein, oder wenigstens die Gütergesamtheit repräsentativ abbilden, damit der auf ihm basierende und zu fixierende Preisindex möglichst gut Geldwertstabilität widerspiegelt. Allerdings kommen viele Güter für den Interventionsmechanismus und die Reserve-Lagerhaltung gar nicht in Frage. Folgende Gütertypen können z. B. nicht einbezogen werden[288]:

[288] Die hier wiedergegebene Aufzählung folgt im wesentlichen Giersch, Herbert: Konjunktur- und Wachstumspolitik..., a. a. O., S. 179. Dort werden zusätzlich zu den hier aufgezählten Kriterien noch Güter, deren Preise sich nicht im Wettbewerb bilden, genannt. Bei ihnen wäre die Funktionsfähigkeit des Interventionsmechanismus zwar nicht perfekt gegeben, aber auch nicht zwingend grundsätzlich bedroht.

- Dienstleistungen und alle verderblichen Güter, weil sie nicht gespeichert werden können
- Güter, deren Lagerung hohe Kosten verursacht
- Güter, die nicht genau spezifiziert und standardisiert werden können
- Güter, die veralten, d. h. mit dem Wandel der Mode oder mit der technischen Entwicklung an Wert verlieren

Ob der Anteil der noch verbleibenden Gütertypen, bei denen der Lager- und Interventionsmechanismus funktioniert, hinreichend groß ist, um eine repräsentative Preisindexentwicklung zu steuern, ist äußerst zweifelhaft. Ein praktikabler, in seiner Güterpalette beschränkter Teilindex, wie beispielsweise ein Rohstoffpreisindex, kann gegenüber einem breiten Index für die Lebenshaltungskosten starke relative Änderungen aufweisen. Stiegen nur die Rohstoffpreise, nicht aber die sonstigen, würde der Automatismus Deflation erzwingen und umgekehrt. Damit entstünde wieder das gleiche Problem, das schon aus der Analyse der Goldkernwährung bekannt ist, nämlich die Änderung der relativen Preise zwischen Interventionsgut bzw. -gütern und einem breiten Güterbündel. Dieser Mangel wäre durch den Übergang von einem Bindungsgut zu mehreren zwar abgeschwächt, nicht aber grundsätzlich behoben.

### 3.2.2.2 Transaktions- und Lagerkosten

Die Durchführung der Realgütertransaktionen ist mit einem erheblichen Aufwand verbunden. Nicht alle grundsätzlich für die Einbeziehung in den Automatismus der Waren-Reserve-Währung geeigneten Güter weisen die gleichen geringen physischen Abwicklungskosten auf wie z. B. das aus dem historischen Beispiel bekannte Gold. Die meisten Güter besitzen einen deutlich geringeren spezifischen Wert. Deshalb wären bei einer Waren-Reserve-Währung ungleich größere Massen und Volumina zu bewegen, was die Transaktionskosten der Interventionen wesentlich erhöht. Insbesondere wenn man sich zu Vermeidung regionaler Disparitäten[289] zu einer dezentralen Abwicklung der Interventionen entschließt, werden teure Realgütertransporte nötig.

---

[289] Regionale Preisverzerrungen wären bei einer zentralisierten Intervention eben wegen der nicht vernachlässigbaren Höhe der Transaktionskosten der Arbitrage zu erwarten. Arbitrage kann hier nur unvollkommen ausgleichen, ganz im Gegenteil z. B. zu Devisenmarktinterventionen, bei denen der Ort des Eingriffs weitgehend unerheblich ist, was gerade auf die Geringfügigkeit der Kosten zur Raumüberwindung bei Devisenarbitrage zurückzuführen ist.

Eine auf dieses Problem Rücksicht nehmende Auswahl der Interventionsgüter kann diese Kostenproblematik verringern. Aber jede Weglassung eines zu kostspielig zu handhabenden Gutes bedeutet andererseits eine Einschränkung der Repräsentativität und erhöht die Wahrscheinlichkeit von realen Preisveränderungen zwischen Interventionsbündel und Gesamtindex. Hier gälte es ein Kriterium für die Optimalität der Einbeziehung zu entwickeln, das von der Höhe der Abwicklungskosten des Gutes, seines Gewichtes im Zielindex und dem Grad der Korrelation seines Preises mit Preisen anderer Güter, die einbezogen oder nicht einbezogen sind, abhängig ist.

Solche Überlegungen wären eine Ergänzung zur Entwicklung eines ebenfalls nötigen Lagermanagements, das Transaktionskosten mindern könnte. Sinnvoll mag dafür die Verwendung von oben bereits genannten Lagerzertifikaten sein.

Zusätzlich zu den Kosten der Abwicklung der Interventionen fallen bei der Waren-Reserve-Währung Lagerkosten an. In erster Linie ist hier an den Zins als Opportunitätskosten der im Lager gebundenen Werte zu denken. Diese Kosten sind keineswegs spezifisch für die Waren-Reserve-Währung; sie treten beispielsweise auch in der bekannten Form der Goldkernwährung auf, bei der ebenfalls unproduktiv Werte gelagert werden. Im Vergleich bedeutet gegenüber der Goldkernwährung die Vielzahl von Gütern nicht unbedingt ein höheres nötiges Wertvolumen. Vielmehr ist gerade genau das gleiche Wertvolumen nötig, um über die Offenmarkteffekte auf die Geldmenge die gleiche Wirkung zu erzielen. In dieser Hinsicht unterscheiden sich beide Systeme nicht[290].

Bei den Lagerkosten, die nicht Zinskosten sind und die nicht direkt wertabhängig sind, können aber Unterschiede auftreten. In der Regel werden sie bei der Waren-Reserve-Währung höher sein, weil beispielsweise ähnlich zu den hohen Kosten der Interventionsabwicklung hohe Massen und Volumina oder spezielle qualitative Lageranforderungen der Güter kostenerhöhend wirken.

Um die Transaktionskosten der Geldpolitik niedrig zu halten, sollten die Interventionsvolumina und das Reservevolumen möglichst niedrig gehalten werden. Teure Gütermarktinterventionen sollten nicht als das Normalinstrument der Geld-

---

[290] Allerdings gäbe es Unterschiede bei den zusätzlichen direkten, preislichen Gütermarkteffekten. Der Interventionsbedarf wird bei der Waren-Reservewährung tendenziell gemindert. Der Goldpreis wird bei der Goldkernwährung ebenfalls in der Richtung beeinflußt, die den Interventionsbedarf reduziert. Ob diese Richtung in Hinblick auf einen breiteren Preisindex gewünscht ist, bleibt aber offen.

politik verstanden werden. Vielmehr sollte meist mit den bekannten, effizienten Instrumenten gearbeitet werden, die in einer real ungebundenen Währung verwendet werden, also beispielsweise die Offenmarktpolitik mit Finanzaktiva. Die Interventionspflicht ist nur als Notfallinstrument gedacht. Ihre pure Existenz muß im Normalfall ausreichen, um das Verhalten der Geldpolitiker zu disziplinieren und die Erwartungen der Geldverwender zu stabilisieren.

Ein gewisser Mindestbestand an Reserve-Gütern ist aber dennoch nötig, um die Interventionsfähigkeit im Notfall jederzeit gewährleisten zu können. Bei einem aufgrund zahlreicher Unwägbarkeiten für die Geldpolitik notwendigen hohen Bestand, drohen die realen Kosten einer Waren-Reserve-Währung prohibitive Ausmaße anzunehmen.

#### 3.2.2.3 Verzerrung relativer Preise bei Interventionen mit Teilgütermengen

Wenn tatsächlich Gütermarktinterventionen trotz ihres Ausnahmecharakters nötig werden, geht davon eine gewisse Beeinträchtigung der Markteffizienz aus. Die Interventionen wirken verzerrend. Das Angebot und die Nachfrage nach einem Gut, das auch Reservegut der Notenbank ist, schwanken nicht allein aufgrund realwirtschaftlicher Entwicklungen, sondern werden durch monetäre Erwägungen beeinflußt. Die Waren-Reserve-Währung ist in diesem Sinne mit Neutralität des Geldes nicht vereinbar[291]. Verzerrungen treten insbesondere dann auf, wenn punktuell interveniert wird, d. h. nicht mit der gesamten Breite des Güterspektrums. Damit ist, wie oben gezeigt, realistischerweise zu rechnen, sei es wegen der Unmöglichkeit der Einbeziehung bestimmter Güter oder aus Kostenerwägungen.

Zumindest müssen die verschiedenen Gütermärkte bei Existenz einer Waren-Reserve-Währung in zwei Kategorien unterteilt werden: Währungsgüter und Nicht-Währungsgüter. Zusätzliche verzerrende Effekte können innerhalb des Sektors der Währungsgüter auftreten, wenn in wechselnden, differenzierten Gewichtungen interveniert wird oder wenn die einzelnen Güter sich in Preis und/oder Einkommenselastizitäten unterscheiden, wie in Abschnitt 3.2.1.2 gezeigt wurde. Neben den Interventionen können sogar konstant gehaltene Reserve-Läger die realen Knappheitsverhältnisse beeinflussen. Immerhin wäre ein spürbares Gütervolumen unproduktiv stillgelegt.

---

[291] Neutralität des Geldes meint hier, daß die Existenz von Geld verglichen mit der hypothetischen Referenzsituation einer reinen Tauschwirtschaft ohne Geld die realen Faktoren und Relationen nicht verzerrt.

Nicht nur tatsächliche Interventionen und Läger beeinflussen die Realgütermärkte. Auch Erwartungen können bereits eine Wirkung erzielen. Werden beispielsweise allgemeine Preissteigerungen und in der Folge nötig werdende Notenbank-Güterverkäufe erwartet, werden bereits im Vorfeld die relativen Preise der Währungsgüter gegenüber den Nicht-Währungsgütern sinken.

### 3.2.3 Fazit zur Eignung von Interventionen mit einem Warenkorb

Waren-Reserve-Währungen bedeuten eine Weiterentwicklung des Automatismus der Goldkernwährung. Sie verfügen ebenfalls über einen Mechanismus, der eine Stabilitätsorientierung der Notenbankführung erzwingt. Durch die Ausweitung des Güterbündels, in dem interveniert wird, kann theoretisch sogar der Mangel der Goldkernwährung in Form realer Wertveränderungen des Interventionsgutes überwunden werden. Die Stabilisierung eines Preisindexes erscheint möglich. Dazu müßte aber im Idealfall in allen Gütern interveniert werden.

In der Praxis ist dies unmöglich. Dadurch entsteht die Gefahr von Verzerrungen relativer Preise. Die Einhaltung des Zielwertes eines breiten Preisindexes kann dann ebenfalls nicht mehr garantiert werden. Zudem erzeugt eine Waren-Reserve-Währung hohe Kosten, sowohl bei der Lagerhaltung als auch bei der Abwicklung der Interventionen. Der Ansatz erscheint daher für eine praktische Umsetzung allenfalls als bedingt tauglich.

## 3.3 Einzelnes Interventionsgut mit variabler Parität

In diesem Kapitel wird das Konzept, das im folgenden als „Indexgebundene Einlösepflicht" bezeichnet werden soll, konstruiert. Es stellt eine Synthese und Weiterentwicklung der bisher diskutierten Ansätze dar. Eine Realbindung, wie sie aus der Goldkernwährung bekannt ist, bietet die Grundlage des zu präsentierenden Systems, da sie in der Lage ist, institutionenökonomisch wünschenswerte Regeln für die Geldpolitik zu verankern. Gleichzeitig soll der zu konstruierende, automatische Mechanismus mit Kaufkraftstabilität vereinbar sein bzw. diese sogar erzwingen.

### 3.3.1 Idee der variablen Einlösungsparität

Eine Realanbindung an ein einzelnes Gut ist, wie das historische Beispiel beweist, praktikabel. Aber reale Wertschwankungen des Interventionsgutes erzeugen über eine starre Parität Änderungen des Preisniveaus. Eine Waren-

Reserve-Währung mit der Bindung an eine Vielzahl von Gütern kann dagegen theoretisch Indexstabilität gewährleisten, erscheint aber in der Praxis nicht handhabbar. Eine Lösung könnte ein Kompromiß beider Systeme liefern: Interveniert wird nur in einem Gut, aber die Einlösungsparität wird ständig so angepaßt, daß letztlich ein Preisindex für ein breites Güterbündel stabilisiert wird.

#### 3.3.1.1 Ausschaltung realer Preisschwankungen des Interventionsgutes

Die variable Parität, die bei Einlösung der Banknoten in nur ein einzelnes Gut Stabilität des Preises für ein Güterbündel gewährleisten soll, muß sowohl die Preisentwicklung des Interventionsgutes als auch die des Gesamtindexes für das Bündel in Betracht ziehen. Änderungen des letzteren sollen als Ziel vermieden werden. Dementsprechend muß bei allgemeinen Preissteigerungen eine Sanktion ausgelöst werden, die die Notenbank trifft und zu einer für sie ungünstigen Einlösung zwingt. Pro eingeliefertem nominalen Notenwert gilt es, eine bestimmte Menge des Interventionsgutes herauszugeben. Die genaue Menge wird aus den Preisen des Güterbündels und des Einlösungsgutes berechnet. Veränderungen des relativen Preises finden dabei als Korrekturfaktor Eingang in die Einlöseparität. Das Verhältnis von Geld, Einlösegut und Warenkorbgütern ist schematisch in Abb. 11 dargestellt.

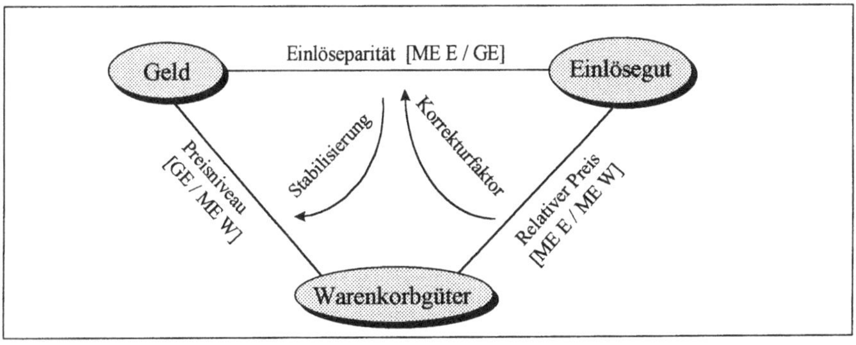


**Abb. 11 Verhältnis zwischen Geld, Einlösegut und Warenkorbgütern**

Steigen beide Preise in genau gleichem Umfang an, d. h., bleibt der relative Preis konstant, dann soll auch die Parität unverändert bleiben. Die Notenbank muß die gleiche Gütermenge pro Note ausliefern, wie vor dem Beginn der allgemeinen Preissteigerung. Dies stellt für die Noteninhaber einen ausreichenden Anreiz zur Einlösung und damit zur automatischen Restriktivierung der Geldpolitik dar. Anders muß dagegen bei Änderungen des relativen Preises zwischen Gesamtbündel und Interventionsgut verfahren werden. Fällt beispielsweise der Preis des

Einlösungsgutes, während das allgemeine Preisniveau ansteigt, ist die Parität unbedingt zu erhöhen, d. h., es muß mengenmäßig mehr von dem Gut pro Banknote herausgegeben werden. Verzichtete man auf diese Korrektur der Parität, dann fehlte der erwünschte Anreiz, Noten einzulösen, da das dadurch zu erlangende Gut an Wert verloren hat. Die Notenbank hätte trotz der an dem Preisindex gemessenen Preissteigerungen keine Sanktion zu fürchten, und es würde keine automatische, geldpolitische Restriktion ausgelöst. Die beginnende Inflation würde nicht gebremst. Durch eine Anhebung der Parität läßt sich dies aber erreichen.

Umgekehrt muß die Parität nach unten korrigiert werden, wenn der relative Preis des Interventionsgutes steigt. Sonst würden Einlösebegehren wirksam, ohne daß diese Restriktion gemessen an der allgemeinen Preisentwicklung gerechtfertigt wäre. Es drohte Deflation. Als Beispiel sei an eine Situation gedacht, in der der Preisindex bisher völlig unverändert geblieben ist, der Preis des Einlösungsgutes aber steigt. Einlösungen würden unerwünschtermaßen für die Noteninhaber attraktiv, wenn nicht die Parität entsprechend der Verschiebungen der relativen Preise so angepaßt würde, daß nur geringere Mengen von dem real wertvoller gewordenen Gut ausgeliefert würden.

Die Parität muß, um Indexstabilität zu ermöglichen, der Entwicklung des relativen Preises des dem Index zugrundeliegenden Güterbündels gegenüber dem Einlösungsgut folgen. Mit den absoluten Preisen formuliert hieße dies: Die Einlöseparität muß proportional zum Preisindex des Warenkorbes steigen und mit dem absoluten Preis des einzelnen Interventionsgutes sinken.

#### 3.3.1.2 Garantie der Erhaltung einer indexbezogenen Kaufkraft

Wird die Einlösungsparität wie oben beschrieben definiert, ist damit indirekt garantiert, daß die Kaufkraft einer Währungseinheit gemessen an dem Warenkorb, der dem verwendeten Preisindex zugrundeliegt, konstant bleibt. Denn eine Einlösung der Note in das Interventionsgut und der anschließende Tausch in die Güter des Warenkorbes bzw. Verkauf und Kauf erlauben den Erwerb immer der gleichen Gütermengen[292]. Alle Preisänderungen finden in der veränderten Parität

---

[292] Ein direkter Tausch der erhaltenen Menge des Einlösegutes in die Warenkorbgüter ist in einer entwickelten Geldwirtschaft natürlich rein hypothetisch. Entscheidend ist, daß gemessen an den jeweiligen Marktpreisen der Wert der erlangten Gütermenge genau dem Wert eines definierten Güterbündels entspricht. Bei kostenfreiem Verkauf des Einlösegutes und ebenso kostenfreiem Kauf der Warenkorbgüter wäre der Tausch indirekt möglich.

Berücksichtigung. Verringert sich etwa der Wert des Interventionsgutes, so wird dies durch eine entsprechende kompensierende Erhöhung der ausgelieferten Menge des Interventionsgutes ausgeglichen. Preissteigerungen der Warenkorbgüter werden gleichermaßen aufgefangen. Indirekt verbrieft jede Banknote damit den Wert eines konstanten Güterbündels.

Die letztliche Wirkung des Einlösungsmechanismus mit variabler Parität ist damit dieselbe wie bei einer umfangreichen Waren-Reserve-Währung. Bei beiden Systemen wird der Preisindex eines breiten Güterbündels stabilisiert. Aber während bei der Waren-Reserve-Währung tatsächlich in allen Gütern interveniert werden muß, reicht bei der indexorientierten Einlösepflicht ein einzelnes Gut aus. Damit werden hohe Kosten vermieden bzw. eine indexstabilisierende Intervention überhaupt erst ermöglicht, sofern, wie oben gezeigt, eine Intervention mit der vollständigen Güterpalette wegen der Nicht-Eignung einiger Güter ohnehin unmöglich ist.

Die indexorientierte, variable Parität kann, falls dies sinnvoll erscheinen sollte, noch durch weitere flexible Faktoren ergänzt werden. Beispielsweise muß nicht unbedingt absolute Indexstabilität programmiert werden, wenngleich diese vom Autor bevorzugt wird. Es könnte ebenso gut, ohne technische Probleme eine bestimmte Norminflationsrate vorgegeben werden. Beispielsweise könnte eine leicht positive Inflationsrate installiert werden, falls diese z. B. zur Erzielung einer wohlfahrtsökonomisch optimalen Seigniorage wünschenswert erschiene. Dazu müßte in die formelhafte Bestimmung der Parität neben den oben genannten Preiskomponenten ein zeitabhängiger Faktor aufgenommen werden. Ein solches „Crawling-Peg“[293] reduzierte die auszuliefernde Gütermenge pro Notenwert im Zeitablauf stetig und gäbe damit Raum für eine entsprechende allmähliche Steigerung der Preise des Güterbündels und des Interventionsgutes.

Eine indexorientierte Einlösepflicht kann also sehr flexibel ausgestaltet werden. Allerdings würde man mit einer Aufweichung in Form des Verzichts auf absolute Stabilität wichtige Vorteile verlieren. Gerade die Stringenz des Systems und die Möglichkeit und sogar Garantie der absoluten Preisniveaustabilität sind seine Stärke[294].

---

[293] Der Begriff eines „Crawling Peg“ bezieht sich ursprünglich auf eine stetige, formelhafte Anpassung von festen Wechselkursen. Hier wird es auf eine stetige Abwertung der binnenwirtschaftlichen Normkaufkraft bezogen.

[294] Zu den Vorteilen von absoluter Preisniveaustabilität siehe Abschnitt 3.1, insbesondere 3.1.1.

### 3.3.1.3 Berechnungsbeispiel

Die bisher nur verbal beschriebene Bestimmung der indexorientierten Parität wird im folgenden formelhaft beschrieben. Im Anschluß werden dann Beispiele für verschiedene Parameterkonstellationen tabellarisch durchgerechnet und erläutert.

Die in einer Periode t auszuliefernde Menge $x_t^E$ in Mengeneinheiten ME des Einlösungsgutes E pro Geldeinheit GE errechnet sich als:

$$x_t^E\left[\frac{\text{ME E}}{\text{GE}}\right] = x_0\left[\frac{\text{ME W}}{\text{GE}}\right]\frac{p_t^W\left[\frac{\text{GE}}{\text{ME W}}\right]}{p_t^E\left[\frac{\text{GE}}{\text{ME E}}\right]}$$

Dabei ist $x_0$ die vorgegebene Normparität im Basisjahr. Sie trägt die Dimension Mengeneinheiten des Warenkorbes ME W pro Geldeinheit GE, da die Kaufkraft bezogen auf den gesamten Warenkorb garantiert werden soll. Doch die gesamte Güterpalette wird nicht tatsächlich ausgeliefert, sondern unter Berücksichtigung der variablen Preise in eine wertäquivalente Menge des Interventionsgutes umgerechnet. Bei relativen Preisänderungen entfaltet dabei der preisliche Korrekturfaktor in der Paritätsbestimmungsgleichung seinen gewünschten Effekt. Wenn der Preis $p_t^w$ für den kompletten Warenkorb gemessen in Geldeinheiten pro Mengeneinheiten des kompletten Warenkorbes W steigt, erhöht sich die Einlösungsparität entsprechend. Eine Erhöhung des Wertes des Einlösungsgutes E, d. h. ein Anstieg von $p_t^E$, läßt die Parität $x_t^E$ sinken.

Die vorgestellte Bestimmungsgleichung kann ferner in leicht umgestellter Form die im vorangegangenen Abschnitt behauptete Kaufkraftstabilisierung belegen. Mit der für eine Geldeinheit ausgelieferten Einlösungsgütermenge kann immer die gleiche Güterbündelmenge erworben werden. Dazu muß in obiger Gleichung lediglich durch Multiplizieren mit $p_t^E$ dieser Faktor auf die andere Seite gebracht werden. Man erhält dann:

$$x_t^E\left[\frac{\text{ME E}}{\text{GE}}\right] p_t^E\left[\frac{\text{GE}}{\text{ME E}}\right] = x_0\left[\frac{\text{ME W}}{\text{GE}}\right] p_t^W\left[\frac{\text{GE}}{\text{ME W}}\right]$$

Der Ausdruck auf der linken Seite der Gleichung kann als der Wert der Menge des Einlösegutes, die für eine bestimmte Noteneinlösung herausgegeben wurde, interpretiert werden. Der Ausdruck ist dimensionslos bzw. trägt die Einheit Wert der Gütermenge pro eingelieferter Geldmenge, beide gemessen in GE. Dieses

Wertprodukt ist laut Gleichung identisch mit dem in der gleichen Periode zu zahlenden Betrag für das pro Geldeinheit versprochene Güterbündel, der sich auf der rechten Seite der Gleichung als das Produkt aus Preis und spezifischer Menge ergibt. Man erhält bei Verwendung der indexorientierten Parität unabhängig von den Preisentwicklungen bei der Einlösung tatsächlich immer genau diejenige Menge des Einlösungsgutes, die wertmäßig dem Normgüterbündel entspricht.

Um ein Gefühl für die Entwicklung der Parität in Abhängigkeit von den Determinanten zu vermitteln, seien in einem einfachen Drei-Güter-Modell im folgenden mehrere Konstellationen durchgespielt. Dabei können auch die Anreize, die gegebenenfalls auf Seiten der Geldhalter für die Noteneinlösung bzw. Güterabgabe bei der Notenbank bestehen, ermittelt werden.

Die drei Güter fließen in dem hier konstruierten Modell mit einer konstant bleibenden Gewichtung in das Normgüterbündel und in die Berechnung des Zielpreisindexes ein. Die Gewichtungsfaktoren seien:

Gut 1 („Butter“): $g^1 = 3$ [kg]
Gut 2 („Hemd“): $g^2 = 1$ [Stück]
Gut 3 („Erdöl“): $g^3 = 2$ [Barrel]

Ein Normgüterbündel besteht also aus drei kg Butter, einem Hemd und zwei Barrel Erdöl. Einen daraus zusammengesetzten Preisindex gilt es zu stabilisieren. Eines der drei Güter, nämlich Gut 3, das Erdöl, sei das Interventionsgut. Das Einlösungsgut ist demzufolge hier Bestandteil des Preisindexes[295].

Die Normparität sei gegeben mit:

$$x_0 = \frac{1\text{ W}}{100\text{ GE}}$$

Für 100 GE muß zumindest über den Umweg der Einlösung in das Einlösungsgut stets der Erwerb eines kompletten Bündels aus drei kg Butter, einem Hemd und zwei Barrel Erdöl möglich sein. Implizit heißt dies, daß der Preisindex bzw. der Preis des Güterbündels $p_t^W$ auf dem Zielniveau 100 GE gehalten werden soll. Abweichungen von diesem Zielwert müßten für die Geldhalter attraktive

[295] Dies muß nicht zwingend der Fall sein. Vor- und Nachteile einer Einbeziehung des Interventionsgutes in den Normwarenkorb werden noch in den Abschnitten 3.3.2.2 und 3.3.3.3 diskutiert.

Arbitrage-Geschäfte ermöglichen, die einen geldpolitischen Automatismus in Gang setzen.

In der Ausgangssituation t = 1 sei das Stabilisierungsziel erreicht. Sie sei die Referenzsituation für die verschiedenen durchgespielten Fälle. Bei den anderen Konstellationen verändern sich die Preise und damit eventuell die Parität. In Tab. 8 sind fünf weitere Situationen wiedergegeben (t = 2 bis t = 6), die im folgenden erläutert werden. Die sechs verschiedenen Fälle sind nicht als eine zeitliche Abfolge zu verstehen. Es sind vielmehr lediglich sechs völlig voneinander unabhängige Zustände.

**Tab. 8 Berechnungsbeispiele indexorientierter Einlöseparitäten**

| t | $p_t^1$ | $p_t^2$ | $p_t^3$ | $p_t^W$ | $x_t^E$ | $x_t^E\,p_t^3$ | $x_t^W$ | Einlöse-anreiz |
|---|---|---|---|---|---|---|---|---|
| | [GE/ME] | | | | [ME E/ 100 GE] | [GE/ 100 GE] | [ME W/ 100 GE] | [GE/ 100 GE] |
| 1 | 10 | 30 | 20 | 100 | 5 | 100 | 1 | 0 |
| 2 | 12 | 36 | 24 | 120 | 5 | 120 | 1 | +20 |
| 3 | 8 | 24 | 16 | 80 | 5 | 80 | 1 | -20 |
| 4 | 10 | 20 | 25 | 100 | 4 | 100 | 1 | 0 |
| 5 | 20 | 40 | 20 | 140 | 7 | 140 | 1 | +40 |
| 6 | 15 | 35 | 40 | 160 | 4 | 160 | 1 | +60 |

In der Referenzsituation t = 1 berechnet sich der Preis des Güterbündels als:

$$p_1^W = g^1\,p_1^1 + g^2\,p_1^2 + g^3\,p_1^3 = 3 \cdot 10 + 1 \cdot 30 + 2 \cdot 20 = 100\left[\frac{\text{GE}}{\text{ME W}}\right]$$

Aus dem Preis des Interventionsgutes, dem Preis des Güterbündels und der oben genannten Normparität ergibt sich die tatsächliche Parität in der Referenzsituation t = 1 als:

$$x_1^E = x_0 \frac{p_1^W}{p_1^3} = \frac{1 \text{ ME W}}{100 \text{ GE}} \cdot \frac{100 \frac{\text{GE}}{\text{ME W}}}{20 \frac{\text{GE}}{\text{ME E}}} = \frac{1}{20} \frac{\text{ME E}}{\text{GE}} = 5 \frac{\text{ME E}}{100 \text{ GE}}$$

100 Geldeinheiten kann jeder Noteninhaber in t = 1 bei der Notenbank in fünf Einheiten Erdöl eintauschen. Diese für 100 GE erhaltenen fünf Öleinheiten haben am Markt einen Tauschwert von:

$$x_1^E p_1^3 = 5 \frac{\text{ME E}}{100 \text{ GE}} \cdot 20 \frac{\text{GE}}{\text{ME E}} = 100 \frac{\text{GE}}{100 \text{ GE}}$$

Dies erscheint zunächst trivial, ist aber, wie sich in den anderen Situationen zeigen wird, nicht selbstverständlich. Vielmehr ist eine etwaige Abweichung des Tauschwertes der erhaltenen Einlösegüter vom Nominalbetrag des hingegebenen Notenbetrages die Quelle für Gewinne aus erwünschten Arbitragehandlungen der Noteninhaber. Der Tauschwert der erhaltenen Güter muß in jeder Situation den Erwerb eines vollständigen Warenkorbes ermöglichen. Dies ist in der Situation t = 1 gegeben; denn die Menge der Warenkörbe, die mit den für 100 GE erhaltenen Einlösegütern gekauft werden kann, beträgt bei Division des soeben berechneten Tauschwertes durch den Preis für das gesamte Güterbündel:

$$x_1^W = \frac{x_1^E p_1^3}{p_1^W} = \frac{100 \left[\frac{\text{GE}}{100 \text{ GE}}\right]}{100 \left[\frac{\text{GE}}{\text{ME W}}\right]} = 1 \left[\frac{\text{ME W}}{100 \text{ GE}}\right]$$

Es kann, wie es die Normparität $x_0$ oben als Ziel vorgab, mit dem Tauschwert der für 100 GE ausgelieferten Einlösungsgütermenge genau ein komplettes Warenkorb-Bündel erworben werden. Für die Referenzsituation t = 1 ist dies nicht weiter verwunderlich. Bleibt zu prüfen, ob dies auch in allen anderen denkbaren Situationen gewährleistet bleibt.

Der Fall t = 2 beschreibt die Situation einer allgemeinen Inflation. Die Preise steigen bei allen Gütern und zwar gerade im gleichen Umfang, so daß keine Änderung der relativen Preise eintritt. Alle Preise erhöhen sich im Beispiel t = 2 in Tab. 8 um genau 20%. Dementsprechend wächst auch der Preis des Warenkorbes an und zwar auf:

$$p_2^W = g^1\, p_2^1 + g^2\, p_2^2 + g^3\, p_2^3 = 3 \cdot 12 + 1 \cdot 36 + 2 \cdot 24 = 120 \left[\frac{GE}{ME\ W}\right]$$

Die Einlösungsparität bleibt aber, weil sich die Änderungen des Preisindexes und des Interventionsgutes im Korrekturfaktor herauskürzen, unverändert bei:

$$x_2^E = x_0\, \frac{p_2^W}{p_2^E} = \frac{1\ ME\ W}{100\ GE} \cdot \frac{120\ \frac{GE}{ME\ W}}{24\ \frac{GE}{ME\ E}} = 5\ \frac{ME\ E}{100\ GE}$$

Der Wert der erhaltenen Menge des Interventionsgutes reicht wieder aus, um genau ein Normgüterbündel zu kaufen. Denn der Wert der erhalten Güter bei der Einlösung beträgt genau:

$$x_2^E\, p_2^3 = 5\ \frac{ME\ E}{100\ GE} \cdot 24\ \frac{GE}{ME\ E} = 120\ \frac{GE}{100\ GE}$$

Dies bedeutet gleichzeitig, daß die Einlösung mit einem Gewinn verbunden ist. Denn man erhält eine Menge des Einlösungsgutes, deren Tauschwert um 20% über der direkten Kaufkraft von 100 GE liegt. Durch ein Arbitragegeschäft mit Einlösung von 100 GE läßt sich ein Gewinn von 20 GE erzielen. Dieser Anreiz für die Einlösung ist in Situation $t = 2$ erwünscht, weil der Preisindex über dem Zielniveau liegt. Der Einlösungsanreiz setzt einen restriktiven Automatismus in Gang.

Im Fall $t = 3$ liegt genau die umgekehrte Situation vor. Alle Preise fallen um den gleichen Satz. Wieder bleiben die relativen Preise konstant. Eine Änderung der Parität ist nicht nötig. 5 Barrel Öl entsprechen hier wiederum genau dem Wert eines kompletten Güterbündels. Noteneinlösung lohnt sich nicht. Das entgegengesetzte Geschäft ist statt dessen attraktiv. Eine Einlieferung von Öl bei der Notenbank bringt einen Gewinn mit sich. Für fünf Barrel erhielte man 100 GE, also einen Gewinn von 20 GE. Diese sind in Tab. 8 als negativer Betrag bei der Noteneinlösung verzeichnet. Einlösung wird abgeschreckt, Gütereinlieferung gegen Notenausgabe aber ermuntert. Dieser Effekt ist erwünscht, da bei fallendem Preisindex eine expansive Geldmengentendenz ausgelöst werden soll.

Die bisher geschilderten Fälle bringen noch keine Besonderheiten der indexgebundenen Einlösepflicht hervor. Die Situationen $t = 1$ bis $t = 3$ hätten genauso gut von einem System mit fixierter Parität wie in der traditionellen Goldkernwährung bewältigt werden können. In diesen Fällen war wegen der Abwesenheit der Änderungen relativer Preise keine Paritätsänderung nötig. Anders sind die Situationen t = 4 bis t = 6 geartet. Bei ihnen kommt es zu relativen Preisänderungen zwischen Einlösungsgut und Gesamt-Warenkorb, so daß eine indexorientierte Paritätsanpassung notwendig wird.

Bei t = 4 ändern sich mehrere Einzelpreise. Das Beispiel ist aber so gewählt, daß der Gesamtpreisindex gegenüber der Referenzsituation gerade unverändert bleibt. Er liegt auf Zielniveau. Es besteht kein Anlaß für eine erzwungene Änderung des geldpolitischen Kurses. Die variabel bestimmte Parität darf deshalb keinen Anreiz für einträgliche Arbitragegeschäfte liefern. Da sich das Interventionsgut relativ verteuert hat, muß sich die pro 100 GE ausgelieferte Menge reduzieren auf:

$$x_4^E = x_0 \frac{p_4^W}{p_4^3} = \frac{1 \text{ ME W}}{100 \text{ GE}} \cdot \frac{100 \frac{\text{GE}}{\text{ME W}}}{25 \frac{\text{GE}}{\text{ME E}}} = 4 \frac{\text{ME E}}{100 \text{ GE}}$$

Der Wert von vier für die Einlieferung von 100 GE ausgegebenen Barrel Öl beträgt:

$$x_4^E \, p_4^3 = 4 \frac{\text{ME E}}{100 \text{ GE}} \cdot 25 \frac{\text{GE}}{\text{ME E}} = 100 \frac{\text{GE}}{100 \text{ GE}}$$

Dies bietet weder einen Anreiz für die Noteneinlösung noch für das umgekehrte Geschäft der Gütereinlieferung bei der Notenbank. Dieser Tauschwert erlaubt aber, wie gefordert, wieder exakt den Erwerb eines kompletten Güterbündels zu den aktuellen Preisen. Der umgekehrte Fall einer relativen Verbilligung des Interventionsgutes bei konstantem Gesamt-Preisniveau, der in Tab. 8 nicht abgebildet ist, wäre durch analog umgekehrte Änderungen zu lösen.

In der Situation t = 5 kommen gleichzeitig zwei Änderungen zur Wirkung. Es ist eine Preisniveausteigerung zu verzeichnen, die aber nicht gleichmäßig ausfällt. Der Preis des Interventionsgutes bleibt dabei absolut konstant; relativ verbilligt es sich daher gegenüber den sich nominal verteuernden Gütern. Idealerweise wäre von der indexgebundenen Einlösepflicht jetzt zu erwarten, daß ein Gewinnanreiz für die Einlösung für eine automatische Restriktivierung ausgelöst wird und daß über den Umweg der Einlösung indirekt immer noch der Erwerb eines kompletten Güterbündels für 100 GE möglich ist. Beide Anforderungen werden erfüllt. Die variable Parität muß sich dabei wegen des relativen Wertverfalls des Interventionsgutes erhöhen auf:

$$x_5^E = x_0 \frac{p_5^W}{p_5^3} = \frac{1 \text{ ME W}}{100 \text{ GE}} \cdot \frac{140 \frac{\text{GE}}{\text{ME W}}}{20 \frac{\text{GE}}{\text{ME E}}} = 7 \frac{\text{ME E}}{100 \text{ GE}}$$

Der Wert der bei der Einlösung erhaltenen Güter beträgt:

$$x_5^E \, p_5^3 = 7 \frac{\text{ME E}}{100 \text{ GE}} \cdot 20 \frac{\text{GE}}{\text{ME E}} = 140 \frac{\text{GE}}{100 \text{ GE}}$$

Die Einlösung von 100 GE bringt dem Noteninhaber damit einen Gewinn von 40 GE. Außerdem erlaubt der Tauschwert den Kauf exakt eines Güterbündels zum Preis $p_5^W = 140$ GE. Der umgekehrte Fall einer deflatorischen Situation bei konstantem Preis des Interventionsgutes ist in Tab. 8 nicht aufgeführt, da die Effekte einfach mit umgekehrter Wirkungsrichtung ablaufen.

Als letzter Fall sei die Situation $t = 6$ analysiert. Hier sind alle denkbaren Änderungen vereint: Der Preis des Interventionsgutes verändert sich sowohl absolut wie relativ, und das Gesamtpreisniveau steigt ebenfalls. Auch hier versagt die indexgebundene Einlösepflicht nicht. Die Parität muß einfach angepaßt werden auf:

$$x_6^E = x_0 \frac{p_6^W}{p_6^3} = \frac{1 \text{ ME W}}{100 \text{ GE}} \cdot \frac{160 \frac{\text{GE}}{\text{ME W}}}{40 \frac{\text{GE}}{\text{ME E}}} = 4 \frac{\text{ME E}}{100 \text{ GE}}$$

Dann entsteht der wegen der Preisniveausteigerung gewünschte Gewinnanreiz für die restriktiv wirkende Einlösung, hier in Höhe von 60 GE. Die indirekte Kaufkraft bleibt ebenfalls garantiert. Mit dem Wert der bei Einlösung von 100 GE ausgelieferten vier Barrel Öl von jeweils 40 GE läßt sich das Güterbündel mit einem Preis von 160 GE gerade genau bezahlen.

## 3.3.2 Wirkungen der Interventionen

Die Berechnung der indexorientierten Parität ist ausführlich erläutert worden. Die Gewinnanreize für die Noteneinlösung bzw. die Gütereinlieferung wurden dabei ebenfalls bereits dargestellt. Bleibt noch zu klären, wie der davon ausgelöste Stabilisierungsmechanismus weitere Folgen entfaltet. Die grundsätzliche Funktionsweise entspricht dabei im Prinzip derjenigen, die bereits aus der Goldkernwährung und der Waren-Reserve-Währung bekannt ist. Ein gewisses Gespür für die Art der Stabilitätsautomatik und die nötige Richtung der Wirkungen konnte deshalb in der vorangegangenen Beispielrechnung zur indexgebundenen Einlösepflicht bereits unterstellt werden. Im folgenden wird nunmehr vertiefend auf feinere Unterschiede und zusätzliche Effekte der Interventionen eingegangen.

#### 3.3.2.1 Effekte am Geldmarkt

Die geldpolitische Stabilisierung erfolgt bei der indexgebundenen Einlösepflicht, ebenso wie bei den anderen Systemen der Realanbindung, über automatische Geldmengeneffekte. Die Interventionskäufe und -verkäufe des Einlösungsgutes können als Offenmarktgeschäfte der Notenbank interpretiert werden. Die Initiative dazu geht allerdings im Gegensatz zum diskretionären Einsatz regulärer geldpolitischer Instrumente nicht von der Notenbank, sondern von den Noteninhabern aus. Deren situationsabhängige Gewinnanreize wurden bereits in obiger Beispielrechnung ermittelt. Überschreitungen des Zielpreisniveaus führen demnach zu Noteneinlösungen und damit zu einer Verminderung der Geldmenge bzw. zumindest der Zentralbankgeldmenge. Eine solche geldpolitische Restriktivierung ist bei zu hohem Preisniveau gerade erwünscht. Die von einer Unterschreitung des Ziel-Preisniveaus ausgelösten Anreize zur Gütereinlieferung wirken als Geldmengenexpansion ebenfalls in die richtige Richtung.

Diese Geldmengeneffekte der Interventionen sollen nicht und können auf Dauer auch gar nicht durch andere geldpolitische Maßnahmen kompensiert werden. Eine Aufrechterhaltung einer „falschen“ Geldmenge und eines „falschen“ Preisniveaus würde den Interventionsbedarf in der Folge nur noch weiter erhöhen. Die Notenbank ist gezwungen, dem Stabilitätsmechanismus zu folgen. Die Regelbindung greift. Jede obligatorische Intervention ist zudem mit einem Verlust für die Notenbank verbunden. Dieser ist das Spiegelbild zu der Gewinnposition der Geldverwender, die diesen als Anreiz für das Initiieren des Stabilisierungsautomatismus benötigen. Die interventionsbedingten Verluste der Notenbank stellen eine zusätzliche steuernde Sanktion dar. Sie sorgen dafür, daß die Notenbank die Interventionen nur als Ausnahme- und Notfallinstrument verwendet. Für die normale, auf die Initiative der Notenbank zurückgehende geldpolitische Steuerung sollte dagegen auf herkömmliche Instrumente zurückgegriffen werden. Im Idealfall versucht die Notenbank, das Interventionsvolumen möglichst gering zu halten, wozu sie durch den Verlustcharakter der Interventionen einen adäquaten Anreiz hat.

Man kann der Notenbankführung im System der indexgebundenen Einlösepflicht deshalb sogar eine eher betriebswirtschaftlich anmutende Zielfunktion vorgeben. Gewinnmaximierung wäre denkbar. Sie steht hier nicht im Widerspruch zu den eigentlichen volkswirtschaftlichen Zielen der Geldpolitik, nämlich ein wertstabiles Geld bereitzustellen. Gewinnorientierung zielt unter den Bedingungen der indexgebundenen Einlösepflicht indirekt auf Preisniveaustabilisierung ab. Die Gefahr eines Zielkonfliktes in der Form, daß die Notenbank zur Erhöhung ihrer Gewinne eine Seigniorage maximierende Inflationsrate zulassen könnte, besteht nicht. Sie könnte dies wegen des Stabilitätsautomatismus gar nicht. Viele Einlösebegehren mit hohen inhärenten Verlusten würden eine bewußte Inflationspolitik sanktionieren. Eine vorausschauende, die nötigen Interventionsvolumina minimierende, stabilitätsorientierte Geldpolitik würde dagegen in Form von Gewinnen belohnt. Ein Anreizmechanismus im Sinne der Vorschläge des Abschnitts 1.4, z. B. eine erfolgsabhängige Entlohnung, wäre in Anbindung an die Notenbankgewinne bei einer indexgebundenen Einlösepflicht durchaus sinnvoll und praktizierbar.

Die Tatsache, daß die Interventionen mit einem zu Lasten der Notenbank ausgeprägten Gewinn- bzw. Verlust-Profil behaftet sind, kann weiterhin zu dem Gedanken führen, diese einfach durch einen Barausgleich abzuwickeln, statt den tatsächlichen Gütertransfer vorzunehmen. Die Praxis des Barausgleichs ist von Termingeschäften bekannt. Dort kann vereinbart sein, statt der Lieferung des Basiswertes lediglich den Preisunterschied zwischen aktuellem Kurs und vereinbartem Basiskurs auszuzahlen. Bei abstrakten Konstrukten wie Indexkontrakten wäre die tatsächliche physische Lieferung gar nicht möglich, so daß auf das Instrument des Barausgleichs zurückgegriffen werden muß. Selbst in Fällen, in denen der Basiswert real existiert, kann ein Barausgleich sinnvoll sein, wenn sich dadurch Transaktionskosten einsparen lassen.

Diese Idee könnte auf die indexgebundene Einlösepflicht übertragen werden. Beispielsweise könnte die Notenbank einen Notenhalter im Falle des Einlösungsbegehrens durch Zahlung des hypothetischen Arbitragegewinns dazu veranlassen, von der Einlösung abzusehen und sich zu verpflichten, die Note weiterhin zu halten. Von einer solchen Praxis ist aber im Interesse der Funktionsfähigkeit des Stabilisierungsmechanismus unbedingt abzusehen. Denn nur beim tatsächlichen Gütertransfer und bei Wechsel des vollen Wertbetrages werden die erwünschten Geldmengeneffekte wirksam. Zwar wäre beim Barausgleich immerhin die Verlustsanktion für die Notenbank noch wirksam, doch die unmittelbare restriktive Wirkung der Noteneinlieferung bzw. die Geldschöpfung bei der Wareneinlieferung fehlten. Im Falle des zu hohen Preisniveaus würde im Umfang der hypothetischen Gewinnposition bei Einlösung sogar Geld in die falsche Richtung fließen.

In Höhe des Barausgleiches würde unerwünschterweise Geld geschaffen. Die Einlösepflicht muß deshalb unbedingt die tatsächliche Abwicklung der Güter- und Geldpositionen garantieren. Dann ist der Stabilitätsautomatismus über Offenmarktgeschäfte gesichert.

### 3.3.2.2 Effekte am Markt des Interventionsgutes

Bei der Analyse der Waren-Reserve-Währung war bereits festgehalten worden, daß die geldpolitischen Realgüter-Interventionen nicht nur einen Geldmengeneffekt entfalten, sondern auch direkt die Märkte der betreffenden Realgüter beeinflussen. Dort war diese Wirkung als vorteilhaft verbucht worden; denn sie hilft die Preisniveaustabilität wiederherzustellen. Bei der Noteneinlösung im Falle zu hoher Preise wirkte das zusätzliche Warenangebot erwünschtermaßen preisdämpfend und bei zu niedrigen Preisen entsprechend umgekehrt. Prinzipiell tritt bei der indexgebundenen Einlösepflicht das gleiche Phänomen auf, allerdings konzentriert auf das einzelne Interventionsgut.

Das Ausmaß der Beeinflussung des Einzelmarktes des Einlösungsgutes fällt erheblich größer aus als bei den einzelnen Märkten der breiter angelegten Interventionen der Waren-Reserve-Währung. Muß in beiden Systemen das gleiche Wertvolumen über die Interventionen bewegt werden, um entsprechende Geldmengeneffekte zu erzielen, so verteilt sich das Interventionsvolumen bei der Waren-Reserve-Währung auf mehrere einzelne Gütermärkte. Dagegen ist bei Interventionen mit nur einem Gut die Beeinflussung dieses einen Marktes sehr stark. Die Preis- und Mengenänderungen werden in Abhängigkeit von den Elastizitäten sehr spürbar ausfallen. Für eine direkte Beeinflussung des Ziel-Preisniveaus sind diese Wirkungen aber dennoch nicht sehr geeignet. Denn in den Preisindex fließt das Interventionsgut nur gemäß seiner repräsentativen Gewichtung als Einzelgut ein[296].

Vielmehr sind die Änderungen auf dem Markt des Interventionsgutes im negativen Sinne als eine reale Verzerrung zu bewerten. Dies ist für sich genommen ein Nachteil der indexgebundenen Einlösepflicht. Andererseits bleiben die direkten Verzerrungswirkungen dafür auf eben diesen einen Markt beschränkt[297]. Je nach

---

[296] Grundsätzlich spricht diese Wirkung im Rahmen der Gewichtung aber für die Einbeziehung des Interventionsgutes in den Ziel-Warenkorb.

[297] Aufgrund der Verzerrung der relativen Preise sind allerdings Spill-Over-Effekte zu anderen Märkten möglich. Zu den Substitutionsbeziehungen zwischen Interventionsgut und anderen Gütern siehe auch Abschnitt 3.3.3.2.

Wahl des Einlösungsgutes erscheint dies als tolerabel. Beispielhaft ist ein Realbindungssystem, bei dem die Anpassungslast auf einem einzelnen Gut lastet, mit der historischen Goldkernwährung bekannt. Dort hat sich die Praktikabilität erwiesen. Der Goldmarkt wurde zwar stark von der Verwendung des Goldes als Währungsgut beeinflußt, seine grundsätzliche Funktionsfähigkeit blieb aber immer erhalten.

Im Unterschied zur indexgebundenen Einlösepflicht ist bei der Goldkernwährung der Preis des Interventionsgutes fixiert. Für die geldpolitische Stabilisierungsfunktion der indexgebundenen Einlösepflicht hat das Fehlen einer Einzelpreisfixierung aber keine negativen Konsequenzen. Der Automatismus funktioniert auch bei hoher Preisvolatilität des Einlösungsgutes, die eventuell durch vorangegangene Interventionen erzeugt worden sein mag. Ein strategisches, spekulatives Verhalten der Geldverwender, das die Funktionsfähigkeit des Mechanismus bedroht, ist nicht zu befürchten. So macht es beispielsweise für einen Noteninhaber keinen Sinn, in Erwartung steigender Preise des Interventionsgutes bei ansonsten bereits attraktiver Einlösemöglichkeit, die Einlösung zu verschieben. Der durch eine Verlagerung auf einen zukünftigen Zeitpunkt erzielbare preisliche Vorteil würde durch einen mengenmäßigen Nachteil genau kompensiert. Denn die variable Parität läßt den Tauschwert der erlangbaren Gütermenge stets konstant. Der Stabilitätsautomatismus wird von interventionsbedingten Marktverzerrungen nicht beeinträchtigt. Die Verzerrung dieses einen Gütermarktes ist lediglich für sich selbst genommen nachteilig.

Bezogen auf die Gesamtheit aller Gütermärkte und auf das allgemeine Preisniveau unterstützt die Spekulation die Stabilität des Systems der indexgebundenen Einlösepflicht, jedenfalls dann, wenn die Wirtschaftssubjekte auf das Interventionsversprechen vertrauen. Wenn die baldige Korrektur einer leichten Preissteigerung zu erwarten ist, macht für die Nachfrager eine vorübergehende Kaufzurückhaltung Sinn. Einige Anbieter werden bei einem leichten allgemeinen Preisanstieg ebenfalls nicht sofort mit einer Anpassung ihrer Einzelpreise reagieren, denn sie verbliebe nach der sicheren Preisniveaukorrektur als relative Verteuerung bestehen oder würde neuen Änderungsbedarf erzeugen. Die spekulative Vorwegnahme der vom Einlösesystem erzwungenen Rückführung von Preisniveauänderungen wirkt damit stabilisierend und verhindert eine Beschleunigung und allgemeine Ausbreitung exogener Preisschocks.

#### 3.3.2.3 Stabilisierung realer und nominaler Wechselkurse

Ein zusätzlicher positiver Effekt der indexgebundenen Einlösepflicht ist eine automatische Stabilisierung der Wechselkurse. Der Effekt ähnelt dem internationalen Goldmechanismus in der Goldkernwährung[298]. Die Minderung von Wechselkursschwankungen tritt allerdings nur im Verhältnis zwischen Währungen auf, die alle eine indexgebundene Einlösepflicht verfolgen. Zwischen jeweils zwei Ländern mit solchen Systemen ist ein einfacher Arbitrage-Mechanismus in Kraft. Am direktesten ist der Effekt und am einfachsten ist die Darstellung dann, wenn beide Länder das gleiche Einlösungsgut gewählt haben. Werden zwei unterschiedliche Güter verwendet, müßten die folgenden Überlegungen um den relativen Preis der beiden Güter erweitert werden, und die notwendigen Arbitragebewegungen müßten beide Güter umfassen.

Der relative Wert der Währungen wird bei identischem Interventionsgut von dem Verhältnis der aktuellen nationalen Einlöseparitäten vorgegeben. Weicht der nominale Wechselkurs an den Devisenmärkten von diesem Niveau ab, setzt Arbitrage ein. Es lohnt sich die Noteneinlösung der gemessen an der Paritätsrelation unterbewerteten Währung in Einlösegüter, der Transfer der Güter in das andere Währungsgebiet, die Einlieferung bei der Notenbank der überbewerteten Währung und der abschließende Rücktausch in die unterbewertete Währung mit Gewinn. Kosten der genannten Geschäfte schränken den Perfektionsgrad dieser Arbitrage gegebenenfalls ein.

Die den Wechselkurs bestimmenden Einlöseparitäten im In- und Ausland hängen ihrerseits wiederum von den jeweiligen Null-Paritäten und den Preisen der Interventionsgüter und der Ziel-Warenkörbe in beiden Ländern ab[299]. Die Null-Paritäten sind Konstanten. Die Preise für die Gesamt-Warenkörbe sind ebenfalls weitgehend fixiert[300]; denn dies bewirkt bereits der binnenwirtschaftliche Stabilisierungsmechanismus. Bleiben lediglich in beiden Ländern unterschiedlich ausfallende Veränderungen der relativen Preise der Interventionsgüter gegenüber dem Warenkorb übrig, um Änderungen des Wechselkurses zu ermöglichen. Unter Berücksichtigung der Tatsache, daß schon allein zur Garantie der Funktionsfähigkeit des binnenwirtschaftlichen Automatismus als Einlösegut ein Gut mit geringen Transport- und Transaktionskosten gewählt werden sollte, ist allerdings nicht mit starken Preisunterschieden zu rechnen. Zwischen den verbundenen Gütermärkten des Interventionsgutes im In- und Ausland findet ebenfalls eine

---

[298] Siehe dazu Abschnitt 2.3.1.3.

[299] Siehe Formeln für die Bestimmung der Paritäten in Abschnitt 3.3.1.3.

[300] Es läßt sich sogar zeigen, daß das Verhältnis der Warenkorbpreise gerade genau dem umgekehrten Verhältnis der Nullparitäten entspricht, wenn die Arbitrage über die aktuellen Paritäten und die Arbitrage am Markt des Einlösungsgutes perfekt und ohne Kosten ablaufen.

weitgehend perfekte Arbitrage statt. Die Entwicklung der relativen Preise wird deshalb sehr ähnlich verlaufen.

Zusammengenommen bedeutet diese Konstanz der einzelnen Faktoren eine beträchtliche Stabilität des nominalen Wechselkurses. Wegen der Fixierung der nationalen Preisniveaus ist dies außerdem gleichbedeutend mit einer Beständigkeit des realen Wechselkurses.

Sollten aufgrund realer Ursachen wie Produktivitätsverschiebungen oder zur Ermöglichung von zu Kapitalverkehrssalden spiegelbildlichen Außenbeiträgen Anpassungen der Wechselkurse nötig sein, so vollziehen sich diese in Form von Änderungen des relativen Preises des Interventionsgutes in den beteiligten Ländern. Dazu kann gegebenenfalls ein Fluß dieses Gutes von einem Land in das andere nötig sein, um die relativen Knappheiten des Interventionsgutes entsprechend zu verschieben. Ein solcher Realgüterfluß ist bereits von dem Goldautomatismus zur Wechselkursfixierung bekannt.

Die für die beschriebenen Wechselkursstabilisierungen notwendigen Arbitragebewegungen, sind im Prinzip die gleichen, die auch bei der herkömmlichen Kaufkraftparität-Theorie für flexible und ungebundene Wechselkurse unterstellt werden. Von dieser weiß man empirisch, daß sie eben nicht perfekt gilt, insbesondere in kurzfristiger Perspektive. Bei der indexgebundenen Einlösepflicht ist dies aber viel wahrscheinlicher. Die zum Ausgleich nötige internationale Güterarbitrage braucht eben nicht ein weites Güterspektrum zu umfassen. Es genügt eine weitgehend perfekte Arbitrage in dem einen oder den zwei Einlösegütern aus, die wegen der geringen Transport- und Transaktionskosten auch zu erwarten ist. Die historischen Erfahrungen der Goldkernwährung sind dafür ein empirischer Indikator.

Wechselkursschwankungen werden durch die internationale Verbreitung von real gebundenen Währungen, auch in der Form der indexgebundenen Einlösepflicht, gemindert. Anpassungen der Kurse sind nur bei realen Veränderungen erforderlich und nur dann überhaupt möglich. Störende monetäre Einflüsse auf die Wechselkursentwicklung sind dagegen ausgeschlossen.

### 3.3.3 Erforderliche Eigenschaften des Interventionsgutes

Die allgemeine theoretische Funktionsweise der indexgebundenen Einlösepflicht ist ausführlich erklärt worden. In diesem Abschnitt wird das Augenmerk nunmehr auf die konkrete Beschaffenheit des zu verwendenden Einlösegutes gelenkt. Welche Eigenschaften sollte es aufweisen?

Die Festlegung auf ein bestimmtes Gut ist in der praktischen Anwendung der indexgebundenen Einlösepflicht nicht ein für alle Male unumkehrbar. Vielmehr kann das verwendete Interventionsgut im Zeitablauf ausgetauscht werden. Zwar sollte im Interesse einer hohen Transparenz des Stabilisierungsmechanismus nicht zu häufig umgestellt werden, aber bei Veränderungen der Eigenschaften des zugrundegelegten Gutes kann langfristig ein Wechsel nötig sein. Er ist problemlos möglich. Die Paritätsformel braucht lediglich mit den zum Zeitpunkt der Umstellung gültigen Preisen des alten und neuen Gutes verändert zu werden. Die Null-Parität, die sich auf den Ziel-Warenkorb bezieht, bleibt unberührt. Es wird weiterhin garantiert, daß pro eingelieferter Notenmenge eine Gütermenge mit einem Tauschwert ausgeliefert wird, für den immer noch die gleiche Menge des Warenkorbes erworben werden kann. Ein Verkettungsproblem stellt sich bei einem Wechsel des Interventionsgutes nicht.

Die im folgenden genannten Eigenschaften für Einlösegüter müssen daher von einem bestimmten Gut nicht unbedingt über alle Zeiten hinweg erfüllt sein. Es genügt, wenn ein Gut die Bedingungen wenigstens mittelfristig für den Zeitraum seiner potentiellen Verwendung aufweist.

#### 3.3.3.1 Qualitäten für die technische Abwicklung

Das zu verwendende Interventionsgut muß sich für die technische Abwicklung des internen und des internationalen Stabilisierungsmechanismus eignen. Dazu muß es neben der zeitlichen Haltbarkeit, die wegen des potentiellen Bedarfes, das Gut zu lagern, selbstverständlich sein sollte, insbesondere qualitativ genau definierbar sein. Dies läuft darauf hinaus, daß es sich um homogene Güter handeln muß. Wären einzelne Einheiten des Gutes inhomogen und in wesentlichen Punkten verschieden, hätte man es mit unterschiedlichen Werten der Einzelstücke zu tun. Für die Bestimmung der Parität benötigt man aber unbedingt einen einheitlichen, ermittelbaren Preis für das verwendete Gut. Wertunterschiede könnten sonst Gütereinlieferungen von minderwertigen Gütern bei der Notenbank attraktiv machen, obwohl dies geldpolitisch gar nicht erforderlich und erwünscht ist.

Eine hinreichende Teilbarkeit des Gutes ist ebenfalls nötig. Die variable Parität macht selbst für glatte Notenbeträge gegebenenfalls die Abwicklung von krummen Stückelungen erforderlich. Allerdings könnte hilfsweise bei Stückgütern mit einem hohen Preis pro Stück nur die Komplett-Einlösung zugelassen werden. Nur ganze Einheiten wären dann von der Notenbank anzunehmen bzw. auszuliefern. Die dafür ausgegebene bzw. eingezogene Notenmenge würde variabel aus der Parität berechnet und würde mit ihr schwanken. Die für die Stabilisierung nötige Arbitrage würde auch unter diesen Bedingungen funktionieren. Allerdings verlören kleinere Notenbeträge dabei ihren unmittelbaren Forderungscharakter; die Realbindung würde für den Geldverwender indirekter und abstrakter.

Die Einlösung selbst sollte mit möglichst geringen Transaktionskosten ablaufen. Dies ist schon allein im Sinne der Ressourceneffizienz als Selbstzweck wünschenswert. Darüber hinaus ist es aber auch für die Funktionsfähigkeit des Stabilisierungsautomatimus wichtig. Ist die Einlösung mit Kosten für die Noteninhaber verbunden, wird bei kleineren Stabilitätsabweichungen und damit verbundenen entsprechend geringen Brutto-Gewinnanreizen auf die Einlösung verzichtet. Die Notenbank erhielte dadurch einen diskretionären Instabilitätsspielraum[301].

Vor allem die physischen Transportkosten der Interventionsgüter sollten relativ niedrig sein. Nur dann ist mit einer regional verzerrungsfreien Stabilisierungswirkung der Interventionen zu rechnen, ohne daß die Abwicklung von Seiten der Notenbank stark dezentral organisiert werden muß. Geringe Transaktionskosten fördern außerdem den im vorangegangenen Abschnitt beschriebenen internationalen Stabilisierungsmechanismus der nominalen und realen Wechselkurse.

### 3.3.3.2 Wertentwicklung

Die Wertentwicklung des Realgutes war bei herkömmlichen Systemen der Realanbindung der entscheidende Faktor. Von der Wertstabilität des Goldes versprach man sich etwa in der Goldkernwährung die Stabilisierung der gesamten Währung. Relative Wertänderungen erzwangen dagegen, wie gezeigt wurde, Preisniveauänderungen. Das Einlösungsgut sollte zur Vermeidung dieses Nachteils einen möglichst konstanten relativen Preis besitzen.

Dies ist in der indexgebundenen Einlösepflicht anders. Hier ist die Wertentwicklung des Interventionsgutes von untergeordneter Bedeutung. Wegen der variablen Parität ist ein stabiler Preis des Interventionsgutes für ein stabiles Preisniveau nicht erforderlich. Diese Eigenschaft des Interventionsgutes kann deshalb weitgehend vernachlässigt werden. Solange es einen endlichen positiven Preis aufweist, funktioniert der Einlösemechanismus. Das Augenmerk bei der Wahl des Interventionsgutes sollte deshalb den bereits beschriebenen technischen Eigenschaften gelten.

---

[301] Bis zu einem gewissen Umfang kann ein solcher sogar erwünscht sein, um nicht bei geringen unvermeidlichen Schwankungen der Preisniveaus sofort hohe Interventionsvolumina auszulösen. Siehe zu dieser Erwägung auch Abschnitt 3.4.2.4.

Lediglich in einem passiven Sinne kann die Wertentwicklung eine Rolle spielen. Nicht die Wirkung der Wertentwicklung des Einlösegutes auf den Einlösemechanismus ist problematisch, sondern allenfalls der umgekehrte Effekt, d. h., wie elastisch die Interventionsvolumina am Markt des Interventionsgutes aufgenommen werden. Wie stark wird der reale Wert des Gutes bzw. die am Markt umgesetzten Mengen gegebenenfalls verzerrt? Das Interventionsgut sollte möglichst kein kritisches Gut sein. Reale Dispositionen der Wirtschaftssubjekte sollten von den geldpolitischen Interventionen möglichst wenig berührt werden. Dabei ist auch zu berücksichtigen, ob und inwieweit Substitutions- oder Komplementaritätsbeziehungen zu anderen Gütern bestehen. Die Verzerrungseffekte könnten sich dadurch auf andere Märkte übertragen, andererseits aber auch einen dämpfenden Schutz vor interventionsbedingten Verzerrungen gewähren. Die Sonderrolle des Goldes, dem historischen Realbindungsbeispiel, scheint in diesem Sinne recht günstig zu sein. Seine realwirtschaftlichen Einsatzmöglichkeiten sind recht beschränkt, und der Goldmarkt ist von anderen Märkten ziemlich stark isoliert. Die realen Konsequenzen von Goldinterventionen scheinen demnach überschaubar.

#### 3.3.3.3 Marktvolumen des Interventionsgutes

Für die Funktionsfähigkeit des Stabilisierungsmechanismus ist ein möglichst großes Volumen des Marktes des Einlösegutes wünschenswert. Denn es müssen über Interventionen an diesem Markt diejenigen Geldmengenwirkungen erzielt werden können, die im Rahmen der automatisierten Offenmarktgeschäfte nötig sind. Ein bestimmter Mindestumsatz an dem Markt ist unbedingt erforderlich.

Diese Anforderung an ein hohes mobilisierbares Wertvolumen kollidiert in gewissem Grade mit der Notwendigkeit einer Homogenität und möglichst genauen qualitativen Definition des Einlösegutes. Je enger und spezifischer die Abgrenzung vorgenommen wird, desto kleiner wird das noch verbleibende Marktvolumen. Die in Frage kommenden Güterkategorien werden damit reduziert auf einige wenige Massengüter und Rohstoffe, die weit verbreitet und zugleich weitgehend homogen sind.

Aus einer anderen Perspektive ist ebenfalls ein hohes Wertvolumen am Markt des Einlösegutes vorteilhaft. Ein diese Anforderung erfüllendes, stark gehandeltes und umfangreich verwendetes Gut hat in einem repräsentativen Warenkorb ein großes Gewicht. Dadurch wird der direkte, das Preisniveau stabilisierende Effekt der Interventionen ebenfalls groß. Die Stabilisierung braucht dann nicht allein über die Geldmenge zu erfolgen, sondern wird durch die Gütermengeneffekte des Interventionsgutes unterstützt.

### 3.3.3.4 Einige Beispielgüter im Vergleich

Zur praktischen Veranschaulichung werden die genannten Kriterien für die Auswahl des Einlösegutes auf einige konkrete Beispielgüter bezogen. In einem tabellarischen Vergleich werden gegenübergestellt: Gold, Erdöl, Automobile, Devisen und Wertpapiere[302]. Diese Aufzählung zeigt mit Devisen und Wertpapieren, daß prinzipiell auch Finanzgüter die Basis für den Stabilisierungsmechanismus bilden könnten. Von einer Realbindung könnte in diesem Zusammenhang dann aber nicht mehr gesprochen werden. Der Einlösemechanismus würde sehr abstrakt. Die indexgebundene Einlösepflicht würde bei Verwendung von Finanzgütern als Einlösegut auf eine Art automatisierter Offenmarktpolitik reduziert. Diese hätte als eine Regelbindungsalternative durchaus eine Berechtigung[303]. Doch gegenüber einer Verwendung von Realgütern als Interventionsgut würde auf wichtige zusätzliche Vorteile der indexgebundenen Einlösepflicht verzichtet. Zu nennen sind hier etwa die Aspekte der direkten Gütermarktstabilisierung, die Nicht-Beeinflußbarkeit der Einlösegüter durch Notenbank und Regierung und nicht zuletzt psychologische Effekte auf Seiten der Geldverwender.

Das Beispiel Automobil ist in den hier angestellten Vergleich mit aufgenommen, um einen Vertreter industrieller Fertiggüter einzubeziehen. In dieser Güterklasse gehört es zu denjenigen mit den größten Marktvolumina und dementsprechend hohem Anteil an repräsentativen Warenkörben. Zudem ist das Auto im Gegensatz zu anderen wichtigen Güterkategorien wie Ernährung, Wohnen und Dienstleistungen von seinen technischen Eigenschaften her noch einigermaßen für die Verwendung als Einlösegut geeignet. Im Vergleich mit Edelmetallen und Rohstoffen, die in Tab. 9 mit dem Gold und dem Erdöl vertreten sind, erweisen sich Fertig-produkte aber, wie sich zeigen wird, als unterlegen. Ein (+) zeigt in Tab. 9

---

302 Nicht berücksichtigt wird an dieser Stelle das in Diskussionen im Kollegenkreise vorgeschlagene Gut, nämlich die Spreewald-Gurke. Sie erscheint leider als nicht sehr geeignet. Aus regionalökonomischer Perspektive wäre ihre Verwendung als das Währungsgut allerdings schon allein wegen der dadurch hervorgerufenen internationalen Beachtung äußerst erfreulich.

303 Einen entsprechenden Vorschlag macht Giersch, Herbert: Wertgesichert, wachstumsfreundlich: eine Euro-Vision, in: Frankfurter Allgemeine Zeitung, 27.12.1997, S. 13. Dort wird eine Einlösbarkeit von Geld in preisniveauindexierte Staatsschuldverschreibungen zu pari vorgeschlagen. Damit findet das Preisniveau über die Indexierung Eingang in die Parität. Dieses Prinzip ähnelt von seiner Funktion her sehr stark der indexgebundenen Einlösepflicht. Allerdings fehlt ein Korrekturfaktor für zinsbedingte Wertänderungen der Anleihen. Von Schwankungen des Realzinses könnten unerwünschte Einlöseanreize ausgehen.

eine gute, ein (+/-) eine mittlere und ein (-) eine schlechte Eignung eines jeden Gutes gemessen am betreffenden Kriterium an.

**Tab. 9 Vergleich verschiedener Einlösegüter**

| Güter / Kriterien | Gold | Erdöl | Autos | Devisen | Wertpapiere |
|---|---|---|---|---|---|
| Homogenität / qualitative Definierbarkeit | hoch (+) | hoch (+) | niedrig (-) | hoch (+) | mittel (+/-) |
| Teilbarkeit | ja (+) | ja (+) | nein (-) | ja (+) | ja (+) |
| Transaktionskosten | niedrig (+) | mittel (+/-) | hoch (-) | niedrig (+) | niedrig (+) |
| Transportkosten | niedrig (+) | mittel (+/-) | mittel (+/-) | niedrig (+) | niedrig (+) |
| Interventionsbedingte Verzerrungen am Markt des Gutes | hoch (-) | hoch (-) | hoch (-) | hoch (-) | hoch (-) |
| Verzerrungen problembehaftet / realwirtschaftl. Konsequenzen | nein (+) | ja (-) | ja (-) | ja (-) | ja (-) |
| Übertragung der Verzerrungen auf andere Märkte | gering (+) | stark (-) | mittel (+/-) | stark (-) | stark (-) |
| Marktvolumen des Gutes | klein (-) | groß (+) | groß (+) | groß (+) | groß (+) |
| Gewicht im Warenkorb | klein (+/-) | groß (+) | groß (+) | gar nicht (-) | gar nicht (-) |
| Charakter einer Realbindung | ja (+) | ja (+) | ja (+) | nein (-) | nein (-) |
| Beeinflußbarkeit des Gutes durch Notenbank oder Regierung | nein (+) | nein (+) | nein (+) | mittel (+/-) | ja (-) |

Das Automobil leidet im Gegensatz zu den anderen Gütern bereits beim ersten Kriterium unter Inhomogenität. Welches Modell welches Herstellers soll konkret verwendet werden? Bei der Entscheidung darüber besteht die Gefahr von Wettbewerbsverzerrungen und das Eingehen einer Abhängigkeit von einem Hersteller. Werden dagegen mehrere Typen zugelassen oder wird nur ein hypothetisches Referenzmodell entworfen, gestaltet sich die exakte Preisermittlung und damit die Bestimmung der Einlöseparität schwierig. Bei Wertpapieren ist ebenfalls eine Abgrenzung des Referenzpapierkreises nötig, allerdings nicht ganz so schwierig wie bei den Autos. Beim Kriterium der Teilbarkeit ist das Auto das einzige problembehaftete unter den Gütern in Tab. 9. Seine Nachteile setzen sich bei den Transport- und Transaktionskosten fort. Beim Erdöl sind ebenfalls höhere Kosten der Abwicklung zu vermuten als bei Gold, Devisen und Wertpapieren. Allerdings lassen sie sich beim Erdöl mit standardisierten Kontrakten noch praktikabel handhaben. Die Notenarbitrage funktioniert bereits, wenn einige Wirtschaftssubjekte im großen Stil mit relativ niedrigen Transaktionskosten beispielsweise mit Lieferung ab Tank/Rotterdam einlösen. Eine tatsächliche teure Erdöl-Einlösung für private Haushalte ist gar nicht unbedingt nötig.

Spürbare interventionsbedingte Verzerrungen am Markt des Einlösegutes sind bei allen Gütern zu befürchten. Die zur Anpassung der Geldmenge gegebenenfalls nötigen Interventionsvolumina können Größenordnungen erreichen, die auf jedem einzelnen Gütermarkt Auswirkungen hinterlassen. Bei deren Konsequenzen entfaltet das Gold dann seinen Vorteil, daß sein Markt recht stark von der Realwirtschaft isoliert ist. Seine traditionelle Rolle als Währungsmetall und seine Verwendung für Anlagezwecke begründen eine Sonderrolle. Realwirtschaftliche Verwendungen des Goldes sind dagegen relativ gering ausgeprägt, und Schwankungen des Goldpreises erzeugen keine starken realwirtschaftlichen Folgen. Dies ist bei den anderen Gütern anders. Insbesondere Öl, Devisen und Wertpapiere sind in diesem Sinne kritische Güter, und Verzerrungen auf ihren Märkten pflanzen sich stark auf andere Märkte fort.

Allerdings sind diese Auswirkungen nicht unbedingt destabilisierend oder münden in allgemeine Krisen. Der Gedanke an die Ölkrisen der siebziger Jahre liegt hier nahe, gehört aber in eine andere Kategorie. Damals war die Ölpreissteigerung verbunden mit einer allgemeinen Inflation. Bei einer Öl-basierten, indexorientierten Realanbindung würde in einer solchen Situation ein stabilisierender Automatismus ausgelöst. Noteneinlösung würde bei Preisniveausteigerungen attraktiv. Dafür würden Öl-Bestände der Notenbank auf den Markt gelangen und die Knappheit sogar entschärfen.

Der Goldmarkt ist im Vergleich zu den Märkten der anderen Beispielgüter relativ klein. Dies muß mit Hinblick auf die Interventionsvolumina als Nachteil des Goldes verbucht werden. Eng damit im Zusammenhang steht auch das geringe Gewicht des Goldes in einem dem Ziel-Preisindex zugrundeliegenden Warenkorb, was wegen des geringen stabilisierenden Gütermarkteffektes der Interventionen ebenfalls nachteilig ist. Die Finanzgüter Devisen und Wertpapiere fließen aber zweckmäßigerweise gar nicht in einen die Realgüterkaufkraft messenden Preisindex ein. Bei ihnen ist deshalb überhaupt keine indexstabilisierende Gütermarktwirkung möglich.

Wie oben bereits angedeutet wurde, ist der bei Verwendung von Devisen oder Wertpapieren fehlende Charakter einer Realbindung zu beanstanden. Bei der Einlösung erhalten die Noteninhaber dabei für ihre Noten lediglich andere Nominalwerte. Zwar werden deren Auslieferungsmengen bei Preisniveausteigerungen so erhöht, daß damit immer noch das gleiche Güterbündel erworben werden kann, doch bekommt man eben nicht direkt inflationsgeschützte Realgüter. Die notwendige mengenmäßige Anpassung der Parität kann bei Finanzgütern andere Probleme nach sich ziehen. Beispielsweise ändert sie im Falle der Devisen den Wechselkurs, zu dem interveniert werden muß. Bei direkter Intervention in Devisen kann die eigentlich wechselkursstabilisierende Wirkung[304] der indexgebundenen Einlösepflicht bedroht oder gar umgekehrt sein.

Realgüter erscheinen außerdem als der geeignetere Anker eines Währungssystems mit Einlösepflicht, weil sie weniger leicht durch andere Instrumente der Notenbank und der Regierung beeinflußt werden können. Die Kurse und damit auch die Interventionsparität könnten im Falle der Verwendung von Wertpapieren als Einlösegut z. B. durch zinspolitische Entscheidungen der Notenbank gestaltet werden. Wenn man sich in Erinnerung ruft, daß der Ausgangspunkt für die Entwicklung der indexgebundenen Einlösepflicht die aus der Public-Choice-Perspektive motivierte Suche nach Regelbindungen für eine autonome, aber auch willkürfreie Geldpolitik war, so kann die Gestaltung der Einlösebedingungen durch Notenbank oder Regierung nicht im Interesse des Erfinders liegen.

Die indexgebundene Einlösepflicht soll deshalb nach dem Exkurs zur Verwendung von Finanzgütern im Rahmen des vorgenommenen Vergleichs verschiedener Beispielgüter wieder zu einer echten Realbindung zurückkehren. Unter den Realgütern erwies sich das Auto als schlecht praktikabel. Dessen Ergebnisse lassen sich weitgehend für andere Fertiggüter verallgemeinern. Gold und Erdöl bzw. allgemein Edelmetalle und Rohstoffe erscheinen dagegen als recht gut geeignet. Die verbleibenden Schwachpunkte unterscheiden sich bei diesen beiden Gütern zu einem gewissen Grade. Keines ist deshalb bei dieser ersten groben Abschätzung als eindeutig überlegen zu bewerten. Das Gold weist gegenüber Öl Vorteile auf in Form von geringen Transaktionskosten und eines abgeschirmten Marktes, der nur geringe interventionsbedingte Verzerrungen an andere Realgütermärkte überträgt. Andererseits ist das relativ begrenzte Volumen des Goldmarktes und die geringe realwirtschaftliche Bedeutung des Goldes, die sich in einem geringen Gewicht im Warenkorb widerspiegelt, von Nachteil. Zwei prak-

[304] Siehe dazu Abschnitt 3.3.2.3.

tikable, wenn auch nicht ideale Beispiele zeigen an, daß das System der indexgebundenen Einlösepflicht nicht alternativlos auf ein Gut beschränkt ist.

### 3.3.4 Vergleich der indexgebundenen Einlösepflicht mit Goldkernwährung und Waren-Reserve-Währung

Nachdem die indexgebundene Einlösepflicht vollständig, einschließlich praktischer Güterbeispiele, vorgestellt worden ist, werden ihre Merkmale den anderen beiden, zuvor behandelten Realbindungssystemen gegenübergestellt. Der Fortschritt, der sich aus der Synthese von Systemen nach dem Prinzip der Goldkernwährung und der Waren-Reserve-Währung ergibt, wird in Tab. 10 sichtbar.

**Tab. 10 Vergleich der indexgebundenen Einlösepflicht mit Goldkernwährung und Waren-Reserve-Währung**

| Währungstyp / Kriterium | Goldkernwährung | Waren-Reserve-Währung | Indexgebundene Einlösepflicht |
|---|---|---|---|
| Garantie der Stabilität des Preisindexes | nein | ja (für Teilindex interventionsfähiger Güter) | ja |
| Wertstabilität einzelner Einlösegüter für Preisniveaustabilität erforderlich | ja | nein, aber Preise der Einlösegüter insgesamt müssen sich repräsentativ entwickeln | nein |
| Transaktionskosten der Interventionen | gering | hoch | gering |
| Breite der Gütermarktverzerrungen | direkt nur bei einem Gut | direkt bei mehreren Gütern | direkt nur bei einem Gut |

Die Goldkernwährung kann Stabilität des Preisniveaus nicht gewährleisten. Bei der Waren-Reserve-Währung beschränkt sich die mögliche Stabilitätsgarantie nur auf die interventionsfähigen Güter. Allein die indexgebundene Einlösepflicht besitzt einen Automatismus, der auf Preisindexstabilisierung abzielt. Dafür ist keine Wertstabilität des Interventionsgutes erforderlich. Bei der Goldkernwährung ist Konstanz des Preisniveaus dagegen nur bei einem konstanten relativen Goldpreis möglich. Die Waren-Reserve-Währung erfordert zwar keine Konstanz von Einzelpreisen, aber zumindest aggregiert müssen die Einlösegüter sich wertmäßig so entwickeln wie die nicht für Interventionen geeigneten Güter, um Gesamt-Index-Stabilität zu ermöglichen. Die Transaktionskosten der Einlösungen bleiben bei der Goldkernwährung und bei der indexgebundenen Einlösepflicht wegen der Verwendung nur eines Gutes niedrig. Die Waren-Reserve-Währung ist dagegen wegen der Vielzahl der Güter teuer. Ebenso beschränken sich die direkten Gütermarktverzerrungen bei Goldkernwährung und indexgebundener Einlösepflicht auf nur ein Gut und fallen bei der Waren-Reserve-Währung breiter aus. Dieser Punkt ist allerdings dahingehend zu relativieren, daß die indirekten Verzerrungen unter Berücksichtigung von Substitutionshandlungen bei allen Systemen eine breitere Güterpalette berühren.

Gemessen an den Kriterien der Tab. 10 erscheint die indexgebundene Einlösepflicht insgesamt als überlegen. Mit ihr gelingt es, die jeweiligen Vorteile der beiden anderen Systeme zu vereinen. Preisniveaustabilität ist garantiert, ohne daß dafür die Wertstabilität von einzelnen Gütern Voraussetzung wäre. Durch die Abwicklung der Einlösungen in nur einem Gut bleiben die dafür hinzunehmenden Verzerrungen und Kosten gering.

## 3.4 Technische Probleme der indexgebundenen Einlösepflicht und ihre Überwindung

Die konzeptionellen Vorteile der indexgebundenen Einlösepflicht sind im vorangegangenen Abschnitt deutlich gemacht worden. Die Geschwindigkeit und Rigorosität des Stabilisierungsmechanismus kann allerdings in einer ansonsten unvollkommenen Welt auch mit Schwierigkeiten verbunden sein. Um einen sinnvollen technischen Vollzug der Interventionen zu gewährleisten, sind gegebenenfalls Modifikationen vorzunehmen. Entsprechende Problemfelder und denkbare passende Lösungsansätze sind Thema der folgenden Analysen.

### 3.4.1 Problemfelder

Die indexgebundene Einlösepflicht löst in ihrer Reinform bereits bei sehr kleinen Preisniveauänderungen Sanktionen aus. Die Gewinnschwelle für das Einleiten des Stabilisierungsautomatismus liegt zumindest bei geringen Transaktionskosten sehr niedrig. Angesichts gewisser realer und unvermeidbarer Unvollkommenheiten in den Wirkungsmechanismen der Geldpolitik sind die von der Interventionspflicht ausgelösten Arbitragen vielleicht sogar zu perfekt.

#### 3.4.1.1 Perfekte Arbitrage bei exogenen Preisniveauänderungen

Die Geldpolitik hat die Preisniveauentwicklung nicht perfekt unter Kontrolle. Zwar bestimmen die monetären Einflußfaktoren langfristig den Preistrend. Kurzfristig können aber Störungen, die aus Bereichen, die nicht der Notenbank, sondern beispielsweise den Tarifparteien oder der Steuergesetzgebung zugeordnet werden müssen, ihre Spuren in den Preisen hinterlassen. Solche Änderungen sollen zwar durch die Notenbank korrigiert werden, wenn man, wie in der vorliegenden Arbeit gefordert, eine absolute Preisniveaustabilisierung anstrebt, doch setzt der Einlöseautomatismus bereits bei kurzfristigen Preisniveauänderungen an, noch bevor die Notenbank überhaupt Gelegenheit zum Gegensteuern hatte.

Die Gewinnanreize für die Noteneinlösung werden sehr schnell wirksam und nehmen keine Rücksicht darauf, worin die eigentliche Ursache der Preisniveauänderung liegt. Dabei besteht die Gefahr, daß die Notenbank mit Verlusten sanktioniert wird, ohne für die Abweichung verantwortlich zu sein. In negativer Sicht kann dies zu Fehlanreizen führen. In optimistischer Perspektive könnte diese Wirkung aber sogar positiv verbucht werden, weil die Notenbank dadurch ein zusätzliches Motiv erhält, zu versuchen, auch das weitere Umfeld der Geldpolitik möglichst stabilisierend mitzugestalten.

Eindeutig nachteilig ist aber, daß kleinere, exogen verursachte Preisniveauänderungen zu sehr zahlreichen Interventionen führen. Dabei sind häufige Wechsel der Interventionsrichtung nicht auszuschließen. Solche, sich weitgehend in ihrer Wirkung auf die Geldmenge gegenseitig kompensierenden Interventionen, sind dem Ziel der Preisniveaustabilisierung nicht sonderlich dienlich. Vielmehr erzeugen sie lediglich ein unstetiges Hin und Her und rufen unnötige Transaktionskosten hervor, die letztlich anreizinkompatibel von der Notenbank getragen werden müssen. Es besteht die Gefahr, daß die Außerordentlichkeit der Einlösung verloren geht. Die Interventionen sind vom grundsätzlichen Ansatz des Systemdesigns her nicht für den andauernden, operativen Einsatz bestimmt. Sie sollen eigentlich ein außerordentliches, nur bei Fehlentwicklungen einsetzendes Notfallinstrument darstellen. Das tagespolitische Normalgeschäft soll dagegen mit herkömmlichen geldpolitischen Instrumenten geschehen. Diese Arbeitsteilung ist gefährdet, wenn eine weitgehend perfekte Arbitrage beim Einlösemechanismus bereits bei kleinsten, exogenen Preisniveauänderungen einsetzt.

#### 3.4.1.2 Wirkungsverzögerungen und zyklische Geldmengenvolatilität

Im Zusammenhang mit der indexgebundenen Einlösepflicht spielen, wie in so vielen anderen Bereichen auch, Wirkungsverzögerungen eine Rolle. Dies kann zunächst an dem vorangegangenen Problempunkt der exogen verursachten Preisniveauänderungen verdeutlicht werden. Jene sind dann problematisch, wenn sie eben nicht sofort mit monetären Mitteln behoben werden können.

Geldmengenänderungen erzielen nicht sofort eine gleichgerichtete Preiswirkung[305]. Diese Wirkungsverzögerungen beschränken sich keineswegs auf reguläre Geldmengenänderungen durch normale geldpolitische Instrumente, sondern gelten gleichermaßen für die Interventionen. Dies kann insbesondere deshalb zu Schwierigkeiten führen, weil der Stabilisierungsautomatismus in erster Linie eben über Geldmengeneffekte abläuft. Die Existenz eines das Preisniveau langfristig stabilisierenden Mechanismus dürfte über erwartungsgeleitetes Handeln die Preisflexibilität in Richtung auf das Zielniveau zwar fördern und auch die Rigidität gegenüber Abweichungen verstärken, wie bereits erläutert wurde[306]. Doch eine ausreichende Beschleunigung der Anpassungen, um das Problem der Wirkungsverzögerungen vollständig zu beseitigen, dürfte diese spekulative Hilfe nicht auslösen.

Die größte Gefahr, die von der Time-Lag-Problematik für die Funktionsfähigkeit des Stabilisierungsmechanismus der indexgebundenen Einlösepflicht ausgeht, ist das Auslösen eines zu großen Geldmengeneffektes. Dies könnte eine überschießende Anpassung und eine Art Schweinezyklus hervorrufen. Beispielsweise sei in einer Ausgangssituation bei zu hohem Preisniveau die Noteneinlösung attraktiv. Die Einlösung vermindert die Geldmenge, was langfristig eine preisdämpfende Tendenz bewirkt. Wegen der Wirkungsverzögerungen bleibt das Preisniveau zunächst aber noch über dem Zielwert; weitere rentable Einlösungen sind die Folge, obwohl der langfristige Preiseffekt der ersten Geldmengenkontraktion eventuell bereits ausreichend war. Im Extremfall würde in einer Welt ohne Transaktionskosten, aber mit time-lags bei einer nur leichten Preisniveauüberschreitung die gesamte Geldmenge bei der Notenbank zur Einlösung vorgelegt. Im Endeffekt würde eine zu große Geldmengenkontraktion das Preisniveau zu stark senken. Unterhalb des Zielpreisniveaus würde dann die umgekehrte Tendenz, ebenfalls wieder mit der Gefahr zu großer Interventionsvolumina, hervorgerufen. Zyklische Preisniveauschwankungen wären die Folge.

Einschränkend kann dieser instabilen Entwicklung entgegengehalten werden, daß es der Notenbank zur Vermeidung eines Überschießens jederzeit unbenommen

[305] Zu Wirkungsverzögerungen und zu Schätzungen der üblichen Zeitdauern siehe z. B. Bofinger, Peter / Reischle, Julian / Schächter, Andrea, a. a. O., S. 129 - 132.

[306] Siehe am Ende des Abschnitts 3.3.2.2.

bleibt, mit anderen geldpolitischen Instrumenten neutralisierend gegen zu große Geldmengenänderungen gegenzusteuern. Eine eindeutige Handlungsempfehlung für die Höhe der hinzunehmenden Volumina ist aber nicht aus der Grundkonstruktion der indexgebundenen Einlösepflicht zu entnehmen. Sie müßte deshalb in das Ermessen bzw. die Willkür der Notenbank gestellt werden, was aus Public-Choice-Perspektive bedenklich erscheint. Das Fehlen eines immanenten Vermeidungsmechanismus übermäßiger Geldmengenänderungen ist als klarer Mangel der indexgebundenen Einlösepflicht festzuhalten. Hier besteht Bedarf für eine Modifikation oder Ergänzung.

#### 3.4.1.3 Informationsasymmetrien bei verzögerten Paritätsanpassungen

Verzögerte Anpassungen der Einlöseparität können problematische Anreize für das Verhalten der Wirtschaftssubjekte erzeugen, was die Funktionsfähigkeit des Interventionsmechanismus bedroht. Dabei ist nicht an eine Spekulation auf dem Markt des Einlösegutes gedacht. Eine solche ist für die Notenbank unerheblich. Dadurch etwa erzeugte Preisänderungen finden in der Parität ausreichende Berücksichtigung.

Schwierigkeiten können sich nur dann ergeben, wenn die zu einem Zeitpunkt gültige Parität eben nicht die aktuellen Knappheitsrelationen widerspiegelt, d. h., wenn sie erst mit einer zeitlichen Verzögerung angepaßt wird. Der Preis des Einlösungsgutes ist in diesem Zusammenhang weniger problematisch. Er kann aktuell bestimmt werden. Bei börsenmäßig gehandelten Gütern wie Rohstoffen oder Edelmetallen, die sich besonders für eine Verwendung für die indexgebundene Einlösepflicht eignen, ist sogar eine Preisfeststellung und Paritätsanpassung in Echtzeit möglich.

Komplizierter gestaltet sich dagegen die Erhebung des ebenfalls in die Einlöseparität einfließenden Preisindexes. Er wird erst zeitverzögert festgestellt. Die dezentrale Erfassung der vielen Einzelpreise und anschließende Zusammenfassung gemäß Wägungsschema führt zu einem unvermeidlichen Aufschub. Ferner wird die Entwicklung des Preisniveaus nicht tagesgenau nachgezeichnet, sondern üblicherweise in Monatsintervallen. Dies bedeutet, daß preisniveaubedingte Paritätsänderungen ebenfalls nur sprunghaft und nachträglich vorgenommen werden können.

Insofern entsteht eine Informationsasymmetrie, da die Wirtschaftssubjekte als Geldverwender durchaus aktuelle Preisentwicklungen beobachten können oder

Erwartungen über Preisniveauänderungen hegen können[307]. Die Notenbank mag zwar ebenfalls, vermutlich aufgrund ihrer Position sogar genauere Vorstellungen über die aktuelle Preisänderungstendenz haben, doch sind solche Erwartungen wenig operationabel für die Bestimmung der offiziellen Einlöseparität. Für diese muß die amtliche Ex-post-Preisstatistik abgewartet werden. Hinsichtlich der für die Entscheidungen verwendbaren Daten ergibt sich damit tatsächlich eine Informationsasymmetrie.

Die zu einem Zeitpunkt gültige Parität trägt demnach gemessen an den tatsächlichen aktuellen Preisen einen gewissen Fehler in sich. Dies kann von den Geldverwendern eventuell erkannt und spekulativ ausgenutzt werden. Die über den Interventionsmechanismus garantierte Menge in Einheiten des Warenkorbes bleibt eben nicht immer völlig konstant, sondern schwankt im Ausmaß des Fehlers der verzögerten Preisniveaumessung. Beispielsweise liefert die Notenbank bei einer fallenden Preisniveauentwicklung überdurchschnittlich viele Güter für eingelieferte Noten aus, wenn zur Festlegung der Parität ein älterer, das aktuelle Niveau überschätzender Preisindexwert verwendet wird. Die hohe ausgegebene Gütermenge liefert einen Anreiz zur Noteneinlösung. Problematisch ist daran, daß dies in der gegebenen Situation mit fallenden Preisen gar nicht erwünscht ist. Die Geldmengenrestriktivierung wirkt hier wegen der Verzögerung der Feststellung des Preisindexes prozyklisch. Dieser Mangel ähnelt vom Effekt her der Argumentation im vorangegangenen Abschnitt, wenngleich sich die Ursachen unterscheiden.

### 3.4.2 Lösungsansätze

Die denkbaren Lösungsansätze für die geschilderten Fehlfunktionen werden hier zusammengefaßt präsentiert. Dies erscheint sinnvoller als eine unmittelbare, jeweilige Anführung nach dem einzelnen Problempunkt; denn diese ähneln sich zum Teil. Entsprechend sind die folgenden Lösungsvorschläge ebenfalls nicht isoliert den einzelnen Problemfeldern zuzuordnen. Vielmehr helfen einige der vorzuschlagenden Modifikationen im System der indexgebundenen Einlösepflicht, mehrere Schwierigkeiten zu überwinden.

---

[307] Kleinere unsystematische Preisniveauänderungen auf Monatsbasis sind für die Wirtschaftssubjekte kaum zuverlässig aus subjektiv wahrgenommenen Einzelbeobachtungen abzuschätzen. Bei trendmäßigen Änderungen oder bei Beachtung von preislichen Frühindikatoren sind aber entsprechende Erwartungen möglich. Außerordentliche Situationen wie beispielsweise Steuersatzänderungen können ebenfalls vor der Bekanntgabe der neuesten Preisstatistik antizipiert werden.

Ein stabilisierender Mechanismus, der bereits in der Grundkonstruktion des Einlösemechanismus enthalten ist, wird in diesem Abschnitt nicht mehr gesondert analysiert. Gemeint sind die Gütermarkteffekte der Einlösungen. Bei der Verwertung von Interventionsgütern aus der Noteneinlösung verderben sehr hohe Volumina sich selbst die Marktpreise. Dies wirkt tendenziell einer zu schnellen, zu perfekten und zu voluminösen Arbitrage entgegen, welche die Ursache für die angesprochenen Fehlfunktionen war. Die Stabilisierungsfunktion des Gütermarkteffektes allein reicht aber nicht aus. Um die praktische Funktionsfähigkeit des Einlösemechanismus sicherzustellen, sind Modifikationen erforderlich. Vier Ideen, die dazu geeignet erscheinen und die auch miteinander kombiniert werden können, werden hier diskutiert.

### 3.4.2.1 Betragsbegrenzungen

Wenn die Gefahr besteht, daß zu viel und in zu großen Volumina interveniert werden muß, liegt der Gedanke nahe, den Einlösemechanismus betragsmäßig zu begrenzen. Eine solche Vorgehensweise könnte zumindest ein überschießendes, zyklisches Reagieren der Geldmenge verhindern. Für jede Interventionsperiode müßte ein Höchstbetrag festgelegt werden, wobei seine Höhe durchaus variabel in Abhängigkeit von Determinanten wie beispielsweise der Preisniveauentwicklung bestimmt werden könnte. So wäre etwa eine Beschränkung des maximal zulässigen Volumens in einem einfachen quantitätstheoretischen Ansatz auf den prozentualen Anteil der aktuell umlaufenden Geldmenge möglich, der der prozentualen Abweichung des aktuellen Preisniveaus vom Ziel-Preisniveau entspricht. Bei konstanter Umschlaghäufigkeit der Geldmenge würde durch diese Begrenzung eine langfristige Preisentwicklung, die bei der Korrekturbewegung über das Ziel-Preisniveau hinausschießt, vermieden.

Allerdings ist die Aufteilung des zulässigen Gesamtvolumens auf kurze Teilperioden problematisch. Wie ist zu reagieren, wenn sich die Umschlaghäufigkeit ändert? Dann wäre gegebenenfalls ein höheres Interventionsvolumen nötig. Es ist aber nicht erkennbar, ob ein Verharren des Preisniveaus z. B. auf einem zu hohen Niveau nach Interventionen im wie oben beschriebenen, begrenzten Rahmen ein Zeichen für Wirkungsverzögerungen ist oder für eine Änderung der Umschlaghäufigkeit, die eigentlich eine Veränderung der Volumenbegrenzung für die Interventionen erforderlich macht. Im Zweifel ist die Obergrenze für die Interventionen deshalb großzügiger zu bemessen, als genau konstant bleibende Kassenhaltungsgewohnheiten nahe legen. Andererseits läßt sich dann aber die Gefahr des Überschießens nicht mehr ausschließen. Eine Obergrenze für Interventionsvolumina kann allenfalls einen Schutz vor sehr starken, von ihrer Dimension her eindeutig als stabilitätswidrig einzuordnenden Übertreibungen bieten.

Eine marktwidrige Kontingentierung des Einlöseversprechens ist darüber hinaus aus anderer Perspektive problematisch. Sie könnte das Verhalten der Geldnutzer verzerren. Wird eine mengenmäßige Beschränkung installiert, dann ist die von der indexgebundenen Einlösepflicht eigentlich versprochene Kaufkraftgarantie zumindest zeitweise außer Kraft gesetzt. Für die Noteninhaber gewinnträchtige Einlösewünsche bei Verfehlung des Zielpreisniveaus müßten bei bereits erfolgter Ausschöpfung des Maximalvolumens von der Notenbank abgewiesen werden. Dies kann zu spekulativem Verhalten der Geldverwender führen. Drohen hohe Interventionsvolumina anzufallen, so besteht ein Anreiz, sich mit dem Einlösebegehren zu beeilen, um noch vor Schluß der Interventionstranche dabeizusein. Sehr frühe und schnelle Einlösungen bereits bei kleinen Preisniveauabweichungen und ein erhöhter Attentismus der Geldverwender sind die Folge. Diese Wirkung ist kontraproduktiv, wenn man sich vergegenwärtigt, daß gerade die schnelle Arbitrage die Ursache für die Problemfelder des Stabilisierungsmechanismus war. Eine betragsmäßige Begrenzung erscheint in normalen Situationen kaum als Modifikation des Einlösemechanismus zu dessen Stabilisierung geeignet.

### 3.4.2.2 Zeitverzögerungen bei der Abwicklung

Um mehr Ruhe und Stabilität im Interventionsmechanismus zu verankern, könnte eine zeitliche Verzögerung der Abwicklung von Einlösungen in Frage kommen. Diese Vorgehensweise bietet außerdem eine Lösung für das Problem des verspäteten Bekanntwerdens des Preisindexes und der damit verbundenen spekulativen Ausnutzung. So könnte die Notenbank nach erfolgter Einlieferung von Realgut oder Banknoten beispielsweise verpflichtet sein, die Gegenleistung erst einen Monat später zu erbringen. Bis dahin kann der Preisindex ermittelt werden. Die Wirtschaftssubjekte müßten zunächst in Vorleistung treten.

Die Parität würde bestimmt werden mit dem Preisniveau zum Zeitpunkt der Einlieferung und mit dem Preis des Interventionsgutes zum Zeitpunkt seiner Übergabe. Wird das Einlösebegehren z. B. zum Zeitpunkt $t = 1$ an die Notenbank herangetragen, der Preisindex für $t = 1$ aber erst in $t = 2$ bekannt, dann würde bei der Einlieferung von Noten in $t = 1$ das Realgut in $t = 2$ mit einer Parität geliefert, die sich aus dem Preisniveau in $t = 1$ und dem Preis des Interventionsgutes in $t = 2$ zusammensetzt. Im umgekehrten Fall der Gütereinlösung in $t = 1$ sind dagegen beide Preise aus $t = 1$ für die Berechnung der auszugebenden Geldmenge in $t = 2$ zu verwenden. Insofern ergibt sich bei den beiden Abwicklungsrichtungen eine Asymmetrie. Diese ist aber nötig. Denn nur so ist gewährleistet, daß das Realgut immer mit seinem aktuellen und auch aktuell ermittelbaren Preis den Besitzer wechselt. Als Preisniveau wird aber immer dasjenige zum Zeitpunkt des Einlösebegehrens verwendet. Denn gerade dieses Preisniveau mit seiner Abweichung vom Zielwert sollte die Einlöseinitiative auf Seiten der Geldverwender hervorrufen.

Wegen des zeitlichen Auseinanderfallens von Leistung und Gegenleistung findet ein Abzinsungsgedanke Eingang in den Stabilisierungsmechanismus. Die Einlösung ist dann nicht mehr bei beliebig kleinen Preisniveauschwankungen attraktiv. Die Brutto-Arbitrage-Spanne muß zumindest die Zinskosten für die Wartezeit, die wenigstens den Zeitraum bis zur statistischen Feststellung des Preisindexes umfaßt, abdecken. Ferner schränkt auch die Ungewißheit über die genaue Höhe der späteren Abwicklungsparität einen zu hohen Perfektionsgrad der Arbitrage-Handlungen ein[308]. Da die durch die verzögerte Abwicklung erzeugten Unsicherheiten und die Zinskosten das Interventionsvolumen tendenziell senken, ist damit indirekt auch dem Problem einer betragsmäßig überschießenden Geldmengenanpassung entgegengewirkt.

Andererseits steht diesem mengenmäßigen Vorteil bei genau dem gleichen Problemfeld eine zeitliche Verschlechterung gegenüber. Das ohnehin existente Problem von Wirkungsverzögerungen wird durch zusätzliche technische Abwicklungsverzögerungen noch verschärft. Immerhin tritt bei der Noteneinlösung in das Realgut die Geldmengenminderung sofort ein, so daß es in dieser Richtung nicht zu einer zusätzlichen Verlängerung des Stabilisierungsmechanismus kommt. Im umgekehrten Fall der Gütereinlieferung bei zu niedrigem Preisniveau wird die automatische Geldmengenexpansion allerdings erst später wirksam. Eine verzögerte Abwicklung reicht als alleinige Lösung demnach nicht aus.

### 3.4.2.3 Terminkontrakte

Die zeitverzögerte Abwicklung der Einlösungen, wie sie im vorangegangenen Abschnitt beschrieben wurden, gibt den Interventionsgeschäften zumindest teilweise[309] den Charakter von Termingeschäften. Es stellt sich daher die Frage, ob

---

[308] Diese Ungewißheit ist allerdings nicht als echtes Risiko für das Wirtschaftssubjekt einzuordnen. Vielmehr bewirkt die oben beschriebene Form der zeitverzögerten Abwicklung gerade genau die Garantie des vorgegebenen Tauschwerts. Die Kaufkraft ist gesichert. Aber die technische Abwicklung wird für den Arbitrageur komplizierter. So kann es beispielweise nötig sein, zum Ausschluß von Wertänderungsrisiken während der Wartezeit nach einer Noteneinlösung die später in Empfang zu nehmenden Realgüter bereits auf Termin zu verkaufen. Dabei stellt sich wiederum das Problem, daß die genaue zu verwertende Menge eben noch nicht bekannt ist, sondern allenfalls ihr Gesamtwert.

[309] Teilweise deshalb, weil nur eine der beiden beteiligten Leistungen, nämlich die der Notenbank, zeitverzögert wird.

die zusätzliche Verwendung von Terminkontrakten oder den daraus ablesbaren Informationen im Zusammenhang mit dem Interventionsmechanismus eine weitere Verbesserung erbringen.

Das Preisniveau selbst wird üblicherweise nicht auf Termin gehandelt[310]. Das Interventionsgut selbst kann dagegen leicht als Basiswert dienen. Es ist sogar höchst wahrscheinlich, daß bereits entsprechende Kontrakte am Markt etabliert sind, wenn man bedenkt, daß als Einlösegut insbesondere börsenmäßig handelbare Rohstoffe und Edelmetalle in Frage kommen. Für die oben betrachteten Beispiele Erdöl und Gold ist dies jedenfalls der Fall. Die Existenz entsprechender Terminmärkte ermöglicht die gleichzeitige Abwicklung der beiden Leistungen im Rahmen von Einlösungen. Die Asymmetrie in der Form, daß die privaten Wirtschaftssubjekte gegenüber der Notenbank in Vorleistung treten müssen kann überwunden werden. Sowohl der Geld- als auch der Güterstrom werden auf den späteren Zeitpunkt verlegt, z. B. einen Monat nach dem Einlösebegehren. Für die Berechnung der Parität wird das dann ermittelte Preisniveau verwendet und der Terminkurs für das Interventionsgut für diesen Zeitpunkt in der Höhe, in der er zu dem früheren Zeitpunkt bereits bekannt war. Dadurch erhält das einlösewillige Wirtschaftssubjekt bereits bei Bekanntgabe der Einlöseabsicht Sicherheit über die preislichen Bedingungen bei der späteren Verwertung der erhaltenen Güter. Die Entscheidung über die Auslösung eines Einlösegeschäftes wird dann sinnvollerweise nur noch von den Erwartungen über den aktuellen, aber noch nicht statistisch ermittelten Preisindex bestimmt.

Die Vereinheitlichung der Abwicklungszeitpunkte auf den späteren Termin ist aber insofern problematisch, als daß dadurch die stabilisierende Geldmengenwirkung verzögert wird. Dies verschäft die time-lags noch zusätzlich. Günstiger wäre deshalb, wenn es gelänge durch den Einsatz von Terminkontrakten die Einlöseabwicklung einheitlich auf eine sofortige Abwicklung vorzuziehen. Dazu müßten aus den Kursen verschiedener Kontrakte Schlüsse über die am Markt vorherrschenden Erwartungen über das Preisniveau gezogen werden. Aus der Kombination verschiedener Größen erscheint dies möglich, wenn man eine perfekte Arbitrage zwischen Termin- und Kassamarkt unterstellt[311]. Aus der Kenntnis des Termin- und Kassakurses des Interventionsgutes läßt sich unter Berück-

---

[310] Wie am Ende dieses Abschnitts gezeigt wird, ist aber die Einführung einer Wette auf die Preisentwicklung durchaus möglich.

[311] Diese Annahme erscheint zulässig. Denn nur bei weitgehend perfekter Arbitrage ergaben sich die Probleme des unmodifizierten Interventionsmechanismus. Die gleiche Bedingung, die zu den Schwierigkeiten führte, hilft auch bei deren Überwindung.

sichtigung des Zinses auf Erwartungen über Paritätsänderungen schließen. Dies erlaubt bei bekannten Preisen des Einlösegutes Rückschlüsse auf die erwarten Änderungen des Preisindexes. Dadurch wird eine erwartungsbasierte Hochrechnung des noch nicht festgestellten Preisindexes möglich.

Direkter und transparenter wäre allerdings die Einführung eines Terminkontraktes, der nicht nur implizit, sondern unmittelbar die Preisniveauentwicklung abbildet. Der Basiswert, der einem solchen Kontrakt zugrundegelegt werden müßte, wäre der Warenkorb des Preisindexes. Eine physische Ausübung mit der kompletten Lieferung des Güterbündels kommt natürlich nicht in Frage. Sie sähe sich den gleichen widrigen Umständen gegenüber, wie die Waren-Reserve-Währung. Das ist aber auch gar nicht nötig. Vielmehr reicht ein Barausgleich in Abhängigkeit vom Preisindexstand völlig aus[312]. Die Funktionsweise solcher Kontrakte ist von anderen, nicht physisch lieferbaren Basiswerten, wie beispielsweise Aktienindizes, bekannt und in der Praxis erprobt. Die verzögerte Feststellung und Bekanntgabe des Preisindexes ist dabei nicht hinderlich. Das Verfallsdatum des Kontraktes ist eben erst der Tag der offiziellen Veröffentlichung des Preisindexstandes. Bis dahin tastet sich die Kursentwicklung an das richtige Niveau in Abhängigkeit von allen einfließenden Erwartungen heran. Diese Erwartungen über die Preisentwicklung sind genau die gleichen, die auf Seiten der privaten Wirtschaftsubjekte auch in die Abwägung der Vorteilhaftigkeit einer Einlösung bei der Notenbank einfließen. Durch eine Verwendung des aktuellen Terminkurses des Preisniveaukontraktes für die Berechnung der jeweiligen Einlöseparität läßt sich die Informationsasymmetrie in Bezug auf die verwendbaren Daten wegen noch nicht amtlich festgestellten, endgültigen Indexwerten überwinden. Die Gefahr eines Mißbrauchs des Interventionsmechanismus bei erkennbar „falschen“ aktuellen Paritäten besteht nicht. Es kann deshalb bei Einlösungen sofort abgewickelt werden.

### 3.4.2.4 Optimale Interventionsspannen

Bisher war die indexgebundene Einlösepflicht mit einem Punktziel bei der Preisniveaustabilisierung ausgestattet worden. Daraus folgte die Pflicht der Notenbank, das Interventionsgut zur gerade gültigen Parität sowohl zu kaufen als auch

---

[312] Gemeint ist hier ein Barausgleich zwischen privaten Akteuren am Terminmarkt. Die Notenbank ist daran nicht direkt beteiligt. Sie nutzt lediglich die Preisinformation zur Berechnung der Parität, die dann aber immer mit vollen Beträgen abgewickelt wird. Nur so lassen sich die Gefahren eines Barausgleichs, wie er in Abschnitt 3.3.2.1 beschrieben wurde, vermeiden.

zu verkaufen. Die punktuelle Fixierung rief aber die Probleme einer zu schnellen, weitgehend perfekten Arbitrage hervor. Selbst bei kleinsten Zielabweichungen setzten Einlösungen ein, gegebenenfalls sogar mit häufigem Wechsel der Interventionsrichtung, wenn das Preisniveau um den Zielwert pendelt.

Deshalb liegt es nahe, zu einer Interventionsspanne überzugehen. Gewisse Schwankungen werden zugelassen. Erst bei Überschreitung einer bestimmten Schwelle wird die Einlöseverpflichtung ausgelöst. Kleine und überraschend auftretende Preisschocks führen nicht sofort zu einer Sanktion für die Notenbank, sondern geben dieser Zeit gegenzusteuern. Dabei kommen zunächst reguläre geldpolitische Instrumente zum Einsatz. Erst wenn die Notenbank die Chance zum Kompensieren verpaßt hat und die Preisniveauabweichung die Spanne aufgezehrt hat, wird die Sanktion und die automatische Stabilisierung mit der Interventionspflicht ausgelöst. Die tatsächliche Gütereinlösung bleibt dann die Ausnahme in Notsituationen bei außerordentlichen Preisschocks. Die hohen Transaktionskosten der Interventionen können dadurch gemieden bzw. gemindert werden.

Andererseits wird der Notenbank durch den Übergang zu einer Interventionsspanne ein gewisser diskretionärer Handlungsspielraum gewährt. Die Regelbindung und die daran gekoppelte Sanktion werden gelockert. Das Ausmaß der Spanne sollte deshalb auf dasjenige Maß an Preisniveauschwankungen beschränkt bleiben, das technisch, d. h. hier geldpolitisch, unvermeidbar ist. Eine Verringerung der Stringenz der Realbindung und Preisniveaufixierung bedeutet aus der Perspektive der Geldnutzer einen Qualitätsverlust der Währung. Die Kaufkraft ist eben nicht mehr genau garantiert, sondern kann im Rahmen der Spanne schwanken. Dieser Mangel des Wertstandards erzeugt Unsicherheit. Die Nachteile eines nicht absolut fixierten Preisniveaus wie beispielsweise Erschwerung der intertemporalen Kalkulation treten wieder auf.

In einer Abwägung gilt es daher, eine optimale Interventionsspanne zu finden. Die Nachteile und Kosten der Geldverwender nehmen mit steigendem Ausmaß der Interventionsspanne zu. Es ist plausibel anzunehmen, daß diese Zunahme überproportional ausfällt. Denn eine kleine Spanne berührt den grundsätzlichen, gebundenen Charakter noch nicht. Die Norm-Parität bleibt ein Anker der Erwartungsbildung. Preisniveauabweichungen werden als vorübergehend eingestuft. Bei größeren Spannen geht dieser Charakter zunehmend verloren. Die möglichen Preisniveauschwankungen werden immer unberechenbarer und können innerhalb der Spanne mehrfach die Richtung wechseln. Die Reaktionen der Notenbank werden unberechenbarer. Diese überproportionale Zunahme der Anpassungskosten auf Seiten der Wirtschaftssubjekte würde sich in einer grafischen Darstellung in Abhängigkeit von der Größe der Interventionsspanne als linksgekrümmter Kostenverlauf präsentieren.

Auf Seiten der Notenbank sind die Kosten des Betreibens des Interventionsmechanismus ebenfalls von der Spanne abhängig, aber mit der umgekehrten Wirkungsrichtung. Eine sehr kleine Spanne oder gar eine Punktfixierung führen zu einem häufigen Erreichen der Interventionsschwelle. Die von der Notenbank zu tragenden Transaktionskosten sind dann sehr hoch. Hinzu kommen die Nachteile einer zu starken Arbitrage, wie sie in Abschnitt 3.4.1 diskutiert wurden. Mit zunehmender Spanne gehen diese Kosten zurück. Ist eine Breite erreicht, innerhalb derer das Preisniveau mit den regulären geldpolitischen Instrumenten beherrschbar ist, bringen weitere Ausweitungen der Spanne kaum noch Kostenreduktionen für die Notenbank mit sich. Die Grenz-Entlastung nimmt mit steigender Spanne also ab. Die Kosten auf Seiten der Notenbank verlaufen offenbar ebenfalls linksgekrümmt.

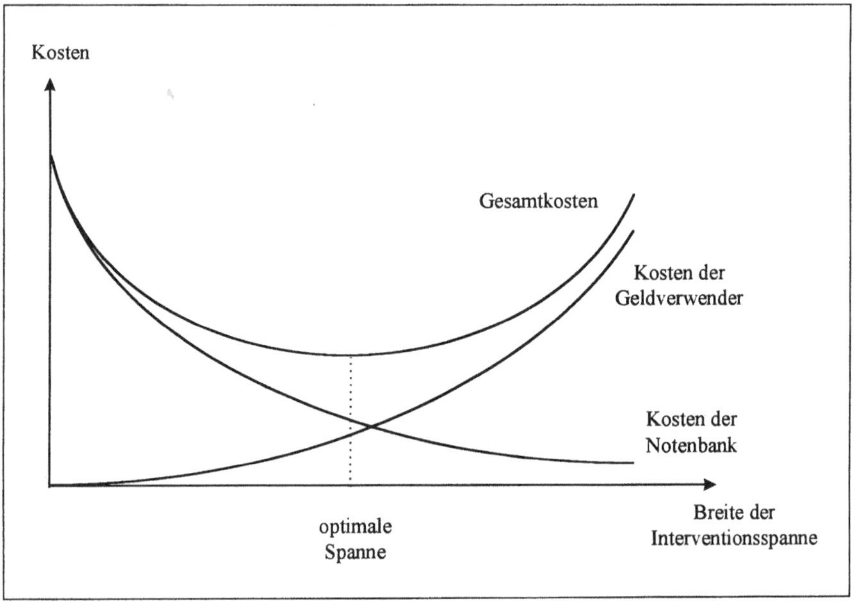


**Abb. 12 Ableitung optimaler Interventionsspannen**

In Abb. 12 sind die Kosten auf Seiten der Notenbank und diejenigen auf Seiten der Geldverwender schematisch in Abhängigkeit von der Größe der Interventionsspanne abgetragen. Das Modell ähnelt in vielfältiger Hinsicht anderen aus der Ökonomie bekannten Kostenminimierungsaufgaben[313]. Auch hier gilt die Suche dem Minimum der Gesamtkosten, die sich als die Summe der Kosten der beiden einzelnen Gruppen ergeben. Wegen des linksgekrümmten Verlaufs beider einzelnen Kostenkurven ergibt sich ein U-förmiger Verlauf der Gesamtkosten mit einem eindeutigen Minimum. Dort liegt das optimale Ausmaß der Interventionsspanne[314].

An dieser Stelle sollen die lediglich qualitativen Überlegungen zur Bestimmung der optimalen Interventionsspanne genügen. Für eine genaue betragsmäßige Herleitung müßten analytische Einschätzungen der Kostenverläufe vorgenommen werden, was in der Praxis mit großen Schwierigkeiten verbunden sein dürfte. Eine erste grobe Abschätzung legt aber nahe, daß die Spanne in einem stabilen makroökonomischen Umfeld im Bereich einstelliger Prozentzahlen verbleiben dürfte. Ein solcher Umfang gäbe genug Raum für kurzfristige Preisniveauschwankungen, ist aber gleichzeitig hinreichend disziplinierend für die Geldpolitik. Selbst wenn angesichts der heute auch bei ungebundenen Währungen beobachtbaren Stabilität im Vergleich der Gewinn an kurzfristiger Erwartungssicherheit einer indexgebundenen Einlösepflicht mit einer solchen Spanne nicht gerade spektakulär erscheint, ist der langfristige Vorteil durch die Bereitstellung eines Normpreisniveaus nicht zu vernachlässigen.

Für die technische Ausgestaltung einer Interventionsspanne bieten sich mehrere Alternativen. Am naheliegensten ist es, einfach mit einem Auf- bzw. Abschlag auf die Mittel-Parität die Interventionspunkte bekanntzugeben. Alternativ könnte aber auch der Einlösevorgang gebührenpflichtig gemacht werden[315]. Dann bräuchte lediglich die Mittelparität amtlich veröffentlicht zu werden. Die wirtschaftlich sinnvollen Interventionspunkte ergeben sich automatisch unter Berücksichtigung

---

[313] Als Beispiele seien nur genannt die Minimierung von Bestellkosten oder die Bestimmung optimaler Emissionsmengen in Abhängigkeit von Schäden und Vermeidungskosten.

[314] Dieser Punkt muß keineswegs zwingend über dem Schnittpunkt der beiden einzelnen Kostenkurven liegen. Dies wäre nur dann rein zufällig gegeben, wenn dort auch die ersten Ableitungen der jeweiligen Kosten nach der Spanne betragsmäßig identisch wären.

[315] Als Begründung der Gebühren liegt der Gedanke an die Transaktionskosten der Interventionen auf Seiten der Notenbank nahe. Ihre Höhe sollte aber nicht bzw. nicht die alleinige Bemessungsgrundlage für die Gebührenhöhe sein. Vielmehr müssen die Gebühren so eingerichtet werden, daß sie die aus den Gesamtkosten der Notenbank und aus denen der Wirtschaftssubjekte abgeleitete optimale Interventionsspanne erzeugen. Die durch eine Qualitätsverschlechterung des Wertstandards beim Übergang zu größeren Spannen ausgelösten Kosten haben beispielsweise überhaupt nichts mit der Höhe der Transaktionskosten für die Abwicklung der Transaktionen zu tun. Letztere fließen allenfalls in die Kosten auf Seiten der Notenbank ein.

der Höhe der Gebühren. Der ökonomische Effekt wäre identisch. Ein psychologischer Vorteil verbliebe aber. Es gäbe nur eine offizielle Parität zu der gekauft und verkauft werden kann. Zu dieser Parität ist die indirekte Kaufkraft eines Geldbetrages immer konstant. Theoretisch, unter Ausblendung der Einlösegebühren, bliebe die indexgebundene Einlösepflicht in Reinform bestehen; faktisch würde durch die Existenz der Gebühren aber ein zu frühes, problembehaftetes Einsetzen der Arbitrage verhindert.

## 3.5 Zusammenfassung der Ergebnisse des dritten Kapitels

Die Goldkernwährung, die sich in den Analysen der ersten beiden Kapitel als überlegen erwiesen hat, wird im dritten Kapitel weiterentwickelt. Insbesondere wird der Mangel von unvermeidbaren Preisindexschwankungen bei Änderungen des relativen Preises des Goldes behoben. Zuerst wird dazu das Ziel der Stabilisierung des Preisindexes thematisiert. Eine absolute Fixierung des Preisniveaus verspricht zahlreiche Vorteile. Allerdings läßt sich die Kaufkraft des Geldes nicht unmittelbar messen. Ein Preisindex dient dazu lediglich als unvollkommener Indikator, der nicht eindeutig abgrenzbar ist. Für eine pragmatische Orientierung erscheint die Verwendung eines möglichst absolut zu stabilisierenden Preisindexes aber dennoch als geeignet. Sie hält einer Überprüfung anhand diverser Einwände weitgehend Stand.

Die Stabilisierung eines breiteren Preisindexes mit dem Automatismus einer Realanbindung ist in einem System einer Waren-Reserve-Währung möglich. Dabei muß die Notenbank direkt an den Gütermärkten intervenieren und zwar in allen in den zu stabilisierenden Preisindex einfließenden Gütern. Der Vorteil eines solchen Systems gegenüber der Goldkernwährung ist, daß Änderungen der relativen Preise einzelner Güter die Konstanz des Gesamt-Preisindexes nicht stören. Viele Güter sind allerdings von ihren Eigenschaften her überhaupt nicht für die Notenbank-Interventionen geeignet, so daß der auf einige interventionsfähige Waren beschränkte Preisindex nicht unbedingt repräsentativen Charakter behält. Überdies ist die Waren-Reserve-Währung mit hohen Transaktions- und Lagerkosten behaftet.

Eine praktikable Synthese aus den Funktionsweisen der Goldkern- und der Waren-Reserve-Währung ist die in der vorliegenden Arbeit entwickelte „indexgebundene Einlösepflicht“. Bei ihr wird mit nur einem Gut Noteneinlösung betrieben. Die Parität zwischen Geld und diesem Interventionsgut ist aber nicht fest, sondern wird stets so angepaßt, daß nicht der Preis dieses Gutes, sondern letztendlich der Preisindex eines beliebig weit gefaßten Warenkorbes stabilisiert wird. Dazu muß sich das Einlöseverhältnis proportional zum Preisindex entwickeln und negativ vom Preis des einzelnen Gutes abhängen. Es erfolgt eine Bereinigung der Parität um relative Preisschwankungen des Einlösegutes. Auf diese Weise kann mit einem Regel-Automatismus die indexbezogene Kaufkraft des Geldes garantiert werden.

Dies wird in einer Beispielrechnung mit einem Drei-Güter-Modell, das die Bestimmung der Parität in verschiedenen Situationen umfaßt, nachgewiesen. Die Geldverwender erfahren immer einen Anreiz, der sie den Stabilisierungsmechanismus in die richtige Richtung in Gang setzen läßt. Der Automatismus selbst wirkt dann in erster Linie über die Geldmengeneffekte der Gütereinlösungen auf das Preisniveau. Für die konkrete Auswahl von Einlösegütern werden Anforderungskriterien aufgestellt. Sie lassen insbesondere Rohstoffe und Edelmetalle als geeignet erscheinen.

Eine zu perfekte Arbitrage beim Interventionsmechanismus und Wirkungsverzögerungen stellen die indexgebundene Einlösepflicht vor gewisse technische Probleme. Verschiedene Lösungsansätze in Form von Modifikationen des Grundkonzeptes werden diskutiert. Dabei erweist sich die Berechnung der Einlöseparität unter Verwendung von Terminkursen als hilfreich. Zusätzlich oder alternativ ermöglicht der Übergang von einer Punktfixierung des Preisniveaus zu Interventionsspannen einen praxistauglichen Einsatz des vorgestellten Währungskonzeptes.

# 4 Umsetzung der indexgebundenen Einlösepflicht in der Europäischen Wirtschafts- und Währungsunion

## 4.1 Bedarf für eine Realanbindung

Nach der theoretischen Entwicklung des Konzeptes der indexgebundenen Einlösepflicht drängt sich aufgrund der gegebenen Aktualität eine Anwendung auf die bevorstehende Europäische Wirtschafts- und Währungsunion geradezu auf. Tatsächlich läßt sich auf europäischer Ebene ein besonders hoher Bedarf für eine moderne Form der Realanbindung aufzeigen. Er ist noch stärker ausgeprägt als in nationaler Abgrenzung. Wie in diesem Abschnitt gezeigt wird, kann sich sonst die mit der Währungsunion einhergehende Verengung des Währungswettbewerbs bei Fehlen eines etablierten Vertrauenskapitals und bei unterschiedlichen vorherrschenden Stabilitätsmentalitäten als gefährlich für die Preisniveaustabilität erweisen.

Der Vertrag von Maastricht hat zwar wichtige institutionelle Grundlagen geschaffen. Daß sie aber im Detail hinreichend exakte Vorgaben machen, um Stabilität zu garantieren, ist zu bezweifeln. Es verbleibt ein ex ante nur sehr schwer zu gestaltender Handlungsspielraum für die Akteure in Politik und Notenbank[316], der erst später unter Einfluß weicher Faktoren wie der Stabilitätsmentalität ausgefüllt wird. Eine Realanbindung könnte ihn weiter begrenzen.

### 4.1.1 Inhomogenität der Stabilitätsmentalitäten

Formal haben sich die Teilnehmer der Europäischen Wirtschafts- und Währungsunion im Vertrag von Maastricht auf das einheitliche Stabilitätsziel geeinigt. Dennoch wird mit Blick auf die unterschiedlich verlaufene Währungsgeschichte in den einzelnen Ländern oft eine unterschiedlich ausgeprägte Stabilitätsmentalität bei den verschiedenen Teilnehmern diagnostiziert. Woran läßt diese sich festmachen, und wie läßt sie sich begründen? Welche Folgen gehen davon für den geldpolitischen Entscheidungsfindungsprozeß aus?

---

[316] Richter bezeichnet die geplante Europäische Währungsunion deshalb als einen unvollständigen oder relationalen Vertrag, vgl. Richter, Rudolf: Institutionen ökonomisch analysiert, Tübingen 1994, S. 42 - 48. Die charakteristischen Eigenschaften relationaler Verträge beschreibt er ebenda S. 16 - 22.

#### 4.1.1.1 Messung und Begründung

An welchem Indikator läßt sich die Stabilitätsmentalität einer Gesellschaft oder eines Landes ablesen? Am besten geeignet erscheint dafür die Messung der Zielerreichung beim Endziel Preisniveaustabilität und zwar in einer langfristigen Perspektive[317]. Kurzfristige Schwankungen mögen durch verschiedene Schocks überzeichnet sein. Doch langfristig bricht sich die grundsätzliche Orientierung Bahn. Bei einem Vergleich der europäischen Länder zeigen sich signifikante Unterschiede. So stiegen von 1960 bis 1995 die Verbraucherpreise in Westdeutschland insgesamt um 226%, in Frankreich um 672%, in Großbritannien um 1097%, in Italien sogar um 1638%[318]. Dies legt die Annahme unterschiedlicher Stabilitätsmentalitäten nahe. Grundsätzliche kulturelle Unterschiede im europäischen Rahmen zu benennen, erscheint aber gewagt und ist zudem wenig operationabel[319]. Deshalb beschränken sich die folgenden Überlegungen auf direktere politische und ökonomische Aspekte.

Als Ursache für die speziell im deutschen Fall hoch ausgeprägte Inflationsempfindlichkeit werden oft die zweimaligen Hyperinflationserfahrungen in diesem Jahrhundert angeführt[320]. Als alleinige Erklärung reicht dies aber nicht aus. Damit kann nicht die Abneigung gegen moderate Inflationsraten erklärt werden. Außerdem hilft der Verweis auf die spezifischen deutschen Erfahrungen nicht, um die unterschiedlichen Reaktionen in den anderen Ländern zu verstehen. Bei diesen sind neben den länderweisen Differenzen auch zeitliche Differenzierungen nötig. Die genannten langfristigen Gesamt-Preisniveausteigerungen sind nämlich nicht gleichmäßig aufgelaufen, sondern vielmehr in Schüben erfolgt. In den 50er und 60er Jahren war die Stabilität weit verbreitet, und auch die 90er Jahre sind international von niedrigen Inflationsraten geprägt. Offenbar kann anderen Ländern nicht einfach eine immer gültige höhere Inflationspräferenz unterstellt werden.

---

[317] Langfristige Inflationsraten als Indiz für Stabilitätskultur verwenden auf der Grundlage einer Befragung von wirtschaftspolitischen Meinungsführern (Politiker, Bundesbanker, Wissenschaftler, Verbände) auch Bofinger, Peter / Hefeker, Carsten / Pleger, Kai: Stabilitätskultur in Europa, in: Sparkassen-Wirtschaftsförderung, Mitteilungen, Nr. 45, 1997, S. 29.

[318] Angaben von Steuer, Werner: Gibt es eine europäische Stabilitätskultur?, in: Wirtschaftsdienst, 1997, Nr. 2, S. 87.

[319] Religionsunterschiede und gesellschaftliche Vertrauensbindungen werden genannt von Bofinger, Peter / Hefeker, Carsten / Pleger, Kai, a. a. O., S. 38. Sie verwerfen aber die Eignung dieser Kriterien für die konkrete Beurteilung von Stabilitätsdivergenzen.

[320] Betrachtungen dazu aus der Perspektive der Entscheidungsdeterminanten der Deutschen Bundesbank finden sich bereits in den Abschnitten 1.2.2.2 und 1.2.2.3.

Deutliche internationale Differenzen der Inflationsentwicklung zeigen sich vorwiegend in den 70er und frühen 80er Jahren. In Deutschland stiegen die Inflationsraten in dieser Periode ebenfalls an, jedoch nicht so dramatisch wie in anderen europäischen Ländern[321]. Lediglich in bestimmten Situationen treten offenbar deutliche internationale Unterschiede zu Tage. Sie könnten die Folgen einer verschiedenartigen Verarbeitung exogener Schocks sein, wobei in den 70er Jahren der Gedanke an den Ölpreis nahe liegt. Dabei stellt sich die Frage, ob die andersartige Verarbeitung einmaligen Sondercharakter hat oder ob dem grundsätzlich verschiedene, typische und auch für die Zukunft relevante wirtschaftspolitische Reaktionsmuster zugrundeliegen.

Diese Abweichungen in der Reaktion können mit unterschiedlich gearteten institutionellen Rahmenbedingungen erklärt werden. Die Notenbankautonomie ist in diesem Zusammenhang sicher sehr wichtig, aber nicht allein relevant. Die Autonomie wurde in der vorliegenden Arbeit zudem bereits hinreichend behandelt und wird deshalb an dieser Stelle nicht erneut vertieft. In einer weiteren Abgrenzung institutioneller Bedingungen kann zusätzlich die Art der grundsätzlichen Orientierung der Gesellschaft angeführt werden. Dies paßt zu den weiten Begriffen Stabilitätsmentalität oder Stabilitätskultur. Die Fristigkeit der Ziele und Planungen der Wirtschaftspolitik und der Wirtschaftssubjekte spielt dabei eine besondere Rolle. Ein ausgeprägtes Kurzfristdenken in Form einer niedrigen Zukunftspräferenz kann inflationsfördernd wirken. Der Planungshorizont hängt seinerseits wiederum ab von der allgemeinen politischen und ökonomischen Stabilität.

Beispielsweise sind inflationsfördernde Effekte häufiger Regierungswechsel denkbar[322]. Wenn Inflation kurzfristige Vorteile gewährt und erst langfristig Schäden verursacht, bringt eine inflationäre Wirtschaftspolitik im Sinne der Theorie politischer Konjunkturzyklen der Regierung Vorteile; die späteren Nachteile treffen erst die folgende Regierung, die bei häufigem Wechsel mit

---

[321] Die jährliche Inflationsrate im Durchschnitt der Jahre 1970 bis 1982 betrug in Deutschland 5,1%, in den G7-Ländern 9%, in den EU-Ländern 10,8% und in allen OECD-Ländern 10,2%. Eigene Berechnungen auf der Grundlage der Consumer prices der OECD, a. a. O., Annex Table 16, S. 268.

[322] Als extremer Fall kann in diesem Zusammenhang Italien genannt werden. Zwischen 1945 und 1994 wurde der Regierungschef 31 mal ausgewechselt, wobei es sich allerding häufig um eine Rückkehr eines früheren Regierungschefs ins Amt handelt. Zählt man Veränderungen in der Zusammensetzung der die Regierung tragenden Parteien-Koalitionen unter einem beibehaltenen Regierungschef mit, so ergeben sich im genannten Zeiraum sogar 47 Wechsel. Quelle Brütting, Richard (Hrsg.): Italien Lexikon, Berlin, 1995, S. 27 - 29.

hoher Wahrscheinlichkeit einem anderen Lager entstammt. Vor allem zur Abmilderung von schmerzhaftem Anpassungsbedarf bei der Verarbeitung von Schocks ist die Versuchung, Inflation hinzunehmen, groß.

Die Hemmung, eine etwa notwendig werdende Restriktivierung der Geldpolitik einzuleiten, ist in Gesellschaften mit ausgeprägter Kurzfristorientierung größer. Zeichnen sich die Verhältnisse am Finanzmarkt vorwiegend durch kurze Zinsbindungsfristen aus, dann sind die Konditionen direkt von geldpolitischen Kursänderungen betroffen. Nicht nur zu steuernde Neu-Verschuldungen werden beeinflußt, sondern auch zu prolongierende Altfälle. Der Widerstand der betroffenen Interessengruppen gegen Zinserhöhungen ist dementsprechend groß. Dazu zählt neben privaten Schuldnern auch der Staat, wenn die Staatsverschuldung ebenfalls vorwiegend mit kurzen Zinsbindungsfristen organisiert ist. In stabilitätsorientierten Langfrist-Kapitalmärkten kann dagegen eine Erhöhung der kurzfristigen Notenbankzinsen die dort wichtigen langfristigen Zinsen durch eine Dämpfung der Inflationserwartungen eventuell sogar senken[323]. Lange Bindungen können demnach die Akzeptanz einer geldpolitischen Restriktivierung erhöhen. Eine Kurzfristorientierung kann ihrerseits zum Teil auf Inflationsunsicherheit zurückgeführt werden. Man versucht, sich durch kurze Bindungsfristen zu schützen. Andererseits fördert ein solches Verhalten, wie gezeigt, die Inflation. Beide Aspekte beeinflussen sich als Ursache und Wirkung gegenseitig.

Bisher sind die einzelnen europäischen Länder in Bezug auf die Fristenorientierung und wirtschaftspolitische Rahmenbedingungen unterschiedlichen Traditionen ausgesetzt gewesen, die verschiedene Stabilitätsmentalitäten geprägt haben. Teilweise mag dies durch den Übergang zur einheitlichen Währung eingeebnet werden. Doch verbleiben Bereiche, die nicht unmittelbar davon erfaßt werden. Zumindest für eine Übergangsphase ist daher von einer Inhomogenität der Stabilitätsmentalitäten auszugehen.

#### 4.1.1.2 Unterschiedliche Auffassungen über die Rolle der Geldpolitik

Verschiedene Stabilitätsmentalitäten und andersartige Denktraditionen können völlig unterschiedliche Auffassungen über die Rolle der Geldpolitik zur Folge haben. Im Vorfeld der Europäischen Währungsunion wird in dieser Hinsicht vor

---

[323] Dieser Effekt ist als Gibson-Paradoxon bekannt. Eine kurze Darstellung des Paradoxons findet sich z. B. bei Bofinger, Peter / Reischle, Julian / Schächter, Andrea, a. a. O., S. 331.

allem zwischen den Protagonisten und Kernländern Frankreich und Deutschland ein scharfer Kontrast deutlich[324].

In Frankreich, ebenso wie in Großbritannien, das aber nicht von Anfang an der Einheitswährung beitreten wird, wird die Stellung der Notenbank und der Geldpolitik vor dem Hintergrund der langen demokratischen und parlamentarischen Tradition beurteilt. Danach ist es undenkbar, einen so wichtigen Bereich wie die Geldpolitik der Kontrolle durch den Wähler zu entziehen. Diese Position ist verständlich und auch zu einem gewissen Grade berechtigt. Dies wurde bereits in der Analyse in Abschnitt 1.3 der vorliegenden Arbeit bestätigt. Dabei zeigte sich aber, daß jede denkbare Form demokratischer Kontrolle mit dem Prinzip der Autonomie in Konflikt zu geraten droht.

Eine unabhängige Organisationsform der Notenbank, die theoretisch und empirisch sinnvoll erscheint, wird vor dem Hintergrund des traditionellen Gedankengutes in Frankreich von weiten Kreisen der Politik und der Öffentlichkeit konsequenterweise abgelehnt. Die Geldpolitik soll nicht Technikern und Bürokraten überlassen werden, sondern in die allgemeine Wirtschaftspolitik eingebunden bleiben. Die französische Auffassung von einer politischen Rolle der Geldpolitik steht der deutschen Befürwortung eines speziell auf die Preisniveaustabilität verpflichteten entpolitisierten Sonderbereichs diametral entgegen.

Bemerkenswert ist dabei, daß sich Frankreich mit dem Maastricht-Vertrag formal eigentlich auf die deutsche Position eingelassen hat. Dort sind die Verpflichtung auf das Stabilitätsziel und die autonome Organisationsform des Europäischen Systems der Zentralbanken explizit geregelt. Es bestand Hoffnung zu der Annahme, daß die französische Wirtschaftspolitik aus den negativen Folgen der expansiven Nachfragepolitik der 70er Jahre gelernt hat. Die sehr niedrigen Inflationsraten der 90er Jahre scheinen dies zu bestätigen.

Doch seit 1996 hat der Grundtenor der Diskussion in der französischen Öffentlichkeit wieder gewechselt[325]. Offenbar ist man sich erst im unmittelbaren zeit-

---

[324] Die folgenden Überlegungen beschränken sich deshalb vorwiegend auf Frankreich als exemplarischen Gegensatz zur deutschen Position. Ähnliche Einstellungen sind darüber hinaus auch in den sogenannten „Club-Med-Ländern" zu verzeichnen. Dagegen weisen die Länder des bisherigen DM-Blocks, vor allem die Niederlande und Österreich, eine ausgesprochene Nähe zur deutschen Einstellung auf.

[325] Einen Überblick über verschiedene Meinungsäußerungen und Positionen französischer Politiker liefert Steuer, Werner, a. a. O. Zahlreiche Einblicke gewähren auch die Auszüge aus

lichen Vorfeld der bevorstehenden Währungsunion darüber klar geworden, worauf man sich eingelassen hat. Die weitgehend erreichte Preisniveaustabilität wird inzwischen als selbstverständlich vorausgesetzt; dementsprechend soll die Geldpolitik nun wieder vermehrt in den Dienst der Beschäftigungssicherung gestellt werden. Längst überkommen geglaubte keynesianische Rezepte tauchen wieder auf. Entweder vertrauen die Politiker tatsächlich auf entsprechende Möglichkeiten, oder sie schieben sie zumindest vor, um wieder größeren diskretionären Handlungsspielraum zu gewinnen. Hier schließt sich der Kreis zur grundsätzlichen Mentalität und Kurzfristorientierung.

Zu dem Bild einer politischen Rolle des Geldes paßt auch die in Frankreich propagierte Forderung, den Wechselkurs als aktives Instrument der Außenwirtschaftspolitik zu nutzen. Die Wechselkurskompetenz und die Regelung der währungspolitischen Außenbeziehungen des Euro wurden im Vertrag von Maastricht nicht der Notenbank, sondern den Regierungen zugesprochen[326]. Dies kann sich angesichts der andersartigen französischen ordnungspolitischen Grundeinstellung als gefährliches Einfallstor zur Aushebelung der Autonomie erweisen. In dieselbe Richtung zielt der französische Vorschlag der Einrichtung eines Stabilitätsrates der Finanz- und Wirtschaftsminister als politisches Gegengewicht zur Europäischen Zentralbank. Ebenso kann die Forderung, ein Beschäftigungskapitel vertraglich einzuführen, interpretiert werden. All dies kann als der Versuch einer nachträglichen Revision oder zumindest Relativierung des Vertrags von Maastricht angesehen werden.

Bemerkenswert ist, daß sich diese grundsätzliche Stoßrichtung der französischen Währungspolitik kaum durch den Wechsel der Regierung von Juppé zu Jospin geändert hat. Bei allen sonstigen ideologischen und wirtschaftspolitischen Differenzen scheint in Frankreich über die Rolle des Geldes über alle politischen Lager hinweg ein Konsens zu bestehen. Eine nationale Währungskultur und -mentalität scheint damit bestätigt, nur eben eine völlig andere als in Deutschland.

Aus diesem mangelnden Konsens können Gefahren für die Stabilität des Euro erwachsen und sogar den Bestand der Währungsunion selbst in Frage stellen. Die bisher getroffenen Vereinbarungen sind nicht eindeutig genug. Hier könnte eine moderne Form der Realanbindung hilfreich sein. Sie schafft ex ante den Zwang,

---

Presseartikeln der Deutschen Bundesbank, insbesondere in der Phase des Ausbruchs der verstärkten Euro-Diskussion in Frankreich um den Jahreswechsel 1996/97 herum.

[326] Artikel 109 des Vertrages von Maastricht.

einen Konsens zu finden. Ist sie einmal in Kraft gesetzt, erzwingt sie Stabilität und schützt vor Aufweichungen der Notenbankautonomie.

#### 4.1.1.3 Entscheidungsfindung innerhalb der Europäischen Zentralbank

Wie wird die Entscheidungsfindung innerhalb der autonomen Europäischen Zentralbank von der Existenz unterschiedlicher Stabilitätskulturen beeinflußt? Bei einer autonomen Organisationsform ergibt sich gewisser Spielraum für individuelle Interessen der Entscheidungsträger der Notenbank, die sich in der praktizierten Geldpolitik niederschlagen. Dieser Aspekt ist bereits in Abschnitt 1.2 der vorliegenden Arbeit allgemein analysiert worden. Auf den Fall der Europäischen Wirtschafts- und Währungsunion bezogen verkompliziert er sich zusätzlich durch die unterschiedlichen kulturellen Hintergründe der einzelnen Mitglieder der Entscheidungsgremien.

Durch den vorgesehenen Länderproporz ist in der Europäischen Zentralbank ein Abbild der Teilnehmer-Länder tätig. Zwar ist keinesfalls grundsätzlich davon auszugehen, daß jeder Vertreter eines Landes unbedingt dessen vorherrschende Einstellung widerspiegeln muß. Vielmehr ist zu erwarten, daß potentielle und tatsächliche Länderrepräsentanten qua ihrer Qualifikation einen weit höheren Informationsstand und moderneres geldpolitisches Gedankengut hegen als der durchschnittliche Bürger ihres Herkunftslandes. Eine gewisse erfahrene kulturelle Grundprägung und Einstellung zu Grundsatzfragen wie der politischen Rolle der Geldpolitik ist aber zu vermuten. Deshalb ist vor dem Hintergrund der unterschiedlichen Stabilitätsmentalitäten auch von einer Inhomogenität innerhalb der Europäischen Notenbank auszugehen. Die im Vergleich zu den bisherigen nationalen Zentralbanken hohe Dezentralität im organisatorischen Aufbau des ESZB vergrößert diese Heterogenität noch weiter[327].

Trotz oder gerade wegen der formalen Konstruktion mit Autonomie nach dem Vorbild der Bundesbank ist auf europäischer Ebene keineswegs mit Sicherheit mit dem gleichen Stil oder der gleichen Stabilitätsorientierung wie bisher in

---

[327] Die nationalen Notenbanken sind nicht nur für die dezentrale Ausführung der Geldpolitik verantwortlich, sie verfügen auch über eine viel größere Personalausstattung als die Zentrale. Den nationalen Stäben wächst deshalb etwa bei der Erarbeitung von Entscheidungsgrundlagen ein großer Einfluß zu. Auf diese faktischen Organisationsstrukturen wird hingewiesen von Gros, Daniel: Mehr Gewicht für die Europäische Zentralbank, in: Frankfurter Allgemeine Zeitung, 2. Mai 1998, S. 15. Ein ähnlicher Tenor findet sich bei Heinsohn, Gunnar / Steiger, Otto: Wie mächtig wird die Europäische Zentralbank?, in: Wirtschaftsdienst, 1998, Nr. 5, S. 277 - 283.

Deutschland zu rechnen. Die handelnden Personen spielen neben der Ausgestaltung der institutionellen Rahmenbedingungen, zumindest in der bisherigen Form, d. h. ohne Realbindung, weiterhin eine wichtige Rolle. Dem personellen Besetzungsverfahren kommt deshalb eine entscheidende Bedeutung zu. Der Proporz der im EZB-Rat vertretenen Gouverneure der nationalen Notenbanken ist mit der Auswahl der Teilnehmerländer festgelegt. Die Aufmerksamkeit fokussiert sich deshalb auf die Bestimmung der Mitglieder des Direktoriums, insbesondere des Präsidenten.

Nach den Betrachtungen der vorangegangenen Abschnitte überrascht es nicht, daß von französischer Seite versucht wird, hier gestaltend tätig zu werden und der Europäischen Zentralbank eine ihren Vorstellungen entsprechende Prägung zu verleihen. Als Gegengewicht zum EZB-Standort in Deutschland erscheint dies aus ihrer Sicht dringlich. So erklärt sich, daß als Konkurrent zu dem anerkannten und von den meisten Teilnehmerländern befürworteten Stabilitätspolitiker Duisenberg der französische Notenbankpräsident Trichet als Kandidat vorgeschlagen bzw. sein Ernennung geradezu gefordert wurde[328].

Zwar hat Trichet in seiner bisherigen Amtszeit in der erst 1994 autonom gewordenen Banque de France eine selbständige und erfolgreiche Stabilitätspolitik praktiziert, doch glaubt man in Paris offenbar dennoch, durch die Plazierung eines eigenen Mannes Einfluß auf die EZB gewinnen zu können[329].

---

[328] Zuvor war Anfang 1997 bereits der französischstämmige IWF-Präsident Camdessus vorgeschlagen worden.

[329] Italien verfolgt ähnliche Absichten und Ansichten wie Frankreich. Außenminister Dini hat beispielsweise für Italien einen Sitz im Direktorium der EZB gefordert. Ferner verlangte er, daß die EZB nicht von einem Fachmann, sondern von einem Politiker geführt werden solle. Diese bedenkliche Forderung offenbart eine starke Nähe zur französischen Einstellung zur Rolle der Geldpolitik, nicht nur in konzeptioneller, sondern auch in personeller Hinsicht. Dini schlug als Präsidenten der EZB den ehemaligen französischen Staatspräsidenten Valery Giscard d'Estaing vor. Letzterer war in der öffentlichen Diskussion in Frankreich in den letzten Jahren vor allem durch die Propagierung eines weichen Euro mit unterbewertetem Wechselkurs und der aktiven Nutzung der Geldpolitik für die Beschäftigungspolitik aufgefallen. Siehe o. V.: Dini will Politiker an der Spitze der EZB, in: Frankfurter Allgemeine Zeitung, 10.02.1998, S. 16. Zu d'Estaings Position finden sich zahlreiche Kommentare in den Auszügen aus Presseartikeln der Bundesbank im Dezember 1996 und Januar 1997, z. B. Heidelberg, Gerhard: Die Pariser Euro-Weichmacher, in: Süddeutsche Zeitung, 06.12.1996, abgedruckt in: Deutsche Bundesbank (Hrsg.): Auszüge aus Presseartikeln, Nr. 76, 06.12.1996, S. 19.

Die Anfang Mai 1998 getroffene Kompromißlösung besteht in einer Berufung Duisenbergs, mit dessen Verpflichtung auf einen „freiwilligen" vorzeitigen Rücktritt, um Trichet Platz zu machen[330]. Dies mag zwar oberflächlich betrachtet als diplomatisch erscheinen, es steigert aber mit Sicherheit nicht die Autonomie. Gerade die lange Amtszeit war als ein wichtiges Element der Unabhängigkeit gedacht. Von ihr wird nun bereits im ersten Durchgang aus machtpolitischen Erwägungen abgewichen. Die Regelungen des Vertrags von Maastricht und die EZB-Statuten werden damit zwar nicht rechtlich aber doch faktisch unterlaufen. Negative Vertrauenseffekte durch diesen Präzedenzfall zur Schwächung der Autonomie sind zu befürchten.

Zusätzlich besteht die Gefahr, daß wegen der unterschiedlichen stabilitätskulturellen Prägungen häufigere Stilverschiebungen in der europäischen Geldpolitik auftreten. Solange die Geldpolitik an einen inhomogenen Kreis praktizierender Personen gebunden ist, droht eine unstetige Entwicklung. Dem wäre nur durch zusätzliche Mechanismen vorzubeugen, die als Regelbindung die autonome Geldpolitik leiten.

#### 4.1.1.4 Externe Beeinflussung der Notenbank

Formal läßt die unabhängige Organisationsform der Europäischen Zentralbank eine Beeinflussung von außen nicht zu. Für eine praxisnahe Beurteilung muß aber dennoch das Umfeld, in das die Notenbank eingebunden ist, berücksichtigt werden. Und dieses unterscheidet sich auf der europäischen und der deutschen Ebene trotz der Organisation der Notenbank selbst nach deutschem Vorbild erheblich.

Die Unabhängigkeit der Bundesbank war in Deutschland nie ernsthaft in Frage gestellt. Zu gut waren die damit gemachten Erfahrungen, und zu ausgeprägt war der befürwortende Konsens in Politik und Öffentlichkeit. Auf Verletzungen der Autonomie wurde sehr sensibel reagiert, wie das Beispiel des Versuchs der Höherbewertung der Goldreserven im Jahre 1997 vor Augen führte. Der formale

---

[330] Aus institutionenökonomischer Perspektive ist dabei interessant, welche Effekte das Erfordernis einer einstimmigen Ernennung des EZB-Direktoriums entfalten kann. Vorteilhaft ist dabei, daß ein einzelnes Land nicht überstimmt werden kann, wenn es seine Stabilitätsposition gefährdet sieht; dies ist gerade bei einer denkbaren Minderheitsposition Deutschlands und anderer Länder mit ausgeprägter Stabilitätskultur wichtig. Andererseits kann ein Einstimmigkeitserfordernis als Nachteil einzelnen Ländern ein Erpressungspotential in die Hand geben, das machtpolitisches Handeln erlaubt, politische Kompromisse erforderlich macht und optimale Lösungen verhindert.

institutionelle Rahmen wurde durch gelebte gesellschaftliche Unterstützung gesichert.

Auf europäischer Ebene ist die Befürwortung des Autonomieprinzips aber viel schwächer ausgeprägt und nicht in einer langen Tradition verwurzelt. Der soziale Schutz der Institution ist wesentlich geringer. Häufigere Attacken sind deshalb wahrscheinlich und eventuell sogar erfolgreich. Eine in der Folge gegebenenfalls auftretende starke Aufregung in Deutschland und anderen Stabilitätsländern mag dann schlimmstenfalls als Minderheitenmeinung abgewertet werden und eine kontraproduktive Trotzreaktion gegen eine Bevormundung durch Deutschland hervorrufen.

Doch selbst wenn der wackeligere institutionelle Rahmen hält und selbst wenn in den Entscheidungsgremien nur autonom entscheidende Stabilitätsbefürworter sitzen, kann ein subtiler Einfluß von außen wirksam werden. Im Rückgriff auf die Public-Choice-analytischen Erkenntnisse des ersten Abschnitts kann dazu das Ansehensmotiv herangeführt werden. Ist die Reputation in der Öffentlichkeit ein wesentlicher Bestandteil der persönlichen Nutzenfunktion der geldpolitischen Entscheidungsträger, so werden diese sich an den Vorstellungen und Wünschen der Öffentlichkeit orientieren.

Im Falle der Bundesbank war dies wegen der in Deutschland ausgeprägten Stabilitätsmentalität und Inflationsaversion vorteilhaft und förderte die Preisniveaustabilität. Auf europäischer Ebene mag das Ansehensmotiv bei anderen Präferenzen der Öffentlichkeit vollkommen anders wirken. Überspitzt könnte man formulieren: Kann eine Notenbank überhaupt eine bessere Geldpolitik machen, als sie vom Volk gewünscht wird? Aus der Perspektive der vorliegenden Arbeit wird selbstverständlich ein höherer Grad an Preisniveaustabilität gutgeheißen, doch dieses grundsätzlich entgegen den denkbaren Präferenzen der Öffentlichkeit zu fordern, stößt auf ein demokratisches Legitimationsdefizit. Um diesem Dilemma zu entfliehen, müßten die einzelnen Interessengruppen und Inflationspräferenzen sowie ihre Veränderungen beim Übergang zur Währungsunion stärker differenziert analysiert werden. Dies soll an späterer Stelle noch geschehen[331].

An hiesiger Stelle bleibt zunächst festzuhalten, daß auf europäischer Ebene trotz Autonomie eine erhöhte Einflußnahme auf die Notenbank zu erwarten ist und daß der bisher installierte institutionelle Rahmen keineswegs ausreicht, um Stabilität zu garantieren.

---

[331] Siehe Abschnitt 4.3.

### 4.1.2 Einschränkung des Währungswettbewerbs

Der Übergang zur Europäischen Währungsunion ist verbunden mit einer erheblichen Einschränkung des Währungswettbewerbs. Die Zahl der in Europa und speziell in der EU umlaufenden Währungen reduziert sich deutlich. Dies gewährt der Europäischen Zentralbank mehr Freiheitsgrade als es die bisherigen nationalen Notenbanken gewohnt waren. Der Wegfall von Alternativen und Vergleichsmöglichkeiten eliminiert marktinhärente Sanktionsmechanismen für die Zentralbank, was zu höherer Inflation führen kann.

#### 4.1.2.1 Vernichtung von Alternativen für die Geldverwender

Der Währungswettbewerb gibt den Geldnachfragern zwei Instrumente in die Hand, um sich vor Inflation zu schützen: Währungssubstitution und den Protest aufgrund eines Vergleichs mit anderen Währungen (Exit and Voice)[332]. Die Substitution ermöglicht das Ausweichen der Geldverwender auf andere stabilere Währungen. Dies war allerdings schon vor der Währungsunion nur begrenzt möglich, da nationale Währungsgesetze den Währungswettbewerb behinderten und der staatlichen Heimatwährung Vorteile gewährten. Aber für einige Zwecke war und ist doch ein gewisser Wettbewerb möglich, etwa für Finanztransaktionen und Anlagezwecke. Notenbanken mit inflationierenden Währungen müssen ein Abwandern der Geldnachfrager mit entsprechenden Konsequenzen für ihre Seigniorage befürchten. Durch den Übergang zur Europäischen Währungsunion gehen solche Alternativen zum Teil verloren.

Es verbleiben weltweit noch andere konkurrierende Währungen, wie etwa der US-Dollar. Sie haben aber den Schwerpunkt ihrer Verwendung in anderen geographischen Räumen und/oder operieren unter anderen politischen und ökonomischen Rahmenbedingungen. Auf jeden Fall bedeutet der Verlust einiger sehr enger Substitute einen gewissen Gewinn an Freiheitsgraden für die Europäische Notenbank. Die Sanktion des „Exit“ wird schwächer.

Die Option des „Voice“ funktioniert am direktesten bei einer Notenbank, die einer demokratischen Kontrolle unterworfenen ist. Eine Notenbankführung, die Inflation zuließe, könnte abgewählt oder abberufen werden. Bei einer autonomen

---

[332] Diese aus der Beschreibung allgemeiner Protestalternativen bekannten Begriffe werden auf den währungspolitischen Bereich angewendet von Vaubel, Roland: Currency Competition and European Monetary Integration, in: The Economic Journal, Vol. 100, 1990, S. 936 - 946.

Notenbank ist diese Wirkung nicht ohne weiteres möglich. Trotzdem kann indirekt ein disziplinierender Effekt eines Protestes auftreten, nämlich über die Beschädigung der Reputation der inflationierenden Notenbank.

Dies kann etwa durch den Verweis auf erfolgreichere Notenbanken anderer Länder geschehen. Stabilere Währungen und geringere Inflationsraten dienen dazu als Referenzwert. Der Übergang zur europäischen Einheitswährung verringert solche Vergleichsmöglichkeiten. Die Qualität der Geldpolitik ist schwieriger meßbar. Auch hier verbleiben wieder andere Welt-Währungen zum Vergleich; sie operieren aber eventuell unter einer anderen konjunkturellen Situation, anderen außenwirtschaftlichen Verflechtungen und anderen institutionellen Rahmenbedingungen. Die Option des Vergleichs mit anderen europäischen Währungen, die in einem sehr ähnlichen Umfeld agieren, geht weitgehend verloren.

Die stabilitätsfördernden Sanktionsmechanismen eines ansatzweise existierenden Währungswettbewerbs werden durch die Währungsunion gemindert. Der Bedarf für ersatzweise disziplinierende Mechanismen ist deshalb auf europäischer Ebene um so dringlicher.

#### 4.1.2.2 Wegfall der Anker-Rolle der DM

Der Vergleich des Abschneidens verschiedener Währungen beschränkt sich nicht nur auf die jeweilige Inflationsrate. Zusätzlich kann auch die Wechselkursentwicklung herangezogen werden. Trendmäßige Aufwertungen sind in diesem Sinne ein Erfolgs- und Stabilitäts-indikator[333]. Andauernde Abwertungen wirken dagegen negativ.

Die Frage ist, ob dies auch in Systemen fester Wechselkurse gilt. Zunächst könnte man feste Kurse als eine Art Kartell auffassen, das den Währungswettbewerb ausschaltet und deshalb Inflation fördert. Dies ist aber nicht zwingend so. Vielmehr kann sich auch Stabilität einer Ankerwährung positiv auf die anderen Länder übertragen. Die DM im Europäischen Währungssystem ist dafür ein Beispiel. Die DM ist nicht explizit als Leitwährung vorgesehen, nimmt aber faktisch eine solche Position ein[334]. Sie ergibt sich keineswegs zwangsläufig allein aus dem ökonomischen Gewicht Deutschlands. Vielmehr mußte sie durch Stabilität

---

[333] Indirekt spiegeln die Wechselkurse langfristig bei einem trendmäßigen Verlauf gemäß der Kaufkraftparität letztlich doch Inflationsunterschiede wider.

[334] Ausführliche Analysen der Sonderrolle der DM in Europa und zur Stellung im EWS siehe Mayer, Gebhard, a. a. O.

verdient werden. Ein inflationärer Mißbrauch der Quasi-Leitwährungsrolle scheidet damit aus. Denn dann ginge diese Rolle bald wieder verloren; die DM würde als Anker von einer stabileren Währung abgelöst. Es herrscht demnach eine Art vorgelagerter Währungswettbewerb um diese Führungsposition.

Realignments anderer Währungen in Richtung Abwertung können von den Märkten als das Eingeständnis einer erfolglosen oder zumindest nicht so ehrgeizigen Stabilitätspolitik wahrgenommen werden. Der Reputationsverlust ist eine Sanktion. Die EWS-Krisen 1992 und 1993 haben aber gezeigt, daß auf fundamental gerechtfertigte Realignments nicht lange verzichtet werden kann. Deshalb bleibt als Alternative nur, sich der Stabilitätspolitik des Ankerlandes anzuschließen, wenn man einen Reputationsverlust vermeiden will. So kann Währungswettbewerb um die Führungsrolle in einem System fester Wechselkurse durchaus zu Stabilität bei allen Mitgliedsländern führen.

Mit der Europäischen Währungsunion geht die im Wettbewerb zu verteidigende Anker-Rolle der DM verloren. Sie wird abgelöst durch ein festes Notenbank-Kartell im Rahmen des ESZB. Die Währungsunion kann insofern als Versuch der weniger stabilitätswilligen Länder, sich vom Diktat der DM zu befreien, interpretiert werden. Während bei selbständigen Währungen die Märkte die Notenbanken zu einer Anpassung an die stabilsten Vorbilder zwangen, kann in dem monopolisierten ESZB die Position der Stabilitätsverfechter gegebenenfalls überstimmt werden.

### 4.1.3 Fehlen etablierten Vertrauenskapitals

Die Europäische Zentralbank kann als neu gegründete Institution nicht auf ein in der Vergangenheit etabliertes Vertrauenskapital zurückgreifen. Dies erschwert die Geldpolitik zusätzlich. In diesem Abschnitt werden die Ursachen und Wirkungen dieser Sondersituation analysiert. Eine Regelbindung in Form einer Realanbindung erweist sich dabei einmal mehr als Lösungsmöglichkeit.

#### 4.1.3.1 Bedeutung von Vertrauenskapital für die Geldpolitik

Geld ist ein vertrauenssensibles Gut. Der Vertrauensaspekt beschränkt sich dabei nicht allein auf die grundsätzliche Akzeptanz als Zahlungsmittel. Diese muß ohnehin als absolute Grundbedingung gewährleistet sein. Darüber hinaus ist auch der Glaube an die Wertstabilität, d. h. Inflationsfreiheit, wichtig dafür, daß diese tatsächlich erreicht werden kann. Vertrauen erleichtert der Geldpolitik ihr Geschäft erheblich. Im umgekehrten Falle erzeugen verfestigte Inflationserwartungen von sich heraus bereits einen inflationären Druck, sei es weil die

Nominallöhne zu stark steigen oder weil der Realzins ex ante als niedriger wahrgenommen wird oder weil die Geldnachfrage sinkt. Inflationserwartungen können leicht den Charakter einer sich selbst erfüllenden Prophezeiung erlangen.

Eine hohe Glaubwürdigkeit der Notenbank kann dagegen helfen, eine Disinflation zu erleichtern und Stabilität zu bewahren. Insofern ist es sinnvoll und verständlich, daß Notenbanken versuchen, Vertrauenskapital zu erwerben und die Geldpolitik transparent zu gestalten. Allerdings ist denkbar, daß ex post von angekündigten Stabilitätszielen abgewichen wird, nämlich dann, wenn sich durch einen solchen „Betrug" andere Ziele, wie etwa die Beschäftigungssteigerung, besser verfolgen lassen. Es besteht ein Zeitinkonsistenz-Problem bei den Anreizen für die Notenbank: Zunächst ist es sinnvoll, Stabilität anzukündigen, später aber erscheint es opportun, sie zu verletzen[335].

Durchschauen die Wirtschaftssubjekte diese Konstellation und/oder haben sie entsprechende Erfahrungen gemacht, wird die ungesicherte Etablierung von Vertrauen unmöglich. Sie muß durch Regelbindungen, die die Notenbank disziplinieren, abgesichert werden[336]. Alternativ kann die Notenbank Reputation aufbauen, indem sie stabilitätsorientiertes Verhalten freiwillig und sehr langfristig einhält. Eine Verfehlung hätte dann den Preis des Verlustes des teuer erworbenen Vertrauenskapitals zur Folge und wird eben wegen dieser Sanktion unwahrscheinlicher.

Deshalb ist verständlich, warum die Wirtschaftssubjekte der Inflationsperformance in der Vergangenheit eine hohe Aufmerksamkeit für die Bemessung der Glaubwürdigkeit einer Notenbank widmen[337]. Dies ist für den normalen Geldverwender auch viel einfacher zu beobachten und nachzuvollziehen als komplizierte Regelwerke. Dabei ist die Orientierung an Vergangenheitswerten keineswegs nur als eine einfache extrapolative Erwartung anzusehen. Vielmehr

---

[335] Zur Problematik der Zeitinkonsistenz siehe Kydland, Finn E. / Prescott, Edward C.: Rules Rather than Discretion: The Inconsistency of Optimal Plans, in: Journal of Political Economy, Vol. 85, 1977, S. 473 - 491.

[336] Lösungsansätze zur Zeitinkonsistenz in Form von Regelbindungen oder Reputation werden hergeleitet von Barro, Robert J. / Gordon, David B.: Rules, Discretion and Reputation in a Model of Monetary Policy, in: Journal of Monetary Economics, Vol. 12, 1983, S. 101 - 121.

[337] So auch Issing, Otmar: Die Europäische Zentralbank - Das Problem der Glaubwürdigkeit, Vortrag auf der Jahrestagung des Vereins für Socialpolitik, Bern, 26.09.1997, abgedruckt in: Deutsche Bundesbank (Hrsg.): Auszüge aus Presseartikeln, Nr. 55, 26.09.1997, S. 8.

gibt der die Notenbank abschreckende drohende Verlust von Reputation solchen Erwartungen eine gewisse institutionenökonomische Berechtigung.

### 4.1.3.2 Sondersituation der EZB als Institution ohne Vergangenheit

Die Europäische Zentralbank befindet sich hinsichtlich Reputation und Vertrauenskapital in einer prekären Lage. Als neue, quasi geschichtslose Institution kann sie nicht auf eine erfolgreiche, stabile Vergangenheit hinweisen. Die Europäische Zentralbank erbt keineswegs einfach automatisch die Reputation der Deutschen Bundesbank. Dazu sind die jeweiligen Rahmenbedingungen zu verschieden. Zwar kann man auf die Vorbildrolle der Bundesbank bei der Ausgestaltung der Autonomie verweisen, doch haben die bereits angestellten Überlegungen zu den unterschiedlichen Stabilitätskulturen bereits gezeigt, daß dies keineswegs Stabilität in einem anderen Umfeld garantiert.

Vielmehr ist zu erwarten, daß sich die Europäische Zentralbank zumindest bei einer vergangenheitsbezogenen Konstruktion von Vertrauen eher auf eine Mischung der Inflationserfahrungen der Teilnehmerländer stützt[338]. Die Ablösung der Deutschen Bundesbank geht deshalb mit der Vernichtung erheblichen Vertrauenskapitals einher. Es kann erst langfristig von der Europäischen Zentralbank durch Stabilitätspolitik wiedererworben werden. Angesichts eines der EZB anfangs etwa entgegengebrachten Mißtrauens könnte diese allerdings geneigt sein, exemplarisch Härte zu zeigen. Wenngleich ein solches Vorgehen bei einer neuen ungebundenen Politik unausweichlich erscheint und langfristig Früchte trägt, so ist es kurzfristig eventuell mit realen Produktionseinbußen zu bezahlen.

### 4.1.3.3 Vertrauensgeschädigte Ausgangssituation

Wenn die Europäische Zentralbank keine vergangenheitsgestützte Reputation besitzt, kann versucht werden, Glaubwürdigkeit durch andere Installationen zu gewährleisten. Die Autonomie allein kann dies allerdings, wie gezeigt, nicht bewirken. Zusätzlich könnten die Konvergenzkriterien des Maastricht-Vertrages angeführt werden. Sie prüfen nicht nur die realwirtschaftliche Konvergenz, sondern entfalten als Nebenwirkung bei einer strikten Einhaltung auch positive Vertrauenseffekte. Die Stabilitätsanstrengungen der noch nationalen Notenbanken

---

[338] Die Aggregation der Inflationserwartungen und ein Konsolidierung der Glaubwürdigkeiten der Notenbanken wird modelliert von Henning, Iris: Die Reputation einer Zentralbank, Frankfurt am Main, 1997. Dort werden verschiedene Szenarien mit unterschiedlichen Teilnehmerkreisen analysiert, ebenda, S. 134 - 143.

und die auf die Kriterien gerichteten Konsolidierungsbemühungen der Regierungen könnten die Ernsthaftigkeit des Vorhabens untermauern[339]. Die mit spezifischen Investitionen verbundene Unterwerfung unter die Kriterien ist als Preis für den Eintritt anzusehen. Diese Kosten wären verloren, falls die Währungsunion später an einem Inflationsdissens zerbrechen sollte. Die Konvergenzbedingungen bieten damit tendenziell einen Ersatz für die disziplinierende Sanktion des inflationsbedingten Verlustes von Vertrauenskapital in etablierten Währungsordnungen.

Damit die Kriterien aber tatsächlich ihre intendierten Glaubwürdigkeitseffekte erfüllen, müssen sie strikt und deutlich eingehalten werden. Davon kann in der Praxis keine Rede sein[340]. Eine knappe Einhaltung, insbesondere der fiskalischen Kriterien, teilweise nur mit Hilfe einer kreativen Buchführung, erzeugt kein Vertrauen, sondern zerstört es. Ob eine Verfehlung von Zielvorgaben ökonomisch bedenklich ist, ist dabei gar nicht entscheidend; selbst wenn die Abweichung fundamental gerechtfertigt sein mag, so sabotiert sie doch den beabsichtigten Gewinn an Glaubwürdigkeit. Die Auswahl der Teilnehmerländer, die als politische Entscheidung praktiziert wurde, was durchaus dem ursprünglich Design des Vertrages entspricht, sowie ein weiter Teilnehmerkreis erzeugen weitere Bedenken[341]. Letztlich erweist sich die Aufstellung der Konvergenzkriterien damit als kontraproduktiv.

---

339 Eine Begründung der Konvergenzkriterien mit dem Zweck der Glaubwürdigkeitssicherung gibt Winkler, Bernhard: Reputation for EMU - an economic defence of the Maastricht criteria, European University Institute, working paper ECO 96/18, Firenze, 1995.

340 Dies gilt vor allem für die fiskalischen Kriterien. Die von offizieller Seite häufig beschworene Tendenz zu besseren Werten ist nicht nachvollziehbar. Die Schuldenquote ist im EU-Durchschnitt in der ersten Hälfte der 90er Jahre sogar gestiegen und erst von 1996 auf 1997 von 73,0% auf 72,1% zurückgegangen. Die Werte und eine eindrucksvolle zweidimensionale Darstellung der Entwicklung der beiden fiskalischen Kennzahlen für die einzelnen Länder findet sich in der Stellungnahme des Zentralbankrates zur Konvergenzlage in der Europäischen Union im Hinblick auf die dritte Stufe der Wirtschafts- und Währungsunion, veröffentlicht in: Deutsche Bundesbank (Hrsg.): Monatsbericht April 1998, S. 17 - 40. Insbesondere die Lage in Belgien und Italien wird dort kritisch bewertet.

341 Eine politische Entscheidung hätte auch im Positiven eine besondere Chance für die Erzeugung zusätzlichen Vertrauenskapitals ermöglichen können, nämlich dann, wenn die Konvergenzprüfung bewußt hart ausgefallen wäre und man sich auf einen kleinen Teilnehmerkreis hätte verständigen können. Darauf wird verwiesen von Häder, Michael / Niebaum, Hendrik: EWU und Stabilitätskultur aus institutionenökonomischer Sicht, in: Wirtschaftsdienst, 1997, Nr. 2, S. 97. Angesichts der Interessenlagen und Mehrheitsverhältnisse in Europa wäre diese Alternative aber bei der Konstellation im Entscheidungsjahr 1998 nicht durchzusetzen gewesen.

Die Ab- und Aufweichungen werden in der Öffentlichkeit stärker wahrgenommen als die in anderen Bereichen zu verzeichnenden Konvergenzfortschritte. Gerade auf die Wahrnehmung kommt es aber an. Der Verzicht auf die Ausgestaltung des Stabilitätspaktes als Automatismus und der Streit um die personelle Besetzung der EZB-Führung tragen ebenfalls zur Erschütterung der Glaubwürdigkeit bei[342]. Die Europäische Zentralbank beginnt ihr Geschäft deshalb auf einer weitgehend vertrauensgeschädigten Basis.

#### 4.1.3.4 Effekte einer ersatzweisen Realanbindung

Für die drohende Situation einer Europäischen Zentralbank ohne Vertrauenskapital, das weder aus der Vergangenheit noch durch eine Übertragung von der Bundesbank noch durch die Konvergenzkriterien bereitgestellt werden konnte, besteht ein dringender Bedarf für alternative Absicherung. Mindestens eine Selbstbindung im Rahmen der Ankündigung von Preisniveauzielen ist nötig[343]. Tatsächlich wird als Strategie für die Europäische Notenbank eine Mischung aus Geldmengenkonzept und direkter Preisniveauorientierung diskutiert[344]. Ob eine

---

[342] Meinungen zum Stabilitätspakt sind unter der Überschrift „Ein Stabilitätspakt für die Europäische Währungsunion" gesammelt in: Wirtschaftsdienst, 1997, Nr. 1 mit folgenden Beiträgen: Siebert, Horst: Stabilitätspakt - Die Geldpolitik in der Währungsunion ent-politisieren, in: Wirtschaftsdienst, 1997, Nr. 1, S. 7 - 10; Vaubel, Roland: Kein Pakt für Preisstabilität, in: Wirtschaftsdienst, 1997, Nr. 1, S. 10 - 12; Bofinger, Peter: Disziplinierung der öffentlichen Haushalte durch den Markt - nicht durch starre Regeln oder Bürokraten, in: Wirtschaftsdienst, 1997, Nr. 1, S. 12 - 15; Hasse, Rolf H.: Alternativen zum Stabilitätspakt von Dublin, in: Wirtschaftsdienst, 1997, Nr. 1, S. 15 - 19.

[343] Sie kann den Aufbau von Vertrauen durch Transparenz fördern; so z. B. Lane, Timothy D. / Griffiths, Mark / Prati, Allessandro: Können Preisniveauziele der Geldpolitik helfen, Glaubwürdigkeit zu gewinnen?, in: Finanzierung & Entwicklung, Dezember 1995, S. 20 - 23.

[344] Eine Geldmengenorientierung steht gerade in der Anfangsphase der Währungsunion vor besonderen Problemen. Zwar ist es richtig, daß langfristig auf europäischer Ebene eine im Vergleich zu den bisherigen nationalen Situationen stabilere Geldnachfrage vermutet werden kann. Dies ist wegen des größeren Währungsraums mit einer aggregierten Euro-Geldnachfrage und geringeren Währungssubstitutionsbewegungen zu erwarten. Die Bundesbank befürwortet deshalb ein Geldmengenkonzept für die EZB, vgl. o. V.: Geldpolitische Strategien..., a. a. O., S. 46 - 47. Doch kurzfristig ergeben sich stärkere Schwankungen der Geldnachfrage bzw. der Umlaufgeschwindigkeit im Zuge des Strukturbruchs bei Beginn der Währungsunion. Eine sehr flexible Geldmengenpolitik mag deshalb erforderlich werden. Starre angekündigte Geldmengenziele könnten sich dann als äußerst problematisch erweisen. Eine wahrscheinliche Notwendigkeit für Abweichungen ist zumindest erläuterungsbedürftig oder droht dann als Zielverfehlung wahrgenommen zu werden. Dies ist dem Aufbau von Glaubwürdigkeit keineswegs dienlich. Der Autor der vorliegenden Arbeit

solche letztlich doch ungesicherte Vorgehensweise ausreicht, ist aber angesichts des bestehenden Mangels an Glaubwürdigkeit zweifelhaft. Eine weiche Selbstbindung und Transparenz können vorhandenes Vertrauen ausbauen; dazu muß ein gewisses Mindestmaß als Grundlage jedoch schon vorher existieren.

Sicherer wäre deshalb die härtere Alternative der Realbindung. Sie erzwingt geradezu aufgrund der Schärfe der Sanktion und der Garantie der Einlösung ein berechtigtes Vertrauen[345]. An die Stelle eines in Frage gestellten, abstrakten Versprechens tritt ein gesicherter Anspruch. Eine Realbindung speziell in Form der indexgebundenen Einlösepflicht erscheint daher gerade für die neue, noch nicht mit etablierter Glaubwürdigkeit ausgestattete Europäische Zentralbank als besonders geeignet. So könnte die Vernichtung von Vertrauenskapital vermieden werden und statt dessen dasjenige der Bundesbank auf die Europäische Zentralbank übertragen werden.

## 4.2 Funktionsvoraussetzungen für die Umsetzung in Europa

Die theoretischen Vorzüge der indexgebundenen Einlösepflicht sind in der vorliegenden Arbeit ausführlich hergeleitet worden. Zudem wurde im Abschnitt 4.1 ein akuter Bedarf für die Installation einer Regelbindung, beispielsweise in Form einer Realbindung, ermittelt. Allerdings müssen mehrere Voraussetzungen erfüllt sein, damit eine praktische Umsetzung der indexgebundenen Einlösepflicht in Europa funktionieren kann. Inwieweit diese Bedingungen erfüllt sind oder ob sie zumindest durch gestaltendes Handeln geschaffen werden können, wird im folgenden analysiert.

Die Funktionsvoraussetzungen für eine Europäische Währungsunion im allgemeinen werden dabei nur kurz behandelt. Das Hauptaugenmerk gilt insbesondere den Eigenschaften, die speziell für die Realanbindung erforderlich sind bzw. die dafür

---

plädiert daher zumindest in der Anfangsphase der Währungsunion für eine Aussetzung der Geldmengenziele.

345 Interessant ist in diesem Zusammenhang ein Vergleich der heutigen Europäischen Währungsunion mit der deutschen Währungsunion von 1871, die auf einer Realbindung basierte. Entsprechende Überlegungen werden angestellt von Häuser, Karl: Deutsche Währungsunion nach 1871 - Modell einer Europäischen Währungsunion?, Vortrag in Frankfurt am Main, 05.02.1997, abgedruckt in : Deutsche Bundesbank (Hrsg.): Auszüge aus Presseartikeln, Nr. 10, 20.02.1997, S. 4 - 9. In dem historischen, real gebundenen Beispiel erreicht das neue Geld sofort eine hohe Akzeptanz.

in besonders hohem Maße gegeben sein müssen. Diese Perspektive gilt sowohl für die Überprüfung Europas als optimales Währungsgebiet als auch für die Rahmenbedingungen der operativen Geldpolitik.

## 4.2.1 Europa als optimaler Währungsraum

Ob der Übergang zu einer einheitlichen europäischen Währung grundsätzlich sinnvoll ist, wirft die Frage auf, ob Europa ein optimaler Währungsraum ist. Dies ist zu bejahen, wenn die Vorteile eines hohen Grades währungspolitischer Integration die Nachteile überwiegen. Dazu werden im folgenden die traditionell diskutierten Kriterien auf Europa bezogen.

Welche dieser Kriterien erweisen sich darüber hinaus als besonders wichtig für die Umsetzung der indexgebundenen Einlösepflicht? Es wird sich zeigen, daß wegen der Stringenz eines solchen Systems hinsichtlich der Gesamt-Preisniveaustabilität vor allem eine hohe Stabilität der realen Wechselkurse oder eine hohe regionale Einzelpreis-Flexibilität nötig sind.

### 4.2.1.1 Bemessung an traditionellen Kriterien

Die Literatur zum Thema optimaler Währungsraum hat in den letzten Jahrzehnten zahlreiche Kriterien entwickelt und intensiv diskutiert. Ihnen allen ist gemeinsam, daß untersucht wird, ob ein flexibler Wechselkurs zur Verarbeitung von asymmetrischen Schocks nötig ist oder ob andere Anpassungsmechanismen zur Verfügung stehen[346]. Für die vier wichtigsten traditionellen Kriterien[347] läßt sich ein weitgehend positives Urteil für Europa konstruieren: Die europäischen Volkswirtschaften sind relativ stark diversifiziert und mit hohen Offenheitsgraden

---

[346] Diese systematischen Gemeinsamkeiten der Konzepte zum optimalen Währungsraum werden zusammengestellt von Heinemann, Friedrich: Central Europe and European Monetary Integration, in: Intereconomics, Vol. 30, 1995, Nr. 3, S. 118 - 119. Einen weiten Überblick über den gesamten Themenkomplex monetärer Integration gewährt De Grauwe, Paul: The Economics of Monetary Integration, 2. Aufl., New York, 1994.

[347] Die Primärquellen zu den vorgeschlagenen Kriterien sind: Kenen, Peter B.: The theory of optimum currency areas. An eclectic view, in: Mundell, Robert A. / Swoboda, K. Alexander (Hrsg.): Monetary problems of the international economy, Chicago, 1969, S. 41 - 60; McKinnon, Ronald I.: Optimum currency areas, in: The American Economic Review, Vol. 53, 1963, No. 4, S. 717 - 725; Mundell, Robert A.: A Theory of Optimum Currency Areas, in: The American Economic Review, Vol. 51, 1961, No. 4, S. 657 - 665; Vaubel, Roland: Real exchange-rate changes in the European Community, a new approach to the determination of optimum currency areas, in: Journal of International Economics, Vol. 8, 1978, S. 319 - 339.

miteinander verflochten; die interregionale Faktormobilität steigt[348] und die realen Wechselkurse waren in den Jahren vor der Währungsunion ziemlich konstant[349].

Allerdings ist diese Beurteilung nicht unumstritten. Diese Frage soll hier aber nicht weiter vertieft werden. Es sei auf das umfangreiche Schrifttum verwiesen[350]. Die grundsätzliche Eigenschaft Europas als optimaler Währungsraum sei hier unterstellt. Wenn dem so ist, bleibt die Frage, welche weitergehenden Anforderungen gestellt werden müssen, damit die Währungsunion konkret mit indexgebundener Einlösepflicht verwirklicht werden kann.

#### 4.2.1.2 Reale Wechselkursstabilität oder zusätzlicher Bedarf an Preisflexibilität

Zusätzliche Funktionsvoraussetzungen für eine indexgebundene Einlösepflicht können direkt aus dem Kriterium der realen Wechselkursstabilität für den optimalen Währungsraum abgeleitet werden. Wegen der von dem Automatismus der indexgebundenen Einlösepflicht erzwungenen Stabilität des Gesamtpreisniveaus ist dieses System besonders sensibel für Veränderungen der relativen regionalen Preisniveaus.

Dies sei an einem Zwei-Regionen-Modell innerhalb einer Währungsunion verdeutlicht. Sind $P_1$ und $P_2$ die jeweiligen Preisniveaus in den beiden beteiligten Regionen oder Ländern, dann läßt sich das Realtauschverhältnis $\tau$ zwischen den beiden Ländern schreiben als:

$$\tau = \frac{P_1}{P_2}$$

---

348 Für den Faktor Kapital gilt dies uneingeschränkt, für Arbeit erst bedingt. Mit der Vollendung des Binnenmarktes stehen einer internationalen Arbeitskräftewanderung in der EU aber zumindest keine rechtlichen Hürden mehr im Wege.

349 Die Inflationsraten sind auf weitgehend einheitlich niedrigem Niveau, und die nominalen Wechselkurse waren nach den Spannungen 1992/93 ebenfalls recht stabil.

350 Ein Überblick über verschiedene empirische Studien der Jahre 1989 bis 1994 findet sich bei Schmidt, Christian / Straubhaar, Thomas: Maastricht II: Bedarf es realer Konvergenzkriterien?, in: Wirtschaftsdienst, 1995, Nr. 7, S. 440. Eine hohe Sensitivität der Beurteilungsergebnisse in Abhängigkeit von der Datenauswahl vermuten Button, Kenneth J. / Pentecost, Eric J.: Testing for Convergence of the EU Regional Economies, in: Economic Inquiry, October, 1995, S. 670. Umfangreiche methodische und modelltheoretische Erläuterungen und nach unterschiedlichen Länderkreisen differenzierte Ergebnisse liefert Auria, Laura: Ist Europa ein optimaler Währungsraum?, Frankfurt am Main, 1997.

Da beide Preisniveaus in der gleichen Währung denominiert sind, kann auf die Berücksichtigung eines nominalen Wechselkurses verzichtet werden.

Das Gesamt-Preisniveau in der Währungsunion setzt sich unter Berücksichtigung des Gewichtungsfaktors a zusammen als:

$$P = a P_1 + (1 - a) P_2$$

Mit Hilfe dieser beiden Gleichungen lassen sich die regionalen Preisniveaus $P_1$ und $P_2$, jeweils nur in Abhängigkeit von P, $\tau$ und a ausdrücken[351]. Es gilt:

$$P_1 = \frac{\tau}{1 - a + a\tau} P \quad \text{bzw.} \quad P_2 = \frac{1}{1 - a + a\tau} P$$

Bleibt der reale Wechselkurs bei $\tau = 1$, dann entsprechen die beiden regionalen Preisniveaus dem Gesamtpreisniveau ($P = P_1 = P_2$). Wird aber aus realen Gründen eine Änderung des interregionalen Realtauschverhältnisses nötig, dann müssen die einzelnen Preisniveaus divergieren.

Dies gilt zwar grundsätzlich immer in einer Währungsunion, in der kein nominaler Wechselkurs als Puffer zur Verfügung steht, doch bei einer Ausgestaltung mit indexgebundener Einlösepflicht gewinnt dies durch die absolute Fixierung des Preisniveaus zusätzlich an Brisanz. Als Orientierungsgröße für die Notenbank und für die Berechnung der Einlöseparität kommt nur die Verwendung des Gesamt-Preisniveaus in Frage. Bei auftretenden Änderungen des realen Wechselkurses macht dies in der Folge in einer Teilregion sogar ein absolutes Sinken des Preisniveaus erforderlich. Dies droht regionale, realwirtschaftliche Deflations-Symptome hervorzurufen, wenn nicht eine hohe Flexibilität der Einzelpreise gewährleistet ist.

Eine solche Argumentation führt drastisch vor Augen, daß bei sich real unterschiedlich entwickelnden Regionen eine einheitliche Geldpolitik in einer Währungsunion nicht einen für alle Teilregionen wertstabilen Wertstandard bereitstellen kann. Das gilt auch, wenn auf eine indexgebundene Einlösepflicht verzichtet wird, kann dann aber eventuell in unterschiedlich hohen, aber jeweils positiven Inflationsraten umgesetzt werden. Bei Verwendung der Einlösepflicht reicht ein solcher relativer Ausgleich nicht aus; absolute Korrekturen sind unvermeidlich.

---

[351] Die entsprechenden Umformungen finden sich im Anhang 7.

Hinzu kommt, daß der Arbitragemechanismus des Stabilisierungsautomatismus von den regionalen Preisindexdifferenzen berührt werden kann. In die Paritätsformel fließt nur ein einheitlicher Preisindex ein. Dies kann dazu führen, daß falsche Einlöseanreize ausgelöst werden, allerdings nur dann, wenn auch das Einlösegut den regionalen Preisschwankungen unterliegt. Bei einer weitgehend perfekten interregionalen Arbitrage am Markt des Einlösungsgutes, die wegen dessen Eigenschaften wahrscheinlich ist, besteht diese Gefahr nicht[352].

Insgesamt kann festgehalten werden, daß Schwankungen des realen Wechselkurses die grundsätzliche Funktionsfähigkeit der indexgebundenen Einlösepflicht nicht bedrohen, doch erzeugen sie wegen der absoluten Gesamt-Preisniveau-Starrheit zusätzliche Probleme. Selbst wenn keine ausreichende Stabilität der Realtauschverhältnisse gegeben ist, kann die Indexorientierung trotzdem eingeführt werden, wenn ersatzweise ein hohes Maß an regionaler Flexibilität der Einzelpreise gegeben ist.

## 4.2.2 Kontrollierbarkeit der Preisniveauentwicklung

Die Verwendung einer indexgebundenen Einlösepflicht als Regelbindungsalternative in Europa erfordert, daß die Rahmenbedingungen eine ausschließliche Kontrollierbarkeit der Preisniveauentwicklung durch die Geldpolitik gewährleisten. Andernfalls, d. h. bei zu starken Einflüssen aus anderen Politikbereichen, wäre das Konzept zum Scheitern verurteilt. Der automatische Einlösemechanismus würde zu häufige und zu hohe Interventionen erforderlich machen. Um die Funktionsfähigkeit der indexgebundenen Einlösepflicht zu sichern, muß die Notenbank durch eine ausgeprägte Autonomie abgeschirmt sein, und die Tarif- und Finanzpolitik dürfen keine zu starken, die Preisniveaustabilität belastenden Effekte entfalten. Zu diesen Aspekten folgen in diesem Abschnitt Überlegungen, die abwägen, inwieweit die erforderlichen Bedingungen erfüllt sind.

### 4.2.2.1 Autonomie der Europäischen Zentralbank

Der strenge Automatismus der indexgebundenen Einlösepflicht entfaltet nur dann eine adäquate Sanktion, wenn das Preisniveau tatsächlich von der Notenbank kontrolliert werden kann. Dies erfordert eine einzig auf dieses Ziel ausgerichtete

---

[352] Für einen Bewohner der Region mit steigendem Teilpreisindex lohnt die Noteneinlösung nicht, wenn er mit der Gütermenge des Einlösegutes, die sich aus der zentralen Parität ergibt, nicht mehr Güter ertauschen kann als mit der Note selbst. Dies würde nur dann geschehen, wenn auch der absolute Preis des Einlösegutes vor Ort gestiegen wäre.

Zentralbank, die nicht anderen Zielen oder mit der Preisniveaustabilität nicht zu vereinbarenden Weisungen unterworfen ist. Kurzum: Ein hohes Maß an Autonomie ist erforderlich[353].

Formal ist dies für die Europäische Zentralbank gegeben. Die Einführung einer indexgebundenen Einlösepflicht wäre damit möglich. Allerdings ist zu bedenken, daß das Autonomieprinzip auf europäischer Ebene keineswegs völlig unumstritten ist. Auf die unterschiedlichen Auffassungen über den Charakter und die Rolle der Geldpolitik wurde bereits ausführlich hingewiesen. Angesichts dieses mangelnden Konsenses ist eine erhöhte Wachsamkeit gegen Versuche zur Einschränkung der Autonomie geboten.

Einerseits erschien die indexgebundene Einlösepflicht in den Analysen der vorangegangenen Abschnitte gerade als geeignet, bei fehlendem Konsens und inhomogener Stabilitätskultur als Realbindung Stabilität zu garantieren. Andererseits ist dafür als Grundlage eine unangefochtene Autonomie erforderlich. Deshalb müssen auch bei der Installation der indexgebundenen Einlösepflicht und zwar gerade bei dieser in besonderem Maße Vorschläge wie die Konstruktion eines politischen Stabilitätsrates oder eine Rechenschaftspflicht der Notenbank gegenüber dem Parlament entschieden abgelehnt werden[354, 355].

Wichtig ist es außerdem, festzuhalten, daß die in ihrer Wirkung sehr weitreichende indexgebundene Einlösepflicht sich kaum mit anderen Regelbindungsalternativen vereinbaren läßt. Eine Wechselkursorientierung etwa kann leicht mit der unbedingt notwendigen internen Stabilität in Konflikt geraten; für ein System fester Wechselkurse erscheint die indexgebundene Einlösepflicht als schlecht geeignet[356]. Für den Euro ist aber die Option dafür vorgesehen. Sie ist

[353] Auf die Kriterien für die Notenbankautonomie wird hier nicht erneut eingegangen. Sie wurden bereits ausführlich in den Abschnitten 1.1.2.1 und 1.4.1 diskutiert.

[354] Die bisher noch recht moderaten Berichtspflichten der Europäischen Zentralbank gegenüber dem Europäischen Parlament und seinen Ausschüssen, die noch mit dem Autonomieprinzip vereinbar sind, werden beschrieben von Bäcker, Arno: Die Aufgaben des Europäischen Parlaments im Zusammenhang mit der Wirtschafts- und Währungspolitik, in: Wirtschaftswissenschaftliches Studium (WiSt), 26. Jg., 1997, Heft 5, S. 251.

[355] Nicht ausgeschlossen sein soll aber die von ihrem Charakter her anders geartete Rechenschaftspflicht gemäß der indexgebundenen Einlösepflicht. Ein Verfehlen der Aufrechterhaltung der Interventionsfähigkeit als schlimmster Fall des Systemversagens muß streng kontrolliert und hart sanktioniert werden.

[356] Es sei aber daran erinnert, daß formale feste Kurse zwischen Währungen, die jeweils Konzepte nach dem Modell der indexgebundenen Einlösepflicht praktizieren, gar nicht notwen-

nicht in das Ermessen der Notenbank gestellt, sondern fällt in den Kompetenzbereich der Regierungen. Die Möglichkeit, wechselkursorientierte Interventionsverpflichtungen zu schaffen, kann sich als Aushebelung der Notenbankautonomie erweisen[357]. Tatsächlich wird in Frankreich, wo Wechselkursziele traditionell ein große Rolle spielen und wo das Autonomieprinzip umstritten ist, eine solche Ausgestaltung diskutiert und gefordert. Gegen ein solches Ansinnen muß der Unabhängigkeitsstatus der Europäischen Zentralbank geschützt werden, damit die Autonomie als Funktionsvoraussetzung einer indexgebundenen Einlösepflicht garantiert ist.

#### 4.2.2.2 Stabilitätsorientierung der Tarif- und Finanzpolitik

Die Einhaltung der absoluten Preisniveaustabilität kann durch eine stabilitätspolitische Orientierung der Tarif- und Finanzpolitik erhebliche Unterstützung erfahren. Andernfalls würde ein auf die Preisniveaustabilität keine Rücksicht nehmendes Verhalten dieser Bereiche die Stabilität stark belasten. Mittel- bis langfristig ist die Preisniveauentwicklung einfach allein mit monetären Maßnahmen zu kontrollieren; kurzfristig können aber auch andere Faktoren wirksam sein. Ein alleiniges Auffangen von Schocks durch geldpolitische Instrumente wird erschwert. Die Geldpolitik muß bei fehlender Beihilfe gegebenenfalls sehr restriktiv mit deutlichen Zinsschritten und mit spürbaren realen Konsequenzen für das Produktionsniveau reagieren.

Wegen der Stringenz des geldpolitischen Automatismus gilt dies bei einer indexgebundenen Einlösepflicht in besonderem Maße. Die absolute Preisniveaufixierung läßt keinen oder im Rahmen einer Interventionsspanne nur einen kleinen Spielraum für eine vorübergehende Akkomodation konjunktureller Schwankungen des Preisniveaus. Eine komplementäre, die Stabilisierung unterstützende Haltung der Tarif- und Finanzpolitik wäre deshalb in hohem Maße wünschenswert.

Bei regional und sektoral unterschiedlich verlaufenden Produktivitätsentwicklungen in Europa wäre dazu eine stark differenzierte und flexible Tarifpolitik

---

dig sind, weil sich von selbst eine stabile Wechselkursentwicklung ergibt, wie in Abschnitt 3.3.2.3 gezeigt wurde.

357 Das ambivalente Verhältnis von Autonomie und Regelbindungen wird abgewogen von Francke, Hans-Hermann, a. a. O., S. 140 - 150.

nötig[358]. Die hohe Arbeitslosigkeit in den meisten europäischen Ländern belegt, daß davon nicht die Rede sein kann. Daraus ergibt sich ein gewisse Belastung der Rahmenbedingungen der Geldpolitik. Fraglich ist aber, ob dieses Verhalten einfach für die Währungsunion fortgeschrieben werden kann oder ob es zu einer Änderung der Anreizstukturen kommt.

So könnte man in einer optimistischen Perspektive hoffen, daß die Installation einer indexgebundenen Einlösepflicht eine Signalwirkung für die Tarifpolitik entfaltet. Die absolute Preisniveaustabilität kann als sicherer, exogener Orientierungsmaßstab dienen. Er zwingt die Tarifpolitik zu einem verantwortungsvollen Verhalten, da eine nachträgliche geldpolitische Alimentation zu hoher Lohnabschlüsse von vornherein ausgeschlossen ist. Über diese Disziplinierung kann die indexgebundene Einlösepflicht eventuell einen Beitrag für die Lösung der Arbeitsmarktprobleme bieten.

Ähnliche Überlegungen können für die Finanzpolitik angestellt werden. Auch hier stellt sich die Frage, ob dieser Politikbereich der Geldpolitik helfen kann, Schocks reibungslos zu verarbeiten oder ob sie schlimmstenfalls sogar Störungen erst erzeugt. Für den konkreten Fall der Europäischen Währungsunion ist dabei vor allem die zumindest bisher fehlende Zentralisierung der Budgets von Interesse. Statt einheitlicher Tendenzen werden die öffentlichen Haushalte weitgehend national geprägt. Dies ist ein offener Gegensatz zu der mit Beginn des Euro zusammengefaßten Geldpolitik.

Diese Asymmetrie kann sich als Nachteil, aber auch als Vorteil erweisen[359]. Einige Erwägungen seien im folgenden kurz genannt. Eine zielgerichtete Koordination der Finanzpolitiken wird durch die fehlende Zentralisation erschwert, da sie fallweise vereinbart und durchgesetzt werden muß. Dies wiegt aber nur dann wirklich als Nachteil, wenn man der Finanzpolitik überhaupt noch eine aktive Rolle für die Konjunktursteuerung beimißt. Glaubt man daran nicht, so kann der

---

[358] Ein zusätzlicher Bedarf für Lohnflexibilität auch nach unten ergibt sich ferner aus den Entwicklungen der regionalen Teilpreisindizes, die bei Schwankungen der Realtauschverhältnisse bei stabilem Gesamt-Preisindex nötig sind. Siehe dazu Abschnitt 4.2.1.2.

[359] Unterschiedliche Standpunkte zu diesem Thema sind gegenübergestellt unter der Überschrift Bedarf die europäische Union einer Wirtschaftsregierung?, in: Wirtschaftsdienst, 1997, Nr. 7, mit folgenden Beiträgen: Randzio-Plath, Christa: Eine wirtschaftspolitische Steuerung in der EU ist notwendig, in: Wirtschaftsdienst, 1997, Nr. 7, S. 435 - 439; Starbatty, Joachim: Es geht um die stabilitätspolitischen Spielregeln, in: Wirtschaftsdienst, 1997, Nr. 7, S. 439 - 443; Franzmeyer, Fritz: Keine Ansatzpunkte für eine Wirtschaftsregierung, in: Wirtschaftsdienst, 1997, Nr. 7, S. 443 - 446.

dezentrale finanzpolitische Wettbewerb sogar als Vorteil verbucht werden und zwar auch und gerade in Zusammenhang mit einer Währungsunion. Die supranationale Währung bildet für die nationalen Budgets ein exogenes Verschuldungsmedium. Bei Ausschluß einer kollektiven Haftung wirkt dies als zusätzlicher Disziplinierungsmechanismus für die Finanzpolitik[360]. Sie kann sich nicht mehr auf die Option einer inflationären Notentschuldung verlassen. Eine zentralstaatliche Ebene, die die Notenbank unter Druck setzen könnte, fehlt.

Als Fazit kann festgehalten werden, daß eine stabilitätsorientierte Tarif- und Finanzpolitik der Funktionsfähigkeit einer indexgebundenen Einlösepflicht wichtige Unterstützung leisten kann. Umgekehrt gilt aber auch, daß die Installation eines solchen strengen geldpolitischen Systems ihrerseits die Tarif- und Finanzpolitik disziplinieren kann.

### 4.2.3 Bedingungen und Gestaltung der Übergangsphase

Zu den Funktionsvoraussetzungen für das praktische Gelingen einer Währungsordnung mit einer indexgebundenen Einlösepflicht gehört die reibungslose Gestaltung der Übergangsphase während und nach der Installation der geldpolitischen Automatismen. Zwei Elemente, über die in diesem Zusammenhang entschieden werden muß, werden hier behandelt, nämlich die Schaffung eines Bestandes von Interventionsreserven und die Ausgestaltung der Interventionsspanne.

#### 4.2.3.1 Aufbau von Interventionsreserven

Um nach der Installation eines Einlösemechanismus sofort etwaigen Interventionsverpflichtungen nachkommen zu können, müssen die Notenbanken auf einen Bestand an Einheiten des Einlösungsgutes zurückgreifen können. Dieser sollte ein hinreichend großes Ausmaß haben, um in der Anfangsphase das Vertrauen der Märkte in den neu etablierten Mechanismus zu stärken.

---

[360] Ein Haftungsausschluß setzt voraus, daß die Eigenverantwortlichkeit der Budgets bestehen bleibt. Das Eingehen einer finanzpolitischen Schicksalsgemeinschaft ähnlich dem deutschen Länderfinanzausgleich droht sonst Fehlanreize zu setzen. Eine gewisse Eigendynamik zu steigenden interregionalen Transfers als Folge des Verlustes des Wechselkursmechanismus ist eventuell zu befürchten. Darauf verweist Siebert, Horst: Zum Transferbedarf in einer Währungsunion, in: Die Weltwirtschaft, Heft 4, 1996, S. 345 - 353.

Existieren keine Reserven des potentiellen Einlösegutes, kann die indexgebundene Einlösepflicht nicht sofort beginnen. Gegebenenfalls ist eine Vorbereitungsphase erforderlich, in der die Notenbank einen ausreichenden Bestand akkumulieren kann. Die Käufe sind dabei eventuell über einen längeren Zeitraum zu strecken, falls nur auf diese Weise stärkere Verwerfungen am Markt des Interventionsgutes vermieden werden können.

Bezogen auf den Fall der Europäischen Währungsunion ist auf den günstigen Umstand zu verweisen, daß die Notenbanken bereits über geeignete Reserven verfügen. Gemeint sind die Devisen- und Goldreserven. Erstere sind ohnehin für das operative Geschäft der Geldpolitik, wenn auch nicht zwingend nötig, so doch international verbreitet und üblich. Alle europäischen Länder verfügen über nennenswerte Devisenreserven. Goldbestände sind ebenfalls noch traditionell aus Zeiten der alten Goldkernwährung bzw. aus dem System von Bretton-Woods vorhanden und gehören zu den üblichen Aktiva von Zentralbanken. Mit der Europäischen Währungsunion gehen Devisen- und Goldreserven auf die Europäische Zentralbank über, die die einheitliche Verwaltung übernimmt[361].

Sowohl Gold als auch Devisen eignen sich als Interventionsgut einer indexgebundenen Einlösepflicht, wie bereits in Abschnitt 3.3.3.4 gezeigt wurde. Dort wurde dem Gold insbesondere wegen seines Charakters als Realgut im direkten Vergleich mit Devisen der Vorzug gegeben. Ob Gold tatsächlich das optimale Interventionsgut ist, wurde bisher offen gelassen und soll auch hier nicht abschließend geklärt werden. Aus einer pragmatischen Perspektive bietet es sich aber wegen der vorhandenen Bestände an. Außerdem kann der Einlösemechanismus später weitgehend problemlos auf ein anderes Gut umgestellt werden, falls jenes dann in seinen Eigenschaften als überlegen erscheint.

Festzuhalten bleibt, daß die Existenz von Reserven eines geeigneten Gutes in der Hand der europäischen Notenbank einen schnellen Start einer indexgebundenen Einlösepflicht ermöglicht. Die Institution des Stabilisierungsautomatismus muß noch geschaffen werden, aber die materielle Basis dazu ist bereits vorhanden.

---

[361] Die bisher dem Europäischen Währungsinstitut übertragenen 20% der nationalen Gold- und Devisenreserven lassen aus ihrer Höhe Rückschlüsse auf die insgesamt bei den europäischen Notenbanken ruhenden Reserven zu. Das EWI bilanziert zum 31.12.1996 mit im Gegensatz zur Bundesbank marktnahen Bewertungssätzen Goldbestände in Höhe von 27,8 Mrd. ECU und US-Dollar-Bestände in Höhe von 31,7 Mrd. ECU, insgesamt also 59,5 Mrd. ECU. Quelle ist Europäisches Währungsinstitut (Hrsg.): Jahresbericht 1996, Frankfurt am Main, 1997, S. 110.

### 4.2.3.2 Allmähliche Verengung der Interventionsspanne

In der Einführungsphase nach Installation des Einlösemechanismus kann es zu gewissen Strukturveränderungen kommen, die die Geldpolitik vorübergehend verkomplizieren. Denkbar wäre beispielsweise, daß die Wirtschaftssubjekte auf das nun garantiert stabile Geld mit einer Anpassung ihrer Geldnachfrage reagieren, die dadurch für die Notenbank zunächst schwieriger prognostizierbar wird. Hinzu kommen weitere noch nicht einschätzbare Einflußfaktoren durch die Europäische Währungsunion. In diesem Zusammenhang sind unzählige Motive für Änderungen der Geldhaltungsgewohnheiten wirksam. Zudem bestehen noch keine Erfahrungen mit dem statistischen Verhalten des Euro-Gesamtpreisniveaus, das in die Paritätsbestimmungsformel einfließen müßte.

Diese Häufung von Unsicherheitsfaktoren begründet eine gewisse Skepsis, ob die Geldpolitik in dieser doppelten Anfangsphase mit der Aufrechterhaltung einer absoluten Preisniveaustabilität in einer kleinen Interventionsspanne überfordert wäre. Als Lösung bietet sich eine vorübergehende Ausweitung der Interventionsspanne an. In Übereinstimmung mit den Überlegungen des Abschnitts 3.4.2.4 ließe sich die weitere Spanne mit den wegen der Unsicherheit erhöhten Kosten auf Seiten der Notenbank begründen. Dennoch bräuchte langfristig nicht auf ein ehrgeizigeres Stabilitätsziel verzichtet zu werden. Nachdem eine anfänglich erhöhte Volatilität der Geldnachfrage abgeklungen ist und nachdem wieder mehr Sicherheit für die Planungen der Geldpolitik eingekehrt ist, kann die Bandbreite auf ein engeres Maß reduziert werden.

Dies kann sogar auf recht elegante Weise durch eine stetige formelhafte Reduzierung der zulässigen Abweichungen erfolgen. Auf diese Weise wird der harte Stabilisierungsmechanismus nicht abrupt eingeführt, sondern allmählich zur Wirkung gebracht. Dabei brauchen die vorübergehend vergrößerten Spannen nicht unbedingt symmetrisch ausgestaltet zu sein, oder das in die Leit-Paritätsformel einfließende Zielpreisniveau braucht nicht sofort auf seinem langfristigen Zielwert fixiert zu werden. Ein Beispiel für eine allmählichere Ausgestaltungsoption ist in Abb. 13 gegeben.

Das Leit-Preisniveau, um das herum die Interventionsspanne konstruiert wird, weist in Abb. 13 zunächst nach Einführung des Einlösesystems zum Zeitpunkt $t_0$ noch eine leicht steigende Tendenz auf. Sie könnte an der herrschenden Inflationsrate zum Zeitpunkt der Einführung der indexgebundenen Einlösepflicht orientiert werden, um eine zu abrupte geldpolitische Bremsung zu vermeiden. Langfristig, d. h. ab $t_1$, schwenkt das Zielpreisniveau auf einen absoluten und konstanten Wert ein. Diese Konstruktion erlaubt eine transparente und programmierte Disinflation. Die zunächst ausgeweitete und später auf ihre Normgröße zurückzuführende Spanne ist in dem Beispiel der Abb. 13 so gewählt, daß der obere Interventionspunkt immer bei dem gleichen Preisniveau liegt. Den Geldverwendern kann damit bereits bei Einführung der indexgebundenen Einlösepflicht trotz der zunächst größeren Spanne ein klares Signal und eine Orientierungsgröße gegeben werden.

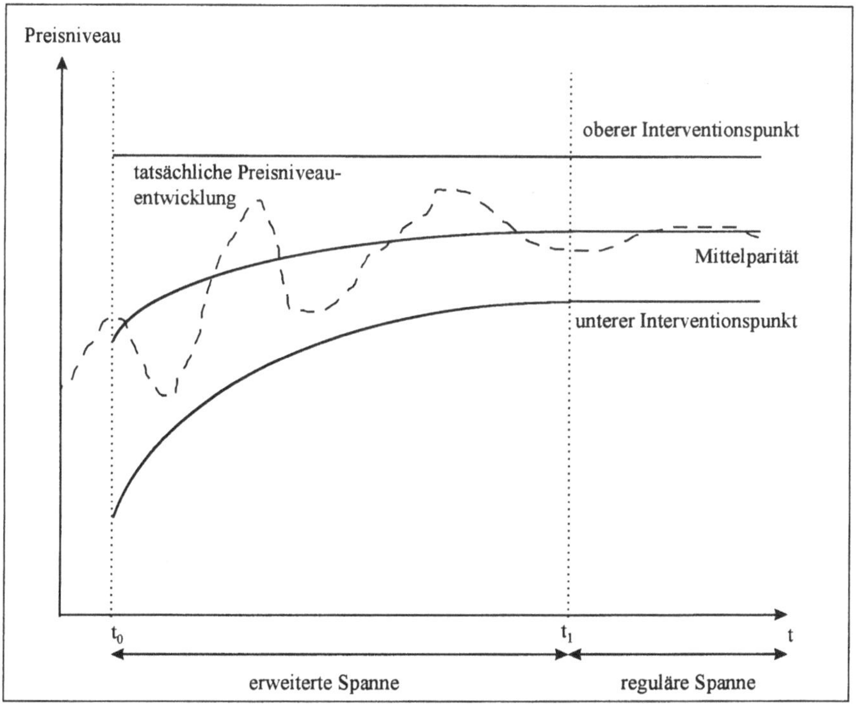


**Abb. 13 Stetige Verengung der Interventionsspannen in der Einführungsphase**

Die aktuelle Situation in Europa, die durch ein momentan sehr hohes Maß an erreichter Preisniveaustabilität geprägt ist, bietet eine sehr gute Ausgangsbedingung für die Währungsunion allgemein und auch für die Verankerung der indexgebundenen Einlösepflicht. Bei der aktuellen Konstellation könnte auf einen trendmäßigen Anstieg des Leitpreisniveaus in der Anfangsphase verzichtet werden. Eine vorübergehende Ausweitung der Interventionsspanne wäre zur Sicherstellung der Funktionsfähigkeit wegen des doppelten Strukturbruchs einer

Installation einer indexgebundenen Einlösepflicht in der Anfangsphase der europäischen Währungsunion aber dringend angeraten.

## 4.3 Polit-ökonomische Aspekte der Verwirklichungschancen

In den Abschnitten 4.1 und 4.2 wurden die Notwendigkeit und Machbarkeit einer modernen Realbindung im Zuge der europäischen Währungsunion aufgezeigt. Solche theoretischen Vorzüge allein genügen aber nicht, um die Verwirklichung in der Praxis zu garantieren. Für eine Abschätzung realistischer Umsetzungschancen sind die politischen Rahmenbedingungen zu analysieren. Erst auf dieser Basis lassen sich Strategien für die Werbung für ein theoretisch günstig erscheinendes Konzept entwickeln.

In diesem Abschnitt werden einige durchaus als der Verwirklichung förderlich anzusehende Faktoren und Konstellationen aufgezeigt. Die von diesen Umständen ausgehenden Effekte sind zwar keineswegs so stark, daß zwingend und selbstverständlich mit einer Entwicklung in Richtung auf eine Realbindung hin zu rechnen ist. In einigen denkbaren Szenarien zeichnen sich aber doch günstige Chancen ab.

### 4.3.1 Nutzung des Strukturbruches

Die Einführung des Euro ist mit vielen Strukturbrüchen verbunden sowohl in den ökonomischen Verhaltensgewohnheiten als auch bei zahlreichen Institutionen. Dieses Klima der Wandlung kann genutzt werden, um in Verbindung mit der ohnehin anstehenden Neuordnung der geldpolitischen Konzepte und Instrumente einen noch grundsätzlicheren Wechsel zu vollziehen. Aus heutiger Sicht ist zwar der institutionelle Rahmen der Währungsunion zunächst ohne eine reale Absicherung festgeschrieben, doch auch ein späterer Wechsel der Arrangements in einigen Jahren wäre noch in die Anfangsphase der neuen Währung einzuordnen und könnte auf eine Situation mit gerade ablaufenden Strukturänderungen zurückgreifen.

In dieser noch länger anhaltenden Phase institutioneller Wandlungen kann mit einer Lage gerechnet werden, in der verminderter Widerstand von betroffenen Interessengruppen zu erwarten ist und in der geringere Kosten für die Ablösung sonst unverändert fortzuführender Mechanismen anfallen.

#### 4.3.1.1 Ohnehin anstehende Änderung etablierter Mechanismen

Im Zuge der Europäischen Währungsunion müssen Änderungen zahlreicher institutioneller Arrangements erfolgen. Dies beschränkt sich nicht nur auf den organisatorischen Aufbau des ESZB. Auch inhaltliche Änderungen stehen an, etwa Umstellungen des geldpolitischen Instrumentariums und eine Umorientierung der Konzeptionen. Dies wäre auch für die Einführung einer indexgebundenen Einlösepflicht von Nöten. Deshalb böte sich an, alle Änderungen in einem Zuge zu vollziehen. Dadurch ließe sich auch vermeiden, daß mehrmals Kosten und Vertrauensverluste bei der Zerschlagung etablierter Mechanismen anfallen. Es könnte im Gegenteil, wie bereits in Abschnitt 4.1.3 gezeigt wurde, Vertrauenskapital gewahrt werden.

In der anstehenden Veränderungsphase ist die Öffentlichkeit außerdem für die geldpolitische Problematik bereits sensibilisiert. Die Chancen für eine Beachtung grundlegend neuer Gestaltungsvorschläge steigen dadurch. Zumindest sind die politischen Entscheidungsträger eher gezwungen, sich mit der inhaltlichen Argumentation der Vorschläge auseinanderzusetzen, als wenn das Konzept scheinbar unmotiviert und ohne äußeren Anlaß präsentiert würde. Die Hemmung, über zunächst unkonventionell erscheinende Entwürfe nachzudenken, ist diesem Klima des Wandels bei ohnehin anstehenden Änderungen und bei Unsicherheit über die Entwicklung des Euro weniger stark ausgeprägt.

Letztlich entscheidend für die Umsetzungschancen ist aber, daß der anstehende Strukturbruch dem Entwurf der indexgebundenen Einlösepflicht nicht nur einen Anlaß zur Präsentation liefert, sondern daß durch ihn auch die Interessenlagen der Akteure verändert werden. Die Akzeptanz bei einigen Gruppen verspricht, sich durch die Sondersituation der Währungsunion zu erhöhen. Eine Analyse verschiedener Gruppen wird im Abschnitt 4.3.2 vorgenommen werden. Zuvor wird noch ein weiterer, bereits in die Richtung einer Analyse von Interessenlagen zielender, unmittelbarer Effekt des anstehenden Strukturwandels behandelt, nämlich der geringere zu erwartende Widerstand der Bürokratie.

#### 4.3.1.2 Geringere bürokratische Widerstände

Bei radikalen Änderungen institutioneller Bedingungen läßt sich nicht vermeiden, daß Besitzstände tangiert werden. Gerade die betroffene staatliche Bürokratie erweist sich bei vielen Reformvorhaben im öffentlichen Sektor deshalb als ein bedeutendes Hemmnis. Diese grundsätzliche Überlegung läßt sich auch auf den Bereich der Geldpolitik anwenden. Diese Sicht entspricht der Public-Choice-Perspektive, die bereits im ersten Abschnitt dieser Arbeit eingenommen wurde.

So könnten etwa Vertreter der Notenbanken dem Vorhaben der Einführung einer indexgebundenen Einlösepflicht gegenüber ablehnend eingestellt sein, weil damit die Freiheitsgrade der Geldpolitik entschieden beschränkt werden. Gegebenenfalls wird außerdem eine erhebliche interne Umorientierung und eine Umorganisation nötig. Wegen der Einführung des Euro werden solche Änderungen aber ohnehin fällig. Beharrlichkeiten der Organisationsstrukturen bräuchten deshalb nur einmal überwunden zu werden.

Hinzu kommt, daß der Organisationsgrad der potentiellen Gegner einer Realbindung in der Einführungsphase des Euro zunächst geringer ist. Die Europäische Zentralbank ist eine junge Institution mit noch nicht erstarrten Strukturen. Darüber hinaus ist sie in das ESZB eingebunden. In diesem System spielen die nationalen Notenbanken vorerst als Meinungsbildner weiterhin eine wichtige Rolle. Dabei ist die Interessenlage noch weitgehend inhomogen. Dies ist das Spiegelbild der in Europa noch stark unterschiedlichen Stabilitätsmentalitäten[362]. Es ist denkbar, daß die Notenbanken der Länder mit ausgeprägter Stabilitätskultur einer Realbindung sogar positiv gegenüberstünden, wie im folgenden gezeigt wird.

Zunächst bleibt festzuhalten, daß die Verwirklichungschancen eines grundlegend neuartigen geldpolitischen Konzeptes in der Situation eines Strukturwandels mit inhomogenen Interessenlagen größer sind, als wenn sich ein solcher Vorschlag einer Ablehnungsfront mit einem hohen Organisationsgrad gestützt auf alte etablierte Organisationsformen gegenübersieht.

### 4.3.2 Interessenlagen verschiedener Gruppierungen

Wie bereits angekündigt wurde, soll in diesem Abschnitt eine Abschätzung der zu erwartenden Interessenlagen versucht werden. Dies ist mit zahlreichen Ungewißheiten behaftet und kann nur in weitgehend abstrahierter Form geschehen. Es sind lediglich grobe Aussagen zur tendenziellen durchschnittlichen Einstellung bestimmter Gruppen zur Einführung einer Realbindung abzuschätzen. Genauere Erfassungen auch individueller Positionen wären sehr aufwendig nur mit Befragungen möglich, die aber erst durchführbar sind, wenn der Vorschlag einer indexgebundenen Einlösepflicht eine breite Bekanntheit erlangt haben sollte.

Eine erste Orientierung kann aber mit Plausibilitätsüberlegungen gewonnen werden, indem im Sinne einer Zweckorientierung überprüft wird, inwieweit die

---

[362] Siehe Begründung im Abschnitt 4.1.1.

Effekte einer Realbindung mit den typischen Zielen bestimmter Interessengruppen übereinstimmen. Dadurch kann abgeschätzt werden, ob die indexgebundene Einlösepflicht in Europa überhaupt mehrheitsfähig wäre bzw. im politischen Prozeß durchgesetzt werden könnte.

#### 4.3.2.1 Unterscheidung nach Funktion und Nation

Die in der hier angestellten groben Analyse auf aggregierter Ebene betrachteten Interessengruppen werden nach zwei Kriterien systematisiert und zwar einerseits nach ihrer Funktion und andererseits nach ihrer Nationalität bzw. Zugehörigkeit zu einer Ländergruppe. Wegen der in Europa noch nicht erreichten Gleichartigkeit der Stabilitätsmentalitäten in allen Ländern erscheint es sinnvoll zwei Gruppen zu unterscheiden: einerseits die Stabilitätsländer mit einer langen Tradition niedriger Inflationsraten und zumeist autonomer Notenbanken, d. h. Deutschland und den DM-Block; andererseits diejenigen Länder, die erst seit kurzem weitgehende Inflationsfreiheit vorweisen können. Zur zweiten Gruppe müssen die Mittelmeerländer und nach den Überlegungen des Abschnitts 4.1.1 wohl auch Frankreich gezählt werden.

Bei der funktionellen Untergliederung als zweitem Kriterium werden im folgenden vier Gruppen analysiert: die Wissenschaft, die allgemeine Politik, die Notenbanken und die breite Öffentlichkeit[363]. Die Personenkreise aus diesen Bereichen erscheinen am wichtigsten für eine Diskussion um die etwaige Einführung einer Realbindung[364].

Obwohl sich bei der vorgestellten Gruppengliederung mit zwei Kriterien eine tabellarische Darstellung der jeweiligen Positionen zur Einführung einer indexgebundenen Einlösepflicht anbietet, soll sie hier dennoch unterbleiben. Die

---

[363] Vertreter aus diesen Bereichen spielten auch bei den bisherigen Diskussionen um die institutionellen Arrangements für die Ausgestaltung der Währungsunion eine Rolle, z. B. vor der Ausgestaltung des Maastricht-Vertrages. Vgl. etwa die Autorenzusammenstellung in dem Sammelwerk Franz, Otmar (Hrsg.): Die Europäische Zentralbank, Bonn, 1990.

[364] Nicht als eigenständiger Bereich analysiert wird hier der Geschäftsbankensektor. Trotz eines gewissen Einflusses wird den Geschäftsbanken in Fragen der institutionellen Neuordnung der Geldpolitik nicht eine vergleichbare Meinungsführerschaft zukommen wie etwa den Notenbanken. Die Einstellung der Geschäftsbanken zu einer die Preisniveaustabilität sichernden Realbindung ist vermutlich ohnehin nicht hinderlich, will heißen nicht ablehnend. Stabiles Geld als Handelsgegenstand und als entscheidender Standortfaktor im internationalen Wettbewerb der Finanzplätze sollte aus Sicht der Banken den Vorzug vor möglichen kurzfristigen Vorteilen aus einer Niedrigzins-Geldpolitik genießen.

Abgrenzung der Einstellungen erscheint nicht in der nötigen Schärfe möglich, um sie hart tabellarisch gegenüberzustellen. Die Einschätzung beschränkt sich deshalb im folgenden auf verbale Plausibilitätsüberlegungen zu den einzelnen Gruppen.

### 4.3.2.2 Mögliche Konstellation der Einstellungen

Die Befürwortung einer modernen Realbindung durch die Wissenschaft muß die Basis für die politische Diskussion sein. Sie kann selbstverständlich aus heutiger Sicht nicht vorausgesetzt werden. Nicht nur fehlt bisher ein empirischer Beleg für die tatsächliche praktische Funktionsfähigkeit der indexgebundenen Einlösepflicht, bis zu seiner Veröffentlichung kann naturgemäß noch kein wissenschaftlicher Diskurs über diesen Entwurf geführt worden sein. Zumindest das Grundanliegen des Vorschlags, Preisniveaustabilität sicherzustellen, sollte aber auf breite Zustimmung stoßen. Auffassungen, die ein gewisses Maß an Inflation und eine aktive konjunkturpolitische Geldpolitik bevorzugen, dürften heute nach dem Paradigmenwechsel der 70er Jahre eine Minderheitenmeinung darstellen. Dies gilt auch für die Länder mit noch nicht so langer Stabilitätstradition. Die wissenschaftliche Grundeinstellung zur Inflation scheint zumindest so einhellig, daß eine Länderuntergliederung bei dieser Gruppe nicht nötig ist. Sollte die indexgebundene Einlösepflicht also dem wissenschaftlichen Diskurs standhalten, ist mit einer Unterstützung aus diesem Kreise zu rechnen.

Für die Einordnung der Interessenlagen der Politiker ist dagegen eine Länderunterscheidung notwendig. Grundsätzlich liegt der Verlust an Einflußnahmemöglichkeiten auf die Geldpolitik nicht im machtpolitischen Interesse der Politiker; dies gilt zunächst für alle Länder. Die Gestaltungsmöglichkeiten in der Finanzpolitik werden durch eine geldpolitische Regelbindung indirekt beschränkt. Dennoch können Politiker zu Befürwortern werden, was eine Länderunterscheidung erforderlich macht, wenn ein entsprechender öffentlicher Druck sie dazu drängt. Die Popularität der Idee soll sich dadurch auf den sie vertretenden Politiker übertragen. Insofern wird der Beurteilung der Realbindung durch die Öffentlichkeit mittelbar entscheidend sein.

Als Beispiel für eine solche Konstellation kann in der Vergangenheit die Akzeptanz der Autonomie der Bundesbank durch die Politik genannt werden, die in Deutschland nie ernsthaft in Frage gestellt war. Ähnliches läßt sich anhand der Einführung des Stabilitätspaktes illustrieren, der auf Initiative der Bundesregierung zustande kam, obwohl er eine Einschränkung und Sanktionierung der eigenen Handlungen bedeutet.

Eine Akzeptanz solcher Mechanismen ist in denjenigen Ländern, die nicht auf eine längere Stabilitätstradition zurückblicken können, viel weniger wahrscheinlich. Während die Idee der Autonomie gerade noch, wenn auch mit Widerwillen, akzeptiert wurde, wurde die Ausgestaltung des Stabilitätspaktes als Automatismus zugunsten einer diskretionären politischen Entscheidung verhindert. Ebenso muß der Plan einer strengen regelgebundenen Geldpolitik mit entschiedener Ablehnung rechnen. Dieser Vorschlag steht beispielsweise der in der französischen Politik vorherrschenden Vorstellung über die Rolle des Geldes als politisches Instrument diametral entgegen. Aus dieser Richtung ist demzufolge der schärfste Widerstand gegen eine Realbindung zu erwarten.

Günstiger ist dagegen die Lage bei den Notenbanken zu beurteilen. Zwar bedeutet die Regelbindung der Einlösepflicht eine Einschränkung der Freiheitsgrade für die Notenbanken; für sich genommen erscheint sie also nicht als attraktiv. Dennoch kann die Realbindung den Notenbanken helfen, ihre nun auf europäischer Ebene errungene Autonomie gegen politische Angriffe zu verteidigen. Gerade in der mit Unsicherheiten behafteten Anfangsphase und bei noch sehr unterschiedlichen Stabilitätskulturen kann die Einlösepflicht den Notenbanken der Stabilitätsländer helfen, ihre Politik durchzusetzen, sowohl innerhalb des ESZB bei ungewissen Mehrheitsrelationen als auch gegenüber der Politik.

Sehr wichtig ist, vor allem wegen seiner indirekten Wirkung auf die Einstellung der Politiker, auch die allgemeine Einstellung in der Öffentlichkeit. In den Ländern wie Deutschland, die eine etablierte und stabile Währung aufgeben, ist die Bevölkerung zum Teil stark verunsichert. Geldpolitische Entwürfe, die Stabilität garantieren, können auf dieser Grundlage mit einer Befürwortung rechnen, insbesondere falls der Vorschlag von der renomierten Bundesbank unterstützt werden sollte.

Als ambivalent ist im Gegensatz dazu die zu erwartende Einstellung der Öffentlichkeit der eher inflationsgewöhnten Länder anzusehen. Der Vorteil einer realen Sicherung kann dort zwar vor dem persönlichen Erfahrungshintergrund noch viel anschaulicher wahrgenommen werden, doch gibt es auch Gruppen, die ein Interesse an einer weiterhin flexiblen Geldpolitik haben könnten. Beispielsweise wäre denkbar, daß die Tarifparteien auch zukünftig auf eine geldpolitische Alimentation tariflicher Übertreibungen hoffen. Ferner ist die für die Politiker bereits genannte Grundüberzeugung vom politischen Charakter des Geldes und dem Bedarf einer demokratischen Legitimation des Geldes im öffentlichen Bewußtsein einiger Länder tief verwurzelt. Diese Grundstimmung kann Ressentiments gegen den Vorschlag einer indexgebundenen Einlösepflicht hervorbringen.

Als Fazit kann festgehalten werden, daß die zu erwartenden Fronten zwischen Befürwortern und Gegnern einer vorzuschlagenden indexgebundenen Einlösepflicht quer durch die Länder und durch die Interessengruppen verlaufen. In den Stabilitätsländern erscheint eine mehrheitliche Unterstützung möglich. Sie zu sichern, hat Priorität. Nur so läßt sich eine gefestigte Verhandlungsposition für die Durchsetzung auf europäischer Ebene aufbauen[365].

## 4.3.3 Zwang zu Konsens

Die unterschiedlichen in Europa vorherrschenden Stabilitätsmentalitäten, die verschiedenen Interessenlagen diverser Gruppierungen in Bezug auf die Geldpolitik und die aus der Kombination dieser Faktoren folgende Konstellation der Positionen wurden aufgezeigt. Daraus erwachsen Gefahren für die Stetigkeit der europäischen Geldpolitik; es ist mit wechselnden Mehrheiten in den Entscheidungsgremien des ESZB und schwankenden Einflußnahmeversuchen von außen zu rechnen.

Eine Diskussion um die Einführung einer indexgebundenen Einlösepflicht könnte hilfreich sein, um eine solche unverläßliche Geldpolitik zu verhindern. Ideal wäre die Einigung auf eine moderne Realbindung. Doch schon die ernsthafte Erwägung dieses Systems in der Öffentlichkeit kann bereits, selbst wenn sie letztlich nicht eingeführt würde, zumindest die Transparenz der Politik steigern.

### 4.3.3.1 Steigerung der Transparenz politischer Positionen

Eine öffentliche Diskussion des Vorschlags der indexgebundenen Einlösepflicht würde die beteiligten Interessengruppen in den verschiedenen Ländern zwingen, Stellung zu beziehen[366]. Ihre jeweilige Position zur europäischen Integration, zur Rolle der Geldpolitik und ihre Stabilitätspräferenz würde offenbart.

Eine inkonsistente Argumentation, die, weil sie politisch opportun erscheint, verschiedene, nicht miteinander vereinbare, populäre Forderungen erhebt, kann dann nicht mehr glaubhaft aufrechterhalten werden. Beispielsweise kann nicht mehr

---

[365] Die sich daraus ergebenden strategischen Verhandlungspositionen werden weiter analysiert in Abschnitt 4.4.

[366] Voraussetzung dafür ist selbstverständlich, daß das Konzept der indexgebundenen Einlösepflicht zuvor einem wissenschaftlichen Diskurs standhält und seine technische Funktionsfähigkeit nicht ernsthaft in Frage gestellt wird. Ansonsten könnten die politischen Akteure mit Verweis auf die ungeklärten theoretischen Eigenschaften die Stellungnahme vermeiden.

gleichzeitig eine Geldpolitik zur Preisniveaustabilisierung und gleichzeitig zur aktiven Beschäftigungsanregung gefordert werden. Die Frage nach einem klaren „Ja“ oder „Nein“ zu einer indexgebundenen Einlösepflicht zeigt die wahren Prioritäten.

Auch die französische Vorstellung von einer politisch dominierten Geldpolitik müßte diese Auffassung durch eine erklärte Ablehnung der technischen Absicherung der Preisniveaustabilität dokumentieren. Damit würde der Preis für politisches Geld unmittelbar deutlich.

Bei den Gruppen, die die europäische Währungsunion wegen befürchteter Instabilität ablehnen, wäre durch die Konfrontation mit dem Vorschlag einer realen Absicherung eine dann auch wahrnehmbare Unterscheidung in zwei verschiedene Intentionen möglich: erstens grundsätzliche Befürworter einer weiteren, auch monetären Integration in Europa, die aber tatsächlich Stabilitätsbedenken hegen und zweitens Gruppen, die der Integration an sich ablehnend gegenüberstehen und lediglich Stabilitätsbedenken vorschieben. Erstere könnten den Euro mit indexgebundener Einlösepflicht begrüßen, während zweitere nun mit anderen Argumenten als Stabilitätszweifeln ablehnen müßten und ihre wirkliche Gesinnung offenlegen.

Die Transparenz der verschiedenen Positionen würde verbessert und insofern zusätzliches Wissen aufgedeckt. Eine differenzierte Wahrnehmung würde ermöglicht, was die Effizienz des demokratischen Entscheidungsprozeßes fördert. Außerdem kann dadurch ein Klima erzeugt werden, in dem Hemmungen aufgebaut werden, stabilitätsgefährdende Forderungen, deren Nebenwirkungen nunmehr in Form der gleichzeitigen Ablehnung einer Realbindung explizit erkennbar werden, noch weiter zu erheben.

#### 4.3.3.2 Einheitliches Bekenntnis zur Rolle einer gemeinsamen Geldpolitik

Noch günstiger als die durch die bloße Diskussion um eine Realbindung erreichbare Steigerung der Transparenz politischer Positionen wäre für das Ziel der Preisniveaustabilisierung die tatsächliche Realisation einer indexgebundenen Einlösepflicht. Sie würde Preisniveaustabilität garantieren. Vor allem hätte sie angesichts der diagnostizierten Inhomogenität der stabilitätspolitischen Interessen und unsicheren Mehrheiten den Vorteil, eine diskretionäre, in ihrer Ausrichtung schwankende Geldpolitik zu verhindern.

Unterschiedliche Auffassungen über die Rolle der Geldpolitik, die heute zu beobachten sind, müßten vor der Einführung der indexgebundenen Einlösepflicht ausdiskutiert werden. Diese Frage wäre bereits auf konstitutioneller Ebene geklärt; für die operative Tätigkeit der Notenbank wären damit klare und stabile Rahmenbedingungen geschaffen. Eine Realbindung würde einen Konsens erzwingen. Bisher fehlt in der europäischen Währungsunion ein solcher Konsens und ein entsprechender institutioneller Mechanismus. Eine nachträgliche Implementation ist aber weiterhin möglich und wird erst recht dann nötig, falls die ungebundene Alternative scheitern sollte.

### 4.3.4 Scheitern einer ungebundenen Alternative

In diesem Abschnitt wird ein Krisenszenario entworfen, in dem ein späteres Auseinanderbrechen der Währungsunion möglich ist. Dies wäre denkbar bei einem anhaltenden Dissens über den anzustrebenden Stabilitätsgrad[367]. Eine spürbare Erhöhung der Inflationsrate in den Ländern mit stark ausgeprägter Stabilitätsmentalität durch die Währungsunion kann die Ablehnung der Einheitswährung durch noch größerer Bevölkerungskreise zur Folge haben. Heute bereits gehegte Befürchtungen würden in diesem Szenario Realität und würden den Widerstand gegen die Währungsunion weiter stärken.

Dadurch wird ein nachträgliches Scheitern des Projektes möglich. Wegen des grundsätzlichen Sinns der Währungsunion und wegen der bereits in der Vorbereitungsphase und erst recht bei der Einführung des Euro getätigten spezifischen Investitionen, wäre eine solche Entwicklung mit starken Nachteilen und Kosten behaftet. Wie in diesem Abschnitt gezeigt wird, bietet dieses Krisenszenario, das an den Rand des Zerbrechens der Währungsunion führt, aber langfristig auch Chancen. Es verbessert bei geeigneter Verhandlungsstrategie der Stabilitätsländer die Wahrscheinlichkeit für die Durchsetzbarkeit einer Realbindung. Damit könnte auf lange Sicht eine stabilitätspolitisch ausgerichtete Währungsunion garantiert werden.

#### 4.3.4.1 Denkbares Krisenszenario

Es ist keineswegs auszuschließen, daß der Euro ein vergleichbares Maß an Preisniveaustabilität erreicht, wie aus der DM gewohnt. Eine bewußt restriktiv ausgerichtete Geldpolitik der EZB zum Aufbau von Reputation, eine weitere internationale Verbreitung der Überzeugung vom Sinn der Stabilität und Wirkungen

---

[367] Meinungsverschiedenheiten könnten etwa bei der Diskussion um die Ausgestaltung der zukünftigen währungspolitischen Außenbeziehungen entstehen, z. B. wenn Vorschläge einer aktiven Abwertungspolitik gegenüber dem US-Dollar ernsthaft erwogen würden.

der autonomen Organisationsform sind möglich und lassen eine positive Entwicklung zu. Sie ist aber keineswegs sicher. Ebenso denkbar ist ein Wiederaufkeimen eines weltweiten Inflationsklimas und mit Blick auf den weiten Kreis an Teilnehmerländern eine Tolerierung durch eine stabilitätskulturell nicht gefestigte Notenbankführung, Druck von Seiten der Regierungen bei mangelnder Akzeptanz des Autonomieprinzips, Inhomogenität der Mentalitäten, Wegfall von disziplinierenden Währungssubstitutionsmöglichkeiten und anderen unvorteilhaften Konstellationen.

In diesem Abschnitt wird bewußt dieses negative Szenario betrachtet. Sollte der Euro sich empirisch auch in der real ungebundenen Fassung als stabil erweisen, dann besteht ohnehin kein dringender institutioneller Handlungsbedarf. Dieser ergibt sich nur bei der negativen Variante. Zugleich steigen in ihr aber auch die Chancen für die Einführung einer indexgebundenen Einlösepflicht.

Wenn der Euro tatsächlich eine spürbar erhöhte Inflationsrate aufweisen sollte, dann stellt sich ab einem bestimmten Inflationsniveau für die stabilitätswilligen Länder die Frage nach Alternativen. Ist Stabilität innerhalb der Währungsunion nicht durchzusetzen, bleibt als letzte Konsequenz nur der Ausstieg aus der Gemeinschaftswährung und die Wiedereinführung eines nationalen Geldes. Für souveräne Staaten ist diese Möglichkeit gegeben. Bisher ist die politische Integration der EU noch nicht so weit vorangeschritten, daß der Übergang vom Staatenbund zum Bundesstaat vollzogen wäre. Die Zentralebene der EU könnte deshalb einen Ausstieg einzelner noch souveräner Staaten aus der Währungsunion vermutlich nicht verhindern.

Dennoch wäre ein solcher Ausstieg mit sehr hohen Kosten verbunden. Nach erfolgter Einführung der Einheitswährung stellen sich schwerwiegende organisatorische und technische Probleme. Hinzu treten die diplomatischen und politischen Verwerfungen. Für den europäischen Einigungsprozeß wäre ein Zerbrechen der Währungsunion ein weit über den geldpolitischen Bereich hinausgehender Rückschritt und eine erhebliche Belastung.

Deshalb ist nicht mit einem spontanen, leichtfertigen Austritt bei leicht erhöhter Inflation zu rechnen. Damit ein solch dramatischer Schritt erwogen wird, muß die Preisniveausteigerungsrate schon dauerhaft und deutlich über dem als akzeptabel erachteten Niveau liegen. Eine genaue Schwelle kann a priori freilich nicht abgeschätzt werden. Sollte die Inflationsrate aber beispielsweise sogar zweistellige Ausmaße annehmen, ist mit einem verstärkten Druck der Gruppierungen, die Stabilität bevorzugen, zu rechnen. Die innenpolitische Situation in den Stabilitätsländern kann dann kippen und die Regierung zu einem Nachverhandeln oder gar einem Ausstieg zwingen. Denkbar wäre etwa, daß dazu über eine Verfassungsklage der Weg geöffnet wird[368].

Verlassen als Folge einer inflationären Entwicklung wichtige Kernländer den Währungsverbund, dann ist eventuell sogar mit einer völligen Auflösung der Währungsunion zu rechnen. Beispielsweise wäre der Euro ohne eine dauerhafte Teilnahme Deutschlands kaum denkbar oder sinnvoll.

In der Folge einer etwaigen spürbaren Inflationssituation in der Währungsunion ergibt sich eine völlig neue Verhandlungssituation. Nicht nur daß Instabilitätsbefürchtungen der Stabilitätsländer aufgrund der empirischen Evidenz als Argument neues Gewicht erhalten, das drohende Zerbrechen der Währungsunion verändert die Verhandlungspositionen fundamental. Die Chance, in einer solchen Situation eine Realbindung durchzusetzen, steigt. Die Einführung einer indexgebundenen Einlösepflicht könnte sich im Falle eines inflatorischen Scheiterns eines ungebundenen Euros als Rettung der Währungsunion erweisen.

#### 4.3.4.2 Entscheidungsmatrix der Strategievarianten als Indiz für die Durchsetzbarkeit einer Realbindung

Um zu zeigen, daß eine Realbindung in der beschriebenen Situation bei Scheitern einer ungebundenen Einheitswährung gute Durchsetzungschancen aufweist, wird eine Modellierung der Verhandlungssituation vorgenommen. Im folgenden werden zunächst die unterstellten Annahmen erläutert. Es stehen sich zwei Ländergruppen gegenüber: die eine Gruppe mit ausgeprägter Stabilitätsmentalität verfügt über eine ausgeprägte Inflationsaversion und bevorzugt deshalb zum

---

368 Ein individuelles Recht auf Inflationsfreiheit läßt sich aus dem Grundgesetz zwar nicht ableiten, weshalb die Klage der vier Professoren gegen den Euro in 1998 vom Bundesverfassungsgericht unter anderem abgewiesen wurde. Doch hat das Bundesverfassungsgericht in seinem Maastricht-Urteil von 1993 betont, daß die Europäische Währungsunion als Stabilitätsgemeinschaft konzipiert werden muß. Sonst wäre eine ablehnende Beurteilung der Währungsunion denkbar. Aus der Urteilsbegründung: „Der Vertrag setzt langfristige Vorgaben, die das Stabilitätsziel zum Maßstab der Währungsunion machen, die durch institutionelle Vorkehrungen die Verwirklichung dieses Ziels sicherzustellen suchen und letztlich - als ultima ratio - beim Scheitern der Stabilitätsgemeinschaft auch einer Lösung aus der Gemeinschaft nicht entgegenstehen." Urteil vom 12. Oktober 1993, AZ.: 2 BvR 2134, 2159/92, BVerfGE 89, S. 155 - 213, insbesondere S. 204. Hier ergeben sich eventuell zukünftig bei erwiesener Instabilität Anknüpfungspunkte für ein juristisches Vorgehen. Diese Interpretationsmöglichkeit wurde dem Autor der vorliegenden Arbeit gegenüber bei einem Besuch bei der Bundesbank im Rahmen einer Exkursion im März 1998 von Vertretern der volkswirtschaftlichen Abteilung der Bundesbank mündlich bestätigt.

Schutz eine gebundene Währung; die andere Gruppe ist bereit, ein gewisses Maß an Inflation hinzunehmen, um beispielsweise ein politisches Geld zu ermöglichen und lehnt die Bindung ab. Die Länder werden im folgenden kurz als Stabilitätsländer und Instabilitätsländer bezeichnet.

Beide Ländergruppen haben grundsätzlich ein Interesse an der Aufrechterhaltung der Währungsunion, möglichst jeweils in der von ihnen präferierten Ausgestaltungsform. Scheidet eine Ländergruppe aus, geht der Nutzen der Währungsunion für die andere Gruppe verloren, weil sie komplett zerbricht und von ihrer Größe her keinen Sinn mehr macht. Drei Ergebnisse sind bei dieser Verhandlungssituation denkbar. Erstens ein Scheitern der Union, zweitens eine Weiterführung ohne Realbindung und mit Inflation und drittens eine Weiterführung mit Einrichtung einer modernen Bindung. Die mit diesen Alternativen verbundenen Nutzenwerte für die beiden Ländergruppen sind in Tab. 11 angegeben[369].

**Tab. 11 Nutzenverteilung verschiedener Verhandlungsergebnisse**

| Nutzen bei Ergebnisvariante | Stabilitätsländer | Instabilitätsländer |
|---|---|---|
| Scheitern der Währungsunion | 0 | 0 |
| Weiterführung der Währungsunion ohne Realbindung | - 1 | + 2 |
| Weiterführung der Währungsunion mit Realbindung | + 2 | + 1 |

Das Ergebnis eines Scheiterns der Währungsunion sei die Referenzsituation. Ihr Nutzen ist für beide Gruppen mit 0 angegeben, da alle Länder keinen Nutzen mehr aus der Währungsunion ziehen können, aber auch keine währungspolitische Konstruktion gegen ihren Willen aufgezwungen bekommen. Die Weiterführung der Währungsunion ohne Realbindung hat für die Stabilitätsländer einen negativen Wert. Dahinter steckt die Annahme, daß der Zwang, eine als zu hoch empfundene Inflationsrate mittragen zu müssen, schwerer wiegt als die Vorteile der Union. Für die Instabilitätsländer ist dies die ideale Konstellation mit dem hohen Nutzenwert +2. Man profitiert von der Union und kann ein politisches

[369] Bei anderen Nutzenkonstellationen sind selbstverständlich andere Ausgänge der Verhandlungssituation zu erwarten, als hier geschildert. Die hier verwendeten Werte erscheinen aber für die europäische Situation als plausibel.

Geld einsetzen. Die Alternative mit Realbindung wird von den Stabilitätsländern als Optimum angesehen und mit +2 bewertet. Für die Instabilitätsländer führt die nicht gewollte Bindung zu einem Abschlag; es verbleibt aber noch ein positiver Wert für die Nutzung der Währungsunion von per Saldo +1.

Für beide Länder stehen in den Verhandlungen jeweils zwei Strategie-Alternativen zur Verfügung. Die Spielsituation ist nicht symmetrisch. Die Instabilitätsländer können die Realbindung entweder akzeptieren oder ablehnen. Die Stabilitätsländer haben die Wahl, in der Währungsunion zu verbleiben oder auszuscheiden. Aus diesen jeweils zwei Verhaltensweisen ergeben sich auf der Basis der vorgenannten Daten die Nutzenwerte in der Entscheidungsmatrix in Tab. 12.

**Tab. 12 Entscheidungsmatrix der Verhandlungsstrategien**

| Nutzen für Stabilitätsländer / Instabilitätsländer | | Instabilitätsländer | |
|---|---|---|---|
| | | Realbindung ablehnen | Realbindung akzeptieren |
| Stabilitäts-länder | Ausstieg aus Währungsunion | 0 / 0 | 0 / 0 |
| | Verbleiben in Währungsunion | - 1 / + 2 | + 2 / + 1 |

Auf den ersten Blick scheint die Matrix nahezulegen, daß es für die Instablitätsländer die superiore Strategie ist, die Realbindung abzulehnen, da man sich bei beiden möglichen gegnerischen Strategien gleich bzw. besser stellt. Dies ist jedoch falsch, denn die Stabilitätsländer haben die Gelegenheit, nachträglich und in Abhängigkeit vom Verhandlungsergebnis in Bezug auf die Einführung einer Realbindung zu reagieren. Ein Verbleiben in der Union ist für sie gemessen an den Nutzenwerten nur beim Zustandekommen der Bindung sinnvoll. Ohne Bindung ist das Ausscheiden vorzuziehen. Wenn dies von den Instabilitätsländern rational antizipiert wird, läßt sich eine Tendenz zu der Dilemmasituation in Form der oberen linken Konstellation in Tab. 12 vermeiden. Sie ist nicht Pareto-optimal. Durch das Zugeständnis der Hinnahme einer Realbindung läßt sich das Ausscheiden der Stabilitätsländer verhindern. Die untere rechte Konstellation würde realisiert; dadurch könnten sich alle Länder besserstellen.

Voraussetzung für diese günstige Perspektive ist eine glaubwürdige Ausstiegsdrohung durch die Stabilitätsländer. Sie sollte für den ungewissen, aber möglichen Fall, daß der Euro höhere Inflationsraten als bisher die DM aufweist, ernsthaft in Erwägung gezogen werden. Es bestehen gute Chancen, daß die mit einer solchen Strategie verbundenen Risiken hoher ökonomischer und politischer Kosten nicht tatsächlich eintreten, sondern daß eine Aufrechterhaltung der Währungsunion mit verbesserten, die Preisniveaustabilität garantierenden Mechanismen möglich wird.

## 4.4 Zusammenfassung der Ergebnisse des vierten Kapitels

Das Konzept der indexgebundenen Einlösepflicht wird für eine Realisation im Rahmen der Europäischen Währungsunion vorgeschlagen. Dazu wird zuerst der Bedarf für eine Realbindung analysiert. Dabei zeigt sich, daß in Europa nicht mit Sicherheit mit einer homogenen und etablierten Stabilitätskultur gerechnet werden kann. Die momentan sehr niedrigen Inflationsraten dauern noch nicht lange genug an, um in allen Ländern auf eine fest verwurzelte Stabilitätsmentalität zu schließen. Die z. B. in Frankreich populäre Vorstellung von einer politischen Rolle des Geldes weicht deutlich von der Position Deutschlands ab.

Deshalb ist eine schwankende und nicht zwingend stabilitätsorientierte Entscheidungsfindung im System der Europäischen Zentralbanken denkbar, zumal das Autonomieprinzip nicht zweifelsfrei akzeptiert wird. Der Wegfall von Währungssubstitutionsmöglichkeiten und die zukünftig fehlende Vergleichsmarke der DM erlauben dem Euro einen inflatorischen Spielraum. Das Fehlen etablierten Vertrauenskapitals für die neue Währung begründet weitere Bedenken hinsichtlich der Stabilität des in Euro gemessenen Preisniveaus. Eine moderne, Stabilität garantierende Form der Realbindung erscheint deshalb gerade auf europäischer Ebene besonders dringlich.

Die Funktionsvoraussetzungen für die Einführung der indexgebundenen Einlösepflicht für den Euro werden aufgezeigt und bewertet. Zunächst muß die Gruppe der Teilnehmerländer ohnehin die Kriterien für einen optimalen Währungsraum erfüllen, damit die Einheitswährung überhaupt Sinn macht, was weitgehend der Fall ist. Besonders strenge Maßstäbe müssen an die reale Wechselkursstabilität gestellt werden, wenn das Gesamtpreisniveau in Europa absolut fixiert werden soll. Daraus erwachsen gewisse Bedenken, wenn es nicht ersatzweise gelingt, ein hohes Maß an Flexibilität der Einzelpreise in Europa sicherzustellen.

Außerdem muß die Preisniveauentwicklung möglichst direkt und schnell von der Notenbank gesteuert werden können. Autonomie und eine unterstützende Stabilitätsorientierung der Tarif- und Finanzpolitik wären dazu hilfreich. Als sehr günstig erfüllt stellen sich die Funktionsvoraussetzungen bei der Frage des Aufbaus von Interventionsreserven für den Einlösemechanismus dar. Die europäischen Notenbanken verfügen bereits über einen geeigneten, hohen Bestand an Gold- und Devisenreserven.

Zuletzt werden die Verwirklichungschancen einer Realbindung aus einer politökonomischen Perspektive betrachtet. Der sich im Zuge der Europäischen Währungsunion vollziehende Strukturbruch bietet eine günstige Gelegenheit für die Einführung. Bürokratische Widerstände sind gemindert, und die diagnostizierte Inhomogenität der Interessenlagen kann geeignete Konstellationen erzeugen. Bereits der transparenzsteigernde Effekt einer Diskussion um den Aufbau einer indexgebundenen Einlösepflicht kann die Stabilitätsorientierung in Europa fördern. Falls die bisher ungebundene Europawährung in ihrer Anfangsphase spürbar höhere Inflationsraten aufweisen sollte als zuvor die DM, droht die Union zu scheitern. Zugleich bietet eine solche Entwicklung aber eine besonders günstige Verhandlungsposition für diejenigen Länder mit ausgeprägter Stabilitätsmentalität. Wie mit Hilfe einer Entscheidungsmatrix von Strategievarianten gezeigt wird, bietet eine glaubwürdige Drohung, die Währungsunion zu verlassen, gute Chancen, eine indexgebundene Einlösepflicht in Europa durchzusetzen und damit eine stabile Währungsunion zu garantieren.

# Epilog

In dieser Schlußbetrachtung wird keine Zusammenfassung des Inhalts der vorliegenden Arbeit geliefert. Eine Inhaltsangabe findet sich bereits am Ende der vier einzelnen Kapitel. Vielmehr soll statt dessen an dieser Stelle der Blick wieder defokussiert werden und ein kurzes Resümee der kapitelübergreifenden Argumentationsstränge erfassen.

In dieser Schrift werden eine recht moderne Sichtweise und ein alter, wie es zunächst scheint sogar überkommener Betrachtungsgegenstand zusammengebracht. Gemeint sind die Public-Choice-Analyse bzw. Institutionenökonomik einerseits und die alte Goldkernwährung bzw. allgemeiner Realbindungen des Geldes andererseits. Aus der neuen Perspektive erscheinen diese althergebrachten und heute nicht mehr praktizierten Organisationsformen sehr vorteilhaft und attraktiv.

Eine Modernisierung und eine Befreiung von den Mängeln einer starren Realbindung ist aber nötig. Hier setzt der neue theoretische Vorschlag der indexgebundenen Einlösepflicht an. Er bietet hervorragende Eigenschaften. Preisniveaustabilität wird durch einen Automatismus garantiert. Gleichsam als Test der Eigenschaften wird im folgenden ein Anforderungskatalog präsentiert, den Walter Eucken bereits vor mehreren Jahrzehnten entwarf. Er beinhaltet allgemeine Kriterien, die an eine stabilitätsorientierte Rahmenordnung für Währungen zu stellen sind. Euckens Forderungen werden hier als ausführlicheres Zitat wiedergegeben, da sie sehr gut zu der neuen indexgebundenen Einlösepflicht zu passen scheinen:[370]

> „Es soll mit dem Gesagten nicht unbedingt die Wiedereinführung der Goldwährung propagiert werden, selbst dann nicht, wenn alle wirtschaftlich wichtigen Länder wieder zu einer Wettbewerbsordnung zurückkehrten. Die Goldwährung hatte Fehler. Vor allem war unter ihrer Herrschaft die Geldschaffung zu stark von den Zufälligkeiten der Goldproduktion abhängig.
>
> Jedoch lehren die Erfahrungen mit der Goldwährung, auf welchem Wege eine Verbesserung der internationalen Währungsordnung für ein System von Wettbewerbswirtschaften zu suchen ist. Die besten Züge der Goldwährung

---

[370] Eucken, Walter: Grundsätze der Wirtschaftspolitik, 4. unveränderte Aufl., Tübingen und Zürich, 1968, S. 169.

müssen beibehalten werden: ihr automatischer Charakter, die strengen Regeln, auf denen sie basierte, die Stabilhaltung der Wechselkurse. Und ihre Mängel, die Möglichkeiten von Deflation und Inflation, müssen beseitigt werden. Eine internationale Währungsordnung, die einem System von Wettbewerbswirtschaften angemessen ist, müßte also folgenden Mindestbedingungen genügen:

1. Sie muß automatisch funktionieren, so daß die Zentralbankleiter die Geldpolitik nicht nach wechselnden Gesichtspunkten von Fall zu Fall willkürlich bestimmen können.

2. Der Mechanismus muß auf möglichste Stabilhaltung der Wechselkurse hinwirken.

3. Es muß ein kräftiger Stabilisator in den Mechanismus eingebaut werden, der viel stärker, als es bei der Goldwährung der Fall war, darauf hinwirkt, daß Deflation und Inflation vermieden werden."

Diese Anforderungen werden von der indexgebundenen Einlösepflicht voll erfüllt. Eucken scheint eine derartige Konstruktion im Sinn gehabt zu haben. Seine Diagnose der alten Goldwährung deckt sich mit den Ergebnissen der vorliegenden Arbeit. Die Stoßrichtung der nötigen Weiterentwicklung ist ebenfalls bereits bei Eucken angedacht. Der Autor schließt in der Hoffnung, einen funktionsfähigen Lösungsvorschlag entwickelt und präsentiert zu haben.

## Literaturverzeichnis

**Acheson, Keith / Chant, John F.:** Bureaucratic Theory and the Choice of Central Bank Goals, in: Journal of Money, Credit and Banking, 1973, S. 637 - 655.

**Alesina, Alberto / Summers, Lawrence H.:** Central Bank Independence and Macroeconomic Performance: Some Comparative Evidence, Discussion Paper Number 1496, Harvard University, Cambridge, 1990, abgedruckt in: Journal of Money, Credit and Banking, Vol. 25, 1993, No. 2, S. 150 - 162.

**Alexander, Sidney S.:** Effects of a Devaluation on a Trade Balance, in: International Monetary Fund Staff Papers, Bd. 2, 1951/52, S. 263 - 278.

**Auria, Laura:** Ist Europa ein optimaler Währungsraum?, Frankfurt am Main, 1997.

**Bäcker, Arno:** Die Aufgaben des Europäischen Parlaments im Zusammenhang mit der Wirtschafts und Währungspolitik, in: Wirtschaftswissenschaftliches Studium (WiSt), 26. Jg., 1997, Heft 5, S. 249 - 252.

**Bade, Robert / Parkin, Michael:** Central Bank Laws and Monetary Policy, unveröffentlichtes Manuskript, University of Western Ontario, 1985.

**Bailey, Martin J.:** The Welfare Cost of Inflationary Finance, in: Journal of Political Economy, No. 64, May 1956, S. 93 - 110.

**Baltensperger, Ernst:** Alternative Approaches to the Theory of the Banking Firm, in: Journal of Monetary Economics, Vol. 6, 1980, S. 1 - 37.

**Baltensperger, Ernst:** Economies of Scale, Firm Size, and Concentration in Banking, in: Journal of Money, Credit and Banking, 1971, S. 467 - 488.

**Bamberg, Günter / Baur, Franz:** Statistik, 6. Aufl., München und Wien, 1989.

**Banaian, King / McClure, Harold J. / Willett, Thomas D.:** The Inflation Tax is Likely to be Inefficient at any Level, in: Kredit und Kapital, 27. Jg., 1994, S. 30 - 42.

**Barro, Robert J. / Gordon, David B.:** Rules, Discretion and Reputation in a Model of Monetary Policy, in: Journal of Monetary Economics, Vol. 12, 1983, S. 101 - 121.

**Basler, Hans-Peter:** Die wirtschaftspolitischen Zielpräferenzen der Deutschen Bundesbank, in: Kredit und Kapital, 11. Jg., 1978, S. 84 - 108.

**Baum, Thomas M.:** Empirische Analysen der Bundesbankautonomie, in: Konjunkturpolitik, 29. Jg., 1983, S. 163 - 186.

**Benkhoff, Werner:** Das Europageld und der „Thomas-Becket-Effekt", in: Handelsblatt, 30.08.1995.

**Benston, George J. / Hanweck, Gerald A. / Humphrey, David B.:** Scale Economies in Banking, in: Journal of Money, Credit and Banking, Vol. 14, 1982, S. 435 - 456.

**Blankart, Charles B.:** Öffentliche Finanzen in der Demokratie, 2. Aufl., München, 1994.

**Bofinger, Peter:** Disziplinierung der öffentlichen Haushalte durch den Markt - nicht durch starre Regeln oder Bürokraten, in: Wirtschaftsdienst, 1997, Nr. 1, S. 12 - 15.

**Bofinger, Peter:** Währungswettbewerb, Köln und andere Orte, 1985.

**Bofinger, Peter / Hefeker, Carsten / Pleger, Kai:** Stabilitätskultur in Europa, in: Sparkassen-Wirtschaftsförderung, Mitteilungen, Nr. 45, 1997, S. 28 - 41.

**Bofinger, Peter / Reischle, Julian / Schächter, Andrea:** Geldpolitik, München, 1996.

**Bofinger, Peter / Schächter, Andrea:** Geldmengen- versus Zinssteuerung, in: Wirtschaftswissenschaftliches Studium (WiSt), 26. Jg., 1997, Heft 3, S. 106 - 113.

**Brütting, Richard (Hrsg.):** Italien Lexikon, Berlin, 1995.

**Bryan, Michael F. / Cecchetti, Stephen G.:** Measuring Core Inflation, in: Mankiw, N. Gregory (Hrsg.): Monetary Policy, Chicago, 1994, S. 195 - 219.

**Bundesverfassungsgericht:** Entscheidungssammlung.

**Burchardt, Michael:** Die Banking-Currency-Kontroverse - Beitrag Nr. X, in: Kredit und Kapital, 18. Jg., 1985, Nr. 4, S. 457 - 477.

**Bundesrechnungshof:** Bemerkungen des Bundesrechnungshofes 1989 zur Haushalts- und Wirtschaftsführung: Deutsche Bundesbank, Bundestagsdrucksache 11/5383, 1989.

**Burger, Bettina:** Die politische Ökonomie autonomer Zentralbanken - eine Public Choice Analyse unter besonderer Berücksichtigung der Deutschen Bundesbank, Diplomarbeit Universität Mannheim, 1991.

**Button, Kenneth J. / Pentecost, Eric J.:** Testing for Convergence of the EU Regional Economies, in: Economic Inquiry, October, 1995, S. 664 - 671.

**Chant, John F. / Acheson, Keith:** The Choice of Monetary Instruments and the Theory of Bureaucracy, in: Public Choice, Spring 1972, S. 13 - 33.

**Chote, Robert:** Biggest upheaval in Bank's 300-year history, in: Financial Times, Frankfurt am Main und London, 07.05.1997, abgedruckt in: Deutsche Bundesbank (Hrsg.): Auszüge aus Presseartikeln, Nr. 27, 09.05.1997, S. 15.

**Cuckierman, Alex:** Central Bank Strategy, Credibility, and Independence, Cambridge (Mass.), 1992, MIT Press.

**Cuckierman, Alex / Webb, Steven B. / Neyapti, Bilin:** Measuring the Independence of Central Banks and Its Effect on Policy Outcomes, in: World Bank Economic Review, Vol. 6, 1992, No. 3, S. 353 - 398.

**De Grauwe, Paul:** The Economics of Monetary Integration, 2. Aufl., New York, 1994.

**Deutsche Bundesbank (Hrsg.):** Auszüge aus Presseartikeln, diverse Ausgaben.

**Deutsche Bundesbank (Hrsg.):** Die Geldpolitik der Bundesbank, Sonderveröffentlichung, Frankfurt am Main, 1995.

**Deutsche Bundesbank (Hrsg.):** Geschäftsbericht, diverse Jahrgänge

**Deutsche Bundesbank (Hrsg.):** Monatsbericht, diverse Ausgaben.

**Dowd, Kevin:** Is Banking a Natural Monopoly?, in: Kyklos, Vol. 45, 1992, S. 379 - 392.

**Dunkel, Monika / Jünemann, Bernhard:** Bizarres Ritual, taugt die Frankfurter Währungsbehörde als Vorbild für die Europäische Zentralbank?, in: Wirtschaftswoche, 1995, Nr. 51, S. 33.

**Eijffinger, Sylvester C. W. / De Haan, Jakob:** The Political Economy of Central-Bank Independence, Special Papers in International Economics, No. 19, May 1996, S. 25 - 26.

**Encyclopaedia Britannica Inc. (Hrsg.):** The New Encyclopaedia Britannica, Vol. 2, 15th edition, Chicago und andere Orte, 1991.

**Eucken, Walter:** Grundsätze der Wirtschaftspolitik, 4. unveränderte Aufl., Tübingen und Zürich, 1968.

**Europäisches Währungsinstitut (Hrsg.):** Jahresbericht 1996, Frankfurt am Main, 1997.

**Feldstein, Martin:** The Costs and Benefits of Going from Low Inflation to Price Stability, NBER Working Paper Series, No. 5469, Cambridge, Massachusetts, 1996.

**Feldstein, Martin / Stock, James H.:** The Use of a Monetary Aggregate to Target Nominal GDP, in: Mankiw, N. Gregory (Hrsg.): Monetary Policy, Chicago, 1994, S. 7 - 62.

**Filc, Wolfgang:** Zinsregel für die europäische Geldpolitik, erschienen beim Institut für Empirische Wirtschaftsforschung, Berlin und Halle, Februar 1998.

**Francke, Hans-Hermann:** Zu einigen ablauf- und ordnungspolitischen Problemen einer Europäischen Zentralbank aus polit-ökonomischer Sicht, in: Hasse, Rolf / Schäfer, Wolf (Hrsg.): Europäische Zentralbank, Göttingen, 1990, S. 134 - 151.

**Franz, Otmar (Hrsg.):** Die Europäische Zentralbank, Bonn, 1990.

**Franzmeyer, Fritz:** Keine Ansatzpunkte für eine Wirtschaftsregierung, in: Wirtschaftsdienst, 1997, Nr. 7, S. 443 - 446.

**Frey, Bruno S.:** Public Choice, in: Wirtschaftswissenschaftliches Studium (WiSt), 20. Jg., 1991, Heft 10, S. 492 - 496.

**Frey, Bruno S.:** Theorie und Empirie Politischer Konjunkturzyklen, in: Zeitschrift für Nationalökonomie, Bd. 36, 1976, S. 95 - 120.

**Frey, Bruno S. / Schneider, Friedrich:** Central Bank Behavior, in: Journal of Monetary Economics, 1981, No. 9, S. 291 - 315.

**Friedman, Milton:** Die optimale Geldmenge und andere Essays, München, 1970.

**Friedman, Milton:** Commodity-Reserve Currency, in: The Journal of Political Economy, Vol. 59, 1951, No. 3, S. 203 - 232.

**Fuhrmann,Wilfried / Richert, Robert:** Ein Währungssystem mit einem Currency Board, in: Das Wirtschaftsstudium (wisu), 24. Jg., 1995, Heft 12, S. 1035 - 1039.

**Gehrig, Bruno:** Brauchen wir monopolistische Zentralbanken?, in: Wirtschaft und Recht, 30. Jg., 1978, S. 452 - 464.

**Gerding, Rainer / Starbatty, Joachim:** Zur Entnationalisierung des Geldes, Tübingen, 1980.

**Gesetz über das Kreditwesen (KWG).**

**Gesetz über die Deutsche Bundesbank.**

**Giavazzi, Francesco / Pagano, Marco:** The Advantage of Tying One's Hands, in: European Economic Review, 1988, No. 32, S. 1055 - 1075.

**Giersch, Herbert:** Wertgesichert, wachstumsfreundlich: eine Euro-Vision, in: Frankfurter Allgemeine Zeitung, 27.12.1997, S. 13.

**Giersch, Herbert:** Worldwide Currency Competition: A Guarantor of Stable Money, in: The Cato Journal, 10., 1990, S. 515.

**Giersch, Herbert:** Konjunktur- und Wachstumspolitik, Allgemeine Wirtschaftspolitik, Zweiter Band, Wiesbaden, 1977.

**Gilbert, R. Alton:** Bank Market Structure and Competition, in: Journal of Money, Credit and Banking, Vol. 16, 1984, S. 617 - 660.

**Graham, Benjamin:** Storage and Stability, New York und London, 1937.

**Graham, Benjamin:** World Commodities and World Currency, New York und London, 1944.

**Graham, Frank D.:** Social Goals and Economic Institutions, Princeton, 1942.

**Grilli, Vittorio / Masciandaro, Donato / Tabellini, Guido:** Political and Monetary Institutions and Public Financial Policies in the Industrial Countries, in: Economic Policy, Vol. 13, October 1991, S. 342 - 392.

**Gros, Daniel:** Mehr Gewicht für die Europäischen Zentralbank, in: Frankfurter Allgemeine Zeitung, 2. Mai 1998, S. 15.

**Gröteke, Friedhelm:** Italiens Notenbank zeigt der Regierung die Zähne, in Handelblatt, 17.06.1997, S. 25.

**Grüner, Hans Peter:** Zentralbankglaubwürdigkeit und Insider-Macht: Empirische Evidenz, in: Jahrbuch für Nationalökonomie und Statistik, Bd. 214/4, 1995, S. 385 - 400.

**Grundgesetz für die Bundesrepublik Deutschland.**

**Häder, Michael / Niebaum, Hendrik:** EWU und Stabilitätskultur aus institutionenökonomischer Sicht, in: Wirtschaftsdienst, Nr. 2, 1997, S. 97.

**Hahn, Oswald:** Die Währungsbanken der Welt, Bd. II, Die Abhängigkeiten der Zentralbankleitung, Stuttgart, 1968.

**Hall, Robert E. / Mankiw, N. Gregory:** Nominal Income Targeting, in: Mankiw, N. Gregory (Hrsg.): Monetary Policy, Chicago, 1994, S. 71 - 93.

**Handelsblatt**, diverse Ausgaben.

**Hart, Albert G. / Kenen, Peter B. / Entine, Alan D.:** Money, Debt and Economic Activity, 4. Aufl., Englewood Cliffs, 1969.

**Hartwig, Karl-Hans:** Bundesbankautonomie und Inflationsbekämpfung: Politische Ökonomie der Notenbankverhaltens, in: List-Forum, 12, 1984, S. 307 - 322.

**Hasse, Rolf H.:** Alternativen zum Stabilitätspakt von Dublin, in: Wirtschaftsdienst, 1997, Nr. 1, S. 15 - 19.

**Hasse, Rolf H.:** Die Europäische Zentralbank, Gütersloh, 1989.

**Häuser, Karl:** Deutsche Währungsunion nach 1871 - Modell einer Europäischen Währungsunion?, Vortrag in Frankfurt am Main, 05.02.1997, abgedruckt in: Deutsche Bundesbank (Hrsg.): Auszüge aus Presseartikeln, Nr. 10, 20.02.1997, S. 4 - 9.

**Hayek, Friedrich August von:** Freie Wahl der Währungen: Ein Mittel gegen die Inflation, in: Wirtschaftswissenschaftliches Seminar, Bd. 10, Geldpolitik, 1980, S. 136 - 146.

**Hayek, Friedrich August von:** Entnationalisierung des Geldes, Tübingen, 1977.

**Hayek, Friedrich August von:** Choice in Currency - A Way to Stop Inflation, Institute of Economic Affairs, Occasional Paper, No. 48, London, 1976.

**Hayek, Friedrich August von:** A Commodity Reserve Currency, in: Economic Journal, Vol. 53, 1943.

**Heidelberg, Gerhard:** Die Pariser Euro-Weichmacher, in: Süddeutsche Zeitung, 06.12.1996, abgedruckt in: Deutsche Bundesbank (Hrsg.): Ausszüge aus Presseartikeln, Nr. 76, 06.12.1996, S. 19.

**Heinemann, Friedrich:** Die Indexierung der Staatsschuld fördert die Geldwertstabilität, in: Handelsblatt, 07.08.1997.

**Heinemann, Friedrich:** Central Europe and European Monetary Integration, in: Intereconomics, Vol. 30, 1995, Nr. 3, S. 117 - 125.

**Heinsohn, Gunnar / Steiger, Otto:** Wie mächtig wird die Europäische Zentralbank?, in: Wirtschaftsdienst, 1998, Nr. 5, S. 277 - 283.

**Henning, Iris:** Die Reputation einer Zentralbank, Frankfurt am Main, 1997.

**Herrendorf, Berthold / Lockwood, Ben:** Rogoff's „Conservative" Central Banker Restored, in: Journal of Money, Credit, and Banking, Vol. 29, 1997, No. 4, S. 476 - 495.

**Hoffmann, Johannes:** Probleme der Inflationsmessung in Deutschland, Diskussionspapier 1/98, Volkswirtschaftliche Forschungsgruppe der Deutschen Bundesbank, 1998.

**Holland, A. Steven:** Does Higher Inflation Lead to More Uncertain Inflation?, in: Federal Reserve Bank of St. Louis Review, February 1984, S. 15 - 26.

**Honeck, Gerhard:** Probleme einer Privatgeldordnung, Frankfurt am Main, 1985.

**Illing, Gerhard / Fecht, Falko:** Konservativer Zentralbanker versus Optimaler Zentralbankkontrakt - Eine spieltheoretische Analyse, in: Das Wirtschaftsstudium (wisu), 27. Jg., 1998, Heft 1, S. 84 - 93.

**Issing, Otmar:** Inflationsmessung und -bewußtsein in Europa, in: Börsen-Zeitung, 22.11.1997, abgedruckt in: Deutsche Bundesbank (Hrsg.): Auszüge aus Presseartikeln, Nr. 69, 27.11.1997, S. 3- 5.

**Issing, Otmar:** Die Europäische Zentralbank - Das Problem der Glaubwürdigkeit, Vortrag auf der Jahrestagung des Vereins für Socialpolitik, Bern, 26.09.1997, abgedruckt in: Deutsche Bundesbank (Hrsg.): Auszüge aus Presseartikeln, Nr. 55, 26.09.1997, S. 6 - 11.

**Issing, Otmar:** Monetary Theory as a Basis for Monetary Policy: Reflections of a Central Banker, Paper for the Conference of the International Economic Associations, Trento, 06.09.1997, abgedruckt in: Deutsche Bundesbank (Hrsg.): Auszüge aus Presseartikeln, Nr. 50, 08.09.1997, S. 6 - 10.

**Issing, Otmar:** Einführung in die Geldpolitik, 6. überarbeitete Aufl., München, 1996.

**Issing, Otmar:** Regeln versus Diskretion in der Geldpolitik, in: Bofinger, Peter / Ketterer, Karl-Heinz (Hrsg.): Neuere Entwicklungen in der Geldtheorie und Geldpolitik, Tübingen, 1996, S. 3 - 20.

**Issing, Otmar:** Einführung in die Geldtheorie, 10. überarbeitete Aufl., München, 1995.

**Jarchow, Hans-Joachim:** Zur Theorie und Realität internationaler Währungssysteme, in: Zeitschrift für Wirtschafts- und Sozialwissenschaften, 117. Jg., 1997, Heft 3, S. 443 - 472.

**Kaiser, Rolf H.:** Bundesbankautonomie - Möglichkeiten und Grenzen einer unabhängigen Politik, Frankfurt am Main, 1980.

**Kenen, Peter B.:** The theory of optimum currency areas. An eclectic view, in: Mundell, Robert A. / Swoboda, K. Alexander (Hrsg.): Monetary problems of the international economy, Chicago, 1969, S. 41 - 60.

**Kirchgässner, Gebhard:** Geldpolitik und Zentralbankverhalten aus der Sicht der Neuen Politischen Ökonomie, in: Bofinger, Peter / Ketterer, Karl-Heinz (Hrsg.): Neuere Entwicklungen in der Geldtheorie und Geldpolitik, Tübingen, 1996, S. 21 - 41.

**Klein, Benjamin:** The Competitive Supply of Money, in: Journal of Money, Credit and Banking, Vol. VI, 1974, S. 757 - 775.

**Klein, Benjamin:** Competing Monies: A Comment, in: Journal of Money, Credit and Banking, Vol. VIII , 1976, S. 513 - 519.

**Klein, Benjamin:** The Competitive Supply of Money, in: Kredit und Kapital, Vol. 6, November 1984, S. 423 - 453.

**Klein, Martin / Neumann, Manfred J. M.:** Seigniorage: What Is It and Who Gets It?, in: Weltwirtschaftliches Archiv, Bd. 126, 1990, S. 205 - 221.

**Krämer, Jörg W. / Langfeldt, Enno:** Die Zinsdifferenz als Frühindikator für die westdeutsche Konjunktur, in: Die Weltwirtschaft, 1993, Heft 1, S. 34 - 42.

**Kydland, Finn E. / Prescott, Edward C.:** Rules Rather than Discretion: The Inconsistency of Optimal Plans, in: Journal of Political Economy, Vol. 85, 1977, S. 473 - 491.

**Lane, Timothy D. / Griffiths, Mark / Prati, Allessandro:** Können Preisniveauziele der Geldpolitik helfen, Glaubwürdigkeit zu gewinnen?, in: Finanzierung & Entwicklung, Dezember 1995, S. 20 - 23.

**Lechner, Hans H.:** Währungspolitik, Berlin und New York, 1988.

**Leiderman, Leonardo / Svenson, Lars E. O. (Hrsg.):** Inflation Targets, Centre for Economic Policy Research, 1995.

**Luhmann, Niklas:** Vertrauen: ein Mechanismus der Reduktion sozialer Komplexität, 3. durchges. Aufl., Stuttgart, 1989.

**Massey, Patrick:** The Changing Role of New Zealand's Reserve Bank, in: The Irish Banking Review, Autumn 1990, S. 15 - 27.

**Mayer, Gebhard:** Die D-Mark als Leitwährung in Europa?, Frankfurt am Main und andere Orte, 1996, zugl. Diss., TU München, 1995.

**McKinnon, Ronald I.:** Optimum currency areas, in: The American Economic Review, Vol. 53, 1963, No. 4, S. 717 - 725.

**Menkhoff, Lukas:** Geldpolitische Instrumente der Europäischen Zentralbank. Eine Analyse unter den Gesichtspunkten Effizienz, Wettbewerbsneutralität und Dezentralität, Wissenschaft für die Praxis, Abt. Forschung, Bd. 5, Stuttgart, 1995.

**Menkhoff, Lukas:** Offenmarkt- oder Refinanzierungspolitik für Europa, in: Wirtschaftsdienst, 1995, Nr. 6, S. 313 - 319.

**McCallum, Bennett T.:** The Case for Rules in the Conduct of Monetary Policy: A Concrete Example, in: Weltwirtschaftliches Archiv, Bd. 123, 1987, S. 415 - 429.

**Mundell, Robert A.:** A Theory of Optimum Currency Areas, in: The American Economic Review, Vol. 51, 1961, No. 4, S. 657 - 665.

**Neldner, Manfred:** Bankenfreiheit, in: Wirtschaftswissenschaftliches Studium (WiSt), 18. Jg., 1989, Heft 11, S. 549 - 556.

**Neldner, Manfred:** Notenausgabemonopol oder Währungswettbewerb?, in: Wirtschaftswissenschaftliches Studium (WiSt), 12. Jg., 1983, Heft 8, S. 397 - 403.

**Neumann, Manfred J. M.:** Die Deutsche Bundesbank als Modell für eine Europäische Zentralbank? Koreferat zu Roland Vaubel, in: Duwendag, Dieter / Siebke, Jürgen (Hrsg.): Europa vor dem Eintritt in die Wirtschafts- und Währungsunion, Schriften des Vereins für Socialpolitik, Bd. 220, 1993, S. 81 - 95.

**Niehans, Jürg:** The Theory of Money, Baltimore und London, 1978.

**Nordhaus, William D.:** The Political Business Cycle, in: Review of Economic Studies, Vol. 42, 1975, S. 169 - 190.

**O. V.:** Änderungen des Gesetzes über die Deutsche Bundesbank für die Stufe 3 der Europäischen Wirtschafts- und Währungsunion, in: Deutsche Bundesbank (Hrsg.): Monatsbericht Januar 1998, S. 25 - 31.

**O. V.:** Brown setzt neues Inflationsziel, in: Handelsblatt, 12.06.1997, S. 8.

**O. V.:** Der DM-Bargeldumlauf im Ausland, in: Deutsche Bundesbank (Hrsg.): Monatsbericht Juli 1995, S. 72.

**O. V.:** Der Zentralbankrat vor fünfzig Jahren, in: Deutsche Bundesbank (Hrsg.): Monatsbericht März 1998, S. 17 - 31.

**O. V.:** Dini will Politiker an der Spitze der EZB, in: Frankfurter Allgemeine Zeitung, 10.02.1998, S. 16.

**O. V.:** Ein neuer Geldindikator für die Schweiz?, in: Neue Zürcher Zeitung, 06.04.1997.

**O. V.:** Geldmengenstrategie 1997/98, in: Deutsche Bundesbank (Hrsg.): Monatsbericht Januar 1997, S. 17 - 25.

**O. V.:** Geldpolitische Strategien in den Ländern der Europäischen Union, in: Deutsche Bundesbank (Hrsg.): Monatsbericht Januar 1998, S. 33 - 47.

**O. V.:** In der Zwickmühle zwischen Politik und Markt, Nr. 11 der Serie: Wie unabhängig sind die Notenbanken?, in: Handesblatt, 23.04.1997, S. 39.

**O. V.:** Probleme der Inflationsmessung, in: Deutsche Bundesbank (Hrsg.): Monatsbericht Mai 1998, S. 53 - 66.

**O. V.:** Vom Wert stabilen Geldes, in: Deutsche Bundesbank (Hrsg.): Geschäftsbericht, 1996, S. 87.

**O. V.:** Zum Einfluß von Auslandstransaktionen auf Bankenliquidität, Geldmenge und Bankkredite, in: Deutsche Bundesbank (Hrsg.): Monatsbericht Januar 1993, S. 19 - 34.

**O'Driscoll, Gerald P.:** The American Express Case: Public Good or Monopoly?, in: The Journal of Law & Economics, Vol. 19, 1976, S. 163 - 175.

**OECD (Hrsg.):** Wirtschaftsausblick, Nr. 63, Juni 1998.

**Österreichisches Statistisches Zentralamt (Hrsg.):** Statistisches Jahrbuch für die Republik Österreich, Wien, 1996.

**Parry, Robert T.:** Monetary Policy in the United States: Goals, Instruments, and Strategies, Address on the occasion of the 50th Anniversary of the Landeszentralbank im Freistaat Bayern, München, 17.03.1997, abgedruckt in: Deutsche Bundesbank (Hrsg.): Auszüge aus Presseartikeln, Nr. 18, 25.03.1997, S. 12 -16.

**Pfaff, Dieter / Zweifel, Peter:** Die Principal-Agent-Theorie, in: Wirtschaftswissenschaftliches Studium (WiSt), 27. Jg., 1998, Heft 4, S. 184 - 190.

**Phillips, Alban W.:** The relation between unemployment and the rate of change of money wage rates in the United Kingdom, 1861 - 1957, in: Economica, Vol. 25, 1958, S. 283 - 299.

**Randzio-Plath, Christa:** Die demokratische Rechenschaftspflichtigkeit der EZB muß erhöht werden, in: Wirtschaftsdienst, 1998, Nr. 5, S. 269 - 276.

**Randzio-Plath, Christa:** Eine wirtschaftspolitische Steuerung in der EU ist notwendig, in: Wirtschaftsdienst, 1997, Nr. 7, S. 435 - 439.

**Ricardo, David:** Proposals for an economical and secure currency; with observations on the profits of the Bank of England, London, 1816.

**Ricardo, David:** The High Price of Bullion: A Proof of the Depreciation of Bank Notes, London, 1910, wiederabgedruckt in: Sraffa, Piero (Hrsg.): The Works and Correspondence of David Ricardo, Vol. III, Pamphlets and Papers 1809 - 1811, Cambridge, 1962.

**Richter, Rudolf:** Neue Institutionenökonomik, in: Schriften des Vereins für Socialpolitik, Neue Folge Bd. 256, zugleich Beiheft 6, 1998, S. 327.

**Richter, Rudolf:** Theorie der Notenbankverfassung aus der Sicht der Neuen Institutionenökonomik, in: Bofinger, Peter / Ketterer, Karl-Heinz (Hrsg.): Neuere Entwicklungen in der Geldtheorie und Geldpolitik, Tübingen, 1996, S. 119 - 136.

**Richter, Rudolf:** Neue Institutionenökonomik, in: Wirtschaftswissenschaftliches Studium (WiSt), 24. Jg., 1995, Heft 3, S. 132 - 140.

**Richter, Rudolf:** Institutionen ökonomisch analysiert, Tübingen 1994.

**Richter, Rudolf:** Geldtheorie, 2. durchgesehene und ergänzte Auflage, Berlin und andere Orte, 1990.

**Sachverständigenrat zur Begutachtung der gesamtwirtschaftlichen Entwicklung:** Jahresgutachten 1997/98, Wiesbaden, 1997.

**Samuelson, Paul A. / Solow, Robert M.:** Analytical Aspects of Anti-Inflationary Policy, in: American Economic Review, Papers and Proceedings, Vol. 50, 1960, S. 177 - 194.

**Schmidt, Christian / Straubhaar, Thomas:** Maastricht II: Bedarf es realer Konvergenzkriterien?, in: Wirtschaftsdienst, 1995, Nr. 7, S. 434 - 442.

**Schöler, Klaus:** Preisniveaustabilität durch kompetitive Geldsysteme?, in: Kredit und Kapital, 19. Jg., 1986, Heft 3, S. 351 - 365.

**Schulz, Holger:** Geldversorgung - ein natürliches Monopol?, Seminararbeit TU Berlin, 1993.

**Schuster, Leo:** Wettbewerb, Konzentration und Ertragslage von Banken, in: Wirtschaft und Recht, 42. Jg., 1990, Heft 4, S. 237 - 247.

**Schwartz, Anna J.:** Money in Historical Perspective, Chicago und London, 1987.

**Seitz, Franz:** The Circulation of Deutsche Mark Abroad, Discussion paper 1/95, Economic Research Group of the Deutsche Bundesbank, 1995.

**Siebert, Horst:** Stabilitätspakt - Die Geldpolitik in der Währungsunion entpolitisieren, in: Wirtschaftsdienst, 1997, Nr. 1, S. 7 - 10.

**Siebert, Horst:** Zum Transferbedarf in einer Währungsunion, in: Die Weltwirtschaft, Heft 4, 1996, S. 345 - 353.

**Siebke, Jürgen / Willms, Manfred:** Die Determinanten des Zinsniveaus in der Bundesrepublik Deutschland, in: Kredit und Kapital, 1973, Nr. 2, S. 203 - 219.

**Siebke, Jürgen / Willms, Manfred:** Zinsniveau, Geldpolitik und Inflation, in: Kredit und Kapital, 1972, Nr. 2, S. 171 - 205.

**Smith, Vera:** The Rationale of Central Banking and the Free Banking Alternative, Westminster, 1936, Reprint 1990.

**Smith, Warren L.:** The Instruments of General Monetary Control, in: National Banking Review, No. 1, 1963, abgedruckt in: Smith, Warren L. / Teigen, Ronald L. (Hrsg.): Readings in Money, National Income and Stabilization Policy, Homewood, 1970.

**Sprenger, Bernd:** Das Geld der Deutschen: Geldgeschichte Deutschlands von den Anfängen bis zur Gegenwart, Paderborn und andere Orte, 1991.

**Starbatty, Joachim:** Es geht um die stabilitätspolitischen Spielregeln, in: Wirtschaftsdienst, 1997, Nr. 7, S. 439 - 443.

**Starbatty, Joachim:** Zur Umkehrung des Greshamschen Gesetzes bei Entnationalisierung des Geldes, in: Kredit und Kapital, 15. Jg., 1982, S. 388 - 389.

**Statistisches Bundesamt (Hrsg.):** Statistisches Jahrbuch für die Bundesrepublik Deutschland 1997, Wiesbaden, 1997.

**Statistisches Bundesamt (Hrsg.):** Statistisches Jahrbuch 1997 für das Ausland, Wiesbaden, 1997.

**Steuer, Werner:** Wertsicherungsklauseln: überflüssig oder schädlich, in: Der Arbeitgeber, 50. Jg., 1998, Nr. 3, S. 65 - 67.

**Steuer, Werner:** Gibt es eine europäische Stabilitätskultur?, in: Wirtschaftsdienst, 1997, Nr. 2, S. 86 - 93.

**Steyer, Ronald:** Netzexternalitäten, in: Wirtschaftswissenschaftliches Studium (WiSt), 26. Jg., 1997, Heft 4, S. 206 - 210.

**Ströbele, Wolfgang:** Inflation: Einführung in Theorie und Politik, 2. Aufl., München und Wien, 1984.

**Stützel, Wolfgang:** Ist die Goldene Bankregel eine geeignete Richtschnur für die Geschäftspolitik der Kreditinstitute?, 1959, abgedruckt in: Deppe, Hans-Dieter (Hrsg.): Texte zur wissenschaftlichen Bankbetriebslehre II, Göttingen, 1981.

**Thornton, Henry:** An enquiry into the nature and effects of the paper credit of Great Britain, 1802, Neudruck New York, 1965.

**Tinbergen, Jan:** On the Theory of Economic Policy, 2. Aufl., Amsterdam, 1955.

**Tullock, Gordon:** Competing Monies. A Reply, in: Journal of Money, Credit and Banking, Vol. VIII, 1976, S. 521 - 525.

**Tullock, Gordon:** Competing Monies, in: Journal of Money, Credit and Banking, Vol. VII., 1975, S. 491 - 497.

**Tullock, Gordon:** Public Decisions as Public Goods, in: Journal of Political Economy, Vol. 79, 1971, No. 4, S. 913 - 918.

**Utzig, Siegfried:** Wertsicherungsklauseln stabilisieren den Euro, in: Der Arbeitgeber, 50. Jg., 1998, Nr. 3, S. 68 - 70.

**Vaubel, Roland:** Kein Pakt für Preisstabilität, in: Wirtschaftsdienst, 1997, Nr. 1, S. 10 - 12.

**Vaubel, Roland:** The bureaucratic and partisan behavior of independent central banks: German and international evidence, in: European Journal of Political Economy, Vol. 13, 1997, No. 2, S. 201 - 224.

**Vaubel, Roland:** Für einen geldpolitischen Stabilitätspakt, der seinen Namen verdient, in: Handelsblatt, 06./07.12.1996, S. 2.

**Vaubel, Roland:** Eine Public-Choice-Analyse der Deutschen Bundesbank und ihre Implikationen für die Europäische Währungsunion, in: Duwendag, Dieter / Siebke, Jürgen (Hrsg.): Europa vor dem Eintritt in die Wirtschafts- und Währungsunion, Schriften des Vereins für Socialpolitik, Bd. 220, 1993, S. 23 - 79.

**Vaubel, Roland:** Currency Competition and European Monetary Integration, in: The Economic Journal, Vol. 100, 1990, S. 936 - 946.

**Vaubel, Roland:** The Governments Money Monopoly: Externalities or Natural Monopoly?, in: Kyklos, Vol. 37, 1984, S. 27 - 58.

**Vaubel, Roland:** Real exchange-rate changes in the European Community, a new approach to the determination of optimum currency areas, in: Journal of International Economics, Vol. 8, 1978, S. 319 - 339.

**Vehrkamp, Robert:** Geldmenge M3 und die Geldpolitik der Bundesbank, in: Handelsblatt, 24.03.1997, abgedruckt in: Deutsche Bundesbank (Hrsg.): Auszüge aus Presseartikeln, Nr. 18, 25.03.1997, S. 2 - 3.

**Vertrag von Maastricht**, Protokoll über die Satzung des Europäischen Systems der Zentralbanken und der Europäischen Zentralbank, Art. 7.

**Währungsgesetz**.

**Walsh, Carl E.:** Is New Zealand's Reserve Bank Act of 1989 an Optimal Central Bank Contract?, in: Journal of Money, Credit, and Banking, Vol. 27, 1995, No. 4, S. 1179 - 1190.

**Walsh, Carl E.:** Optimal Contracts for Central Bankers, in: The American Economic Review, Vol. 85, 1995, No. 1, S. 150 - 167.

**Welzel, Peter:** Kosten- und Größeneffizienz im Bankgewerbe, Vortrag auf der Jahrestagung des Vereins für Sozialpolitik, Kassel, 26.09.1996.

**Wicksell, Knut:** Geldzins und Güterpreise, Jena, 1898.

**Williamson, John:** What Role for Currency Boards?, Policy Analyses in International Economics, Bd. 40, Washington, 1995.

**Willms, Manfred:** Internationale Währungspolitik, München, 1992.

**Winkler, Bernhard:** Reputation for EMU - an economic defence of the Maastricht criteria, European University Institute, working paper ECO 96/18, Firenze, 1995.

# Anhang 1 Autonomiebewertungen

Für die fünf in Abschnitt 1.1.2.1 verwendeten Studien zur Bewertung der Notenbankautonomie werden hier exemplarisch die Kriterien und die Vorgehensweise von Grilli / Masciandaro / Tabellini anhand folgender Tabellen wiedergegeben. Der in Abschnitt 1.1.2.1 verwendete Gesamtindex ist die Summe der Werte der Indizes für politische und ökonomische Unabhängigkeit. Die Einschätzungen beziehen sich auf den Stand vor 1991.

**Tab. A1.1 Politische Unabhängigkeit von Zentralbanken**[371]

| Länder | Ernennungsverfahren der Notenbankführung | | | | Verhältnis zur Regierung | | Verfassung | | Index der polit. Unabh. |
|---|---|---|---|---|---|---|---|---|---|
| | (1) | (2) | (3) | (4) | (5) | (6) | (7) | (8) | (9) |
| Australien | | X | | | | | X | X | 3 |
| Österreich | | | | | | X | X | X | 3 |
| Belgien | | | | X | | | | | 1 |
| Kanada | X | X | | | | | X | X | 4 |
| Dänemark | | X | | | | X | X | | 3 |
| Frankreich | | X | | X | | | | | 2 |
| Deutschland | | X | | X | X | X | X | X | 6 |
| Griechenland | | | X | | | | | X | 2 |
| Irland | | X | | | | X | X | | 3 |
| Italien | X | X | X | | X | | | | 4 |
| Japan | | | | | | | X | | 1 |
| Niederlande | | X | | X | X | X | X | X | 6 |
| Neuseeland | | | | | | | | | 0 |
| Portugal | | | | | X | | | | 1 |
| Spanien | | | | X | X | | | | 2 |
| Schweiz | | X | | | X | X | X | X | 5 |
| Großbrit. | | | | | X | | | | 1 |
| USA | | | | X | X | X | X | X | 5 |

(1) Notenbankgouverneur **nicht** von Regierung ernannt
(2) Notenbankgouverneur für mehr als fünf Jahre ernannt
(3) Mitglieder des Entscheidungsgremiums **nicht** von Regierung ernannt
(4) Mitglieder des Entscheidungsgremiums für mehr als fünf Jahre ernannt
(5) Keine zwingende Teilnahme von Regierungsvertretern im Entscheidungsgremium
(6) Keine Zustimmung der Regierung zu geldpolitischen Entscheidungen erforderlich
(7) Verfassungsmäßige Verpflichtung auf geldpolitische Stabilität
(8) Stärkung der Position der Notenbank im Konfliktfall mit der Regierung durch gesetzliche Regelungen
(9) Ergebnis: Summe der erfüllten Kriterien in Spalten (1) bis (8)

---

[371] Grilli, Vittorio / Masciandaro, Donato / Tabellini, Guido, a. a. O., Tab. 12, S. 368.

## Tab. A1.2 Ökonomische Unabhängigkeit von Zentralbanken[372]

| Länder | Monetäre Finanzierung von Budgetdefiziten | | | | | Geldpolitische Instrumente | | Index der ökon. Unabh. |
|---|---|---|---|---|---|---|---|---|
| | (1) | (2) | (3) | (4) | (5) | (6) | (7) | (8) |
| Australien | X | X | X | X | X | X | | 6 |
| Österreich | | | X | X | X | X | X X | 6 |
| Belgien | | X | | X | X | X | X X | 6 |
| Kanada | X | X | X | X | | X | X X | 7 |
| Dänemark | | X | | | X | X | X X | 5 |
| Frankreich | | | | X | X | X | X X | 5 |
| Deutschland | X | X | X | X | X | X | X | 7 |
| Griechenland | | | | X | | X | | 2 |
| Irland | | X | X | X | | X | | 4 |
| Italien | | | | X | | | | 1 |
| Japan | X | | X | | X | X | X | 5 |
| Niederlande | | | X | X | X | X | | 4 |
| Neuseeland | | | X | X | | X | | 3 |
| Portugal | | | | X | | X | | 2 |
| Spanien | | | X | X | | | X | 3 |
| Schweiz | | X | X | X | X | X | X X | 7 |
| Großbrit. | X | X | X | X | | X | | 5 |
| USA | X | X | X | X | X | X | X | 7 |

(1) Direkte Kreditfazilität nicht automatisch
(2) Direkte Kreditfazilität mit Marktverzinsung
(3) Direkte Kreditfazilität nur temporär
(4) Direkte Kreditfazilität betragsmäßig begrenzt
(5) Zentralbank beteiligt sich nicht am Primärmarkt für Staatsschulden
(6) Diskontsatz von der Notenbank festgesetzt
(7) Zentralbank ist gar nicht (2 Punkte) oder nicht allein (1 Punkt) für die Bankenaufsicht zuständig
(8) Ergebnis: Summe der erfüllten Kriterien in Spalten (1) bis (7)

[372] Grilli, Vittorio / Masciandaro, Donato / Tabellini, Guido, a. a. O., Tab. 13, S. 369.

# Anhang 2 Geldmengenziele und ihre Einhaltung

## Tab. A2.1 Geldmengenziele und ihre Einhaltung[373]

| Jahr | Zielkorridor in % | | tatsächliche Entwicklung in % |
|---|---|---|---|
| | von | bis | |
| 1975 | 8 | | 10,1 |
| 1976 | 8 | | 9,2 |
| 1977 | 8 | | 9 |
| 1978 | 8 | | 11,5 |
| 1979 | 6 | 9 | 6,3 |
| 1980 | 5 | 8 | 4,9 |
| 1981 | 4 | 7 | 3,5 |
| 1982 | 4 | 7 | 6 |
| 1983 | 4 | 7 | 7 |
| 1984 | 4 | 6 | 4,6 |
| 1985 | 3 | 5 | 4,5 |
| 1986 | 3,5 | 5,5 | 7,7 |
| 1987 | 3 | 6 | 8,1 |
| 1988 | 3 | 6 | 6,7 |
| 1989 | 5 | | 4,7 |
| 1990 | 4 | 6 | 5,6 |
| 1991 | 3 | 5 | 5,2 |
| 1992 | 3,5 | 5,5 | 9,4 |
| 1993 | 4,5 | 6,5 | 7,4 |
| 1994 | 4 | 6 | 5,7 |
| 1995 | 4 | 6 | 2,1 |
| 1996 | 4 | 7 | 8,1 |
| 1997/ 1998[374] | 5 p. a. | 3,5 - 6,5 in 1997<br>3 - 6 in 1998 | 4,7 (1997) |

[373] Bezogen auf Zentralbankgeldmenge bzw. ab 1988 auf die Geldmenge M3. Quelle Deutsche Bundesbank (Hrsg.): Die Geldpolitik der Bundesbank, a. a. O., 1995, Tab. 5, S. 82. Für die Jahre 1996 bis 1998 ergänzt aus Deutsche Bundesbank (Hrsg.): Geschäftsbericht, 1996 und 1997.

[374] Für 1997 und 1998 wurde erstmals ein Zweijahresziel für das mehrperiodige Wachstum der Geldmenge M3 angekündigt. Zu Beginn der jeweiligen Teil-Perioden wurde eine Konkretisierung der angestrebten Jahresrate vorgenommen.

# Anhang 3 Herleitung von Skalenvorteilen der Reservehaltung im Einlagengeschäft[375]

Über die Entwicklung ihres Einlagengeschäfts besteht zu Beginn einer Periode bei einer Bank Unsicherheit. Es kann nicht exakt vorausgesagt werden, wie sich die Einlagenhöhe aufgrund von Zu- und Abflüssen entwickeln wird. Es können höchstens Angaben über die Wahrscheinlichkeitsverteilung der Nettoveränderung des Einlagenbestandes aus den Erfahrungen vergangener Perioden gemacht werden. In Abhängigkeit von dieser Verteilung ergeben sich die Reservekosten als:

$$(1) \quad C_u = i_a R + i_p \int_R^{\infty} (V - R)\, \nu(V)\, dV$$

Dabei steht $C_u$ für die Gesamtkosten der Unsicherheit. Der erste Summand stellt die Opportunitätskosten der Reservehaltung dar, nämlich den ansonsten erzielbaren Aktivazinssatz $i_a$ multipliziert mit den gehaltenen Reserven in Höhe R. Der zweite Summand repräsentiert die Kosten bei Netto-Abflüssen, die über die Reserven hinausgehen. V ist dabei der Netto-Abfluß, $\nu(V)$ die Dichtefunktion der Verteilung von V. Das gesamte Integral stellt somit die zu erwartende Deckungslücke dar für die Fälle, daß der Nettoabfluß größer ist als die Reserven; daher die Grenzen des Integrals von R bis unendlich. Das gesamte Integral wird multipliziert mit $i_p$, dem Zinssatz für die kurzfristige Notmittelbeschaffung zur Aufrechterhaltung der Auszahlungsfähigkeit bei Reservenerschöpfung bzw. den marginalen Kosten der kurzfristigen Nicht-Zahlungsfähigkeit. Als erste Ableitung der Unsicherheitskosten nach der Reservehöhe ergibt sich:

$$(2) \quad \frac{\partial C_u}{\partial R} = i_a - i_p \int_R^{\infty} \nu(V) dV$$

Das gewinnoptimale R* muß also nach Null-Setzen der Ableitung folgende Bedingungen erfüllen:

---

[375] Die hier gelieferte Darstellung entspricht weitgehend der Abhandlung bei Schulz, Holger: Geldversorgung - ein natürliches Monopol?, Seminararbeit TU Berlin, 1993, S. 11 - 14. Die zugrundeliegende Argumentation folgt Baltensperger, Ernst: Economies of Scale..., a. a. O., S. 468 - 473.

$$(3) \qquad \int_{R^*}^{\infty} \nu(V)\, dV = \frac{i_a}{i_p}$$

Für positive R* muß gelten:

$$(4) \qquad \frac{ia}{ip} < \int_{0}^{\infty} \nu(V)\, dV$$

Wenn für die Netto-Abflüsse ein symmetrische Verteilung um Null unterstellt wird, fällt auf, daß $i_a/i_p < 0.5$ gelten muß, damit sich ein positives R* ergibt. Diese 1:2-Relation scheint zunächst eine recht starke Aufspaltung der Zinssätze zu sein. Wenn man jedoch bedenkt, daß $i_a$ der Nettoertrag nach Verwaltungs- und Risikokosten ist und insbesondere daß $i_p$ die Strafkosten für jede über die Reserven hinausgehenden Abflüsse repräsentiert, die sehr teuer sein können, ist die vorausgesetzte Relation plausibel und wahrscheinlich meistens erfüllt.

Wenn man voneinander stochastisch unabhängige gleich große Einlagen unterstellt und eine Normalverteilung der Netto-Abflüsse annimmt[376], ergibt sich wegen der dann mit D linear anwachsenden Varianz von V für die Standardabweichung von V:

$$(5) \qquad \sigma_V = a\sqrt{D}$$

wobei D das Gesamteinlagevolumen und a eine Konstante ist. Die Varianz der Netto-Abflüsse steigt proportional mit der Einlagensumme, d. h., die Standardabweichung steigt mit der Quadratwurzel der Einlagensumme. Zusammen mit Gleichung (3) ergibt sich dann ein proportional von der Standardabweichung von V abhängendes optimales R*:

$$(6) \qquad R^* = b\,a\sqrt{D}$$

[376] Diese restriktiven Annahmen können teilweise auch aufgehoben werden, jedoch nur unter Inkaufnahme erheblicher Verkomplizierungen des Modells. Die Darstellung soll sich hier aber auf das Grundmodell und die Grundfolgerungen beschränken. Eine Erweiterung durch die Betrachtung verschiedener Einlagengruppen und verschiedener Einlagehöhen ist ebenfalls möglich. Näheres siehe Baltensperger, Ernst: Economies of Scale..., a. a. O., S. 467 - 488.

wobei b die Konstante ist, die sich aus dem Verhältnis von Standardabweichung und R* in Gleichung (3) ergibt.

Als Ergebnis kann festgehalten werden, daß die gewinnoptimalen Reserven[377] nur mit der Wurzel der Einlagensumme steigen bzw. die relativen Reserven mit der Quadratwurzel sinken, wie in Gleichung (7) dargestellt:

$$(6) \quad \frac{R^*}{D} = \frac{b\,a}{\sqrt{D}}$$

Es liegen also tatsächlich positive Skalenerträge in der Reservehaltung vor. Das Ausmaß der Kostenreduktion nimmt aber mit zunehmender Größe ab. Bei sehr großen Einlagenvolumina sind die nach diesem Modell nötigen Reserven so klein, daß eine weitere Erhöhung zwar noch positive, aber kaum noch signifikante Skalenerträge liefert.

---

[377] Diese optimale Reservehöhe muß nicht tatsächlich genau realisiert werden, sofern Kosten der Anpassung der Reservehöhe existieren. Die Anpassung wird dann erst vorgenommen, wenn die ansonsten frei schwankend belassenen Reserven ein bestimmtes Intervall um die optimale Höhe verlassen. Genaueres bei Baltensperger, Ernst: Economies of Scale..., a. a. O., S. 469 - 470.

# Anhang 4 Goldpreisentwicklung

**Tab. A4.1 Goldpreisentwicklung und hypothetisches Preisniveau einer Goldkernwährung zwischen 1970 und 1996**

| Jahr | Goldpreis nominal in DM [378] | Veränd. des Goldpreises in % | Goldpreis real in DM von 1970 | Veränd. des realen Goldpreises in % | Preisindex (1991 = 100) [379] | umbasierter Preisindex (1970 = 100) | Veränd. des Preisindexes in % | Hypothetisches Preisniveau bei Goldkernwährung | Hypothetische Preisniveauänderung in % |
|---|---|---|---|---|---|---|---|---|---|
| 1970 | 4.232,37 | | 4.232,37 | | 45,5 | 100,0 | | 100,0 | |
| 1971 | 4.576,02 | 8,1 | 4.346,74 | 2,7 | 47,9 | 105,3 | 5,3 | 97,4 | -2,6 |
| 1972 | 5.980,68 | 30,7 | 5.388,53 | 24,0 | 50,5 | 111,0 | 5,4 | 78,5 | -19,3 |
| 1973 | 8.291,07 | 38,6 | 6.985,99 | 29,6 | 54,0 | 118,7 | 6,9 | 60,6 | -22,9 |
| 1974 | 13.237,14 | 59,7 | 10.420,24 | 49,2 | 57,8 | 127,0 | 7,0 | 40,6 | -33,0 |
| 1975 | 12.747,53 | -3,7 | 9.477,33 | -9,0 | 61,2 | 134,5 | 5,9 | 44,7 | 9,9 |
| 1976 | 10.147,58 | -20,4 | 7.236,91 | -23,6 | 63,8 | 140,2 | 4,2 | 58,5 | 31,0 |
| 1977 | 11.070,54 | 9,1 | 7.608,91 | 5,1 | 66,2 | 145,5 | 3,8 | 55,6 | -4,9 |
| 1978 | 12.486,08 | 12,8 | 8.354,66 | 9,8 | 68,0 | 149,5 | 2,7 | 50,7 | -8,9 |
| 1979 | 17.975,63 | 44,0 | 11.552,14 | 38,3 | 70,8 | 155,6 | 4,1 | 36,6 | -27,7 |
| 1980 | 35.930,48 | 99,9 | 21.914,70 | 89,7 | 74,6 | 164,0 | 5,4 | 19,3 | -47,3 |
| 1981 | 33.356,11 | -7,2 | 19.138,75 | -12,7 | 79,3 | 174,3 | 6,3 | 22,1 | 14,5 |
| 1982 | 29.561,23 | -11,4 | 16.108,22 | -15,8 | 83,5 | 183,5 | 5,3 | 26,3 | 18,8 |
| 1983 | 34.840,10 | 17,9 | 18.368,77 | 14,0 | 86,3 | 189,7 | 3,4 | 23,0 | -12,3 |
| 1984 | 32.981,06 | -5,3 | 16.994,77 | -7,5 | 88,3 | 194,1 | 2,3 | 24,9 | 8,1 |
| 1985 | 29.992,00 | -9,1 | 15.129,00 | -11,0 | 90,2 | 198,2 | 2,2 | 28,0 | 12,3 |
| 1986 | 25.627,78 | -14,6 | 12.956,27 | -14,4 | 90,0 | 197,8 | -0,2 | 32,7 | 16,8 |
| 1987 | 25.831,54 | 0,8 | 13.015,89 | 0,5 | 90,3 | 198,5 | 0,3 | 32,5 | -0,5 |
| 1988 | 24.686,07 | -4,4 | 12.289,02 | -5,6 | 91,4 | 200,9 | 1,2 | 34,4 | 5,9 |
| 1989 | 23.063,43 | -6,6 | 11.163,68 | -9,2 | 94,0 | 206,6 | 2,8 | 37,9 | 10,1 |
| 1990 | 19.987,53 | -13,3 | 9.424,17 | -15,6 | 96,5 | 212,1 | 2,7 | 44,9 | 18,5 |
| 1991 | 19.366,00 | -3,1 | 8.811,53 | -6,5 | 100,0 | 219,8 | 3,6 | 48,0 | 7,0 |
| 1992 | 17.261,06 | -10,9 | 7.472,68 | -15,2 | 105,1 | 231,0 | 5,1 | 56,6 | 17,9 |
| 1993 | 19.186,05 | 11,2 | 7.950,50 | 6,4 | 109,8 | 241,3 | 4,5 | 53,2 | -6,0 |
| 1994 | 20.043,65 | 4,5 | 8.084,98 | 1,7 | 112,8 | 247,9 | 2,7 | 52,3 | -1,7 |
| 1995 | 17.707,51 | -11,7 | 7.018,22 | -13,2 | 114,8 | 252,3 | 1,8 | 60,3 | 15,2 |
| 1996 | 18.756,04 | 5,9 | 7.325,32 | 4,4 | 116,5 | 256,0 | 1,5 | 57,8 | -4,2 |

[378] Daten auf Anfrage bei der Deutschen Bundesbank.

[379] Werte für Westdeutschland, ab 1991 für Gesamtdeutschland; Daten aus Sachverständigenrat, a. a. O., Tab. 73, S. 397.

# Anhang 5 Historische Preisniveauentwicklung in Deutschland

## Tab. A5.1 Preisniveauentwicklung im Deutschen Reich zwischen 1871 und 1913[380]

| Jahr | Preisindex für Ernährung und Wohnung (1900 = 100) | Veränderung gegen Vorjahr in % |
|---|---|---|
| 1871 | 90 | |
| 1872 | 94 | 4,4 |
| 1873 | 104 | 10,6 |
| 1874 | 108 | 3,8 |
| 1875 | 99 | -8,3 |
| 1876 | 99 | 0 |
| 1877 | 100 | 1 |
| 1878 | 95 | -5 |
| 1879 | 93 | -2,1 |
| 1880 | 99 | 6,5 |
| 1881 | 100 | 1 |
| 1882 | 98 | -2 |
| 1883 | 98 | 0 |
| 1884 | 93 | -5,1 |
| 1885 | 91 | -2,2 |
| 1886 | 89 | -2,2 |
| 1887 | 89 | 0 |
| 1888 | 91 | 2,2 |
| 1889 | 95 | 4,4 |
| 1890 | 98 | 3,2 |
| 1891 | 100 | 2 |
| 1892 | 99 | -1 |
| 1893 | 97 | -2 |
| 1894 | 96 | -1 |
| 1895 | 95 | -1 |
| 1896 | 94 | -1,1 |
| 1897 | 96 | 2,1 |
| 1898 | 99 | 3,1 |
| 1899 | 99 | 0 |
| 1900 | 100 | 1 |
| 1901 | 101 | 1 |
| 1902 | 102 | 1 |
| 1903 | 102 | 0 |
| 1904 | 103 | 1 |
| 1905 | 107 | 3,9 |
| 1906 | 113 | 5,6 |
| 1907 | 114 | 0,9 |
| 1908 | 114 | 0 |
| 1909 | 117 | 2,6 |
| 1910 | 120 | 2,6 |
| 1911 | 124 | 3,3 |
| 1912 | 130 | 4,8 |
| 1913 | 130 | 0 |

[380] Sprenger, Bernd, a. a. O., Tab. 27, S. 199.

# Anhang 6 Vergleich verschiedener Preisindizes

## Tab. A6.1 Entwicklung verschiedener Preisindizes in Deutschland 1962 bis 1996[381]

| Jahr | Deflat. BIP 1991 = 100 | Deflat. BIP 1996 = 100 | Δ% P(D) | Leb.-halt. 1991 = 100 | Leb.-halt. 1996 = 100 | Δ% P(L) | Erzg. preise 1991 = 100 | Erzg. preise 1996 = 100 | Δ% P(E) | absol. Differ. Δ% P(D) zu Δ% P(L) | absol. Differ. Δ% P(D) zu Δ% P(E) | absol. Differ. Δ% P(L) zu Δ% P(E) |
|---|---|---|---|---|---|---|---|---|---|---|---|---|
| 1962 | 32,9 | 28,4 | | 37,1 | 31,8 | | 43,2 | 41,7 | | | | |
| 1963 | 34,0 | 29,3 | 3,3 | 38,2 | 32,8 | 3,0 | 43,5 | 42,0 | 0,7 | 0,4 | 2,6 | 2,3 |
| 1964 | 35,0 | 30,2 | 2,9 | 39,1 | 33,6 | 2,4 | 44,0 | 42,5 | 1,1 | 0,6 | 1,8 | 1,2 |
| 1965 | 36,0 | 31,1 | 2,9 | 40,3 | 34,6 | 3,1 | 45,1 | 43,6 | 2,5 | 0,2 | 0,4 | 0,6 |
| 1966 | 37,5 | 32,4 | 4,2 | 41,8 | 35,9 | 3,7 | 45,8 | 44,3 | 1,6 | 0,4 | 2,6 | 2,2 |
| 1967 | 38,1 | 32,9 | 1,6 | 42,5 | 36,5 | 1,7 | 45,3 | 43,8 | -1,1 | 0,1 | 2,7 | 2,8 |
| 1968 | 39,0 | 33,6 | 2,4 | 43,1 | 37,0 | 1,4 | 45,1 | 43,6 | -0,4 | 1,0 | 2,8 | 1,9 |
| 1969 | 40,6 | 35,0 | 4,1 | 44,0 | 37,8 | 2,1 | 45,9 | 44,3 | 1,8 | 2,0 | 2,3 | 0,3 |
| 1970 | 43,8 | 37,8 | 7,9 | 45,5 | 39,1 | 3,4 | 48,1 | 46,5 | 4,8 | 4,5 | 3,1 | 1,4 |
| 1971 | 47,1 | 40,6 | 7,5 | 47,9 | 41,1 | 5,3 | 50,2 | 48,5 | 4,4 | 2,3 | 3,2 | 0,9 |
| 1972 | 49,6 | 42,8 | 5,3 | 50,5 | 43,3 | 5,4 | 51,5 | 49,8 | 2,6 | 0,1 | 2,7 | 2,8 |
| 1973 | 52,8 | 45,6 | 6,5 | 54,0 | 46,4 | 6,9 | 54,9 | 53,0 | 6,6 | 0,5 | 0,2 | 0,3 |
| 1974 | 56,5 | 48,7 | 7,0 | 57,8 | 49,6 | 7,0 | 62,3 | 60,2 | 13,5 | 0,0 | 6,5 | 6,4 |
| 1975 | 59,7 | 51,5 | 5,7 | 61,2 | 52,5 | 5,9 | 65,2 | 63,0 | 4,7 | 0,2 | 1,0 | 1,2 |
| 1976 | 61,9 | 53,4 | 3,7 | 63,8 | 54,8 | 4,2 | 67,6 | 65,3 | 3,7 | 0,6 | 0,0 | 0,6 |
| 1977 | 64,2 | 55,4 | 3,7 | 66,2 | 56,8 | 3,8 | 69,5 | 67,1 | 2,8 | 0,0 | 0,9 | 1,0 |
| 1978 | 66,9 | 57,7 | 4,2 | 68,0 | 58,4 | 2,7 | 70,3 | 67,9 | 1,2 | 1,5 | 3,1 | 1,6 |
| 1979 | 69,5 | 60,0 | 3,9 | 70,8 | 60,8 | 4,1 | 73,6 | 71,1 | 4,7 | 0,2 | 0,8 | 0,6 |
| 1980 | 72,9 | 62,9 | 4,9 | 74,6 | 64,0 | 5,4 | 79,2 | 76,5 | 7,6 | 0,5 | 2,7 | 2,2 |
| 1981 | 76,0 | 65,6 | 4,3 | 79,3 | 68,1 | 6,3 | 85,4 | 82,5 | 7,8 | 2,0 | 3,6 | 1,5 |
| 1982 | 79,4 | 68,5 | 4,5 | 83,5 | 71,7 | 5,3 | 90,4 | 87,3 | 5,9 | 0,8 | 1,4 | 0,6 |
| 1983 | 81,9 | 70,7 | 3,1 | 86,3 | 74,1 | 3,4 | 91,7 | 88,6 | 1,4 | 0,2 | 1,7 | 1,9 |
| 1984 | 83,6 | 72,1 | 2,1 | 88,3 | 75,8 | 2,3 | 94,4 | 91,2 | 2,9 | 0,2 | 0,9 | 0,6 |
| 1985 | 85,4 | 73,7 | 2,2 | 90,2 | 77,4 | 2,2 | 96,7 | 93,4 | 2,4 | 0,0 | 0,3 | 0,3 |
| 1986 | 88,1 | 76,0 | 3,2 | 90,0 | 77,3 | -0,2 | 94,2 | 91,0 | -2,6 | 3,4 | 5,7 | 2,4 |
| 1987 | 89,7 | 77,4 | 1,8 | 90,3 | 77,5 | 0,3 | 91,9 | 88,8 | -2,4 | 1,5 | 4,3 | 2,8 |
| 1988 | 91,1 | 78,6 | 1,6 | 91,4 | 78,5 | 1,2 | 93,0 | 89,9 | 1,2 | 0,3 | 0,4 | 0,0 |
| 1989 | 93,3 | 80,5 | 2,4 | 94,0 | 80,7 | 2,8 | 96,0 | 92,8 | 3,2 | 0,4 | 0,8 | 0,4 |
| 1990 | 96,3 | 83,1 | 3,2 | 96,5 | 82,8 | 2,7 | 97,6 | 94,3 | 1,7 | 0,6 | 1,5 | 1,0 |
| 1991 | 100,0 | 86,3 | 3,8 | 100,0 | 85,8 | 3,6 | 100,0 | 96,6 | 2,5 | 0,2 | 1,4 | 1,2 |
| 1992 | 105,6 | 91,1 | 5,6 | 105,1 | 90,2 | 5,1 | 101,4 | 98,0 | 1,4 | 0,5 | 4,2 | 3,7 |
| 1993 | 109,8 | 94,7 | 4,0 | 109,8 | 94,2 | 4,5 | 101,6 | 98,2 | 0,2 | 0,5 | 3,8 | 4,3 |
| 1994 | 112,4 | 97,0 | 2,4 | 112,8 | 96,8 | 2,7 | 102,2 | 98,7 | 0,6 | 0,4 | 1,8 | 2,1 |
| 1995 | 114,8 | 99,1 | 2,1 | 114,8 | 98,5 | 1,8 | 104,0 | 100,5 | 1,8 | 0,4 | 0,4 | 0,0 |
| 1996 | 115,9 | 100,0 | 1,0 | 116,5 | 100,0 | 1,5 | 103,5 | 100,0 | -0,5 | 0,5 | 1,4 | 2,0 |

[381] Werte für Westdeutschland, ab 1991 für Gesamtdeutschland; Daten aus Sachverständigenrat, a. a. O., Tab. 68, 73 und 75, S. 392, 397 bzw. 399.

**Tab. A6.2 Berechnung von Vergleichskennzahlen zu verschiedenen Preisindizes[382]**

| Deflator BIP P(D) | Lebens-haltungs-kosten P(L) | Erzeuger-preise P(E) | Vergleich zwischen P(D) und P(L) | Vergleich zwischen P(D) und P(E) | Vergleich zwischen P(L) und P(E) |
|---|---|---|---|---|---|
| Arithmetisches Mittel der Veränderungsraten bei den einzelnen Indizes | | | | | |
| 3,8% | 3,4% | 2,6% | | | |
| Daraus berechnete durchschnittliche Unterschiede zwischen den Indizes | | | | | |
| | | | 0,3% | 1,1% | 0,8% |
| Faktor der Preisniveauerhöhung zwischen 1962 und 1996 (Hinweis: nicht in %) | | | | | |
| 3,52 | 3,14 | 2,40 | | | |
| Verschiebung des relativen Preises zwischen den Warenkörben (Hinweis: nicht in %) | | | | | |
| | | | 1,12 | 1,47 | 1,31 |
| Aus der Niveauerhöhung berechnetes geometrisches Mittel der jährlichen Änderungsraten | | | | | |
| 3,7% | 3,3% | 2,5% | | | |
| Daraus berechnete durchschnittliche Unterschiede zwischen den Indizes | | | | | |
| | | | 0,3% | 1,1% | 0,8% |
| Arithmetisches Mittel der absoluten Unterschiede zwischen den jeweiligen jahrgangsweisen Veränderungsraten | | | | | |
| | | | 0,8% | 2,1% | 1,6% |
| Faktor, um den die tatsächlichen jährlichen Unterschiede größer sind als die Unterschiede zwischen den geometrisch gemittelten Durchschnitten (Hinweis: nicht in %) | | | | | |
| | | | 2,34 | 1,88 | 2,04 |

[382] Für den Zeitraum von 1962 - 1996; berechnet aus den Daten der Tab. A6.1.

# Anhang 7 Abhängigkeit regionaler Teilpreisindizes vom Gesamtpreisindex und vom interregionalen Realtauschverhältnis

Das interregionale Realtauschverhältnis $\tau$ ist definiert als Quotient der regionalen Teilpreisindizes $P_1$ und $P_2$:

(1) $\tau = \frac{P_1}{P_2}$ bzw. (1a) $P_1 = \tau P_2$ bzw. (1b) $P_2 = \frac{P_1}{\tau}$

Der Gesamtpreisindex P setzt sich unter Berücksichtigung des Gewichtungsfaktors a zusammen aus $P_1$ und $P_2$:

(2) $P = a P_1 + (1 - a) P_2$

Auflösen von (2) nach $P_2$ ergibt:

(3) $P_2 = \frac{P - a P_1}{1 - a}$

Einsetzen von (3) in (1a) ergibt:

(4) $P_1 = \tau \frac{P - a P_1}{1 - a}$

Gleichung (4) wird in mehreren Schritten aufgelöst nach $P_1$, so daß sich schließlich (8) ergibt:

(5) $(1 - a) P_1 = \tau P - a \tau P_1$

(6) $(1 - a) P_1 + a \tau P_1 = \tau P$

(7) $(1 - a + a \tau) P_1 = \tau P$

(8) $P_1 = \frac{\tau}{1 - a + a \tau} P$

Analog läßt sich ein Ausdruck für $P_2$ ableiten, der nur von a, $\tau$ und P abhängig ist. Dazu wird (2) nach $P_1$ aufgelöst:

$$(9) \quad P_1 = \frac{P - (1 - a) P_2}{a}$$

Die so gewonnene (9) wird in (1b) eingesetzt zu:

$$(10) \quad P_2 = \frac{P - (1 - a) P_2}{a \tau}$$

Auflösen nach $P_2$ ergibt schließlich (14):

$$(11) \quad a \tau P_2 = P - (1 - a) P_2$$

$$(12) \quad a \tau P_2 + (1 - a) P_2 = P$$

$$(13) \quad (a \tau + 1 - a) P_2 = P$$

$$(14) \quad P_2 = \frac{1}{1 - a + a t} P$$

Kolibri 360 GmbH
Ferdinand-Jühlke-Straße 7
99095 Erfurt, Deutschland
produktsicherheit@kolibri360.de

Druck:
CPI Druckdienstleistungen GmbH
im Auftrag der
Kolibri 360 GmbH
Ferdinand-Jühlke-Str. 7
99095 Erfurt